The Internship, Practicum, and Field Placement Handbook

A Guide for the Helping Professions

Third Edition

Brian N. Baird

教育科学精品教材译丛

The Internship, Practicum, and Field Placement Handbook

A Guide for the Helping Professions

实习手册——心理咨询入门指南（第三版）

[美] 布赖恩·N.贝尔德　著

赵振杰　何小忠　译

朱永新　审校

凤凰出版传媒集团

江蘇教育出版社

著作权合同登记图字：10－2005－001 号
图书在版编目(CIP)数据

实习手册：心理咨询入门指南/(美) 贝尔德(Braird, B. N.)著；赵振杰，何小忠译．—南京：江苏教育出版社，2008.2

(教育科学精品教材译丛)

ISBN 978－7－5343－8353－3

Ⅰ. 实… Ⅱ. ①贝…②赵…③何… Ⅲ. 咨询心理学—基本知识 Ⅳ. C932

中国版本图书馆 CIP 数据核字(2008)第 019640 号

教育科学精品教材译丛

实习手册

——心理咨询入门指南(第三版)

The Internship, Practicum, and Field Placement Handbook A Guide for the Helping Professions

[美] 布赖恩·N. 贝尔德 **著**

赵振杰 何小忠 **译** 朱永新 **主校**

责任编辑 陈爱芳

出版发行 凤凰出版传媒集团
江苏教育出版社
(南京市马家街 31 号，邮政编码：210009 网址：www.1088.com.cn)
经销 江苏省新华发行集团有限公司
照排 南京展望文化发展有限公司
印刷 江苏淮阴新华印刷厂
开本 787×1092 毫米 1/16 印张 23 字数 489 000
2008 年 2 月第 1 版 2008 年 2 月第 1 次印刷
印数 1－3 000 册
ISBN 978－7－5343－8353－3
定价 39.00 元
批发电话 025－83260760，83260768
邮购电话 025－85400774，8008289797
短信咨询 10602585420909
E-mail jsep@vip.163.com
盗版举报 025－83204538
苏教版图书若有印装错误，可向承印厂调换。
提供盗版线索者给予重奖。

总序

作为高校教师，我们中的许多人常常为教育科学教材的陈旧落后而痛心疾首；作为教育学人，我们中的许多人也常常对经济学、社会学等显学学科教材建设的突飞猛进而称羡不已。

于是，我们坐卧不安，我们摩拳擦掌，我们立志超越，我们走到了一起。经过几年的努力，涵盖当代高等学校教育学专业的全部主干课程的大型海外教材《教育科学精品教材译丛》(下面简称《译丛》)终于呈现在读者面前。

许多年来，我国高等师范教育和高等学校教育学专业课程改革的步伐极为缓慢，师范教育的教育学、心理学、教材教法这三门课程多年不变，教育学专业的课程内容陈旧，课程的选择空间相当狭小。可以说，改变高等师范教育课程和高等学校教育学课程的落后状况，是《译丛》最为基本的宗旨。

另一方面，随着教育事业改革的深化，教育实践中产生的问题日益复杂，解决这些问题需要极为丰富的教育科学知识和能力。《译丛》追求的另一宗旨正是通过奉献世界上最先进的教育科学知识体系，促进我国教育事业改革的深化。

在过去的几年中，高等学校课程改革已经取得了相当明显的成效。深化课程改革的一条重要途径是引进国外尤其是发达国家的高校教材，藉此提高教育质量和增进学生的学习能力。《译丛》的宗旨和思路与我国高校教材改革的这种方向是一致的，而且是高校教材改革过程的组成部分。

促进学术交流，是《译丛》向往的又一宗旨。学术沟通的障碍，表征是交际语言，而深层原因则是学术语言与学术规范。《译丛》希望通过引进国外的教育科学知识体系和贯穿其中的研究方法与表达方式，促进我国教育科学学术事业的进步，并为其走向世界奠定基础和开辟道路。

《译丛》是建国以来从海外引进的规模最大、门类最全的教育学科教材，被国内媒体称为"又一次重要的拿来主义"。在科教兴国的基本国策背景下，它所蕴涵的巨大社会意义已经超出教材本身。因此，《译丛》的编委会和出版者——江苏教育出版社对此高度重视，并为此做了大量的细致而扎实的工作。第一，组建了强大的编委会和翻译队伍。《译丛》的编委会阵容整齐，有各师范大学的博士生导师、教授以及一批海外教育专家；主要翻译人员和审校者均是教育科学专业的博士或教育科学领域的教授，其中一些译者长期旅居国外，并从事教育科学专业的研究和教学工作，他们均在教育科学领域具有相当深厚的积累，可以确保《译丛》的翻译质量。第二，精心筛选选题。《译丛》的入选图书品质上乘，所有选题皆经中、日、美等国专家反复磋商论证，精选而成。其中一些书目为国外学术机构所推荐，在国外大学拥有广泛的学术声誉。许多教材一版再版，最多的已达第十五版。

我们希望，这套教材能成为国内教育科学的替代课本或重要参考书，同时也能作为各地教师继续教育的重要资料。

我们期待，这套教材能给中国教育理论界带来一些观念和方法上的启示，为我国的教育科学的教学和研究，尤其是教材编写工作提供一定的借鉴。

我们相信，这套教材会得到许多中小学教师、校长、教育行政机关干部、教育科学研究人员、教育专业的研究生以及高校在校学生的关注和选用。

当然，我们更希望、更期待的是创新和超越。希望和期待我国的教育科学工作者编写出高水平的、具有中国特色的教材。站得更高才能看得更远，看得更远才能做得更佳，希望我们这套教材能使中国教育理论界有一个更高的起点，使中国的教师和师范学生有一个开阔的眼界。需要说明的是，原书附有大量的各类索引，但为降低图书成本，减轻读者负担，我们只好割爱，敬请诸君谅解。

我们欢迎各种形式的参与和合作，欢迎专家和读者随时为我们荐书，随时提出各种建议和评论。

《教育科学精品教材译丛》编委会

二〇〇二年四月

原书序

在第一版序言中，我曾经写道，这是一本在校生、实习生、督导员和项目指导员的必读书目。现在第三版又出版了，我还是这样认为。贝尔德博士又一次提供了一本非常有价值的学习资料，它值得每一个学生和实习督导员反复阅读。

大学经历和后来做实习督导员的体会使我确信，对于学生来讲，没有什么事情比考虑实习工作更令人焦虑的了。那些未来的实习生在课堂上已经掌握了职业的技能，至少是在理论层面上。但是，实习期内的工作却是另外一回事。现在，他们必须面对职业选择的现实。自己具备了成为某一领域的专业人员所应具备的能力、信心、知识、勇气、人性和技巧了吗？自己将来有能力用所学的技能帮助他人吗？这真的是通向未来职业生涯的必由之路吗？

现在我们终于有了一本专著来讨论实习生将要面临的这些问题。本书内容十分丰富，几乎包括了实习过程中学生、督导员或项目指导员所必须知道和思考的问题。这些问题将使学习经历变得愉快而有益。本书深入探讨了实习生作为一个学习者所面临的角色问题，以及对实习活动所抱有的现实和不现实的期望。全面分析了诸如寻找合适的实习岗位，寻求作为学习者的恰当身份与工作目标，伦理与法律纠纷问题，如何通过同伴合作来丰富和充实学习经验，督导活动与个体治疗之间的异同，在特定病人群体中开展工作可能遇到的危机与风险，工作中如何管理时间和压力，作为一个职业新手如何认识心理耗竭的危险等等问题。

实际上，有了这本书，实习生甚至督导员、项目指导员都可以不用再劳神和走弯路了。临床实习过程中大家必须面对和解决的挑战与问题,无论巨细,作者在这本书中都一一论及了。比如,作者全面论述了实习生怎样界定、发展和执行集体学习的经验——这种集体学习的经验是学生必须具备的,但传统做法对此并未重视。再如,怎样做好临床记录——这一章内容最具有操作性和实用性,从而也大大提高了本书的价值。此外,对各研究机构实习要求的详尽分析,有关隐私问题的讨论,评价临床记录的优与劣,以及丰富的案例和练习以使学生尽快熟悉临床记录的各种格式和掌握临床记录的技能等等,这些都是学生将来可以直接应用于实际工作中的内容。作者还分析了督导活动与治疗活动之间的异同,这对督导员和实习生也很有裨益。督导与治疗并不一样。作者直率地分析了它们各自适合的时间和地点,以及如何避免由于双重角色而引起冲突的问题。

为了提供更多具有实用价值的材料,贝尔德博士增添了许多他个人在临床实践过程中收集的最新案例,目的是帮助人们意识到每个人都可能犯错误,特别是我们这些急于尽力把刚刚学到的知识应用于现实情景的实习生。透过全书,你会发现本书敏锐地分析了实习生每天可能遇到的焦虑、恐惧和担忧。通过本书,实习生可以轻松地调整自己各学习阶段的心态,并认识到这些都是伴随着实习活动出现的自然的、正常的现象。作为实习生,不必否认自己的不安和忧恐,也不必为此感到惭愧。这些都是实习期内必然有的心理体验,每个人都不可避免。

令人信服的是,贝尔德博士承认,我们这一学科领域中的很多观点都是存有争议的。我本人在某些方面也与贝尔德博士持有不同意见。但是,贝尔德博士在讨论这些问题并提出自己的见解时,总是经过了深思熟虑的,他同时列举别人的观点,并允许读者择取自己认同的观点——如果他们愿意的话。但有的地方,特别是涉及伦理和法律问题时,作者的态度和立场总是很明朗,没有一点模棱两可。

本书已相当完备了,几乎没有应当涉及而被本书所省掉的问题。一个非常重要而又时常被人忽略的问题——多元化,在本书中也得到了深刻而全面的分析。一些毕业生常常忌讳的问题,书中也进行了公开讨论。比如,实习生与督导员之间的界线问题、职业的经济待遇问题、新入职者索取服务报酬时的罪恶感问题。在第三版中,作者增加了新的有益练习,并对学生进一步深造或就业提出了实用性的建议。

总之,本书所覆盖的所有主题都应该是实习讨论课或职业事务课程必须讲授的内容。本书新版的发行,将有力地增强实习培训的经验,提高实习培训的经验水平,并使所有的人都从中获益。

美国心理学会保险基金会执行主席

布鲁斯·E.本尼特 博士

献给我的父母

威廉 · N. 贝尔德(1927～2001)
伊迪丝 · S. 贝尔德(1930～1987)

前 言

助人职业的专业工作者和学生都认为，实习、见习和社会实践是职业生涯中最有影响的一段经历。但学生也同时反映，学校常规课程为第一次面对“现实”的实践所提供的仅仅是一种间接性的工作准备。而且，在许多情况下，所提供的知识和技能的储备都不充分。本书就是为了在学术性课程的学习和课堂情景之外可能遇到的知识、技能和情感方面的挑战之间架设起一座桥梁。

在写作本书时，我尽力从心理学、精神病学、社会工作、心理咨询以及其他助人职业的工作原理中汲取最有益的信息。为了达到这一目的，我从各学科领域广泛收集了文献材料，并向各学科、各研究机构和各实习基地的众多从业者和督导员进行过咨询和商讨。当然还结合了我自己做实习生时的经历，以及多年来指导大量初级和高级班学生参加实习和培训工作的经验体会。我曾经尝试着使本书对各水平层次的学生都能有所裨益。无论你是正在着手准备首次实习的肄业生，还是完成了实习阶段的毕业生，我都希望这本书能使你的工作和学习更富有成效。

内容提要

从目录可以看到，本书是按照实习的时间和主题线索进行架构的。各章节的内容按照实习的阶段和各阶段所必需的知识和技能进行编排。前面几章主要是：选择实习岗位和督导员，与员工和当事人见面以及主要的伦理和法律问题。中间几章主要涉及：督导活动，处理多元文化和不同种族背景的人以及自我护理。末尾几章主要讨论的是：结束病例，完成实习期和实习感悟。最后是样表附录，这些表格对于制订学习计划、签定督导协议、伦理指导、开展评价以及实施其他程序都是有用的。

实习培训和临床工作是一个不断地自我探索和自我改变的过程，因此，在每章的正文后面，我们都附有自我探索和体验感悟的练习材料。我希望你能够完成这些练习，并坦诚地暴露自己的体悟。一个人在这一领域工作的经历越多，就越能强烈地意识到自我检视和自我理解的重要性。

本书自第一次出版以来，受到了广大学生、学校导师和实习督导员的强烈欢迎和喜爱。作为学生，他们在这里找到了许多疑难问题的答案，找到了有效应对挑战和把握实习机会的行动建议。作为学校导师，他们发现，读过这本书的学生更有智慧，更加明确自己必须理解的问题和必须掌握的知识。督导员们则对我说，使用本书的实习生跟其他实习生相比，无论在实习准备还是在知识储备方面都要充分得多；许多现场督导员还曾告诉我，如果学生阅读了这本书，事实上他们根本不需要督导。

第三版是在前两版的基础上，汲取本学科领域最新的研究成果和临床文献修订而成的。近年来，技术在临床工作中的作用越来越大。这一版扩展讨论了计算机记录保存、电子交流以及远程临床服务所牵涉出的伦理问题和诊疗问题。其他扩展或增加的主题包括：保健管理对医疗实践和道德的影响，怎样理解感应性心理创伤对诊治者自身的影响，多模式的和以研究为基础的自我护理方法，知情同意所涉及的道德问题，以及跟踪治疗和督导实践中使用的新形式。与第二版一样，我还综合汲取了学生、教工和督导员所提供的许多非常有价值的建议。或许更重要的一点是，这一版的修订得到了希瑟·斯图尔特(Heather Stewart)的重要帮助和大力支持。她是几年前我这门课程班上的一名学生，现在刚刚完成临床心理学副博士学位的实习工作。作为一个新的实习生，她所提出的观点使本书的材料更加具有新鲜感、针对性和实用性。

另外，我个人生活所发生的变化在这里也值得提一下。自从完成本书的第二版之后，作为华盛顿州第三街区的代表，我荣幸地被选入美国国会。尽管在国会的任职使我不得不(至少目前而言)离开教室和临床督导的工作岗位，但是，我依然履行服务人类的承诺，依然珍视培训本领域学生的重要性和价值。或许，并不令人惊奇的是，我还比以往更加坚信：在助人职业中从事工作和教学的那些人也有责任以公民的身份参与政治活动。在国家正面临的一些棘手的问题上，职业的独特资质和定位使我们能够提供重要的建议。青少年犯罪、毒品滥用、儿童早期教育、健康护理基金、环境保护，甚至国际争端的解决等等问题都是人类服务职业所要研究和直接干预的主要内容。因此，我也希望，使用本书的学生、教工和督导员在通过本书提高实习经验质量的同时，还要充分发挥自己的聪明才智，以多种方式服务社会，增加对社会公共事业的贡献。

致谢

本书是很多人影响和贡献的结晶，在这里，我无法列举所有人的名字。最近几年的同事、朋友、学生，以及从中学、大学到研究生各个学习阶段的老师、督导员和学业导师，都影响了这本书的写作和我本人。对于他们曾经给我的积极有益的，甚至那些有时候看起来好像是消极、负面的体验和经历，我均致以深情的感谢。

在要直接感谢的人当中，首先要提及的是安迪·凯里(Andy Carey)，他在本书起初的框架结构的设计上提出了宝贵的意见，并在本书写作的整个过程中提供了有远见的思想和信息资料。他对于学生作为初级咨询师如何学习和如何应对挑战的理解是很有价值的。对于他作为一个咨询者和教育者所具有的工作能力我是心怀敬意的，而且我为拥有像他这样的朋友和同事而感到非常的幸运。

感谢太平洋路德大学的支持，他们给予的学术休假期使我有一段安静的时间专门从事本书的写作。该校心理系的同事给我提供了许多资料和支持，特别是戴纳·安德森(Dana Anderson)、迈克·布朗(Mike Brown)、杰瑞·里杰仑(Jerry LeJeune)和克里斯廷·穆恩(Christine Moon)等人让我受益颇多。办公室秘书卡伦·弗里斯曼(Karen Fleischman)和莎伦·拉德茨(Sharon Radatz)，还有几个学生义工，他们在打印文本、誊录各段口述材料以及其他数不清的工作细节上，帮我做了很多工作，给予了大力支持。

除了第一版已经致谢的人员之外，第二版从克雷斯廷·库尔姆(Kristin Kvame)、克里西·格雷厄姆(Chrissy Graham)、劳拉·约翰逊(Laura Johnson)和史蒂夫·哈里斯(Steve Harris)等人的工作中也得到大量的支持和帮助。我要感谢的还有下面几位书评人：南俄勒冈大学的罗恩·泰勒(Ron Taylor)，密歇根大学的雪莉·哈彻(Sherry Hatcher)和圣·克劳德州立大学的威廉·库库克(William Kukuk)。

Prentice Hall 出版公司的编辑人员莎伦·莱恩哈特(Sharon Rheinhardt)和弗兰·拉塞尔(Fran Russello)都为本书的出版提供了力所能及的帮助，与他们的合作也令人愉快。与得克萨斯出版发展公司的工作人员在第三版上的合作同样令人难忘。这本书的评论者还有：华盛顿大学的菲尔·阿伯拉格(Phil Abrego)，密苏里大学圣路易斯分校的里基·乔治(Rickey George)，北卡罗来纳大学夏洛特分校的罗伯特·L.巴雷特(Robert L. Barret)，肯塔基大学的查尔斯·R.卡尔森(Charles R. Carlson)，陶森州立大学的安东尼·迪·凯撒(Anthony Di Cesare)，北卡罗来纳大学格林保罗分校的詹姆斯·M.本沙夫特(James M. Benshoft)，拜奥拉大学的詹姆斯·盖伊(James Guy)，莱莫恩学院的文森特·海温(Vincent Hevern)，西雅图大学的斯蒂恩·哈林(Steen Halling)，以及宾夕法尼亚州滑岩大学的唐纳德·H.伍克夫(Donald H. Wykoff)等人，他们在资料、内容以及再版修订等方面提出的建议，使本书质量大大提高。我要感谢的是他们每个人为本书所花费的时间、职业精神，以及坦率批评和提出建设性意见的能力。

感谢引领我进入这一领域并使我获益良多的各位师长。他们是托马斯·森肯伯格(Thomas Schenkenberg)、雷蒙德·凯丝纳(Raymond Kesner)、唐·史特丝伯格(Don Strassberg)、迪克·海姆瑞克(Dick Hemrick)、兰迪·林耐(Randy Linnel)、B. J. 菲茨杰拉尔德(B. J. Fitzgerald)、威尔森·沃尔特豪(Wilson Walthall)、里查德·培斯沃克(Richard Pasewark)、朱迪思·奥尔森(Judith Olson)、马克斯·雷丁(Max Rardin)、卡伦·尼古拉斯(Karen Nicholas)、海伦·克劳福德(Helen Crawfood)、利奥·斯普林科(Leo Sprinkle)、史蒂夫·比伯(Steve Bieber)、杰夫·巴特尔(Geoff Bartol)、兰斯·哈里斯(Lance Harris)、马文·布朗(Marvin Brown)、马克·西利(Mark Seeley)、杰里特·卡普兰(Jarret Kaplan)、维克·甘泽尔(Vic Ganzer)、凯瑟琳·马蒂尔(Katherine Mateer)以及特德·贾德(Tedd Judd)。还要感谢与我分享甘苦的下列同事：迈克·霍金斯(Mike Hawkins)、里克·詹生(Rick Jensen)、沃特豪斯·沃里斯(Walthall's Warriors)、多琳·戴利(Doreen Daly)、迪克·谢弗德(Dick Shepherd)、迈克·惠特利(Mike Whitley)、沃纳·卡什娜(Warner Karshner)、黛博拉·弗兰克(Deborah Frank)以及柯克·施特沙(Kirk Strosahl)。对于戴夫·杜格(Dave Droge)和雷·普雷斯(Ray Preiss)两人在写作过程中一直惠予的友谊和帮助也一并致谢。

最后，我还要深深地感谢我的妻子雷切尔·纽金特(Rachel Nugent)女士，感谢她在本书写作过程以及更多的事务中对我和本书所给予的支持、建议、友谊和挚爱。

布赖恩·N. 贝尔德

目 录

目　录

第一章
准 备

通过这次经历，我学到了比在任何课堂上学的都多的东西。每一个学生都应该获得一次见习的机会。

每天我都意识到会发生一些自己所不知道的新鲜事情。如果找不到别的原因的话，那就是实习生活使我感觉到了愉快。

——摘自学生对他们的见习和实习经历的随意评价

从理论到实践

我有一个朋友在国外的 Peace 公司工作，他自以为教自己村子里的孩子们学习打棒球会是一件非常有趣的事情，因为他们的学习热情很高，欲望也很强烈。于是，我这个朋友就圈出了一片场地，划上边界线，讲明了比赛规则，然后就让每个人都练习投、抓和击球的动作。他甚至提出了一些问题来测试孩子们，如球的数量和击打次数、每一局有多少外射球、垒与垒之间的距离以及历史上有名的运动员的名字，等等。随着基本知识的掌握，孩子们就被分成了两组在附近的草坪上进行分解技术的即席表演，并准备进行正式的比赛。

在村民们的旁观之下，这些兴奋的孩子已经在场地上站好了位置。老师问孩子们是否做好了准备，所有的人都做出了肯定的回答。首先出场的击球手是一个 13 岁的身体结实的小伙子，他表面上看起来有些紧张，但还是很坚定的。我的这个朋友查看了一下场地，然后调整了运动员的位置。紧接着，他就做出了一个夸张的开始动作，并投出了这个村子所见证的第 球。

令所有人都吃惊的是，那个击球手一下子就把球使劲地打向了左野。当老师对他大喊“跑、跑、跑”的时候，他还惊魂未定地只是站在原地傻看。我这个朋友回头想看看他这一方是如何由攻变守的，结果发现，场上所有的队员都离开了他们原定的位置，围着垒使劲地跑，一边做着标记，一边尖叫、狂笑着奔向本垒板。与此同时，没有人努力去追赶滚向场地边界线的球。

当兴奋的情绪慢慢平息的时候，只有我的朋友一个人留在了场地上。其他的队员，甚至包括那个打出第一棒的击球手，都争先恐后地跑着回家去了，并为他们自认为可以得到的成绩而激动不已。“在某些地方，我们的理论和实践之间已经出现了鸿沟。”我的朋友在心里对自己这样说道。后来，他的学生变得很喜欢这项运动，直到今天，村子里的人还在谈论那次比赛。

那些第一次尝试实习或现场实践的学生可以和我这个朋友的队员获得相同的感受。激情、紧张、决断和怀疑将成为他们常见的体验。不管一个人经历了多少临场活动和具有多少专业知识，都无法代替这其中真实的经验。只有走出去并进行尝试，我们才能发现自己所知道或不知道的事情。

那也就是现场实践的价值所在。它为你提供了机会来直接感受在书本上和课堂上所学的东西。很快你就会发现，在教科书上阅读一篇关于精神分裂症、酗酒、虐待儿童或其他主题的文章，和与有过这些真实经历的当事人进行接触和互动所得到的效果是不一样的。所以，教室里的文字阅读、角色扮演、治疗和咨询技术与实际治疗活动中的真正参与是有很大区别的。

另外，你还将发现，许多在“真实世界”中需要了解的事情，比如道德和法律问题、如何写案件公文、怎样处理督导以及其他一系列的问题等，可能在你的理论课程中根本就没有被充分地论述过。甚至当内容在课堂上已经学习过的情况下，导师们还总是想当然地认为学生自己有能力把教室里学到的知识直接地转移到现实中具体的情景领域，就如同我那个朋友从他的外野手那里学到的经验一样。当学生们进入实习阶段的时候，他们就会意识到这方面的缺陷，然后就会扪心自问：“现在我该怎么办？”本书的写作意图就在于帮助他们来回答这个问题。

专门用语

现场实践、见习或实习

谈到术语，有不少词汇都是可以接受的。在这本书中所提到的人员都是可以提供帮助的。令人感到异常吃惊的是，像“实习”(internship)、“见习”(practicum)、“现场实践”(field placement)等特定术语的含义是什么还没有取得明晰的一致意见。

比如，在心理学著作中，“实习”是用来描述获得博士学位的学生在一年的时间内安排自己职业的一个术语。但是，有相当一部分大学本科生也把从事与他们本专业有关的一些活动经历称作“实习”。而其他人则仍然使用“见习”、“走读”或“现场调查”等术语(Hevern, 1994)。在社会工作和咨询活动中通常会提到“现场调查”或“现场实践”，而不用“实习”这个词，但这种情况也并不多见。更多的情况倒是使用毕业生活动项目中的一些术语来描述大学在校生的现场调查活动。

由于本文解决的问题对于复杂的技能培训和不同学习训练阶段的学生来说都是

非常普遍的，因此这些术语就给我们带来了很有意思的困惑。在考察了不同的观点之后，我决定使用"实习"这个术语。这样的选择并不意味着某一种训练优越于别的训练，或者我对于某一个具体的训练阶段更偏爱。相反，我选择"实习"仅仅是因为这个词包含着容易使用的词根"intern"(实习医生)，可以用来指明一个人正在学习。

既然这样，在本书中通篇使用"实习"和"实习生"这样的术语来指称任何课堂之外的应用性的专业学习，简单来说，它们都是恰当的"标签"。问题的关键是要避免对这些术语进行语义学上的争论。只有这样，我们才可以用它们来说明你渴望了解的内容和你应该得到的多种角色称谓。

治疗、咨询和处理

对于大多数刚开始实习的人来说，其主要的精力应该放在对当事人的观察或与他们进行随意的互动上。等熟悉了一段时间之后，就要开始为他们提供面对面的服务了。一些人将从事病历管理工作，其他人将参与到评估工作中，而大多数人将从事治疗或咨询工作(Stedman，1997)。

没有任何一个独立的词汇可以概括实习医生所从事的多方面工作。为论述方便起见，我选择使用"处理"(treatment)这个术语。正如本书中所描述的，"处理"包含了为当事人提供范围广泛的帮助——表示治疗、咨询或其他相关术语的任何类型的训练和职业活动。由实习生所提供的躯体方面、工作方面或语言矫正方面的物理或其他干预活动都可以算做"处理"。在最广泛的意义上，"处理"也可以指病历管理、评估、在日托中心与孩子玩耍，以及其他旨在帮助当事人的类似活动。

督导员和导师

除了要对优秀的毕业生进行最后的实习培训之外，在大部分的实习期内，扮演两种不同角色的人都将对学生进行指导。为了用不同的术语来区别这些人，我将使用"导师"(instructors)一词，以和那些来自学生教育管理机构的职工相互参照。他们是一群管理学生的成长和与本专业领域的人打交道的职工。而在实习场所直接管理和指导学生事务的人，我将用"督导员"(supervisors)一词来代表。

在所有的现场活动中，学生都应该与他们的学校导师和活动督导员进行密切合作。尽管学生和导师或督导员之间直接接触的机会会随着项目的变化和实习计划的进展而发生变化，在本书中，我还是要一再强调，导师和督导员都应该密切地关注实习生的活动以及活动进程中所出现的任何担心或麻烦。

发现并选择一个实习活动

考虑到专业经验的重要性，假如对于如何选择实习计划以及实习生如何与具体的工作岗位相匹配的问题不进行详细论述的话，就会使人感到有点奇怪了。赫兹曼和瑞斯金(Holtzman & Raskin, 1989)通过不同的社会工作活动项目研究了专业实习安排的选择过程，所得出的结论是采用的程序应该迥然相异。不管哪一种专业领域的实习，在其计划安排的结尾处，几乎都把所有的学业任务留给了学生自己去完成。在这些工作项目中，学生要完成的任务有：确定有可能的实习地点、与工作人员进行联系、申请参加他们活动的安排、找到一个督导员，以及和学科导师进行协调。相比之下，其他类型的学校的训练则侧重于对实习过程的每一个环节进行控制。这类学校已经有了特定的实习地点和固定的督导员。而学生每年都要和这些督导员在一起工作。他们要求来这里实习的学生要在其中的某个专业岗位上工作，并期望所有的学生都能从事具体的实习活动。有时候，学生也可以在预先安排好的不同实习计划中进行挑选。但是，在其他的项目活动中，给学生这样的选择机会则要基于系里对他们的能力和学习需要所做出的评估报告。

在临床心理学专业的毕业生实习计划中，一套全国范围通用的规则体系现在被用到了最后一年时间的准博士实习岗位的选择活动中。这个体系当然是相对于医学院校所使用的体系而言的。在这个体系之下，学生按照自己喜欢的顺序把采用这套规则的岗位进行等级排列。同时，实习单位也对申请的学生进行等级排序。这套系统也允许学生成对地申请岗位或部门。然后，实习生和实习单位的这种排序结果被提交到NMS(National Matching Services)，由它通过计算机来把实习生分配到不同的活动项目上。如果想对这一程序有更多的了解以及获得讨论该系统如何发挥功能的信息，可以参阅凯林(Keilin, 2000)的文章。除此之外，从APPIC(Association of Psychology Postdoctoral and Internship Centers)的网站(http://www.appic.org)和NMS网站(http://www.natmatch.com/psychint)也可以得到有关信息。

就像实习活动的选择过程随着工作的层次和类型发生变化一样，教学机构和实习单位也采用不同的模式来指导和协调实习经验(Bogo & Golberman, 1995)。在有些项目活动中，教育机构不断地对学生实习中的教育问题进行前期的控制。而在其他的活动中，这种教育的责任则完全留给了实习单位和督导员。

正因为在选择或分配实习单位的途径上有这样的变动性，所以，接下来选择实习单位的步骤可能就与所有的读者没有什么关联了。如果教学计划已经为学生做好了所有的实习安排，那么，你可能对寻找实习单位和督导员的选择任务就没有太大的兴趣了，当然这是与那些在实习活动中得到相对较少安排的学生相比。如果发现最初的计划内容和你目前的状况没有什么关系的话，你可能会希望把它忽略掉，然后集中精力对实习单位的协议进行讨论。另一方面，如果实习计划没有为实习生提供多少安排或者协助，那么，我们接下来的讨论就应该是有帮助的了。

和你的导师见面

作为一名实习生，你的首要任务是拜见专业的实习导师。因为在实习期间，他将和你在一起开展工作。有些专业实习计划会随实习内容而提供正规的课堂学习，另外一些计划则为学生和导师提供实习过程中的支持或督导，以便进行个体化的操作。不论哪一种情况，和导师进行初步的接触，毫无疑问都是非常重要的。

开始的时候，和导师在一起工作的最重要原因是为了确保在实习过程中获得尽可能最好的教育经历。导师会帮助你挑选最适合自己需要的实习安排或督导员，并可能会协助你和实习单位或某个督导员取得联系。如果系里已经建立了管理实习活动的一系列程序，那么，事先和导师见上一面也将会确保你能根据程序来进行实习。在开始实习之前，必要的文字报告还是需要的，而且它对于你获得实习成绩或考核等级可能也是必不可少的。

附带要说明的一个问题是(这一点是许多实习生都满不在乎的)，学生在某个专业岗位上工作时，导师们和督导员所面临的责任风险问题(Zakutansky & Sirles, 1993)。假如这种非单个人的风险出现的话，那么从实习的开始一直到结束，系里的老师们都必然会在活动的各个环节上出现并提供帮助。

学生们也应该意识到，作为导师和督导员来说，要和不同的实习单位建立关系也不是一件轻而易举的事情。正因为这个原因，许多计划都安排了一个固定的实习单位且为了学生的利益而与督导员们建立了长期的关系。这样的安排保证了学生在专业实习计划中都有自己的特定任务。与此同时，治疗机构也能依靠实习生来分担工作。那些希望在专业实习的安排中得到更大的自治权或灵活性的学生，有时会发现那种想法的结果其实是令人沮丧的。但是，应该记住的一点是，有良好的实习单位和经验丰富的督导员肯定就是一个有利的条件。因为，没有足够的岗位或督导员可以安排给所有的人。

确定实习活动的同伴资源和学校资源

通常，专业实习导师不仅将成为你进行实习活动的重要推荐人，而且他们也会有助于你同那些正处在实习选择阶段的同学或那些最近已经完成实习任务的同学开展合作。完成实习任务的学生总是能够推荐一些有用的实习单位，并对选择的过程提供一些有价值的参考意见。阿尔宾、亚当斯、沃克和埃尔伍德(Albin, Adams, Walker, & Elwood, 2000)都在自己的书中描述了一些他们自己申请实习的经历，并提出了具体的推荐建议，其中就包括在申请过程中要发展由申请者组成的利益共同体。当然，它会有助于培养尊重、合群和真诚的精神。和同伴一起工作也提供了相互回顾个人经历的机会和模拟会面场景的条件，以及更为重要的情感上的相互支持。

在甄别自己所希望去的实习单位时,你的同伴也会给你提供一些避免到某些单位去的建议。这些信息也是很有用的。但是,你要记住,别人的经验只可以借鉴而没有必要照搬。而且,如果一个学生认为,确定下来的实习活动无非就是把资料输入电脑或在午夜时分收看电视节目,那么,你就可以想象到这样的实习就仅仅是提供了一个很有限的学习机会。

在实习单位里,除了导师群体和同伴群体可以作为有用的资源以外,很多大学里还有一些专门的机构致力于协调专业学习的经验交流问题。它们通常被称为"合作教育"或"团队学习"计划。能够提供实习岗位的地方会象征性地给这些机构邮寄一些需求信息,接着还会把这些信息寄给那些准备参加实习的学生。即使你在学校里没有听说过这样的一些项目安排,但是,你看到这些信息时还是要仔细地考察一下其可行性。我们学校里像这样的活动项目是很有名的,但总令人吃惊的是,很多学生没有利用这项服务,甚至他们都不知道有这项服务内容。

谈到学校里的资源问题,需要提醒的是,你们校园里的职业服务中心或工作安排中心也是值得考虑的。也许你在那些地方几乎不可能找到合适的岗位,但是,你应该熟悉这些机构所提供的服务内容。通过实习,你可以获得丰富自己工作经验的机会,增强应对面试的技巧。这些财富都是你最后申请工作时所必需的(Pitts, 1992),而职业服务中心就承担着这样的责任。它还可以教你如何写个人履历或自我简介,很多地方还会帮助你建立一份完整的工作申请档案,其中就包括雇主通常都会需要的自荐信和其他材料。这些机构也会收集一些正规的岗位空缺信息,其目的就是为了定期地掌握是否有适合你的岗位。

社区资源

实习医生(他们依赖于教员或学校的资源)有时候会忽略掉很多社区内的资源。如果当地有社区精神健康服务中心的话,你就可以打电话咨询一下附近是否有可以联系的服务机构。许多社区还有义务性质的协调活动来配合工作的开展。有时候,"混合手段"的使用会支持这些活动计划的实施。另外一个可以利用的资源就是电话危机干预热线。这个听起来可能让人觉得不可思议,但是正因为它适用于所有类型的活动,所以很多的线路被多个部门预订一空。

所有的社区都拥有的另外两大信息来源渠道就是报纸和电话簿。在报纸上,你有时也会发现一些提供实习岗位空缺信息的分类广告,可以试着在"咨询者"、"精神健康"、"治疗人员"或者"专门训练"之类的标题下面浏览岗位信息或求助信息。这些信息可能会隐藏在一般部门或某些特殊部门的"健康关怀"一栏中,并按照字母顺序排列出来。随着网络技术的发展,在线职业银行或在线报纸分类广告成为寻求工作岗位的有效途径。如果找到了一个有偿的实习岗位,这些机构的利益就会不断增加。对于刚刚开始实习的人员来说,其缺陷就是这样的职位可能要求有更多的工作经验。在有些有偿的职位中,也许更为困难的是找到合适的主管。打电话咨询一下,这应该不会让你感到沮丧。通常情况下,实习生是作为学生来从事没有报酬的工作的,但后来随着这些岗位的逐步公开化,他们就会作为有能力从事有偿工作的人而被雇用。如果某个岗位要求有更多的工作经验而你目前还不具备,为了获得这些必要的经验,你就要勇敢地提出从事没有报酬的实习工作。

由于报纸上的招聘广告仅仅是与紧缺的岗位联系在一起的,因此,打电话进行咨询就成为一个更加有把握的求职渠道。在电话簿的黄页上标有"咨询"、"精神健康"和"社会服务组织"的目录下面会有许多招聘单位的号码。有些电话簿还特别列出了社区服务中心及其各部门的号码。根据你的兴趣和实习活动的要求,标有"学校"、"教会"、"儿童看护中心"、"医院"以及其他一些适合于你的专业训练的机构的号码都是有帮助的。

国家级、政府级和地方级的专业协会也会成为可以利用的资源。他们中的大多数都有会员单位的名录以方便你确定感兴趣的工作。许多职业都坚持了国家的分类标准,其中还列出了可能的专业培训机会。这些类型的划分一般倾向于对大学毕业生进行培训,但通常也会给在校的本科生提供适当的机会。

选择一个岗位

发现一个有潜力的领域是第一步,接下来是从众多的可能性中挑选出一个实习岗位。我鼓励实习生们在认真考虑之后就去尝试,因为这有利于你主动地获取临床经验。作为一名实习生,你可能会感觉到,自己在挑选岗位时要避免用挑剔的眼光,毕竟,这个时候你还是一个寻求岗位的学生。然而,你可能会投入大量的时间和资源来寻找,以便能慎重地决定可能获得最大收益的岗位。

要评估某些岗位的特点,方法之一就是看看别的实习生在选择过程中都重视哪些因素。这些岗位的特点对你的重要程度取决于研究项目的情况和自己以前接受培训的水平。但是,对以往实习生的调查表明,有几个关键性的变量影响着一个人的决定:培训地点和实习生之间兴趣的相关度、培训地点的社会声望、接受特殊培训的机会、所接触的就诊人员的范围、地理方位、督导的质量以及实习生对培训地的内心感受(Stedman,Neff,Donahoe,Kopel, & Hays, 1995)。

对于非常符合兴趣的岗位,在仔细斟酌之后,紧接着要做的就是使自己的兴趣和岗位特征之间不发生冲突。在这一调整、适应的过程中,为了更加快捷而有效,可以采纳不同的方法。在一篇多方面描述有关岗位选择和申请程序的文章中,斯图尔特(Stewart, 1996)兄弟提到了一种"成对对比技术"。这种技术是把职位特点和个人的选择标准分别对应地列在一起形成一个网络图。显然,这篇文章对我们进行正确的选择是有参考价值的。布朗斯汀(Brownstein,1981)也介绍了如何组织岗位所提供的机会和学生个人特点之间信息的一系列程序(它们是具有对比性但又不太复杂的)。

基于布朗斯汀所设计的程序模型,我又进一步延伸了其形式。这些新的形式在附录 A 和 B 中均有介绍。其中之一就是由实习生列出他们的兴趣、经历和自己可支配的时间,别的信息则是与实习岗位的选择有关的。这种平行排列的方式提供了诸如地点、当事人类型、治疗方法、跟踪督导以及具体的可利用时间等信息。这些信息就使得导师、学生和单位都能做出最终的判断,来决定某个特殊的人是否适合某个特定的岗位。类似的信息也可以减少碰到无法得到锻炼的实习岗位的可能性(Holtzman & Raskin, 1989)。

其他选择实习单位的途径在布瑞尔、沃肯和麦基尔(Brill, Wolkin, & McKeel, 1987)等人的著作中也有所涉及。他们提出,临床心理学专业打算拿到副博士学位的实习生必须从上百种可能性中做出自己的选择。布瑞尔等人还建议,未来的实习生要通过亲身锻炼来设想满意的中长期锻炼目标和获得锻炼的机会,以减少这种"众里挑一"所带来的困惑。接下来,当实习生和导师回顾前届学生收集的信息和材料时,就要认真考虑从这种选择过程中所得到的益处。尤其是那些能够为来自同一所大学的校友提供有益经验的东西,更是他们所青睐的。也有人建议说,申请者不要把时间和精力分散到众多的地方,而应该在有限的范围内进行申请。这样的话,他们就可以把更多的注意力放在那些有可能提高素质的岗位上。

对于一部分学生来说,申请有限的几个地点并把所有的注意力都放在那里也许是一个很好的策略。另外有些学者(Mellott, Arden, & Cho, 1997)曾建议说,随着几个有限的实习单位,尤其是针对在校大学生的实习岗位申请竞争的加剧(Gaw, 1997),实习生可以考虑至少申请 15~20 个实习岗位,以增加被录用的几率。但是,多方位的申请也确实增加了时间、交通和申请费用的成本(Oehlert, Lopez, & Sumerall, 1997)。

督导

许多实习生都是根据被服务的对象、服务的地点、治疗手段或其他因素来选择岗位的,但是,你需要考虑的最重要的因素也许是哪些专业人士会和你在一起工作并提供督导。尤其是在一些要求比较苛刻的岗位,经验的获得与接受督导的质量更是有着密切的关系。这一点也是芒森(Munson, 1989)通过观察所得出的结论。对此,他评论道:"我越来越欣赏这个观点了,即督导是任何在职的临床工作人员最重要的教育经验(p. 2)。"

芒森还进一步列举了"学生有权期望督导员提供服务"的十五种情况。其中包括成为一名老资格教师所需要的性格品质——对知识充满信心但又不逃避质疑、毫无条件地接受批评、为学生的实习进行定位、熟悉并遵从伦理规范。虽然并非每一个督导员都拥有芒森期望的所有品质,但是,他的贡献在于可以帮助实习生和督导员识别出哪些品质会带来积极有益的督导经验。

正在选择岗位的实习生需要提出这样一个关于督导员的基本问题——他是那个能够和我一起工作且有兴趣帮助我进步的合适人选吗？要回答这个问题，需要考虑的因素有：督导员自身的个性、资格、兴趣范围以及可以提供督导的时间和具体指导的可能性。你也应该估量一下自己在这个领域所能取得进展的程度。斯特滕伯格(Stoltenberg，1981)、赫普纳(Heppner)、罗科尔(Roehlker，1984)以及弗里德曼和凯斯洛(Friedman & Kaslow，1986)都曾经描写过督导的发展性阶段，他们的建议是：被督导者的需要将随着其经验的增减而发生变化。其他一些学者——甘道夫和布朗(Gandolfo & Brown，1987)，凯瑟(Kaiser，1992)，拉比诺维茨、赫普纳和罗科尔(Rabinowitz，Heppner，& Roehlker，1986)也强调指出，在所有的培训发展阶段，被督导者始终需要的是那些能给人以鼓励和支持的督导员。

除了能力和经验外，你还应该考虑自己的个性和学习目的。也许，你会毫不费力地就适应一种训练环境和一个提供很多指导的督导员。或者，你也许是一个“用少量指导和更多自由”就可以获益匪浅的人。最重要的是找到这样一个督导员：和你单独在一起工作的时候，他将使用一套尽可能适应你的个性和学习风格的有效方法。

在挑选督导员的过程中，互相诊治的思想或者方法的伸缩性也是要考虑的因素。许多实习生在和督导员合作研究的时候，在开阔了眼界的同时，他们也在不同的理论层面上变得越来越有信心了，但其他人却经历了不少的心理矛盾冲突。当你找到了一个具有刺激性但与督导员的眼光相左的岗位时，对双方而言，如果对对方的观点都表现出武断和不宽容的话，那么也就只能感到沮丧和气馁了。于是，当你轻松自如地与欣赏自己治疗理念的督导员合作的时候，最为重要的是对别人的新思想采取开放的态度，并选择一个善于接纳不同意见的督导员。

要认识未来的督导员，最好的办法就是安排一次会面或电话联系。需要牢记的一点是，在这样的会面中，双方都将努力去评估这一岗位能够为自己带来的好处。督导员想知道的是你的专业训练水平和实践经验情况。他们也会对你的个性特征感兴趣：你是可靠的吗？你对工作勤奋吗？你能很好地接受建议或指导吗？督导员在某些方面值得在你身上花费时间吗？

对你而言，你也会用督导员询问你的同样问题来回问他们(Pitts，1992)。你也将会对这个人的个人职业经验以及作为督导员的专门训练情况感兴趣。你也想搞清楚，这个督导员是否能成为一名好老师，即一个在学习过程中允许你进行冒险和犯错误，但是在需要的时候又能提供指导和支持的人。

最后一点，要询问一下督导员最少可以在你身上花费多少时间。奈特(Knight，1986)通过研究发现，在社会工作硕士(Master of Social Work，MSW)和社会工作学士(bachelor of social work，BSW)的专业实习过程中，找到一个督导员就成为你是否满意的最好的判断标准之一。关于这一点，在实习岗位协议中要有更多的详细说明。但是，在你进行正规化实习之前，必须要明确督导员是可以花费足够的时间与你在一起工作的。在最终确定实习岗位和督导安排之前，研读一下本书第五章的内容也是明智之举。该章既有理论、模型，又有一些与督导有关的实际问题。

学习机会

在确定一名实习督导员之前（当然你是不反感与他在一起工作的），你还要考虑一下各种学习机会问题（当然不是遥不可及的），并在开始实习之前，弄清楚自己所扮演的角色。实习生抱怨和感到失望的最常见原因之一，就是缺乏充满兴趣和富有挑战的学习机会。选择一个似乎理想的岗位，其目的仅仅是为了发现自己所要做的工作就是编译研究资料，协助重新编排档案，或者当老师、咨询人员不在房间时充当一会儿照看婴儿的角色，这些对于实习生来说都不是什么罕见的事情。如果从一开始你就清楚自己所希望获得的学习机会以及岗位所能提供的和将来有可能得到的学习机会的话，那么，你就可以避免出现类似的失望心理。如果你认识在同一个单位实习的其他学生，你可能就会想去问问他们的经验是什么。

在你的第一个实习岗位中，大部分的精力要放在通过观察获得知识上，这就意味着在此岗位上你应该享有机会来观察活动过程中的方方面面。按理说，实习生至少应该有机会来观摩正在进行的任何活动——从参加成员会议和从事文书工作到直接从事治疗和提供其他的服务项目，这样就使得实习生在所有的领域里都得到了最充分的暴露，而这对于实习生了解该职业中世俗和平凡的一面是很重要的。

只要能力和接受训练的情况允许，实习生将会逐步走出观察学习阶段而开始在临床活动中承担一定的责任，这就要求与督导员加强协调。但在此过程中，你的目标将面临新的挑战，每一次对你都是鞭策，但也从不会超出你的能力范围之外。例如，如果在一个小组中，你几个月以来都是充当分享别人经验的旁观者，督导员也许会鼓励你积极参与小组的活动并发挥作用；或者，如果你已经阅读了不少当事人的报告记录，你也许想尝试着写一份同样的报告。当你在实习岗位上取得了经验而且督导员对你的能力有了更多的了解和信心的时候，你真正的天资和在活动中参与的程度将大大提高。再说，如果你希望在岗位上获得特殊的经验，你就要仔细地核查一下未来的岗位和未来的督导员，看看从中是否可以得到这样的经验。

治疗方法

实习岗位为你提供了最好的机会来直接感受理论上所吸引你的某个治疗方法或技术在实际当中到底是怎么样的。如果你对某一治疗方法存有特别的偏好的话，你也许希望找到这样一个实习岗位，即可以在应用那种方法的过程中获得督导和个人经验。

如果你已经有了干预治疗方法的经验，那么，就要考虑在一个完全不同的方法中寻求新的经验。这并不是意味着你必须成为这种“另类”方法的篡改者，它只是为你提供一个参考意见，即要对不同的方法采取开放的态度，并尝试从另外的角度看看能够学到什么东西。当在实践中真正采用不同的方法时，以前十分挑剔的实习生逐渐会认识到其实每一种方法都是有用的。

当事人

在选择岗位时，接下来要考虑的因素是研究项目所服务的当事人的基本情况。正如实习生在各种各样的治疗方法中明智地暴露自己的优缺点一样，在不同的当事人群体中获取经验也是他们所希望的事情。在你第一次的实习过程中，与外面遇到的人比起来，实习单位里的当事人的构成情况就显得不那么重要了。然而，根据所服务群体的类型来寻找实习岗位也没有什么不对的地方。如果你最终想与一个专门的群体在一起工作，那么，在这样的服务活动中开展实习就是理想的结局了。

即使无法找到一个最使你感兴趣的研究项目，也依然会有不少的其他领域，从中你可以得到有价值的经验。对于大部分学生来说，简单的工作经历也许比不成熟的专门研究更有好处。专门的研究可以在毕业前的最后一年或拿到学位之后再来进行。但是，在刚开始的时候，对多方面的锻炼机会和各种各样的当事人群体保持灵活而开放的态度确实是一个不错的想法。

我自己在接受培训时，就寻找了很多的机会和所有年龄的当事人以及没有确诊的人进行接触。通过选择一系列的实习和实习岗位，我最终能和不同的当事人待在一起——从小孩到成人，从咨询中心的大学生到收容机构里有犯罪倾向的当事人。在每一个岗位上，我都学到了新的东西，开阔了眼界，提高了技能。不同的经历也帮助我对自己最感兴趣的当事人和最擅长的治疗方法有了更为清晰的认识。

研究项目和环境

实习生们在选择岗位时，理论方法上的可行性和所面对的当事人类型通常是他们首先要考虑的因素。但是，复杂的工作环境也是不容忽视的。例如，学校中的实习环境可能在许多方面都不同于专门为离家出走的青少年而提供的家庭似的工作环境，尽管当事人的年龄也许很相近。同样，尽管在精神健康诊所中接受服务的众多当事人以及所采用的治疗技术和那些住院当事人所接受的服务、采用的技术是相差无几的，但是，每一种环境下仍然有一些显著的特别之处。这样的话，除去服务的当事人和采用的治疗技术因素外，如果你仅仅具有一种环境下的工作经验，那么，在一个完全不同的环境中进行实习就是一种再教育了。

职业规划

几乎所有的实习生都应该尽力避免使用不成熟的所谓“专长”，但并不意味着在选择实习岗位时，就应该完全忽略掉职业规划。如果你在完成实习任务不久就希望寻找工作或进一步深造的话，这一点就尤其重要。那些准备进入就业市场或继续深造的实习生通常都是希望目前的岗位能为他们提供更多的有利条件，以便能更容易地被未来的雇主或院校所接纳。这是一个合情合理的策略。因为在实习单位里所获得的经验以及督导者的推荐信对以后工作都是很有帮助的。如果你正打算找工作，你可能就想仔细了解就业市场以确定雇主所需求的技术和经验；同样，如果继续深造是你的目标，你可能想联系一下该院校并了解清楚在申请时他们看重什么样的工作经历。

如果你对自己的职业或未来的学术安排还不是太清楚的话，在选择实习岗位之前，你也许想与自己的导师讨论一下任何有关职业或教育方面的问题。你也可以浏览一下目前和自己职业有关的书籍。这些书通常是由你所在的专业性组织出版并通过该组织可以得到的。在获得初步的兴趣和可行性方案的基础上，你就可以更好地选择一个岗位。当然，这个岗位要使你获得必要的经验以有利于对未来的职业方向做出判断。

在得到训练经验之前，实习生还会发现搞好关系也是有帮助的。在整个训练过程中，如果有一个可以咨询的顾问，就可以提高临床技能并对职业判定也有帮助(Ragins & Cotton，1999)。对于女生和少数民族学生来说，处理好与指导人员之间的关系具有特殊的益处(Foxhall，2001；Waters，2001)。

实际问题：地点和时间

我们提出的这个问题主要与临床经验的性质和质量以及接受训练的情况有很大关系。像实习单位的位置、时间安排如何与实习单位的时间安排一致这样实际的担心，尽管微不足道，但也并非可以弃之不理。

如果你有能力的话，就试着挑选一些容易进入的单位。这就会使你在实习单位里待的时间多一些，而挑选单位的时间少一些。在某些地区，来往于实习单位之间的安全因素也要考虑进去。无论你在哪里找到单位，最好事先咨询一下督导员和单位的其他人员有关本地的安全问题。有时候，如果你做好了防备，那么，想象中的“恐怖”地区实际上对你的安全并不构成威胁。流露出任何的担心或向你的合作伙伴征求建议时不要觉得尴尬。

在特定的时间出现在自己的岗位上，对于实习生是很重要的。理想的状况是，实习生应该每星期至少三天，每天至少 2～3 个小时待在工作岗位上。那些“三天打鱼两天晒网”的实习生其实并没有完全进入岗位的常规工作中。除非实习生踏踏实实地从事一些基础性的工作，单位的同事和当事人才可能与之融洽相处并对其充满信心。那样，才便于他们真正进入活动之中。请记住，就实习作为就业的准备而言，按时出勤是显示你对工作是否情愿的重要表现。

在安排自己的时间表并与单位达成协议的时候，要尽量客观地考虑自己可以支配的时间。许多实习生由于有强烈的学习愿望而尽力完成单位安排的工作，却透支了自己的时间。学习的动机固然是值得赞赏的，但是，如果你过分透支的话，结局就会令自己和单位都失望了。

在安排工作时间时，生活中的其他因素也要考虑进去，如家庭、朋友以及其他的课堂学习。试着把那些可以预料到的"零碎的"时间也考虑进去。那些时间你可以用来进行学术研究或安排自己的事务。如果学期中或学期末你将需要额外的时间来温习功课，或者那个时候你正在准备写文章或毕业论文，那么，你就要提前与督导员进行沟通并做出调整。同样，如果要进行课外活动，在安排时间时也要考虑进去。如果学术研究或其他要做的事情牢牢地限制了应该用来实习的时间，或者，如果你的时间安排过分摇摆以致无法留出连续的时间来实习，那么，就要考虑在其他时间安排实习，也许改变一下时间表的其他细节会更合理。把实习时间安排得靠前一点会更好，省得把自己弄得狼狈不堪，得到的却是无益的经验。

尽管我强调了保持时间安排连续性的重要意义，但是，许多单位的活动每天都是不一样的，而且每天的不同时段也有变化。要想获得实习活动的节奏感，你就要尝试着在常规的时间安排之外的其他时间段内来进行实习。这对于在慈善机构的实习或其他定期有当事人来访的居民区的实习尤其重要。在这样的单位里，晚上或周末的活动安排和活动氛围明显与一周内每天日间的活动不同。只有晚上过来或者只有在周末旅行中才接触到当事人的实习生，才会看到当事人和机构异乎寻常的一面。那种场合也为实习生提供了医患之间相互影响以及从更多个人的层面上认识当事人和单位同事的绝佳的机会。

能力与安全

这个时候做出最后的决定并非明智之举。在选择岗位时，你应该仔细考虑一下与从事自己喜欢的任务有关的个人能力状况以及接受培训的状况。一个岗位可以扩展你的知识和能力，但是，你也不能在这上面放纵自己，以免危及自己或当事人的安全。如果当事人的病情类型、治疗评估方案的专业要求或者其他的服务项目超出了你目前的能力范围，这个时候，你就应该对问题再重新确认并与导师和督导员进行讨论。

这个原则不光是在选择岗位时会用到，在最后的整个选择过程中都会使用到。如果在某个时候不得不做一些超出能力和知识范围的事情，并且还有危险的话，你就应该把这些情况告诉督导员或导师，并在开始之前，确保获得必要的支持和帮助以保证安全。这个问题在后面第三章谈到伦理问题时还要讨论。

练习

如果你以前没有做过这样的练习，就请翻到本书后面的实习岗位表，然后完成学生表格一栏(附录 A)。我建议你复印一份这样的表格送给导师或督导员。完成这样的表格有助于你检验自己的能力和需求。通过它所反映出的信息,督导员对你的培养目标会更清楚,并由此可以更好地满足你的教育需求。

档案记录、会面和信件

在考虑什么样的岗位最符合自己的兴趣时,切记那些岗位上的人也正在从申请者中间寻找具有专业技能的人。单位负责人的测评结果确定出了在挑选和拒绝申请人过程中所考虑的一些因素(Rodolfa et al.,1999;Mellott et al.,1997)。在最常见的决定性因素中,推荐信、督导下的临床经验、个人的拜见、申请者个人的陈述、专业课堂活动、学业平均成绩、专业出版物和研究报告以及接受专业培训内容的一致性,都是既能满足申请者个人目标又不违背岗位要求的。罗皮兹、欧勒特和莫伯利(Lopez,Oehlert,& Moberly,1996)也指出了失败的申请者所犯的共同的毛病,如缺乏临床经验、对特殊人群诊治经验的不足、蹩脚的写作能力以及可怜的专业技术。

你也可以提前采取一些准备措施,增加被所申请的岗位录用的机会。两大关键的因素是准备一份档案记录和模拟会面的场景。假如他们十分看重临床写作,同时督导员也时常流露出对实习生写作技能缺乏问题的关注的话,你也许需要温习一下第七章和第八章,这两章都提到了临床写作和病历记录。

档案记录

相对说来,尽管没有几所本科或研究生院校明确地把档案记录列入正规课程,但是,我极力地鼓励你开始着手并保留一份自己的档案资料,同时也希望你能把这个建议传达给同伴和刚刚入门的学生。实际上,档案记录是一份在你学术研究和专业学习经历过程中所学课程和其他活动的综合记录(Mellott et al.,1997)。一般的做法是把这些记录分门别类地糅合进不同的项目。当然,这些项目要么是基于班级(不同的班级有不同的项目),要么是基于材料的类型(如课程的字母顺序、课本或其他读物、考试、论文、评价、荣誉或奖励、课外活动、推荐信等)。

你在积累临床经验的时候,也会想把有些事情记录下来,如在不同环境中工作的时间、临床活动的类型和所用的时间、遇到的当事人人数和种类、所采用的危机干预技术、督导的时间和特征。要想得到更多详细的建议,巴特勒和鲁道法(Bartler & Rodolfa,1999)就提供了如何计算经验性时间的具体指导方针。如果你已经写出了会面、评估或其他内容的情况报告,那么,把它们复印下来作为范文将是有帮助的(姓名和其他识别信息要删除以保护隐私)(Mellott et al.,1997)。为了方便保存这些记录,你可以用附录 J 中的表格。

在学习和训练过程中,通过及早开始准备档案材料,在整个职业活动中,你将会积累一套规范有序的活动记录。和那些仅仅报告平均成绩和所学课程的学生不同的是,你将拥有一份真实而明确的活动记录。它对你是一个很大的优势,并有助于单位对你的资质有一个完满而精确的评价。其附带的好处是,当你最后申请注册医师证书的时候,你的档案材料中所保存的种种信息将显示出它的作用。因为许多注册机构都要求提交详细的报告,包括你所遇到的当事人类型、写过的诊治报告、接受督导的时间等。

会面

许多人都没有意识到这一点,但是,有效会面的关键是在此之前你做了什么,而不仅仅在于会面当中所发生的事情。其原因在于,事先精心的准备将大大增加局面顺畅发展的可能性。如果你准备充分了,真正的会面通常就会进展顺畅。

在准备会面时,首先要了解一些未来实习单位的信息。你应该了解该单位的历史、服务的对象和单位成员的情况,尤其是你将会面的那个人的情况。你也应该尽力和其他实习生或单位成员交流一下,以便了解该单位的日常运作情况、实习生们所期望的事情以及可以获得的机会情况。除了了解实习单位之外,也要对自己的资格重新认识一下,这样,你就可以自信地陈述自己的经历以及你必须向单位提供的东西。练习回答雇主可能问到的问题也是很有好处的。这种练习不应该仅仅从心理上进行,你应该找另外一个人充当雇主的角色向你直接提问。你甚至可以把整个过程录下来,以便日后可以回顾其中的细节并检讨自己回答问题的内容和方式。在练习会面场景的时候,一定要确保档案材料已经准备好并用它来详细地陈述自己的经历和工作业绩。

下面的一些问题可能是你在会面当中会被问到的:你为什么申请这个特殊的岗位?你主要的学习和训练目标是什么?你希望督导员的经验是什么?你有什么特殊的技能以保证自己能适应这个岗位?你感觉还有哪些方面或哪些技能需要提高?你的长期职业目标是什么?

除了回答以上指明的问题之外,你也需要应对假定的案例情景。这个时候,一个有效的应对策略就是一步一步地接近所设定的目标。刚开始,你可以大声地评点所提供的信息,然后就按部就班地确定自己的主见及其理由。大多数情况下,回答这类问题的目的不是尽快地确定一个"正确答案",相反,是为了证明你具有细心、系统、广博的推理能力。问题的关键并不在于表明"你将做什么",而是表明你如何达到那个决定并给出原因。请记住,表现出求教的态度,或者当案例超出了经验或知识范围时而表现出需要寻求帮助的姿态,都是完全可以理解的。

在会面中,申请者经常忽略的最后一个因素是在会面之后的一两天内寄送一封感谢信。这个通常被忽视的简单的礼貌之举,雇主们是会注意到并记在心里的。

练习

和一名同学一起,通过相互提问事先确定好的问题来准备单位的会面。每个人都要扮演一次雇主和申请者。有可能的话还要把这个互动的场景录制下来以备日后观看。如果方便的话，找一个第三者来观看你们的表演并给出建设性的反馈意见。你可能也想拜见一下母校职业服务中心的人，并就应对面试中的问题寻求他们的帮助。反复的练习之后，某些面试技巧肯定会不断地提高。所以，要不厌其烦地模拟并练习与那些每次提问都有变化的人会面的场景。

申请信和推荐信

准备申请过程的两个步骤是保存一份档案记录和练习面试。申请信和推荐信是提高申请能力的两个补充条件。米切尔（Mitchel，1996）就申请信的问题提供了几条简洁而重要的建议，并罗列了几种方法来保证别人以你的名义写的申请信尽可能管用。

在准备自己的申请信中，米切尔所强调的是，你不要仅仅重复说一些自己履历表上的内容和那些有助于你在读者面前表现突出的东西，这些内容也许是值得骄傲的个人经历或某种成绩的展示。此外，你还应该确保自己能够说出追求这一特殊岗位的理由，还要提到自己在那里所希望达到的特别的目标。客观地看待自己的能力、不足和兴趣爱好，也将会有助于得到那个岗位并保证自己以后能够适应。

把自己的想法说出来，并尽可能创设一个轻松而便利的工作环境，是有助于别人帮你准备推荐信的。在借用别人的名字之前要亲自去征求人家的同意。当你拿出类似于推荐表的文字材料的时候，你要尽可能地把自己能够完成的项目写上，以示礼貌，把那些参考性的评价内容让别人来完成。你还应该把一个指明如何邮寄以及何时邮寄的便条和写好地址、贴好邮票的信封一并交给别人（如有些信函是要求在信封外面的盖章处签名的）。通常在截止日期的前一周把材料寄到是最合适的，也是礼貌的。当别人代你完成推荐之后，一定要寄一封感谢信并让他知道整个申请过程的进展情况。

申请者的权利

在结束申请过程问题的讨论之前，有关求职者或岗位申请人自身权利的几点说明也要交代一下。朱尼（Juni，1997）指出：在岗位选择过程中，申请人的权利被漠视的现象是很常见的。例如，在会面过程中，通常会被问到一些与家庭和个人健康有关的冒犯性问题。有时候，申请者是没有权利看到自己的推荐信的，他们被迫回答过于具有侵犯性的问题，或被迫放弃选择工作或实习岗位的权利。其实，这样的尴尬经历是不应该让申请人体验的。

实习协议

一旦找到了满足自己需要的岗位、督导员和学习机会，而且实习单位也同意接收你参加培训，下一步就是签署一份实习单位如何履行义务的协议。在开始实习之前，有两种协议应该制定好。首先，你所在的学术机构和实习单位之间应该有一份书面协议。接着，你要与导师或督导员签署一份专门记录个人实习表现的协议。一开始就签署这样的协议，有助于以后避免相互之间的误解，或与单位、督导员之间因期望目标不同而产生矛盾。

机构之间的协议

随意安排实习活动的情况也不是不存在的。学术结构和实习单位都意识到有必要去培训学生、教师和实习主管，并进行了比较简单的安排。这样的实习安排用电话达成简单的口头协议就足够了。在其他情况下，主动的一方应起草一份友善性的公函送给接收单位，以显示实习的非私人性。

随着社会交往和个人健康护理水平越来越法制化，签定更加规范和详细的实习协议的主观需求也在不断上升。在目前的环境下，对于实习生、实习单位或学术机构来说，不签署书面的协议而进行实习或开展类似的学习活动都可能是愚蠢的行为。

没有两个实习单位或研究项目是完全相同的。所以，签署这样的协议也没有单一的固定模式。然而，有一些共同的因素还是应该指出来的(Gelman，Pollack，& Auerbach，1996；Thibadeau & Christian，1985)。在一份社会工作专业培训协议构成要素的研究报告中，格尔曼和沃德尔(Gelman & Wardell，1988)从 271 份社会工作研究项目的样本中(包括本科生项目和研究生项目)分析了问卷的回答结果。同样的测量还收集到了 92 个学校的真实培训协议(问卷的内容没有变化)。根据这些信息，格尔曼最后归纳出了四种培训协议。这些协议包括了以前被他称之为“友好”(实际上属于真诚)而没有法律文字证据的合作安排，以及主要用来解决可能性冲突的更加技术化的协议文件。格尔曼把另外一种协议标明为“否定的声明”。他的研究报告显示，协议样本中有一半的协议可以归入“友好”一类，而仅仅有少数几个符合“否认的声明”的模式。剩下的大量协议则被冠之以“联合/合作”协议。这些协议对大多数项目都是可行的。

典型的联合/合作协议的开始部分都指明其重要性，明确双方的利益以及学术机构、学生和实习单位分担学习机会的责任。紧接其后的是明确各方协商后确定下来的期望目标，其中包括：允许学生观摩或参与既定的活动，提供专项的学习活动，在固定的时间内提供专业性的督导，以及与学术机构和导师保持联系。学术机构一方要承诺让实习学生的处境良好，且有充分的准备时间来参加既定的实习活动。他们还要提供一名联络导师参与该项工作，明确导师的作用并指出实习评估的程序。在这种类型的协议中，学生的责任包括：遵守职业规范，参加既定的实习，履行协议中的义务，遇到问题或麻烦时及时通知督导员和导师。有时，着装和行为方面的要求以及再次接受评估的程序也在学生的职责范围之内。

为了优化1988年的研究结果，格尔曼和他的同事们(1996)还调查了至少268个提供社会工作培训的本科院校和研究生院校。结果显示，95%以上的实习项目都与专业机构签署了协议。对原始结论和以前讨论过的情况进行深入研究后发现，问答式的社会工作实习项目的协议都列出了类似于学生和督导员的责任、伦理规范、业绩评估、法律等问题。

协议中的法律问题最常见的有两个方面：(1)实习生在单位里伤害到当事人或其他人的可能性有多大；(2)实习生在单位里自己受到伤害的可能性有多大。协议中解决这类问题的条款应该清楚地指明双方责任如何划分，其中包括指明其是否属于意外保险的范围。

在目前针对志愿者或雇员的险种里，许多单位就为实习生提供了意外保险和伤害保险。如果这些可能性确实存在的话，实习生和学校就很有必要与实习单位制定一份合同来正式地把自己也包括进保险政策所覆盖的人群之中。类似的情况在现场学习协议中也是应该有所体现的。

除了任何实习单位都提供的义务性保护之外，格尔曼(1990)还发现，60%签署联合/合作协议的学校也为学生提供了义务性保护的条款。除了单位的有关政策外，一些学校还希望学生个人去争取自己应该得到的保险。其他的一些实习项目活动则完全把保险的事情推给了学生个人。看一下格尔曼等人(1996)的研究就会发现，有2.3%的项目显示，有一部分学生，还有大部分督导员已经在意外保险理赔中榜上有名。这种情况对于更多的实习单位为学生和督导员提供保险肯定会有参考价值。无论何种情况，现场学习协议都应该指明谁将承担保险，承担什么样的险种以及这种险种覆盖的范围和限制的条件。如果遇到要为实习岗位的督导员和学术机构的实习导师提供保险时，这样的情况也是适用的。

根据研究项目和实习活动的不同，现场学习协议还应该包括附带的内容，或指出存在的其他问题。但是，我们前面讨论到的内容至少应该包括在内。这样的协议应该由学术导师一方、现场督导员一方以及负责大学和专业团体的管理者一方共同来签署。多数情况下，学生也应该签署这样的协议。

假如关心责任问题和其他法律问题的话，让来自学术机构和专业团体的律师和风险处理官员参与起草和修订现场学习协议是有意义的。然而，与此同时，格尔曼(1990)也表示了他的担忧：如果起草或修订这些协议的律师对现场学习的重要性和功能一窍不通，就可能使这些协议既繁琐又不完善，其结果就将导致现场学习成为不可能的事情。学术机构和专业团体需要认清现场学习的重要性并齐心协力来保证由此得到的经验对于当事人、学生、督导员、导师和其他人都是安全的。起草一份完备的现场学习协议是该过程最重要的部分。但是，它并不能代替参与者负责任的、专业性的实践工作。

不管研究项目或实习活动目前是否在正式协议的规范下运作，搞清楚协议所提出的问题也是实习生最感兴趣的事情。如果所在的学校与代理机构之间有书面协议，你要想办法复印一份，仔细阅读一下，并弄明白它是如何影响你所承担的角色、责任和冒险性行为的。如果不清楚的话，最好咨询一下项目导师。如果这样的协议不存在，你就要灵活地处理并请求导师出具一份至少和自己应尽的义务有关的书面说明。义务和其他法律、伦理问题在第三章会讨论到，在开始实习之前，你要仔细地阅读一下。

个人的实习活动协议

附录 C 中有一份个人的实习活动协议格式范本。正如范本中所显示的，这样的实习活动协议应该说明实习单位希望你工作的天数和每天工作的时间，你将拥有的职责以及所接受督导的性质和范围。协议还应该允许你的工作目标具有弹性，并且实习期间达到这些目标的途径也不能规定得过于死板。

正规的协议鼓励人们从一开始就对自己所期望的目标和应该担负的责任一清二楚。正像科斯塔(Costa，1994)和弗里曼(Freeman，1993)所指出的那样，这样的协议框架可以减少受训人员在开始实习时通常所感觉到的忧虑。在签署协议时，实习生、导师和督导员三方可以在一起专门地制订活动的细节，如希望实习生什么时间来上班，什么时候提供督导服务，实习生可以观摩和参与哪些活动，以及如何评估实习生的成绩等。

评估

在实习之初就启动评估程序是一个不错的想法，其原因在于每一个实习活动所能提供的工作体验和用人期望是不同的，而实习生的个人目标也千差万别。为了避免日后产生误解，在实习活动开始前，实习生、导师和督导员就应该在业绩评估、晋级标准、晋级程序方面达成一致。每个人都可以献计献策，以确保评估程序具有建设性，且有助于所有学习活动经验的获得。

如果导师或督导员有一套既定的评估模式，那你就仔细地领会一下以确保理解。而如果导师或督导员没有这样的模式，你可能就应看看附录 D 和 E 中所提供的范本了。不管使用什么样的评估体系，都要避免把注意力过分集中在自己获得的级别高低倾向上。但是，还是要不断寻找并善于吸纳有助于改善临床知识、提高业绩的经验反馈。如果过分注重评估的级别而不是业务的学习，那么，为了避免级别的下降就可能疏于应对工作中的新挑战，这样，将反过来进一步影响你的等级。

要防止出现这种情况，一个办法就是与导师或督导员一起制定一个方案。当然，他们要允许并鼓励你尝试一些新的技术，并认可你将来的发展方向。把成绩的提高与技术水平的改善放在一起综合评估就是解决这种情况的一个范例。你也可能会有其他的办法。不管最终使用什么样的评估体系,都要首先保证自己真正清楚,导师和督导员也同意其程序和标准。我们在第五章对此有详细的讨论。

充分利用实习活动

当完成了本章所讨论的所有步骤时,就该准备开始实习了。下面几点将有助于你充分利用实习机会并从本书中获得最大收益。

学术生活与"现实世界"

所有实习生都发现的一个事实是,实习活动所要求的技能和知识与课堂上所学的是不一样的。正规的专业课堂强调的是"事实知识"。大部分专业考试的重点是放在考核你知道什么,而课堂上清清楚楚教给你的就是你所必须知道的。在学校里的时候,大部分学生都知道教育机制是好的。只要上课用心,学习努力并记住所学的知识,就有可能通过考试。我们要把这种情况与真正的实习活动里的情况做个对比。

在实习活动中所看重的不是你知道什么,而是你做了什么。在课堂上,如果你能够辨别出每一个主要治疗技术的创立者或者详细地说出五种人格理论,就算是不错了。然而,在实习活动中,这些还是远远不够的。在那里,信息是否有用取决于你用所知道的做了什么,以及如何把遇到的情形与所学的知识联系起来。罗尼斯特德和史考夫荷特(Ronnestad & Skovholt, 1993)就提到了在把知识应用到实践中时所遇到的挑战就是"理论-实践鸿沟"(the theory-practice gulf)。如果在实习之前你经历过这样的鸿沟,那也是不奇怪的。拉斯金(Raskin, 1994)报告说,在社会工作中,有研究专业教育的专家认为,在课堂学习和专业指导之间仍然存在着"匹配缺乏"(lack of fit)。

实习活动和课堂学习之间的另外一个差别就是,在实习之前不可能很清楚自己必须知道哪些知识。在我所知道的关于生活的最贴切的说法中,有一句可以很好地应用在实习活动:"生活所给予的,首先是测验,然后是教训(Life gives the test first, then the lesson)。"在实习活动里,在任何时间内,你都会被要求应用所拥有的任何知识或技能,也可能是自己所不具有的知识或技能。为此,你的学习方法必须在大体上为将来获得理解人际和交往活动提供准备,必须教会你灵活处事、独立思考、未雨绸缪,以及让你了解到:等级根本不代表过去的一切。

如果期望实习活动仅仅发生在团体中和课堂活动中,你肯定会感到吃惊,肯定会产生困惑,而且也不可能做好。另外,如果真正认识到工作经验尽管和学术活动明显不同,但还是有联系的,那么,你极有可能从实习活动中受益并获得成功。

记住:你是一名学生

实习活动和课堂是不一样的。但是,你在实习活动中的角色主要还是学习。牢记这一点是有帮助的，因为它能使你自觉地认识到，自己必须去探究一切知识。弗里德曼和凯斯洛(Friedman & Kaslow，1986)曾描述过，在培训的开始阶段，接受督导的人经常受到自我怀疑和矛盾情绪的烦忧。这些烦忧反映了他们对自己专业身份不成熟的认识，以及目前所具有的工作技能的极度缺乏。凯斯洛和赖斯(Rice，1987)在讨论实习生所经历的发展阶段时也有过类似的观察结果。

减少伴随培训而来的压力的一个方法，就是要诚实地看待自己有限的技能或知识。如果有哪些东西自己不知道，可以简单地说一句"我不清楚"。如果看见或听见了自己不明白的事情，就可以让导师或督导员解释一下。实习的目的不是用你的聪明或老练来影响每一个人，因为有时候，实习生会试图来掩饰他们所做的事情以免显得愚蠢或无知。所以，我极力地鼓励学生要坦诚地公开自己所要学习的东西。如果你能做到这一点并承认确有自己不懂但想学习的东西，那么，你在实习中就会大获收益。

充分利用无知

许多学生很担心公开表现无知将使自己产生脆弱的感觉。在一定程度上，这是对的。但是，当我们感到脆弱的时候，就会获得有价值的学习和发展。而且，假定脆弱就是无助或无能的同义语，那本身就是错误的。牢记"无知也可以成为优势"这句话，是会有帮助的。

正因为我们不可能期望实习生知道所有的事情，所以他们就可以问一些别人害怕提出的问题。同样，新来的实习生就可以在很多方面看到新的东西，这些东西是那些在此工作多年的人从来没有注意到的。通过承认自己还有不知道的东西，不仅可以提高学习的潜力，还可以在通常的职业之外获得一种特殊的许可和权力。当你拥有这样的机会时，就应该珍惜它。当得到了学位并进入职业角色时，你就没有那么容易承认自己一无所知了。

在"学习的边界"开展工作

如果说，承认自己的无知是通向学习的第一步的话，那么，甘愿冒险并拓展自己的能力就成为关键的第二步。实习活动允许你尝试使用自己以前看到过的新技术。为了发展这些技术，就必须反复试验并从成功和失败中得到启示。对实习生有益且日后在治疗中有用的一个理念是"学习边界"(learning edge)思想。这个术语是指恰好超出一个人目前的知识或技能水平的那个边界点。这个点并不是近在咫尺以致于使我们处于一种犯错误的危险境地，而是超出了我们习以为常的效用和适应水平。这样的错误可能对自己或对他人都是一种灾难。

在实习活动中，你经常会正好处在"学习边界"上。这和范·吉尔特(Van Geert，1998)所使用的"接近发展的地带"(zone of proximal development)的概念是可以做对比的。也就是说，这一地带是在“事实发展”(actual development)和“可能发展”(potential development)之间起作用的技能范围。你如果发现自己感觉太麻木的话，可能应该找督导员谈谈在某些方面扩大活动范围的事情了。如果认识到了自己需要发展的知识或技能，你可能会自讨苦吃。但也必须意识到，为了进步就需要接受这种困苦并身体力行。除了需要培育的专门技能或必须获得的信息之外，熟悉并适应自己的“学习边界”，就是从实习活动中可以学到的最重要的课程之一。

记住：你确实掌握某些知识

在培育和试验技能的同时，实习活动也为你提供了整合在学术研究项目中所获信息的机会。尽管实习活动和学术课堂是不一样的，但是，它还是可以提供宝贵的机会来回顾以前学过的知识。人类发展、文化、性别问题、团体系统、人格理论、评估、变态心理学和其他课程都是和实习活动有关系的。

知识的整合是很重要的。最近，有一个学生刚刚在课堂上学了一门课程，在开始实习时，他经常表现得似乎忘记了所学的内容。一定要尽量避免犯那样的错误。如果学过了人类发展学，那么你和不同年龄的人在一起工作时，就要考虑一下课程中所学的东西；如果上过了人格理论课，那么，你就要问问自己：不同的理论家如何看待目前临床条件下所遇到的人；如果正在一个团体机构中工作，你就要考虑一下团体系统课中的哪些知识有助于你理解该机构和它所服务的当事人。这样的机会将会加强理解，并使你有机会将理论和现实做对比。问题的重点不仅仅在于你知道什么，而且是在实习活动中，你用所学的知识能够做什么。

练习

为了提高你的自信心和自尊心，花上几分钟时间，把你认为有助于实习活动的课程或学习经验列举出来。对于每一门课程都要努力找出其中特殊的概念、理论、发现的结果，或者那些可以付诸实践以助于理解背景和当事人的应用成果。例如，人类发展学有助于你理解青少年当事人正面临的一些挑战；同样，系统理论课可以使你洞察当事人的家庭动力因素。当你列出了自己感觉有益的东西时，接着就要考虑并识别出哪些领域是自己所不知道并希望进一步发展的。这种方法可以提醒自己对那些应该谨慎接近的领域保持警惕并有助于自己规划学习计划以弥补明显存在的不足。

在需要的时候获取帮助

最后一点建议在本书中会重复提到：如果你对实习活动有任何疑问或问题，一定要获取帮助。在实习活动中，识别出什么时候形势或安排超出了你的能力以及何时需要获取帮助来解决此问题都是十分必要的。你所需要的帮助可能包括了从伦理问题到如何写一种特定的病历记录，也有可能是服务于一个特别难缠的当事人的事情，又或者，是遇到与同事或督导员无法和睦相处的事情。不管是什么样的困难，当问题进一步发展时，都要获取帮助并尽早着手解决。

可以作为资源利用的人包括学校导师、岗位督导员、同伴以及其他员工。如果没有这些人可以利用，实习机构或大学之外的其他专业人士也是可以提供帮助的。重要的一点是，你不是一个人，且没有人期望你自己可以做所有的事情。这一点并不仅仅是你在实习活动中需要践行的格言，它还是一个负责任的职业行为的基本原则。如果在第一个实习岗位上遵循这一点的话，就会有一个很好的开局。

正因为对实习生而言，拥有寻求帮助的愿望并在紧急情况下知道去哪里寻求帮助是绝对必要的，所以，完成附录 F 中的“紧急联络和程序实施信息表”是个很好的主意。该表列出了姓名、电话号码以及其他信息——当应急的督导员或导师找不到时需要作为后备力量联系的岗位督导员、学校教员或其他人员。表格还列出了循序渐进的实施程序和可以帮助医院摆脱危机的特殊人物。

完成危机联络表，目前看来似乎是不必要的。但是，如果危机发生在半夜而你又找不到主要的督导员或导师来帮忙时，能够很容易地得到其他人的联系电话也将令你感到欣慰。在我做实习生时，就曾经需要过这样的支援，并曾经以督导员和导师的身份把这些信息提供给学生。开始实习时，就要完成这样一个表格，并复印两份分别保存在单位和家里，在需要帮助时就拿出来使用。

使用本书

我已经讲过了实习活动和一般的学术课堂的区别。有了这样的认识，看到本书不是典型的教材就不应该感到吃惊了。

材料和参考

在写本书时，我尝试着尽力为你呈现将来与实习活动紧密相关的信息。每一章都设计为提供实习活动中极有可能需要的，以及未来长期的职业工作中所必备的技能。我希望你将把本书作为一个参考来源以有助于为实习活动做准备，并应付这一过程中所出现的问题。然而，我敢肯定，本书的每一章都对应了标题的内容。因为，这种篇幅的课本不可能涉及任何领域都要了解的所有问题。因此，本书最好被看做是一本启蒙参考材料。如果你需要更多的信息或对某一章十分感兴趣，就请阅读一下书中所引用的参考资料。

互动性阅读

“找出你放进去的东西”尽管已经成为指导阅读的一句陈词滥调，但毕竟是一个真理。如果像阅读其他课本一样阅读本书，且主要为了标注考试中可能会出现的那些内容，那无疑将是浪费时间。这本书不应该那样去读。阅读时应该提出问题、建立联系，并想想对自己的工作有什么隐含的启发。你应该去澄清不理解的问题。如果不同意我书中的观点还可以提出挑战。在书的扉页上随便写上一些感想，把自己感兴趣的主要思想标示出来，写读书笔记，并与同伴和督导员讨论阅读心得。

千万不要让阅读过程仅仅成为"我写书，你读书"的过程。相反，它应该是"这是我的思想和想法，你认为如何呢?"不管做出什么反应，重要的是你有了一些反应，那将成为问题的开始，学习也能从那里开始前进了。

做练习

我痴心于和实习生一起工作的部分原因在于对体验重要性和探究式学习的强烈信念。在帮助实习生充分利用经验的过程中，我把工作任务当做提供信息和刺激创新思考的渠道。在本书中，我尝试刺激思考的方法之一是提供与每一章主题有关的练习。

如果你的目标仅仅是"完成"本书，或如果你的时间很紧张的话，可能就会产生忽略练习或活动建议的倾向。我希望你能抵制住那种倾向，并在练习上花一些时间。可能给定的练习对你是不必要的，但是，在你用它检测自己所学的知识之前是不会真正清楚这一点的。告诉自己知道了某些事情是一回事，用严谨系统的方法真正探索并表达一个问题是另外一回事。在我做导师和督导员的经验中以及作为一名临床医师的实际工作中，我不断吃惊地发现，通常你自以为知道了某些事情，但接着就会有一个完全崭新的顿悟或理解出现。

日志工作的介绍

和强调活动学习和自我反馈相呼应的是，个人的日志工作也是实习活动经验中尤其重要的一个组成部分。做有效的日志是要花时间的，但好的日志提供了一种独一无二的有价值的学习形式。

许多记日志的学生和导师并没有充分利用这一过程，因为他们不清楚什么事情该记或者为什么要记。为了充分利用日志记录，你应该用它来(1) 记录实习活动的经验；(2) 反馈自己的经验以更好地理解情绪变化、对当事人的想法、对治疗的印象等；(3) 记录问题、观点或发现；(4) 完成贯穿本书的练习。

经验、反应和想法的记录

我建议实习生们每天的活动日志从列出哪一天、哪一年、几点钟开始，接着列出并简要描述一下那天实习的主要活动内容。按照时间顺序排列的模式是很方便的：记录活动、当事人、工作的同事以及当天其他突出的信息。写日志的时候，要牢记保密原则,像第三章所说的,使用通称的术语或单一字母的缩写形式来标明当事人的名字就是个不错的做法。下面就是一份这种类型日志条目的范例。

星期四,2001 年 4 月 21 日,10:00——14:00

10:00~10:30 拜见雷切尔女士(督导员),并加入昨天的小组。对 J 和 R 控制该小组没有异议。B 莫名其妙地感到烦躁,明天的小组活动中我们将讨论这些现象。还和雷切尔讨论了下周五会议上的计划。她批准了我的缺席。在下周三的全体会议上,我要向成员报告会议的反馈意见。

10:30~12:00 在罗伯特·琼斯(治疗师)的督导下,参与了当事人的娱乐活动,在杰弗森公园玩了垒球。结束游戏,当事人似乎很满足。

12:00~13:00 在餐厅吃饭,和两个以前不认识的当事人 A 和 N 在一起吃饭。今天是 A 来这里的第一天,她很紧张但似乎正在克服。N 已经来这里三个星期了,他正盼望着本周家人来探望他。

13:00~14:00 整理、计算 F 的贝克抑郁问卷量表,与督导员和 F 讨论测查结果,为当事人记录写简单的摘要。

日志条目除描述当天发生的事件外,还应该记录在不固定的时间内从事的多种活动,如环境的观测、评估、治疗和病情会议等。如果你从事入院的面试活动,那么就要写病情报告或完成心理评估,并保存一份包含测查的种类、结果的分析以及项目得分等特殊信息的记录。

实习活动中记录自己的体验有多种目的。这些活动的证明文件可以使督导员或导师了解你所做的事情。这些日志记录在日后找工作和在不同的临床活动中需要出示工作经验时都会发挥作用。记录中会面的次数、治疗的讨论会、评估活动等尤其有助于该目的的达成。这样的信息通常在毕业实习活动中是有要求的。在许多州,它也是职业资格申请材料的一部分。

在记下所做事情的同时,保存正规的日志条目的过程也是一个保持记录习惯的过程。准确而及时的记录是负责任的临床工作所必不可少的。但是,记录的保存却总是被忽视。每天进行记录,你以后就可能会得心应手。为了发挥日志应有的功能并保持内容的精确,你就必须避免相当一部分实习生都犯的平时不注意,到学期末才努力凭借记忆去补充的所谓"策略"。相反,在每天的工作结束之时,花上几分钟写下日志也是实习活动时间分配的一部分。

思考与探索

日志本身的记录保持功能是重要的,但是,它们的真正价值体现在当实习生的活动超出了日志中记录的内容而回头用记录来深入思考其感受之时。通过把使用日志当做探索和发展经验的机会，实习生可以获得对当事人、实习环境、临床进程尤其是他们自身的深入理解。于是，记日志就成为自我督导的一种形式，且可以明显地提高日志本身和实习活动的效益。

为了说明记日志工作的方法，我们假定一名实习生观察到一个过去总是滔滔不绝的当事人似乎沉默寡言起来了，这个现象就导致该实习生去思考并写下当事人行为发生变化的影响因素。他可能会考虑实习活动中或当事人生活中最近发生的事情，实习单位里常见的情绪因素也要被考虑进去，因为，治疗的要旨、治疗的阶段以及其他一系列相关的因素都会先入为主地参与进去。实习生在日志中要达到"正确"的解释是大可不必的。真正重要的是实习生正在仔细地观察问题并努力去理解问题。

当然，对于实习生而言，详细地探究实习活动中每天所发生的每一件事情也是不可能的。这将意味着，你必须把日志中要记录的内容加以甄别。办法之一就是把精力集中到2～3个主要的思想或问题上，并把它们详细地记下来。一个实习生可能会参与到一个对具体当事人的了解、环境变化的影响分析、督导经验的交流或其他有趣主题的活动进展过程中。

不论你的日志记录了外面发生的什么事情，为了获得最大的收益，个人内心的体验才是必要的。实习生应该用日志来反映他们情感的动态、思想和行为。这种反映的目的不应该是去"评估"或者得出结论——自己做得好或不好，相反，其目的是通过反映自己所经历的事情来提高自我意识和理解的水平。我的一个学生的日志条目就很好地说明了这一点。

> 学校里的一名学生今天确实骂了我一顿，T身上有一种我最喜欢的东西，我们通常相处得很好，今天他惹上了不少麻烦，所以我就问他原因。他把所有的都忘记了，他打电话叫我各种各样的外号且做出攻击我的表现。我都被气炸了。我不明白他为什么会那样，我真的被他的话伤害了。我想可能是我错了。他是那样烦躁，我本应该能够帮助他平静下来。尤其难堪的是，其他一些孩子和不少同事都看到了全过程。同事后来对我很友好，可是我仍觉得被钉死了。我希望在这里帮助这些孩子，可是有时候，我似乎对他们真的什么也做不了。有时候，我怀疑是不是我需要每个人都过分地喜欢我。

这种自我表达的过程在长时间内都会帮助实习生度过这段经历并从中学到知识。它也为与导师或督导员进行讨论提供了很好的基础。使这一过程有价值的关键是：尽其所能对自己所想、所感或所做、所思做到公开而坦诚。

记录问题、想法和发现

因为实习中产生的想法在有机会探讨之前可能会被遗忘掉，所以，就要用日志来记录遇到的问题、欣喜的顿悟或者需要记住的点滴发现。实习中遇到的问题主要有治疗方法问题、代理程序问题或者特殊的当事人症状/行为问题等。这些都将成为实习生希望在日志中记下且日后拿出来提交给督导员的众多问题中的代表性问题。记录发现可以包括：对某些特定当事人至关重要的专门论题、以后用来炫耀的新技能，或者日后研究过程中可能用到的新想法。

利用本书来练习

日志是一个用来记录本书中练习并保存这些练习答案的绝佳载体。通过让日志来反映工作情况，日后在课堂讨论或督导会议上你就可以参考它。多年以后，如果一直坚持这种做法，你就可以回过头来看看自己所走过的历程并记住是从什么地方开始起步的。

保存本书

许多学生在课程刚一结束就不由分说地把教材卖掉了。这种做法是不对的。如果你还想工作或进一步学习的话，本书还有其他一些基础教材就应该成为你自己"专业图书馆"里的"座上宾"。以后在课堂上需要参考、工作中需要用到的时候，应该很容易就可以拿到。从本书的再版中获得的边际回报也远远超过了将来仅仅利用自身的资源所创造的价值。发展一个"个人图书馆"是使自己成为专业人士的一部分。你也许要从利用本书开始这一过程。如果确实想在本领域发展下去或为未来的实习活动做准备，你就会有很多机会来参阅本书各章的内容——伦理、写作、督导、差异、紧张和其他的主题。课程结束的时候，把本书保存下来，以备将来再阅读。

第二章 开 始

有一句伟大的箴言是：每一句著名的格言都有一句与之相等、相对的格言。有这样两句相互矛盾的格言都贴切恰到地反映了实习活动，第一句是：你永远不可能有第二次机会获得第一印象，相对的一句是：千万不要通过封面来判断一本书。在开始实习的时候，千万要记住你给别人留下的第一印象的重要性；也要记住，不要仅仅依靠你的第一印象就对一个实习环境或那里的人做出判断。

这一章主要谈论实习开始的头几天里遇到的常见问题和担心，也谈论了实习生的作用(角色)、所期望的实习机会以及实习活动所固有的限制条件。实习生所担心的典型问题包括：如何辨认自己的身份，如何与其他同学一起工作，如何会见当事人，如何收取服务费，如何管理文字工作，以及如何处理其他任务——这些任务虽然是职业生活中的一部分，但对大部分实习生来说，可能是新鲜的。

第一印象

开始实习的时候，第一印象包括两个方面：一是你被介绍给同学、当事人和其他人员的时候，形成的对他们的印象；二是与此同时，和你工作在一起的同学和当事人对你形成的印象。由于第一印象可以产生持久的影响，所以，你应该想清楚自己想给别人留下什么样的第一印象。

任何企图教导实习生如何恰当地打扮或上班第一天如何准确表现的人都是愚蠢的。幸运的是，权力之间的关系并不被期望体现在帮助专业人士整理服装上。然而，实习生还是要很好地听从别人的建议来考虑实习环境的特征、未来活动的类型以及穿着和行为举止的群体标准。大多数人都有过这样尴尬的经历：他们要么比其他任何人穿得都正式，要么比其他任何人穿得都随便。要避免实习活动中这种局面的出现，一个办法就是事先去问问督导员穿衣的标准以及上班第一天会发生什么样的事情。

下面我们通过一个实习生的经历来说明这个简单的建议所显示的价值。该生是一个非常在乎留下好的第一印象的人。上班的第一天，他穿着西装打着领带来到了实习单位。

他的穿着本来还不算太糟糕，但正好工作第一天是“游戏”日，单位里的其他人都穿着衬衫或牛仔裤，因为游戏日的活动，除了其他活动之外，就是打垒球、扔鸡蛋以及在泥坑里拔河。这个实习生穿成那样，任何一项活动他都不能参加，本来这是一个绝好的了解别人的机会，结果他却像局外人一样。

相反情况的经历也降临到了其他实习生身上。有一个学生第一天去实习单位上班，他穿着平时学校里穿的衬衣、T 恤和凉鞋，但他立刻就被督导员送了出来并告诉他，第二天要穿得像专业人员一样再来。不用说，一开始就形成这样的人际关系并不是最好的局面。

正如这些例子所说明的那样，以积极的一面开始工作的关键是意识到自己来实习单位所期望的东西是什么，并努力把它们协调起来。这并不意味着你把自己卖了出去或者丧失了个性。它只是简要地表明了你很清楚地知道：在某种意义上，自己是实习单位的一名客人并且想通过穿着和行为举止来证明对单位的顾客和工作要求的尊重。就像治疗师或咨询者必须理解当事人的需要并相应地调整干预措施一样，实习生也应该对单位的职业要求保持敏感。

虽然实习生应该认真地考虑他们将给别人留下的第一印象，但实习单位里的许多人却并不同等地关心自己将给实习生留下的第一印象。这一点是可以预料到的，因为单位里的人和实习生的经历和视角明显是不同的。

最近，我们有一个很有前途的年轻实习生在第一天上班之后，心烦意乱地回来了，并坚信未来的三个月肯定会很可怕。当她去拜见督导员时，督导员刚开始很忙而没有功夫接见她。当他们那天最终见面的时候，督导员问了她许多有关治疗方法、治疗经验和在那里具体干什么工作的问题。在交谈过程中，督导员纠正了她所说的一些话，使用了“生硬”的语言而全然不顾她作为一个人的感受。她几乎是含着眼泪对学校导师说：“我敢肯定我们不可能和睦相处了。我敢肯定他已经恨我了，我也不能和那样的人一起工作了。”

不出所料，导师知道督导员这个人，并且了解到他的工作风格总是很粗暴。导师还知道，这个督导员是一个对当事人和手下的实习生绝对负责的人。这种粗暴是他天性作风的一部分。一方面是因为工作太劳累，另一方面是想通过这种表面的谈话来观察实习生如何应对压力。该督导员已经和众多不同的实习生一起工作过了，他逐渐相信，特定的当事人和特定的实习工作性质都要求实习生必须能够解决冲突。

作为对实习生请求的反应，导师给督导员打了电话。但督导员却宣称，恰恰与实习生的第一印象相反，他对这个人印象很深刻并且认为她以后可以顺利地出去工作了。第二天，他就为之前产生的误解而道了歉，并赞扬了这个实习生的做法。接着，他就在工作中为那个学期实习的学生提供了最好的训练和督导。并不是所有的督导关系都处理得像本案中那样好。但是，它也说明了，不要仅仅凭借第一印象就做出决定的重要性。

热情面对经验

督导员和与实习生工作在一起的员工们不断地提到：实习生带给单位的最重要的益处是他们的热情和乐观。怀着对学习新东西和对施展知识和才能的渴望，有些实习生无私地释放他们的能量。其他一些实习生，对自己可能稍稍地不自信，就会表现出"不安全"。所有实习生都具有的共同点是他们为单位带来了清新的东西。这也是众多单位和督导员同意接收实习生的原因之一。大多数情况下，他们是欣赏实习生新奇的眼光的，而且也很珍惜这来之不易的培训未来专业人才的机会。

然而，实习生们应该明白，他们自己的眼光和经验与那些已经在岗位上的员工、当事人的眼光和经验相比是明显有差异的。当实习生囿于自己的感觉来决定该做和该学的东西而难以自拔时，总是没有停下来考虑一下这些差别的存在。对于实习生来说，每一个岗位都是一次新鲜而充满诱惑力的体验。在整个过程中，实习生的学习曲线都将处于倾斜上升的状态，而且每一天都会有新的发现和新的机会。相比之下，许多老员工都将以各种各样的姿态长久地工作下去。他们已经熟悉单位里的人员、运行体制和服务的当事人。他们也见识过了众多实习生的来来往往。所以，尽管每个实习生的经验都是独一无二的，但是对于单位老员工而言，让实习生到岗位上进行实习也许是经常发生的事情，而且他们也不可能分享实习生的新奇或热情。

这并不意味着在对当事人的处理过程中，单位员工就比实习生对别人的关注少。这只意味着他们的看法会和实习生有所不同。一个工作时间很长的员工把经历的差异比做"恋爱与结婚"就说明了这一点："最初的新奇的感觉是美妙的，但又是短暂的。那并不意味着爱已不存在，它只是采取了一种从外面不容易看到的另外的形式而已。"

这名员工进一步指出了另外一个区分正式成员与实习生的要素。对于实习生而言，经历是有时间限制的。实习任务完成的时候，他们就将重返校园，或转向另一个实习岗位，或从事其他工作，但几乎没有人愿意待在同一个单位里。另一方面，正式员工在实习生到来之前，就已经在那里工作了，且在他们离开之后仍将待在那里。这就是实习生们可以感觉到的部分原因。有些正式员工并没有尽力去完成实习生所希望看到的完工合同要求，他们可能已经习惯了实习生的来来往往，因此，期望他们履行注定临时性的、一再重复的完工合同也是不现实的。许多实习生确实在单位里与督导员和其他人员形成了有益而持久的良好关系，但是，对他们而言，认清这种状况是有好处的，这使得他们在这种关系停滞不前时不感到失望。

练习

花上几分钟的时间来思考一下实习生的角色，就像我们从几个不同的角度所看待的那样。例如：督导员、其他的专业成员、受过很少正规教育的成员、管理者、当事人以及实习生自己是如何看待实习生的？当你思考这些方面的问题时，要问一下每一群体对实习生的积极看法和消极看法分别是什么。提前对这些问题进行思考将有助于你更好地应对实习活动中遇到的不同的人际关系以及不同群体所做出的反应。

实习生的角色

实习生处于学生和专业人员之间的灰色地带。作为一名实习生，你仍然有许多东西要学习，但是你也被期望要拥有一定的知识和技能。根据你的经验和受培训的程度，可以逐步增加责任，但是，你的地位不可能与全职员工一样平等。这种角色的模棱两可是很复杂的。因为实习单位里的其他人包括正式员工和当事人也许都不清楚实习生是干什么的，以及实习的目的是什么。

实习生的角色可能会由于以前的实习生留下的先例而变得更加复杂起来。许多单位在几年的时间里雇用了大量的实习生，他们已经形成了特定的期望，不管是积极的还是消极的，你可能都会被拿来做对比。如果有厉害的实习生超过了你，单位里的员工可能会欢迎你的到来，但是会用较高的标准来要求你；如果以前的实习生不如你，压抑的消极态度就会随之而来。尽管你不能做一些超出自己能力范围之外的事情，但是，意识到这样的可能性，就能够帮助你理解人们为什么总是把那些和你没有任何关系的经验与你联系在一起。

有两个原则可以帮助实习生来处理角色模棱两可的问题和其他实习生已经设定好的先例问题：(1) 要实事求是地对待自己和他人；(2) 发挥自己最大的能力。尽管这些原则听起来简单易懂，但许多实习生还是报告说，当自己在岗位上遇到困惑时，能够把它们放在一起综合考虑会很有帮助。

实事求是地看待自己，意味着要接受你的角色，即不仅对自己而且对他人而言你的角色都是模糊的这一事实。它也意味着你要对自己的相对能力和受限条件不要隐瞒。如果你对某件事情没有经验，就要让人们知晓，并要坦诚地学习。即使没有经验或知识，也不要害怕与别人分享这个缺陷。如果出现的情形需要你澄清自己的角色或澄清别人对你的期望，就不要试图去了解众人的想法。要主动澄清并愿意分享自己对这个事情的想法和感受。

发挥自己最大的能力，并不意味着你一定要成为世界上最优秀的治疗师、社会工作者、心理学家或咨询师。挽救所有当事人的生命或完成别人交给的每一项任务也不是你惟一的职责。作为一名实习生，你应该高标准地要求自己，但也不能好高骛远、异想天开。你是来实习单位学习的，而不是来显示你已经知道的东西。如果周围的人看起来比你更老练，也不要一蹶不振。他们可能确实有更多的经验，但这也为你提供了学习的机会。要抓住这个机会并充分利用它。

有一些实习生对由于时间和其他的限制而不能展示自己优秀的一面而感觉到有

压力。人们倾向于记住你完成工作的质量，而不去关心完成工作的环境。因为这个原因和别的原因，通常情况下，把精力集中在提供高质量的服务而不是强调服务的人数上面就是很好的想法。也有一些情况是你必须要妥协的。但是，一旦有可能，就要尽力去避免损害工作质量的不利局面出现。如果你感觉到是时间因素或别的要求让你降低了服务质量的话，就应该与导师和督导员商量一下以便做出调整。

专业人员的角色

因为实习生正在摸索他们的职业，所以思考一下专业人员和学生之间的区别是很重要的。也许最重要的区别是专业人士有特定的行为规范要求，而实习生则没有。

早些时候，我描述过一名学生因为打扮不当而被从实习单位送回了家。除了穿着打扮之外，可以接受的说话标准、工作中和别人建立联系的方法以及工作的质量标准也是考虑是否要被遣返的原因。专业人士的标准和学生标准的区别还表现在，前者有更平凡而又绝对重要的行为细节，如按时上班、按时赴约。从根本上说，学生在这些方面有更大的自由，而专业人员必须要准时守信、遵章负责。

对大部分学生来说，这些都不成为问题。但是，如果你发现在平衡个人的习惯或对专业人员角色的认同方面有困难的话，就要重新审视一下自己的行为或选择另外一个更符合自己风格的实习单位。我还要鼓励你明白的一点是，迎合标准并不意味着放弃自己的个性。如果所有的专业人员都一模一样，就不能满足各种各样当事人的需要。在治疗师中间，也有容纳个性的空间和发展个性的需要。但是在为实习单位和当事人服务的时候，你也有责任找到保持自我的途径。

当和一名穿衣或举止都有悖于规范要求的学生一起工作时，我几乎从不告诫他们必须改变自己才能像一名实习生。那不是我们所扮演的职业角色。而且，说实话，我喜欢多样性。实际上，在我生活中的不同时代，还确实没有迎合过“标准”，我本来应该极力抱怨别人训导我如何穿着或如何举手投足，但我的告诫是，他们要根据自身、岗位、当事人三方面的因素来慎重考虑形象和行为所带来的影响。实习生也必须认识到，自己也许会有一个特定的岗位、专门的督导员、没有过多限制要求的当事人。有些实习生也许不能在那些限制要求范围内开展工作，他们将不得不做出调整或者为了其他的利益而放弃那个特殊的训练机会。尽管成为一名专业人员的部分好处是可以找到平衡个性与职业角色的途径，但是，还有更多的途径可以做到这一点。并且，实习活动是一个试验和发现哪些途径有效、哪些无效的绝佳的机会。

会见当事人

当实习生开始第一个岗位的工作时，他们最常见的担心之一就是如何被当事人所接纳。

练习

在继续往下阅读之前，写上几条你对会见当事人的希望和担心，然后与你的同伴，以及如果可能，与最近结束实习、有体验的同学交流一下。还要留出一点时间与导师和督导员讨论这些问题。毫无疑问，他们对这些问题已经非常熟悉了。但是，你坦诚地表达出自己的担心也是会有帮助的。

在大多数情况下，实习生对会见当事人的忧虑总是和实际情况有很大的出入。尽管实习生普遍表现出恐惧，但大多数当事人还是愉快地接受实习生并且会把他们与其他的正式员工联系在一起对待。当事人一般可以理解培训未来助人专业人员的需要，有些甚至表现出关心的样子，并很想帮助他们获得有益的经验。有些当事人可能会表现出非常乐于接受实习生，还有一些则会完全地信任实习生的技术。弗里德曼和凯斯洛(Friedman & Kaslow，1996)就把实习生的忧虑和当事人的信任做了对比。他们通过记录当事人的反应"证明了一个事实：即至少'实习生-当事人'二元群体中的一方相信，前者实际上是一个治疗师"(p. 34)。

这并不意味着所有的当事人都会欢迎所有的实习生。不排除有一些当事人拒绝与实习生的工作进行配合，还有的希望与"真正的治疗师"一起开展活动。那些不愿意配合工作的当事人会威胁实习生，并且能够使他们明显感到不受欢迎或没有资格。

当准备和当事人进行第一次交往时，你应该明白，不管当事人是十分信任、立刻敌对，还是以其他方式来应付，你所要做的就是始终在临床工作过程中理解这些反应。这意味着，你没有必要被那些很快就信任你的当事人所奉承，也不应该惧怕那些起初就疏远或敌视你的当事人带来的严重伤害或威迫。相反，你的主要任务是站在当事人的角度来理解他们的反应，并要认识到每一次的相互影响都是整个临床活动过程的一部分。它也有助于你留意第一印象——积极的和消极的。

在实习生关心当事人将如何对待自己的同时，也会提出应该如何把自己介绍给当事人的问题。就像以前提到过的，最好的做法就是诚实。当被问到的时候，实习生就应该说明自己是实习生。介绍一下自己学习的领域，并解释一下为何来到这个实习单位——前提是和回答的问题相关。例如，"嗨，我是艾里森·琼斯，是一名从事咨询工作的实习生。未来的三个月中，我将在这里工作。"通常说这么多就足够了。如果他们要求提供更多的信息，如你有什么经验之类，你也不能撒谎。如果你有某种明确的治疗方法或特定环境的工作经历，说出来也是不错的；而如果你没有这样的经历，就可以说："我没有在这种环境中工作的经历。那就是我来这里的原因。我将紧密地跟随我的督导员，并希望学到一些东西。"

扎库坦斯基和瑟蕾丝(Zakutansky & Sirles，1993)宣称说，实习生和当事人无论何时直接在一起工作，他们的专业督导员在治疗之初都应该坚持与当事人直接见面。除了保证让当事人意识到实习生是处于督导之下外，直接会面也使当事人明白，如果他们对治疗有担心的话，是可以找人谈谈的。这些问题在第三章谈到提供书面同意的伦理义务时，会有进一步讨论。与当事人直接在一起工作之前，所有的实习生都应该仔细地读一下那一章并谙熟自己的伦理义务。

会见当事人时的年龄和阅历问题

实习生的年龄和阅历有时候在会见当事人时会成为一个问题，对于许多二十出头甚至十几岁的本科生尤其如此。对于这个年龄段的实习生而言，有两类问题会出现。

如果你很年轻并且正与年龄相仿的当事人在一起工作时，当事人可能希望你以朋友的身份接近他而不是以实习生的身份。他们也会检验你的不足、角色和威信，或者会要求你批准做一些"别的员工"不会批准的事情。如果出现这种情况，你就需要对自己和当事人有清醒的认识：自己确确实实是员工中的一分子，而且拥有和正式员工一样的职责和权力。

如果你与年龄偏大的当事人在一起工作，问题就不一样了。他们会问："像你这样年纪的人怎么会有东西要告诉我呢？"

在答复的时候，实习生首先应该尽力理解这个问题可能对当事人会意味着什么。例如，它是否意味着当事人真心地对治疗方案感兴趣并且想知道自己是否可以依靠实习生来寻求帮助；或者，它是否意味着当事人对控制实习生感兴趣，因为他们对大多数人都是这样的心态；除此之外，这类问题对当事人还会意味着别的什么吗？

一个人如果理解当事人所提问题的意义，将会有助于自己做出回应。一般而言，实习生不必对自己的年龄、阅历或者当事人可能会挑战他们的其他问题进行戒备。相反，实习生应该尽力去了解问题的重要性，然后，在没有戒心的情况下，去探索当事人任何特别的担心或迷茫。这也显示了对当事人需求的真正关心并且显示了实习生是诚实的。下面这个例子就说明了在具体实践中可能会发生的一种情况。

一个男性当事人被法院强制来进行心理咨询，因为他虐待了妻子和孩子。下面的对话就发生在当事人会见一名新来的实习生的情形下，而这个实习生随后会和当事人的主要治疗师在一起工作，他也将对当事人和家属之间的互动情况进行观摩。

当事人（相对粗野地）：你是大学实习生？哦，多大了？

实习生：我 21 岁，你呢？

当事人：42，都可以做你父亲了。（停下来打量了一会儿实习生。然后，带有敌视地问话）你究竟想让我知道什么新东西？

实习生（平静而坚定地，但毫不惧怕）：我来这里不是要"告诉"你什么事情，我是来观摩和学习的。

当事人：那好，在如何养育家庭方面，我不需要任何可能的欺骗性教导，我已经听得太多了。

实习生(仍然平静地)：我认为教导你如何养育家庭不是我的工作，但是，我也许可以倾听事情的发展进程，也许可以帮助你们全家重新回到以前的状态。

当事人：好吧，走着瞧。

在这个案例中，当事人似乎想削弱实习生的信心或者想激起对抗。这种反应也许是基于对实习生资格的正常担心，或者企图把注意力从自己接受治疗的原因转移到实习生来这里实习的原因。实习生的反应则完全是职业化的。她并不企求在这个岗位上得到当事人的赞扬，也不想变得过于戒备、过于对抗，更不愿进行道歉。相反，她对当事人和互动过程的把握是正确的。她承认当事人担心的现时性和合理性，并尽其所能提供帮助。

上面这样的交流可能对实习生或当事人都是不愉快的，但也并不是所有的临床工作都是愉快的。也可能发生这样的情况：尽管实习生尽了最大的努力，当事人还是继续敌视和挑衅。这会使局面变得更糟，但它却为实习生了解当事人提供了重要的临床信息。实习生应该记住的一点是：当事人对他们的年龄和阅历产生怀疑是完全合理的。然而，与此同时，当事人所产生的真正重要的担心并不是实习生的年龄。通过保持职业性的眼光和不加防备地捕捉当事人所流露的信息，实习生就能够把精力集中到恰当的地方。

时间限制

前面的例子说明了当事人是怎样抵制与实习生在一起工作的。但是，这只是偶尔发生的现象。经常发生的情况通常会产生令人更加恼忧的问题。尽管有些当事人不愿与实习生待在一起，但有的当事人总是与他们形成密切的关系。可能的原因是许多当事人确实需要帮助而实习生一般情况下容易亲近。由于实习生与当事人之间的关系对双方都有极大的好处，所以在挑选当事人与实习生一起工作和提高治疗技术方面，这种关系也会产生一些奇特的临床方面的问题。当然这些问题都必须进行仔细研究。

实习生真正发挥的作用之一就是，他们的热情与坦诚总是使其有可能与难缠的当事人建立联系。确实，一些有经验的督导员形成了一种习惯，即把最“没有希望”的病案分配给实习生。因为，他们知道，在其他人总是失败的地方，实习生的热情和努力有时候会有所突破。

然而，从上班的第一天起，实习生就知道他们的工作是有时间限制的。几个月之后，他们的工作不可避免地就要终止。在这种情况下，鼓励实习生与当事人建立一种短时期内就必须结束的牢固关系，难道是符合治疗学原则的吗？或者说是公平的吗？

这个问题虽然没有那么容易就做出回答，但是又必须做出回答。首先，实习生在与单位员工、当事人打交道的时候，必须对岗位的时间限制非常清楚。这意味着当开始与某个当事人进行工作、分组活动、研究治疗方案或者参与其他任务时，实习生必须把时间限制的问题通知有关人员。这也是告知同意工作程序的一部分。

实习生也必须记住自己的工作时间限制。他们应该避免产生要在规定的时间内完成或试图完成任务等不切实际的幻想。例如，作为一名实习生，如果明明知道两个月以后就要离开，可你还告诉当事人会经常和他们待在一起，这就是不诚实的。同样，如果实习只有六个月的时间，却承担需要一年才能完成的项目，显然也是不明智的。虽然限制与当事人待在一起的时间或减少一项有趣活动的参与都可能是不容易做到的，但是，现实一点总比制造注定会导致失望的“假”希望的做法更好。

当实习生听到这个建议的时候，他们有时候就怀疑自己是否应该完全避开任何当事人或工作项目，但那样的话也就有点太极端了。恰当的做法是选择性地参与而不是避开所有的活动或接触，这是在有限的时间内进行工作的第二个要素。并不是所有的病案或活动项目都需要延长时间，许多当事人在几个星期或几个月之内就可以康复，不少活动项目也可以在短时间内完成。实习生的职责之一就是要明智地选择病案和活动项目，督导员在他们的选择中也应该发挥作用，在给实习生分配当事人或任务的时候也应该清楚时间的限制问题。如果实习生被分配了一个限制时间将会带来麻烦的病案或活动项目时，他们就应该与督导员讨论一下了。

在有限的时间内进行工作要考虑的第三个因素是所使用的方法。只要选择的治疗方案把时间因素考虑了进去，且为在实习生离开之后的继续治疗或其他活动提供了防备措施，那么，再限制他们参与短期的病案治疗或项目活动就是不必要的事情了。你也可以这样来解决时间的限制问题，即在来接替的其他专业人员投入工作以后再离开。在这样的安排下，实习生总是看到当事人和督导员待在一起，实习活动结束之后，督导员就可以接着进行他们手头的工作。当实习生处于小组治疗中的时候，这种具有对比性的情况也会出现，因为这个小组为当事人提供了继续治疗的条件，所以，当某个实习生离开的时候，不会出现太明显的改变。

然而，时间限制问题是不能忽视的，甚至在实习生准备接受一个病案以前，就需要考虑结束时的问题。实习生把结束作为选挑病案和选择干预治疗技术的一部分因素，从一开始就可以阻止很多由此所带来的潜在的困难（Penn，1990）。在第十二章中将会涉及结束治疗的许多方面，但是，由于这里所提到的原因，实习生在实习和治疗当事人的各个阶段都要牢记时间限制的问题。

服务收费

大部分刚刚开始实习的学生是不需要处理他们个人的服务收费问题的，但是，你所在的单位很有可能会收取一些起码的费用。随着经验的增加和训练水平的提高，你可能开始遇到需要收费服务的当事人。不管这是不是你实习活动的一部分，助人收取服务费的思想，对许多实习生而言，就是一个很难堪的事情（要了解所有治疗收费方面的详细讨论情况，可以参阅 Herron 和 Welt 的《金钱问题：心理治疗和心理分析中的收费》）。

实习生们发现收取服务费困难的原因不止一种。其中一个原因仅仅是在于这还是一次全新的体验。大部分实习生本来应该先收费再开始工作，但是这种助人的工作可能也是众多的不要求实习生直接收费的职业中的一种类型。如果以前的工作确实要求你收费，那么，与治疗服务或其他社会服务相比，提供这种服务似乎更真实、更能被感受到。例如，家教、教学、销售、建筑和其他工作可能都要求顾客付费，但是，相对看来，在这些情形中，付费的目的似乎更明确。

在为人服务的职业中，服务的内容或服务的价值并不总是很清楚的。确实，许多实习生对收取服务费感到不舒服，因为他们不能肯定自己的治疗到底有多少益处。对于这些基本的问题，还有许多观照的角度。

治疗能有效吗

对于实习生来说，质疑治疗的有效性，是完全可以理解的。确实，这也许是他们最想知道的。正如弗里德曼和凯斯洛所指出的：

> 一名实习生怀着对心理治疗有效性的无比坚定的信心进入该领域是十分难得的。因此，促进实习生对治愈过程效果信任的持续增加是督导员和教师的主要任务（p. 37）。

在写这一章的时候，我就遇到了一个十分典型的案例。在最近的一次实习活动课堂上，我注意到，一名学生似乎比他刚来的时候更放松、更舒心。它证明了这名学生——正在从事一项双向反馈的研究性实习活动——已经决定把这种双向反馈活动当做了训练过程的一部分。当我评论他表现出来的舒心程度所发生的明显变化时，这名学生确实吃惊而愉快地说：“你是对的，我自己已经体验了双向反馈的效果，它的效果是非常好的，确实很明显，我都不敢相信。我还以为它都是胡说八道，但是其中的有些东西确实起作用了。”

这种个人的治疗效果经验是十分有价值的。它可以帮助学生了解治疗过程中当事人的体验，并有助于当事人对未来治疗效果充满信心。

除了个人的体验外，要想关心治疗效果还可以浏览研究进程的说明报告。在这里，针对治疗和咨询对当事人是否确实有帮助的回答就是一个很好的参考资料。尽管众多的方法学方面的问题使该领域的研究变得复杂了，但是，不少的评论文章(Bovasso, Eaton, & Armenian, 1999; Crits-Christoph, 1992; Jacobson & Addis, 1993; Kazdin, 1991; Lambert, Weber, & Sykes, 1993; Lee, Picard, & Blain, 1994; Lipsey & Wilson, 1993; Roth & Fonagy, 1996; Shadish et al., 1993; Whiston & Sexton, 1993)还是总结道：对大部分当事人来说(包括成人、儿童、夫妻、家庭成员)，心理治疗具有积极的疗效，而且，如果当事人没有接受治疗或接受的是安慰性的治疗，那么心理治疗就会产生超出你所预想的效果(如果想了解更多这方面的信息，也可以参阅《美国心理学家》1996年10月刊和《心理治疗》1996年夏季刊，后者是一本有关治疗效果和相关研究的优秀论文集)。

在摘录了众多疗效研究结果的基础上，斯特拉普和宾德(Strupp & Binder, 1992)写道："心理治疗效果的提高是可以明显地持续很长一段时间的(p. 123)"。他们进一步承认，当事人的旧病复发会影响到治愈人数的比例。但是，这不应该被认为是治疗的失败。"现在看来，当遇到压力和其他类似问题的时候，当事人去寻求进一步的治疗也是完全合理的(p. 123)。"

那是一个很好的信息。现在它主要用来评估资质和友情提示。尽管研究结果显示，从整体上看，与控制组和安慰组相比，治疗组具有积极的效果，但是，要说明不同的治疗方法会产生明显不同的效果也是很困难的，当然，针对专门的焦虑型精神错乱的特定行为治疗除外(Luborsky, Singer, & Luborsky, 1975)。关于人们如何确立和测量治疗效果，以及通过研究如何进行对比也有相当多的讨论(Ankuta & Abeles, 1993; Speer, 1992)。

几年前，保罗(Paul, 1967)就指出，一个人不应该仅仅询问治疗大体上是否有效，相反，他应该问：什么治疗方法，由谁实施的方法，以及在什么样的环境下实施的方法，对于有特殊病症的个人才是最有效的(p. 111)？

回答这些问题的目的肯定是令人感动的。但是，正像布特勒(Beutler, 1991)所解释的那样，许多相关的可变因素和研究的技术以及所采用的设计方案，已经使当事人的症状特征与心理治疗方法最佳结合的确认成为了不可能。其结果是，要想满怀信心地说明疗法之间的区别，就是惠斯顿和塞克斯顿(Whiston & Sexton, 1993)所总结出的："从总体上看，研究表明，没有一种理论比其他的理论更有效。同样，恪守任何一种理论或方法都不能保证取得成功的结果(p. 48)。"

假定以前提到的那些经过详细论证的治疗理论证据总体上是有效的话，就不必为一种治疗方法必然地优于另一种治疗方法的具有结论性的证据的不足而感到沮丧了。然而，它恰好说明了，有时候存在于不同院校的治疗师之间的激烈争论，多数情况下是基于哲学理念的差异而不是经验证据的不足。

如果斤斤计较于6%(Orlinsky & Howard, 1980)和11%(Shapiro & Shapiro, 1982)的证据之间来争论理论优越性的话，那么，治疗的情况只会变得更糟而不会更好。斯特拉普就鉴别出了一些因素，其中主要是“被当事人当做轻蔑性语言感受过的通信记录(p. 717)”——这些语言可能会带来消极性的后果。他还主张治疗师在工作实践和学生的培训活动中更多地关注这样的因素。这意味着我们必须留意：自己不光有做出伤害性事件的可能，也有做出有益事件的可能，而且干预措施的有效性不会总是表现在积极的方面。

让我们重新回到治疗措施的效能与收费如何相关的问题上。基于在这里所描述的评论和研究报告，我相信，有足够的经验证据来得出如下结论：整体来看，心理治疗对当事人是有效和有益的，这样的话，对当事人收费就被某些人肯定地认为是合情合理的。但他们也必须清楚，并不是所有的当事人都会受益，实际上有些当事人可能会由于治疗而变得更糟了。

利他主义与金钱主义

治疗效果的研究证据还遗留下了一些没有提到过的内心冲突问题——许多怀着利他主义动机而初次踏入助人职业的实习生都经历过。如果一个人是不情愿地进入助人职业的，而接下来还向服务的对象收费，那么，利他主义与金钱至上之间的动机冲突就可能产生不和谐的音调。消除这些不和谐是不容易的，因为他要么冒着向利他主义妥协的风险，要么冒着使自己的罪恶感合理化的风险。

老实说，我对自己所做的工作进行收费的事情并不总是感觉舒服的。但是，我可以与别人分享一些有助于提升理解的想法。开始的时候，它可以帮助我们认识到，人类的服务性职业真正需要被认可的是我们付出的时间。我们没有必要承诺治愈当事人或解决他们的问题。然而，我们乐意在当事人身上花费时间，且在某些方面尽力来帮助他们。心理学家、咨询师和社会工作者并不是惟一因服务而收费的职业。律师、医生以及许多其他职业都是以这种方式收费的，这些职业共同的特征就是根据工作的时间而收费，因为律师不见得总是打赢官司，医生不见得总能治愈当事人，甚至管道修理工也并不见得总能修好你家的下水道。

专业性的服务仅仅提供给一部分对象并向他们收取费用。这部分人相信专业人员所获得的知识和训练是有价值的。关键是专业人员的时间就是有价值的。这样的话，当你向他们收费的时候，你真正收取的费用是那段日子你所付出的时间、技能和知识。除了直接花在当事人身上的时间外，卡拉罕(Callahan，1994)提醒临床医生：与当事人直接的交往并不仅仅是治疗师和咨询师需要花在他们身上的惟一时间，做记录、处理信件、分析量表并写出测验报告等等，所有这一切都需要花费时间。当专业人员决定收费以及制定收费标准的时候，这些因素也是必须考虑进去的。

专业人员的服务有价值的原因之一，是他们先前已经付出了大量的时间和金钱来获取教育和培训。仅仅通过培训并不能保证一个人获得从业资格，但是在培训中获得特定的技能和知识还是有希望的，且对专业性助人工作也是有用的。由于能否接受专业培训是要进行选择的，且通常随之而来的就是需要进一步筛选并颁发资格证书，因此，颁发资格证书的前提是这些专业人士具有有益于工作的才能和知识。最后，拥有专业的学位和资格证书也暗含着此人一定能够在为保护当事人利益而特设的伦理规范之内采取行动。

实习生有足够的技能以保证服务收费的合理性吗？从本质上看，实习活动就包括实习生在督导员指引和指导的临床环境中进行工作。这就意味着实习生不是独立开展工作的。他们是紧密地和督导员联系在一起的。那些督导员帮助他们回顾病例并评论他们治疗当事人的情况。这样，当当事人为实习生所提供的服务而付费时，他们不仅仅是为实习生的时间而付费，这里头也包括了督导员所付出的时间和实习单位所提供的资源。而且，尽管实习生还不能真正独立地开展工作，这也并不意味着他们的时间是没有价值的。许多实习生——尤其是那些获得研究生学位的人——实际上是很有能力的。而且，在督导员提供帮助和实习单位提供支持和资源的条件下，为他们的服务付费是完全合适的。

从我个人来说，如果只是追求利他主义或不收费，我就不会跨入这一行当，因为我想"致富"。如果那成为我的目标的话，我本来应该追求其他的就业岗位。我的主要工作动机来源于竭尽所能以最好的办法来帮助他人和社会的欲望。在选择职业时，我尽力认清那些既能为社会和他人做出贡献，同时又能养活自己和家人的职业。换句话说，我努力去找到一种途径来保持利他的动机与赚钱的合理需要之间的一致。对我而言，它不是利他主义"对"赚钱的问题，而是利他主义"与" 收入的问题，助人的职业似乎最适合那样的目标。我发现引导我进入这一领域的动机在我的学生和实习生中间也同样存在。伯格(Berger，1995)也描述过同样的动机。他写道：在他所见到的高级的治疗师中间，几乎没有人把经济报酬作为履行任务和保持工作热情的因素而提出来。比金钱补偿更重要的，像个人经验、精神态度，以及对所从事工作的理解可能是我们获得幸福感或满足感的更大的决定因素(Csikszentmihalyi，1999)。

许多机构和专业人员都是倾向于在当事人的支付能力的范围内收费而开展工作的。与这样的价值标准和职业道德要求相一致的是，对团体进行直接服务的临床部分是要免费的。关键的一点是，不管全额收费、降低收费，还是免费提供服务，我的时间和技能都是有价值的，而且需要得到公正的补偿。只要我尽了最大努力且收费是合理的，我就算是平衡了利他的动机与金钱的需要。

和收费相关的临床和伦理问题

尽管这样的讨论已经指出了助人职业的收费和其他职业收费的相似之处，但两者之间也有必须为众人知晓的重要区别。在心理治疗中，当事人和治疗师如何看待费用问题不仅仅是商业上的安排，它也是服务成本和治疗过程的一部分。例如，拉比金(Rabkin, 1994)就描述了被诊断为独立型人格(dependent personality)和妄想强迫症人格(obsessive-compulsive personality)的当事人如何以独特的方式对待费用问题，这种方式可以成为治疗师在治疗过程中可用素材的一部分。

还有一些通过收费可以提高疗效的讨论和研究证明(Conolley & Bomer,1991; Wong, 1994)。也有一些值得欣慰的情况，即许多当事人真心需要帮助但不愿接受"慈善"性帮助。对这些当事人来说，既尊重自己的需要又成全自己可以付费的"傲气"，是很重要的。有关这个主题的其他评论，可以参阅赫伦和斯考夫斯基(Herron & Sitkowski, 1986)以及韦勒、哈丁和罗杰斯(Waehler, Hardin, & Rogers, 1994)的著作。

在考虑临床需要的同时，实习生还需要意识到和收费相关的特定伦理问题。作为一名实习生，你不可能直接来解决这些问题，但是应该明白，当收费标准超出当事人的支付能力时，就会带来敏感而又模糊的伦理问题(Goodman, 1994)。例如，在有些机构中，当事人没有支付的账单将会统一送交收集部门，这样就带来了与个人隐私有关的问题。

有些法律问题专家就建议停止这种做法，他们说通过这种途径获得的费用不足以证明其冒险行为的合法性。作为实习生这个角色而言，你需要知道本单位的收费政策，你也需要清楚地知道如何向当事人说明这件事情。如果你拿不定主意或对这种做法感觉不舒服，一定要与督导员商量一下。

警惕：实习生不应学的行为

最后，有一些东西是你不应该学的。通过本书，你将受到鼓舞，对学习采取开放的态度，但那并不意味着你必须不加批判地模仿所看到的东西或者接受所有被认为是真实的东西。我现在提出这一点，是因为实习生有时会去模仿那些并不值得去效仿的行为。模仿和学习是获得知识的很好途径，但是，你应当有意识地去思索所看到的行为或所获得的信息。

例如，在有些实习岗位上，员工们会不断地表露出对当事人的消极态度。他们可能通过敌视的语调、侮蔑性的陈述、卑鄙的玩笑，或用其他明显或隐蔽的方法来表现。看到他们这种态度的实习生也许起初不会感觉有什么不舒服，但是，如果这种环境气氛对员工的行为形成了消极的榜样，那么，对实习生来说，通常在还没有意识到将会发生什么结果时，采取同样的态度和行为就是一件很容易的事情。我已经看到过这样的情况：带着积极而理想化的情绪开始实习的学生，在单位短短几个星期的时间内就开始变得消极和蔑视了。当我指出这一点的时候，实习生们通常会感觉很吃惊并对自己的行为表现出一点羞愧。但是，大部分人还是为获得了这个反馈信息并理解了自己所模仿过的行为以及知道了曾经模仿的原因而感到高兴。

正像实习生采取“反治疗性行为”(countertherapeutic behaviors)的另外事例所显示的那样,在许多实习岗位上,当对当事人讲话或谈论当事人的时候,员工们使用行话——“家系”(stock)词或句子——都是很正常的事情。“不合适”(inappropriate)这个词就是“烦人的宠物”之意。这可能是所有助人职业里用得最烂的一个词。为了回复当事人的陈述或反应,员工可能说:“蒂姆,那是不合适的。”或者,一个治疗师可能会写下这样的记录:“蒂姆今天在小组活动中表现得非常不合适。”我最近参加了一个会议,一名发言者在 5 分钟的发言中使用了 20 多次“合适”或“不合适”这两个词。实习生看到这样的用法很快就会把它融入自己的“词库”。不幸的是,大多数情况下,“不合适”这个词总是以“反治疗性的方法”(countertherapeutic ways)而被加以使用(例如:这个术语阻碍而非促进实习生和当事人之间的相互理解、相互促进)。结果,模仿“不合适”这个词的实习生其实是在学习一种行为——这种行为阻止而非改善他们的治疗技术的发展。

当我与已经在此领域工作的实习生讨论这个事例时,许多人极力声明他们和其他的员工会一直使用“不合适”这个词,而没有发现有什么不妥之处。别的人则争辩说:“它仅仅是一个词,我经常使用。”作为对这种说法的回答,我提出了两种观察结果:(1) 实习生如此快地就已经使用了这个行话,也许严重点儿说,接受了这个术语,其本身就是对人们如何无意识地模仿以及为什么要对一个人所模仿的东西进行深度关注等问题的有效证明——这些问题都是我曾经提到过的;(2) 至于“不合适”这个词本身,我发现,当实习生说“不合适”时,用它来质疑其意何为是有用的。大部分实习生一开始不对其本身进行同义反复是很难指明其含义的。当他们真的要下定义的时候,很显然它的意义要依赖于情境。一般说来,用这个词来广泛地表达一般员工的不高兴或对当事人行为的不满意,也是能够找到证据的。

为了取代“不合适”,我建议,专业人员和当事人可以在给定的情境中,通过特意地让他们面对真实的问题来获得长进。例如,假定一个当事人对员工说:“你长得很难看。”这名员工可能不会说:“蒂姆,那不合适。”而会这样来回答:“你说这句话时,伤害了我的感情。”或者说:“你今天看起来很生气。我们能谈谈发生什么事了吗?”第一种回答“那不合适”没有告诉当事人什么是不合适的,为什么不合适,或不合适意味着什么。通过对比,其中的任何一种回答都传递出了这样回答的影响,或这样回答背后的可能性动机等特殊的信息。“那不合适”可能“使当事人闭嘴”,但是,它不可能改善真正的治疗活动。要明确地表达一种经选择过的回答,要求员工付出更多的努力和进行更深的洞察,但是,和一种没有实际意义的反射性回答相比,它更有可能具有治疗作用。

不恰当地使用“不合适”这个词是实习生在没有思考其行为目的或者为什么要模仿的情况下采取模仿行为的一个事例。其他被过滥地使用和不准确使用的术语和语句包括:“操纵性的”(manipulative)、“否认的”(denial)、“动作化的”(acting out)、“抵制的”(resistant)、“人来疯的”(do it to get attentian),以及时而时尚、时而过旧的特定的诊断术语种类。如果留心的话,毫无疑问你会遇到其他更多的类似术语。

这并不意味着这些词根本不能用,或者仅仅说出来就会伤害到当事人,然而,语言是治疗中的主要工具,实习生慎重地学习使用才是重要的。这里的目的是提醒实习生要预防不加批判地接受这些阻碍其未来发展的术语、行为或态度。避免发生这些情况的关键一点是,不要使用一些特殊的词或采取特殊的行动。模仿行为、接受信息或采取行动而全然不顾正在做的事情是我们所有人的一个思考倾向。在实习活动开始之初和整个职业活动过程中,你应该对所做、所看的东西进行思考。你应该提出问题并寻求解释。如果规规矩矩地做到了,那么,对你、对员工都是一次有意义的学习经历。

这样,当你开始实习的时候,要尽力对所看到的情况进行认真思考,避免先入之见,要对学习采取开放的态度。最终,批判性的、明智的思维能力是你从任何实习经历中都可以获得的。

第三章 伦理和法律问题

所有的健康护理和助人职业的首要原则就是“没有伤害地工作”。尽管陈述这一原则十分简单，但其含义及实践运用绝不是不言自明的。专业人士力求保证治疗质量和减少对当事人伤害的途径之一，就是建立职业伦理规则。由于实习活动是成为一名专业人员的关键步骤，所以实习生理解并遵守现有的专业人员伦理标准是很重要的。

任何重要的助人职业都有自己的伦理规则，但是，这些规则的基本要素和功能都是与职业过程相一致的。这些功能包括：提升服务对象的幸福感，避免伤害对方，保持专业资质，保守服务对象的秘密和隐私，避免利用对方或产生利益冲突，以及保证职业的完整性（Koocher & Keith-Spiegel，1998）。

除了了解伦理规则，你也必须了解并遵守和职业有关的法律。正因为专业组织确立了伦理规则以保护当事人和同行的利益，所以地方政府已经开始颁布管理资格证书以及不同职业活动的条例和法规来保护当事人的健康。本章讨论与临床活动和实习活动相关的主要伦理和法律问题，但本章内容对你的实习工作和专业发展所具有的重要性是怎么夸大都不过分的。因此，你要仔细地阅读，与导师和督导员进行讨论并详细地反复研究你所在的专业组织的行动规则。

助人职业的伦理规则

专业组织中的成员资格就附带有每个成员要遵守的组织伦理规则。这些规则不是作为“上帝的真理”（truths from above）而传承的，而是通过成员们的广泛讨论形成的。随着条件的变化，伦理规则就会升级，甚至在一个规则正式公布之前，需要如何修改和完善的争论就已经开始了（Keith-Spiegel，1994）。一旦伦理规则建立起来，组织内的专业人员就不断地讨论其效力、应用和存在的缺点，这种讨论将为以后的修订打下基础（Fisher & Younggren，1997）。当伦理规则随时间而完善，而某种规则还在起作用的那段时间里，其成员仍然需要遵守它。许多州的执业资格和活动条例是把专业伦理规则与法律合二为一的。

并非所有的伦理标准对所有的职业都是通用的。但是,大多专业伦理规则都有特定的基本原则(Kitchener, 1984)。几大专业组织的伦理指南在我们列出的目录中就可以找到。既然伦理标准因时而变,且有时必须进行较大程度的修订,因此,更多特定规则的最新版本是可以定期拿到的。一般说来,从下列组织中就可以获得这些信息资源:

美国心理咨询协会(1995):《美国咨询业协会伦理规范和执业标准》,Alexandria, VA: Author。

美国婚姻与家庭治疗协会(AAMFT)(1991):《AAMFT 伦理规则》, Washington, DC: Author。

美国大学人事协会(1989):《伦理原则和标准的声明》, Alexandria, VA: Author。

美国精神病治疗协会(1995):《医疗伦理原则》,Washington, DC: Author。

美国心理学协会(1992):“心理学家伦理守则和行为规范”,《美国心理学家》,第46期,第1597~1611页。

休伊·W.(Huey, W., 1992):“学校心理咨询师伦理标准(1992年修订)”,《学校咨询师》,第40(2)期,第89~93页。

团体工作专家协会(1990):“团体咨询师伦理指南(ASGW,1989年修订版)”,《团体工作专业人员杂志》,第15期,第119~126页。

全美社会工作者协会(NASW, 1996):《NASW 伦理规范》,Silver Spring, MD: Author。

特殊的伦理规则

除了一般的伦理规则外,有些机构,如美国心理学协会(APA),又制定了更多的适宜于临床医生的特殊的指导方针。APA的“心理学家伦理原则、心理服务人员普通指南”(APA Board of Professional Affairs, 1987)就是执业医生行动指南的一个例子。APA还出版了“为少数民族及有语言、文化差异人员提供心理服务的指南”(APA Office of Ethnic Minority Affairs, 1993)。也有人提出了适用于咨询师的类似标准(Ibrahim & Arredondo, 1986)。

伦理标准的执行

专业机构制定的伦理指南是用来约束其成员行为的。它们还建立起了一套调查道德抱怨和惩罚违反伦理标准成员的工作程序(Ethics Committee of the APA, 1992; AACD Ethics Committee, 1991)。在管理机构的职权范围内,对违反伦理的处理可以从提出警告和要求接受教育到组织开除。

因为专业组织制定的伦理指南是用来控制其成员行为的，所以它们对非组织成员的执业医师是不起作用的。这样，不属于 NASW 成员的社会工作者，或者非 APA 成员的心理学家是不能被各自所在的组织认为违背了 NASW 或 APA 的伦理规则的。同样的情况也适用于其他职业和组织的成员。但那并不意味着非道德的行为就没有什么制约。学生尤其应该知道，违反职业道德标准，被认为是进行学术惩罚的基本条件，而且可能会从培训项目中被开除。有关这个问题的更多评论，可以参阅科布(Cobb，1994)的著作。

伦理规范和法律

伦理规范和法律是不一样的，但是各主要专业组织的道德原则通常都被写进了各地方的执照发放条例和执业法律条例中。地方规定执业资格的法律，要么与专业的道德标准融合，要么平行。在这种情况下，违反这些法律的执业医师会面临失去执照的可能性和违反特定规则而遭受犯罪控告的可能性(Swenson，1997)。非道德的行为也会引起破坏金融的民事行为(Bennett，Bryant，VandenBos，& Greenwood，1990)。每个地方的法律都不一样，并不断随着新案例的出现而完善发展。因此，你必须根据本地现行的法律以及关于保密和其他道德制约的通常做法，在规范的实践活动中来提升自己的品位。要了解与临床工作有关的法律问题方面的详细讨论，可以参阅《社会工作中的不法行为及其义务》(*Social Work Malpractice and Liability*)(Reamer，1994)、《助人职业中的心理学和法律》(*Psychology and Law for the Helping Professions*)(Swenson，1997)、《职业责任和风险管理》(*Professional Liability and Risk Management*)(Bennett et al.，1990)、《婚姻家庭治疗中的道德规范、合法性和职业行为问题》(*Ethics，Legalities，and Professional Practice Issues in Marriage and Family Therapy*)(Vesper & Brock，1991)以及《心理学家法律手册》(*The Psychologist's Legal Handbook*)(Stromberg et al.，1988)。要得到危险当事人处理中的法律和道德问题的建议，范德克里克、本尼特和布里克林(VandeCreek，Bennett，& Bricklin，1994)所著的《潜在危险当事人的风险管理》(*Risk Management with Potentially Dangerous Patients*)就是最好的图文并茂的自学指南。要得到道德规范方面的实质性、综合性的评论文章和复杂情况的案例研究以及实践中所遇到的真实道德难题，可以参阅波普和范斯盖兹(Pope & Vasquez，1998)的《心理治疗和咨询中的道德原则：心理学家实践指南》(*Ethics in Psychotherapy and Counseling：A Practical Guide for Psychologists*)以及库切尔和基思-斯皮格尔(Koocher & Keith-Spiegel，1998)的《心理学中的道德规范(第 2 版)》(*Ethics in Psychology*)。最后阿卡夫等人(Acuff et al.，1999)还讨论了在规范的护理环境中进行治疗时所遇到的独特的道德挑战。

实习生道德协议表

为了确保实习生了解并遵守道德标准，我要求所督导的每一个实习生都阅读附录G中的《实习生基本道德准则》并签字。然后，我就把它保存在课堂活动记录中以备将来之需。这个表涵盖了一些所有专业人员必须了解和遵守的必不可缺的指导原则，它也为实习生、督导员及导师签署协议提供了自由的空间，同时表明了他们对某些地区或特殊岗位上的道德担心。除了完成这个表格，特定的工作环境（如涉及儿童的环境）或特殊的治疗方法，也许会带来特殊的道德问题，我也建议学生清楚并遵守它们（Montgomery, Cupit, & Wimberly, 1999）。

当前的道德研究和道德训练

阅读并签署道德协议不应该被看做是履行道德规范的最后一关。相反，它是我们进行深入讨论和动态评估的基本起点。需要大力推荐的一篇文章是由扎库坦斯基和西普斯（Zakutansky & Siples）1993 年写的，该文鉴定了实习生与督导员的六种关系类型，并评论了与其中一种有关的道德和法律问题。这六种关系是：(1) 学生与当事人；(2) 学生与专业导师；(3) 专业导师与当事人；(4) 专业导师与专业联络员（代表社会工作项目的专业人员）；(5) 学生与专业联络员；(6) 专业联络员与当事人（p. 338）。如果你最终开始治疗当事人了，重温一下德波（DePauw, 1986）的一篇文章可能会有帮助。在这篇文章中，她在按顺序评论属于咨询阶段的重要道德问题时，提出了一个"时间边线"（time line）的概念。要想了解更多关于伦理、道德、价值方面的既具理论性但又不乏挑战性和趣味性的讨论，可以参阅普里勒坦斯基（Prilleltensky, 1997）的著作。

除了阅读道德协议之外，你还应该保持与督导员、导师和同伴之间的关于道德原则方面的讨论，且要参加定期举办的道德规范方面的继续教育。这样的动态学习和讨论是重要的。因为，正如韦尔弗和里普兹（Welfel & Lipstz, 1984）在关于道德训练的评论文章中所提到的那样，只有道德规则的知识是不能保证道德行为的。这在弗莱、范·巴克、温曼、基奇纳和兰恩（Fly, Van Bark, Weinman, Kitchener, & Lang, 1997）等人的调查中是很明显的结果。他们发现，超过一半的实习生——报告说他们违反了道德原则——以前学习过道德方面的课程。动态的道德学习和探讨之所以是必要的，还在于没有一种道德规则可以应对所有的情境（Kitchener, 1984）。而且，在特定情况下，遵守道德规则中的一个原则可能和同一规则中的其他部分产生冲突。

基奇纳（1984）区分了道德原则和伦理规则之间的不同。他提到，伦理规则来自于基本的道德原则，对自由的尊重，避免伤害，提倡善行，以及诚实、公正是所有真正助人职业的原则中都囊括的。基奇纳还宣称，当面临道德困境或道德冲突时，意识到这些原则的存在,就为在批判性的思考和评价中最后做出某种决定提供了一个基础。

本章详细地讨论了主要的道德原则问题,但是,伦理学是不能浓缩为一本简单的做什么和不做什么的"烹饪食谱"书籍的,认识到这一点也是很重要的。道德的行为要求有一个持续的自我控制、反馈和慎重思考的过程。作为实习生和专业人员,在整个训练和工作过程中,都有责任去认识并理解道德原则的表述、精神实质、理论基础和实际的内涵。

练习

在阅读接下来的讨论之前,要思考一下本案例并确证一下你所认为的对道德的担心或违背道德的事件。然后,当你读完本章的时候,再回过头来看一下并与同伴和导师讨论:

有一个擅长和老年当事人在一起工作的治疗师,他同时也是一个慈善组织的负责人。在本组织的一次会议结束之后,一名妇女就向治疗师走了过去。她既是治疗师的一个私人朋友,又是该慈善机构执行委员会的副主席。困扰这名妇女的问题是她15岁的女儿已经开始逃学,且在家里脾气很坏,情绪很低落。因为她信任这个治疗师,所以她就带女儿来治疗。这个治疗师答应给她免费治疗,并建议说,如果能带她到家里进行谈话,这个女孩就不会感到太多的威胁。她女儿虽然按约定的时间来了,但母亲没有告诉她来这里是接受治疗的。治疗师也只是说,他已经很久没有见过她了,而且仅仅是想和她说说话而已。在谈话的时候,这个女孩眼泪汪汪且有点哽咽地承认,她和她的一个舅舅之间有"问题"。这个舅舅和他们住在一起,而且对她进行了性侮辱。这个女孩说,她已经尝试要把这件事情告诉母亲,但是因为舅舅是母亲的弟弟,所以她担心母亲不会相信她。经历了这次不幸之后,女孩就变得焦躁不安了,以致于曾经告诉过一个朋友,她想用毒药杀死舅舅。治疗师听完,然后当女孩离开之后,就给她母亲打电话并告诉了治疗中所发生的事情。

资质

大部分伦理规则中第一位的和最重要的原则是在一个人的能力范围之内开展工作。和"不伤害地开展工作"(Do No Harm)原则相一致的要求是,了解自己的限制条件就意味着不论我们怎么想帮助别人,也必须清楚自身能力所及的范围,并在需要的时候去寻求帮助或督导 。在美国心理学协会的伦理规则中,"资质"(competence)是"普通原则"(general principles)中的第一条。这一事实就说明了该原则的极端重要性(Fisher & Younggren, 1997)。

了解一个人的能力和限制条件的重要性应该在于可以产生直观的感觉。但是,也不难想象到,在希望去帮助别人时,我们的能力将会变得更强。当某种情况超出了我们的能力范围而准备结束时，我们会学到“艰难之路”(the hard way)这一课。非临床环境中的个人经验可以说明两点：一是夸大能力是容易做到的；二是犯那样的错误的可能性后果是严重的。

在临床工作和教学的间隙，我有时候会去清水泛舟。当一个人还在学习游泳的阶段，如果遇到必须离开小船且为了安全起见而必须游泳时，就会出现一些常见的场景，也会出现其他船员在游泳时需要救助的场面。在这些情境中，河水的力量和速度是难以控制的，而且一个人很快就会知道，河水是不会为无准备之人预留空间的。

在营救的场景中，甚至在试图救助溺水者之前，首先要想到的就是不能危及自己的安全。正如一个河水营救专家所解释的那样：“如果你在毫无准备的情况下就跳到河里去救一个人，那么，营救事件所发挥出来的影响作用就可能非常非常小了，相反，你成为第二个牺牲品以及使溺水者和自己都沉下去的可能性就会很大。虚张声势和英雄主义并不会使河水铭记在心。”

我曾亲眼目睹一个没有经验的船工把一个溺水者弄到一棵歪浮在水面且明显是安全的树上并试图去救助他，而令船工和溺水者都没有意识到的是，河里的树——尽管看起来很安全——实际上也是最致命的危险因素。河水以巨大的力量冲击着树木，甚至一股相对柔和一些的水流也能轻易地卷走船工或溺水者。在这种情况下，结局就可想而知了。当他们触到歪倒的大树时，船就翻了，河水卷走了船工，溺水者也沉入了水底，他们都没能幸免于难。如果是一个经验丰富的老船工，就不会发生这种悲剧。

这种比喻的目的并不是吓唬你要离开现场实践(或不去泛舟)，相反，它是鼓励你要清楚地了解到自己的不足而不能肆意妄为。正如初学游泳的人不能完全了解快速游过河或营救溺水者所需要的专门技能一样，马马虎虎的临床工作观察员总是想当然地认为，自己的工作无非就是听别人谈话而已，没有更多的东西。这种想法——任何人不经训练就可以从事服务于人的工作——不仅是错误的，而且是危险的。那些没有受过督导而试图依靠自己的能力提供治疗、评估或其他服务的新实习生肯定会干得很离谱。他们可能很走运地做对了，但也可能很背运而做了不少伤害当事人和自己的事情。

良好的意愿不能取代工作的资质，伦理学的目的之一就是提醒我们，自己并不总是自己能力和行为的最佳裁判。你希望相信自己可以帮助别人，并不意味着别人对你的能力做出了超前的判断。在你整个的临床工作中，要客观地、诚实地问问自己是否真正接受过培训或具有这方面的经验，即在特定的情境中或与特定的对象一起工作所需要的技能。然后，进一步地问问自己：如果一个伦理评论委员会或法庭要求提供客观的资质证明该怎么办？

既然你想到了资质的事情，那么就请记住，在助人的职业中，资质并不仅仅是知识或技术能力。波普和布朗(Brown，1996)指出：你要做的工作不仅要求“智力”(intellectual)资质而且还要求“情绪”(emotional)资质。“智力”资质是指知识和能力，而“情绪”资质是指一个人内心情绪的稳定性和管理自己应对不同当事人所带来的情绪挑战的能力。并不是所有的治疗师在情绪上都同等地具有应对所有类型的当事人或所有问题的资质，他们必须要认识到这一点，而且，气馁、紧张、个人问题或其他问题都会反过来影响你的情绪资质和行为表现。要了解更多的如何管理紧张和气馁方面的建议，可以参阅第九章和第十章。

资质这一基本原则是如此重要，以致于如果学生在实习活动中别的什么也没有学到，起码他们可以明白自己有多少东西是不知道的。事实上，不管你学到了多少东西，永远不会有无知胜于有知的时刻。从第一次开始实习到结束自己的职业生涯，你必须不断地努力确认自己什么时候需要帮助，并永远不要害怕或不好意思去寻求这种帮助。接受督导应该成为你全部工作和训练活动中必不可少的一个部分，直到至少拥有几年的经验。而且，在整个职业生涯中，尤其在遇到麻烦的病例，或者因个人的因素影响了你的表现时，你应该经常去寻求督导。

在职业生涯中，任何时候你都不会了解自己需要知道的每一件事情，总是有进一步学习的空间，而且在许多州，在申请执照时要求提供继续教育成绩单。在我的工作实践中，就阅读了多方面的专业杂志，且每年参加的继续教育时间远远超过了规定时间，同时定期与其他专业人士就一些挑战性的病例进行研讨。甚至即使有了这些举措，我还经常会意识到自己受到的训练不足以来应对特定的当事人或解决特定的问题。在这些情况下，一个人就应该毫不犹豫地去寻求督导或求助于那些具有更多必需技能的专业人士。

关于资质，还有最后一点要说明。有时候，学生们相信，既然自己是学生或实习生，就不必像专业人士那样为行为而承担责任。但事实不是这样的。处在高级训练水平阶段的学生和对当事人的护理负主要责任的学生"正扮演着一个专业人员的角色，与之相伴的是遵守同样的法律、职业规则和道德标准的责任"(Zakutansky & Sirles, 1993, p. 339)。在接受训练时，如果学生违反道德准则而行事的话，可能就会被排除到工作活动项目之外(Fly et al., 1997)。学生也可以因工作失误而受到控告，他们的督导员和导师也要为其行为承担责任(Gelman, Pollack, & Auerbach, 1996)。这样，在考虑自己的行动时，你就要认识到，接受实习生角色的其中一部分意义就在于接受了与之相随的责任。

练习

承认伦理和资质原则重要性的一个有效办法是从当事人的角度考虑事情。设想一下你正在寻求一名心理治疗师。为了使"有资格"的治疗师帮助你解决特殊的问题，你希望他们具有什么样的资格？在回答这个问题的时候，想一想以下几个方面：学位、从业执照、大概的工作年限、带着问题与当事人在一起工作的经验、接受督导的次数、在感兴趣的领域所受到的专门培训，以及接受继续教育的情况。做这个练习的大部分实习生都坦率地发现,在直接了当地评价自己为当事人服务所具有的资格和能力时,会有一种强烈的羞愧感。

知情同意

知情同意的道德原则意味着当事人有权利被告知治疗方案、病情评估,或在同意参与咨询之前或接受治疗服务之前,将要接受的其他服务项目了解清楚。这个原则应用到实践中就要求为了确保知情同意,当事人必须得到特定的信息(以他们可以理解的方式和语言)。哈里斯和本尼特(Harris & Bennet, 2000)就为心理治疗师提供了一份知情同意合同范本。哈里斯(1995)还就合同中应该包括哪些内容提出了一些建议。不管哪一种形式,在采用之前,去咨询一下擅长心理临床工作法律问题方面的律师是个不错的主意。

当事人至少应该被告知以下信息:

1. 应该知道为其提供治疗服务的人的资格。包括:学位、临床经验、专业培训以及从业执照。

2. 在有实习生的情况下,当事人应该知道提供治疗的人是一名实习生且将受到督导。还应该向他们说明实习生的教育和训练背景。

3. 当事人应该知道实习生、督导员的姓名和他们的资格,且应该有机会会见督导员——如果他们愿意的话。如果当事人将来有任何的疑问或担心,还应该知道如何与他们联络。

4. 当事人应该知道督导的性质,包括督导的频次以及主要活动内容(如评论病例记录,听会议录音等)。

5. 当事人应该被告知将要接受的治疗方案和评估方面的情况。包括:治疗方法的简单介绍或评估的目的,以及将使用的仪器。

6. 应该向当事人解释治疗讨论会的频次和持续时间,以及就治疗中的特定问题而进行的有代表性会议的合理化估计。

7. 当事人参与治疗的职责必须弄清楚。例如,希望当事人按时赴约,如果取消或更改约会要提前通知治疗师,并附带说明其安排。

8. 费用必须要解释,包括每次会面或每次测查的花费,以及错过会面是否收费。费用以什么方式、什么时间支付,以及如果无法支付的话,如何对下面的程序进行必要的说明。这种讨论也包括如何管理保险支付合同以及它如何影响到保密性原则。

9. 如果针对当事人的保险政策限制了将由保险公司付费的会面次数,那么就必须达成一个协议,即如果需要更多的会面,且当事人没有保险公司的支持就无法支付费用的话,治疗如何继续进行下去。

10. 必须详细说明保密原则。保密的性质和范围应该进行交流,包括在治疗中所说内容的保密范围，以及当事人记录中所包括的内容，还包括信息资料的电子存储、传递、发布以及保密等。

11. 在治疗开始之前或治疗进行中的任何阶段，应该提供机会来回答所提出的问题。

12. 当与一名需要专门照顾的当事人在一起工作时，治疗师应该与当事人一起讨论某些信息，其目的在于采用讨论结果或保证服务质量。

尽管病例法规和道德标准仍在完善中，但至少最近的一篇文章和一些法庭案例表明，治疗师应该公开与治疗有关的经济上或兴趣上的冲突。公开私人问题的必要性也已经有过讨论，如财物滥用，对部分治疗师而言，这就可能影响到当事人的治疗（Hafemeister，2000）。

在给当事人通告以上问题的时候，你应该用书面的形式来说明这些信息已经发布且已达成共识。附录 H 中有一份说明知情同意问题的表格样本，这个表格覆盖了每一个关键性的主题且为当事人留出了签名的地方，以表明他们已经阅读、理解且已经就将要接受的治疗方面的一些问题进行了咨询。

知情同意的文件有许多功能。通过慎重地证明当事人已经被告知其权利，治疗师就可以确保自己正在遵守道德原则，正在实施被认为是护理中很重要的一个步骤。如果以后出现治疗费用、保密或其他方面的问题，这些证明材料就可以起到额外的帮助作用。如果像误导治疗进程等方面的法律问题出现的话，这就显得尤其重要了。在许多州，这样的证明材料是地方道德指南和法律规定中所要求的。这样，养成填写知情同意表的习惯，对实习生和专业人员来说就是一个明智的选择，在某些情况下也是法律规定的行为。

练习

因为知情同意是道德和法律义务，因此这个练习对你尤为重要。如果你的工作环境很正规且正在护理当事人的话，这可能就是法律程序上所必须做的。而如果你是初次工作的新手，也应该完成这样的练习。因为它可以帮助你弄清楚自己的资格和治疗中可以采取的办法，以及对当事人所能抱有的期望，而且还会增加重要道德原则方面的知识。从附录 H 中抽出治疗协议和知情同意表，参照它来准备一张适合自己所处环境的表格。然后，和同伴交换并与导师协商。在得到比较满意的结果之前，你也许需要进行多次修订。当你获得额外的经验或治疗方案发生改变的时候，以及道德和法律进步的时候，你就需要调整并修订自己的表格了。

保密性

就开放和诚实作为治疗的必要组成部分而论，保密性被认为是进行有效治疗的必要条件(Swenson, 1997)。许多助人的专业人员都把保密性原则和资质、知情同意放在一起看做是他们基本的道德责任(Crowe, Grogan, Jacobs, Lindsey, & Mark, 1985)。

保密性原则的本质是当事人有权决定谁将可以了解自己的私人信息和治疗方面的信息。在临床环境下,当事人需要感觉到他们所拿出来分享的信息将停留在专业人员那里,没有他们的同意是不能发布的。这一点如果不能得到保证,当事人是不可能自由地宣泄和表达思想感情的。反过来,这也有可能遏制了当事人分享特定信息的意愿,且可能干扰治疗的进程(Nowell & Spruill, 1993)。然而,与此同时,当事人也必须了解对保密性限制的范围,以便可以做出合适的选择。

调查研究表明,当事人和普通百姓都认为保密性原则是重要的(Claiborn, Berberoglu, Nerison, & Somberg, 1994)。另一方面,鲁巴诺威茨(Rubanowitz, 1987)报告说,许多被调查者相信:在某些情况下,即使意味着践踏了当事人的保密性原则,治疗师也应该通知必要的部门。例如,如果已经出现了犯罪或有可能犯罪的情形。

因为保密性原则的重要性,它通常被临床医生和教育人员认为是产生道德困惑的最常见的来源(Hayman & Covert, 1986; Pope & Vetter, 1992; Stadler & Paul, 1986)。违反保密性原则也是最常见的攻击从业医生的误导性言论之一(Reamer, 1995),并被认为是学生中间最常见的道德败坏行为(Fly et al., 1997)。考虑到保密性原则的巨大价值和道德困境发生的频率,实习生就必须完全理解这一原则,要知道如何避免因粗心大意而违反这一原则并承担其后果。实习生也需要知道,他们的角色或工作环境是无法完全保证遵守这一原则的。而且,各州之间关于保密性原则和"当事人-治疗师"关系孰优孰先的法律都有所不同(Glosoff, Herlihy, Herlihy, & Spence, 1997)。

有时候,在一些例外的情况下,你可以或必须泄露当事人的信息。你需要知道这样的情况是什么,如何处理以及如何让当事人知道保密性原则的限制范围。

接下来的讨论提出了几乎运用于所有场景的保密性原则的一般问题。如果这些指南有所帮助,那也是特定的方法治疗特殊的问题,而在某些情况下要采用特定的方法来维护保密性原则。服务于未成年人的人(Swenson, 1997)、HIV 呈阳性的人(Chenneville, 2000; McGuire, Niere, Abbott, Sherider, & Fisher, 1995; Schlossberger & Hecker, 1996)、过失犯罪的人(Connor, 1996)、劳教机构中的人(Weinberger & Sreenivasan, 1994)、法庭强制治疗的当事人(Regehr & Antle, 1997)、戒毒和戒酒治疗项目中的人(Andrews & Patterson, 1995)、军队环境中的当事人和服务人员(Stall & King, 2000),以及其他环境中的当事人,可能都需要专门的预防措施和治疗程序。团体治疗和家庭治疗也会带来与保密性原则相关的独特的道德和法律问题(Paradise & Kirby, 1990; Vesper & Brock, 1991)。另外,计算机通讯技术和远程治疗方面新的发展也带来了特殊的道德忧虑,这方面的问题本章随后会有更多的讨论。在任何工作背景下,在职业经验开始积累的时候,实习生应该特别地咨询一下有关保密的政策规定。如果出现了与保密原则相关的问题,你就应该去咨询一下督导员或导师。

信息的发布

为了维护保密性原则,就必须谨慎地制定一些特定的标准和明确的指导原则。首先,除了当事人之外,其他任何人都不应该获得有关他们的信息——不论是书面的、口头的或其他形式的,除非有当事人明确签名的书面同意书。在大多数情况下,应使用标准的"信息发布"表。这些表格提供了接收信息的对象、信息发布的目的、需要发布的特殊信息、信息交流的形式、发布的日期、信息的有效期、当事人名单、当事人的签名,以及主要的治疗师或其他专业人员等信息(Bennett et al., 1990)。

在实践中,要求书面的同意意味着,如果有人打电话或到办公室来要求查看当事人的治疗记录,或者来讨论病例,那么,你就不必答应这种要求,甚至不必承认那个人就是当事人。除非有当事人的书面授权才可以对他们公布信息。这听起来似乎是没有意义的,但却是必要的。

如果有什么问题的话,你可以说:"对不起,我不能与你共享任何信息,除非看到签名的信息发布授权书。我想你一定理解保密原则的重要性。只要拿到这样的授权书,我将很高兴并尽可能地为你提供任何信息。"以此来对付那些人固执的要求。要记住,这样的声明并没有承认涉及的对象就是某个当事人。它仅仅表明,分享信息的授权声明是必要的。如果要求得到信息的人不接受这种解释或者坚持要得到信息,你就可以把这个人交给督导员。在任何情况下,你都不应该因情况紧急,有压力或感到不方便而带来工作上的疏忽或大意。

保存记录档案

为了保护记录档案,当事人的所有病例材料、信息和其他文字、录音都应该被锁进档案柜里。你不应该把带有当事人姓名的材料、档案或其他东西放在他人可能会无意中看到的地方。作为进一步的防备措施,"保密记录"的字样可以印在或盖在所有的材料上。如果病例材料保存在电脑里,要想办法限制那些可以接近这些档案的人,而且当临床医生不在的时候,电脑不应该让其他人查看。对于那些处在管理规范的护理环境中或其他有综合资料管理职责环境中的治疗师和实习生来说,万丁、托伯科斯和麦克加哈(Wedding, Topolsks, & McGaha, 1995)提供了关于电脑化记录保存的有用的讨论资料。

保存课堂笔记或活动日记的实习生要注意不要乱丢乱放这些东西。作为强化的预防措施,实习生应该在材料保密的笔记本外面做出明显的标记,并原封不动地归还给当事人本人。我让保存活动日记的所有实习生用清晰的字迹在封面上写下：保密的个人材料——如果发现，请转交 XXX（实习生的名字和地址）。在写的时候，要用假名（笔名）或诸如 X 先生（Mr. X）、B 女士（Ms. B）的虚假的起首字母来隐藏当事人的身份。当真实的起首字母或姓氏很容易地就能与真正的本人联系在一起的时候，要想办法避免这样的使用方法。这个指导原则同样也适用于电脑记录、“掌上秘书”（personal data assistants）以及其他的资料保存方式。另外，你应该在保存当事人资料或写病例报告的地方设置密码。

和同事分享信息

与局外人分享信息资源的指导原则相对说来是很清楚的，有几种例外的情况后面还会讨论到。这种规则可以简单地概括为“没有当事人的书面同意而不为”。但对于和实习单位的同事分享信息的问题就不能轻易地做出这样的回答。因为每一种环境和情况都是不同的，所以，提出一种有助于做出决定的大体框架是有益的。这种框架围绕着词汇“W”而展开：谁（who）、为什么（why）、什么样（what）、什么地方（where）、什么时间（when）以及如何（how）。在与其他人分享当事人的信息之前，你都应该自问以下几个问题：

1. 这些人是谁？当事人同意他们享有这些信息了吗？在临床环境中，他们的角色和威信是什么？他们受过什么样的专业培训？他们和当事人的关系是什么？你认为他们的临床技能和道德知识如何？他们是否了解并尊重保密性原则？

2. 他们为什么想要这些信息？他们在某些方面参与了当事人的治疗吗？他们仅仅出于好奇吗？他们是在寻求信息以增加对当事人的了解吗？或者，他们有没有可能在作用相反的方面使用这些信息？

3. 他们要求得到什么样的信息？这些人是要求得到诸如地址、电话等资料吗？或者他们是要求得到关于当事人忧虑的特性或背景方面的临床信息吗？他们是想从量表测查或会面中得到大体的印象还是想得到具体问题具体的得分或答案？记住：仅仅因为某些人要求得到特定类型的信息并不意味着你应该提供相应的信息。根据情况的需要，你可以选择提供摘要或大体印象而不是具体的测查结果或会面时的回答内容。如果信息有可能被不合理和非专业化地使用，你也可以不提供任何信息。

4. 你在什么地方？你是在一个私人的环境中还是在一个别人可以很容易偷听到你们讨论的公共环境中？办公室的门关住了吗？会客室的人可以听见你们的声音吗？有其他当事人在旁边吗？

5. 你们什么时候讨论信息？现在是分享信息的最佳时机吗？你有足够的时间来讨论和解释问题吗？或者你的时间是否太少而不能专心地做一件工作？安排一个具体的时间和地点而不是通过别人的传递来分享不是更好吗？

6. 你们如何分享信息？你们能做到面对面地一个问题接一个问题地讨论吗？或者你可以通过电话来完成任务吗？你们是用书写的形式来交换信息吗？是通过书面文字的形式来提供信息还是通过保留谈话记录来提供？直接的口头交流和书面交流之间的相对辩证关系是什么？

如果你每次打算分享当事人的信息时，都能立刻自动地自问一下以上这些问题，那么，粗心大意惹麻烦的机会就会大大降低。然而，错误也会发生。为了说明这一点，就想想一位思考和行动不够细心的老练医生是如何无意中违反保密原则的。

无意中违反保密原则

一位具有 25 年工作经验的心理学家被邀请到一个大型的推介心理学的课堂上讨论临床问题。在谈话期间，他描述了一个研究案例。其中提到，当事人是一个 50 岁的男人，离异，带有 2 个女儿。这一点是需要保密的。然而，接下来他还说出了当事人居住的城镇的名字，并接着说这名拥有当地汽车经销商资格的当事人是一个著名社会团体的前任主席，并已经与严重的酒精依赖抗争了多年。实际上，这个心理学家从没有泄露当事人的姓名。但是，在一个中等大小的社区内发生这个事件，课堂上的很多人都能轻而易举地意识到此当事人是谁。

第二个例子是，一名实习生在当地一家餐馆吃午餐时和社会工作督导员探讨他所看到的一个家庭。在吃完饭起身离座的时候，他们发现这个家庭正坐在隔壁包间里。一想到以后的讨论治疗，实习生就意识到他已经批评了该家庭中的某些成员，他对于在接下来的会面中处理这件事情感到非常担心。

既然列举的例子中违反保密原则的情况非常明显，盖维和布朗(Gavey & Braun, 1997)还是指出：尽管在教学环境和出版物中匿名的临床材料经常被使用，但关于这样使用的道德原则问题仍然十分模糊。在这方面，尤其应该担心的是当事人读到治疗师出版的关于自己的有关案例或发表的有关著作的可能性。

违反保密原则的后果

要理解违反保密原则的含义，就要把自己设想成以上所描述环境中的当事人。当听说自己的个人病例在课堂活动讨论之前，人们就通过其他途径知道了你的身份，此时你会做出什么样的反应？如果在午饭时间无意中听到治疗师在讨论你的病例，你对下一阶段的治疗将会有什么反应？你会继续治疗呢，还是不做任何解释地草草结束治疗？

还要问一下，如果听到一个治疗师在谈论别的当事人时，作为现在或将来的治疗当事人你会有什么样的感受。甚至对于非当事人的其他人而言，仅仅知道治疗师是用这样的方法谈论他们的，他们也会彻底逃避这样的治疗过程。在所有事先不知道自己已经被治疗师公开的当事人所产生的反应中，盖维和布朗描述了背叛、无助和愤怒的感觉。一些作者把这样的问题概括为：没有正式的同意，当事人是不应该被公开的。其他人也已经指出：一个病例在总结完之后，在争取当事人同意将病例信息出版的过程中可能出现一些老问题(Clifft, 1986)。到目前为止，关于案例研究使用的道德和临床问题已经完全到了解决的时候了。盖维和布朗呼吁在专业团体中进行深入的讨论。他们的建议被很好地采纳了。但是，与此同时，实习生和专业人员在公共环境中讨论任何当事人和病例的时候，都应该本着谨慎并尊重当事人的态度。

为慎重起见，违反保密原则的临床意义也应该得到充分的说明。但是，义务的问题也要考虑到。许多州都有保护当事人机密的法律规定。违反这样的法律是属于犯罪指控的范畴的。除了有可能被指控犯罪之外，在某些方面因治疗师违反保密原则而受到伤害的当事人可以因伤害罪而对治疗师提起诉讼(Conte & Karasu, 1990; Reamer, 1995; Schwartz, 1989; Swenson, 1997)。因为保密是进行治疗的基本条件，所以法官或陪审团不可能对实习生或专业人员在这种问题上的粗心大意而网开一面。

保密性原则的例外情况

当当事人的特定信息必须与别人分享时，保密性问题就会变得复杂起来(Glosoff et al., 1997; Schwartz, 1989)，且也会因为法律的不明确和不同州的解释和规定不同而变得更加复杂。在这里，虽然对这个问题进行了简单的回顾，但是，更多的信息应该有助于你理解这个问题的重要性和复杂性。在本章所引用的参考书目中以及在与导师和督导员的讨论中，你可能会受到鼓舞而详细地研究这个问题，与此同时，你自己也应该熟悉相关的地方法规。

不要期望为每一种情形都提供具体的指导原则，在五种情况下，绝对的保密原则不可能坚持而且信息是需要公布的。这里主要讨论的是：无论何种情况，你都不应该给当事人一个经常听到但却错误的保证——“没有你的同意，什么也不会说或与别人分享”。那不见得总是正确的，而且当事人有权利知道例外的情况。

斯温森谈到了治疗师应该就保密性的界限问题给当事人发出一个“心理学的米兰达(Miranda)警告”(Swenson, 1993, p. 70)。这种对米兰达控制的介绍意味着，治疗师应该提前告诉当事人在法庭上如何使用来自临床互动过程中的信息，即当事人可以自行决定在治疗中要讨论什么或不讨论什么。

米勒和西伦(Miller & Thelen, 1986)的研究结果支持了这一原则，它显示大部分参与主体都想预先知道信息保密的界限。抛开这一点和明确的伦理原则，尼古莱和斯科特(Nicolai & Scott, 1994)报告说：在关于程序知情和虐待儿童的调查者中间，几乎20%的受访者“表明他们有时/很少/从没有向当事人提供这种信息，超过5%的人误导性地告诉当事人治疗中已经透漏的所有信息都是要保密的(p. 159)。他们还表达了对这一发现结果的忧虑：

> 如果有关保密界限的信息没有明确的说明，初来的当事人很可能会认为：不论内容如何，所有透露的信息都将要保密。而且，那些告诉当事人说他们所讲的一切信息都将会保密的临床医生明显地是把当事人和自己都推到了冒险的境地(p. 158)。

简单说来，保密性原则的五种主要例外情况发生在：(1) 虐待的案例；(2) 当事人被认为可能伤害自己的案例；(3) 当事人打算伤害其他人的案例；(4) 病例记录和其他记录被特定的法律程序传唤；(5) 提供保险的人要求用病例记录来评估需要的生活必需品和提供服务的收益。

有特权的交流

在谈论保密性原则的例外情况之前，引进并解释一下"有特权的交流"这个概念是有帮助的(Koocher & Keith-Spiegel，1998)。在这里，"特权"是一个法律术语，指一个人有权隐瞒法庭所要求的信息。这种特权是由法律确立的，适用于不同的职业和不同的关系，如律师和当事人之间、医生和当事人之间、神职人员之间，以及在大多数州，当事人之间和官方确认的精神健康执业医师之间(包括心理学家、社会工作者、咨询师，以及地方政府确认的其他人员)。正如斯温森(1993)为这种保护所做的合理性解释一样，"这是一些立法机关认为保密的益处比法庭收集证据的需要更为重要的关系"(p. 135)。

特权的法律权利存在于当事人手中，他们也可以被称为特权"持有者"(holder)，理解这一点是重要的。这就意味着，决定放弃特权和允许公布信息正是当事人的特权，而不是治疗师的特权。除了下面将要讨论的特定情况外，治疗师的义务是保护当事人的特权——不论它什么时候是适当的。如果治疗师拒绝泄露信息，也是因为他们这样做是代表当事人特权的利益，而不是因为治疗师拥有特权。同样，治疗师必须认识到，除了明确的同意或要求违反保密原则的情况之外，治疗师不能单方面地放弃当事人的特权。除非当事人已经自愿放弃特权或法庭专门下了命令。否则，治疗师有责任声明当事人享有的特权并且不会泄露他们的信息。

当事人-治疗师之间特权的限制和保护在美国最高法院的一份重要的决定中得到了澄清，在杰菲诉雷德蒙德一案中(Jaffee v. Redmond，1996)，法院的大多数人发现：当事人和社会工作者之间有特权的交流受到了保护。这一发现很重要，因为它特别包括了享有特权交流的治疗师这类职业的社会工作者，还因为它在联邦政府的层次上建立了规则，这种规则可以指导下级法院往后所做出的决定(Alexander，1997；DeBell

& Jones，1997）。

法院在杰菲诉雷德蒙德一案中发现，从本质上说，治疗师、临床社会工作者不能被第三方强迫透漏作为反对当事人的民事案件的私人记录。具体说来，法院要知道：

> 有效的心理治疗依靠自信而信任的气氛，在这种气氛中，当事人愿意进行坦白而彻底的释放……因为这个原因，信息如果有可能被泄露的话，也许会阻碍成功治疗所需要的保密关系的发展(p. 1928)。

在亚历山大(Alexander，1997)、德贝尔和琼斯(DeBell & Jones，1997)以及纳普和范德克里克(Knapp & VandeCreek，1997)的著作中就可以发现对杰菲诉雷德蒙德一案的全面回顾和宽泛的特权概念。法院的决定标志着，在治疗关系中，朝着明确的有特权的当事人一方的道路上取得了重要进步的时候，重新强调一下特定的法律例外情况的应用也是很重要的(Glosoff et al.，1997)。正如法院已经规定的：当事人有特权拒绝与治疗师分享信息。同时法院还规定：在特定情况下，治疗师必须公布信息，不管当事人是否同意。斯温森解释说，在正常情况下，"如果治疗师公布了属于例外情况的信息或因为法律要求而公布，那么他对违反当事人隐私权的行为就不负有责任"(p. 135)。后面会提到这种情况的几个例子。

我要再一次强调，下面的材料是用来帮助你理解在处理保密材料时应该考虑的问题的。州与州之间的法律是不同的，且随着时间而改变。因此，这样的讨论不应该作为合法的建议而被采纳。你有责任理解并遵守州的法律和单位的常规习惯。如果有任何问题，或者产生了特别的担心，就咨询一下你的导师、督导员、地方组织、职业保险商人或者律师。在你的整个培训期间，参加定期举办的风险管理工作坊(workshops)也是个不错的想法。除了关于提供伦理和风险管理方面"升级"的问题和出现的趋势问题的讨论之外，这样的工作坊也可以帮助执业医师取得"特定持有人优惠责任险"。

虐待

在大多数州，有特定的法律要求从事助人和教学工作的人报告工作中明显的或可疑的虐待现象(Kalichman，1999；Swenson，1993)。这个原则主要适用于儿童虐待现象，但也应用于残疾人或老年人的虐待现象，其目的是保护弱势的人群免于受到伤害。在虐待报告的法律规定之下，如果一名儿童告诉治疗师，他正在受到身体上或性方面的虐待，或者如果这名儿童身体上有表明受到虐待的红肿或其他伤痕，或者治疗师有其他明确的证据相信身体上、性方面或精神上的虐待正在发生，那么，治疗师就有义务向那些将要介入调查此事并保护儿童的机构进行报告。这些机构通常是指儿童保护福利中心、儿童服务部等，在更多情况下，这些机构在实际运作中通常用开头字母的缩写来表示，如 CPS、CSD 等等。

大部分州是要求专业人员报告虐待现象的，但法律也保护那些出于民事责任而报告的人。提供报告的人会被归入诚实而没有恶意的群体。没有报告虐待现象，可能会导致犯罪处罚或承担民事责任(Howing & Wodarski, 1992)。哈钦森(Hutchinson, 1993)提供了一份简洁、丰富且引人深思的强制报告法的历史回顾和现实影响分析报告。要想了解这样的报告法中所规定的复杂而又模糊的法律保护内容，可以参阅亚历山大(Alexander, 1993)的著作。

赫因和沃达斯基(Howing & Wodarski, 1992)提供了一份与儿童虐待和虐待忽视有关的法律和临床方面的有益的评论文章。他们写到，假定发生了儿童虐待事件，专业人员就极有可能与被怀疑虐待的案例联系在一起。像斯温森一样，他们也强调，州与州之间的法律是不同的，在许多情况下，法律中的模糊规定或具体案例中的不确定性就使什么时候报告虐待现象的任务变得复杂起来了。

如果一个治疗师出于对当事人或其家庭情况难以处理的担心，而把一份虐待报告不恰当地送给了一家保护性的服务机构，这就会使虐待情况更加复杂。在这里，赫因和沃达斯基重申了他们提出的提前告知当事人保密界限的建议。同时他们还说，如果治疗师和当事人讨论这种担心和他们所承担的责任，并把虐待报告、调查情况、回复结果合并到整个治疗过程中的话，治疗就不会时常受到阻碍，有时还能够得到提高。

作为一名实习生，你应该与导师和督导员交流一下，以保证自己知道本州的虐待报告法。如果你有理由相信一个当事人正在受到虐待或正虐待别人，你就应该知道有哪些程序需要遵从。这些程序通常必须包括：在治疗之初了解保密的界限、以文件的形式提供详细信息、咨询导师和督导员。虐待事件的控告后果是非常严重的，专业人员在报告病例时也不必草率匆忙。另外一方面，如果有正当的理由相信虐待正在发生，专业人员或实习生就有责任来报告这起虐待事件，而且必须知道自己的法律职责是什么。在所有这类情形中，无论什么时候遇到这样的问题，实习生都必须通知岗位督导员和教学导师并征求他们的意见。

自我伤害

在当事人被认为有自我伤害的危险时，治疗师就要被迫采取一定的措施来保护他们。特定的工作性质和特定的服务对象就使这样的事情成为了很常见的工作。事实上，调查已经显示，样本中 1/4 到 1/2 的治疗师都报告说，在他们职业生涯的某些时段，就出现过当事人自杀的事件(H. Brown, 1987; Chemtob, Bauer, Hamada, Pelowski, & Muraoka, 1989)。

对自杀风险的评估是一个需要差异甄别的艺术性工作。对于以助人为职业的人而言，其中还包含着巨大的诉讼风险。乔伊纳、沃克、拉德和乔布斯(Joiner, Walker,

Rudd，& Jobes，1999)开发了一套自杀倾向评估等级标准，该标准从不存在的情况过渡到极端的情况。另外的自杀评估等级——SPS(SAD PERSONS Scale)，是由帕特森、都恩、伯德(Patterson，Dohn，& Bird)合作开发并由琼克(Juhuke，1994)修订而成的。这种等级划分是通过对10篇精选的文学作品中的自杀风险因素的分析，并采用帕特森的自杀风险评估的起首字母缩写SAD PERSONS而创造的一种有助于记忆的评估标准。这些重要的风险因素有性别、年龄、沮丧、以前的欲望、乙醇滥用、理性思考缺失、社会支持缺乏、有组织的预谋、没有夫妻伴侣以及身体疾病。出现每一种风险因素就得1分，总分从0(表明非常低的即时自杀风险)到10(表明非常高的自杀风险)。另外，帕特森还强调，风险因素和特定情境的结合可能会更危险。其他要考虑的自杀潜在性因素包括自杀意图的家族史、以前自杀意图的伤害度、关注自杀计划的程度或安排情况、实施自杀计划的演练或实验的证据(Peruzzi & Bongar，1999；Clark，1998)。

如果治疗师认定了存在一种自杀的风险，而且当事人为了他们自己的利益又愿意接受保护性的急救措施的话，那么，保密通常就不成问题。治疗师可以简单地让当事人填完所要求的信息公布表，接着就采取一些必要的安全保护措施。而这可能需要自愿性的住院治疗，或者采取其他保护性措施来看管当事人。

当治疗师有理由相信当事人有严重的自我伤害风险但又不愿意遵从接受治疗的推荐建议时，情况就更复杂了。在这种情况下，治疗师也许必须要采取措施来寻求强制性的医治承诺，或寻找其他的治疗途径以确保当事人的安全。库切尔和基思-斯皮格尔(Koocher & Keith-Spiegel，1998)建议说：你应该十分熟悉如何去寻找承诺方面的法律依据和程序，在危机出现之前，你也应该能够很方便地得到相关的电话号码和需要联系的人的信息。如果处在自杀可能会发生的环境或角色中，我极力地鼓励你现在就获得必要的信息并完成附录F所提供的表格。预先顺利地获得这方面的知识和信息，可以使你不至于慌乱，而惊慌失措地去寻找信息可能会使危机爆发。所以，这也可以挽救你的当事人的生命。

强制性治疗的程序是不同的。但是，共同的做法都是要求治疗师与特别指定的精神健康专家进行接触，然后由这些专家来评价当事人并决定是需要履行所承诺之事还是接受其他治疗。大体说来，只要治疗师真诚地工作并做出合理的专业性的判断，那么，寻求这些措施就是受到法律保护的。即使它意味着没有当事人的同意而向特定的机关或官员公布当事人的信息。这是一个通用的规则。然而，一个人应该仔细地核查一下针对每一个病例和每一个地点所要遵从的工作程序。一个人还应该认真地用文件的形式来证明所做出的决定和所采取的步骤。乔布斯和伯曼(Berman，1993)，波普和瓦兹盖兹(Pope & Vasquez，1998)，以及萨默斯-弗拉尼根(Sommers-Flanagan，1995)还进一步提出了应对有自杀倾向的当事人的指导性原则。

练习

就像刚才在文章中所提到的，获得必要的信息并了解在危机情况下所要遵从的程序，应该成为你培训和实践内容的一部分。

不管你是否工作在可能会产生这样问题的环境中，和你的导师或督导员共同回顾一下这方面的进程将是一个有益的学习经历。在附录 F 的“紧急联络和程序实施信息表”中，你将会找到一个地方来填写所要遵从的按部就班的程序。在填写的时候，有必要考虑一下当事人的委托事项。现在就回顾一下那些程序并马上填写表格。把它想象成是你在船上时候的救生衣。现在你可能不需要它，但是，如果需要，你就会非常感激它就在你身边。

故意伤害他人(Tarasoff 情境)

当一名当事人明确地宣称要伤害其他人时，要求临床医生泄露与危险相关的信息的紧急局面就会出现。在工作过程中，这个局面通常是以 Tarasoff 案例而为大家所认识的。它是基于一次意外事件，即当事人告诉治疗师他想伤害某一个人。该治疗师相信这个当事人的病情是严重的，并采取了措施来寻求强制性的委托治疗。但是，这个治疗师没有直接警告要伤害的那个人。几个月后，已经脱离治疗的那个当事人就杀死了他曾经威胁过的那个年轻人。这个治疗师和他所工作的大学接着就以没有警告受害人而以伤害罪被起诉。范德克里克等人(VandeCreek et al., 1994)、弗勒洛(Fulero, 1988)、斯罗文科(Slovenko, 1988)就发表了 Tarasoff 病例的评论文章，他们都详细地讨论了刚开始出现的情况和后来所导致的牵连。切尼威勒(Chenneville, 2000)、史洛斯伯格和海克(Schlossberger & Hecker, 1996)、麦圭尔等人(McGuire et al., 1995)以及斯坦纳德和哈兹勒(Stannard & Hazler, 1995)还评论了与 Tarasoff 相关的对 HIV 当事人的特别关注和所受到的牵连。

Tarasoff 案例——来自于世人皆知的“警告责任”(the duty to warn)工作原则的演化——后来经历了一系列的呼吁和责任界定，并不断发展形成了“保护责任”(duty to protect)的概念。而“警告责任”这个定义本身也继续演化。关键的一点是，如果你有恰当的理由相信某人明显地打算伤害其他人，那么，这就要求你采取合理的必要措施来保护受害目标人，其中就包括通过警告潜在危险，或向有责任的机关(如警察局)提出建议来打破保密原则。有时候，这种情况就意味着没有当事人的同意而泄露其信息。而那种责任就使治疗师处在了一种困难的境地，尤其是，如利昂、伊斯和西尔瓦(Leong, Eth, & Silva, 1992)所报告的那样，如果治疗师警告处在潜在危险中当事人的记录在后来指控罪名成立时被采用的话。

一些应对处在潜在危险中的当事人的策略是由莫纳汉(Monahan, 1993)、蒂什勒、戈登、兰德里-迈耶(Tishler, Gordon, & Landry-Meyer, 2000)和其他人共同提出的。莫纳汉推荐的关键性举措包括:风险评估的培训和学习、对当事人过去和现在临床记录的检查、对当事人的直接调查、对风险的估计以及计划有效性的改进。

更详细地讨论这个问题就超出了本章的范围。但是,它会强烈地激励你去阅读这里所引用的参考资料,如果遇到了这样的情况,可以从督导员和导师、专业组织那里寻求帮助,如果必要的话,也可以求助于法律委员会。还有,你应该仔细充分地说明所采取的步骤和做出决定所依据的信息。这有助于保证你的临床实践沿着合理的方向发展。如果发生不幸的事情,除了自己的努力之外,准确的文件证明和正当的咨询记录也可以帮助减少个人冒险的可能性。第十一章将会讨论如何对付潜在的有暴力倾向的人。

法定程序和法院指令

法院命令你出示当事人的信息,就是第四种要讨论的情形。这可能要经过很多不同的过程才会发生,但是,其中共同的一个原因就是伤害罪的民事诉讼(Schwartz, 1989)。例如,如果一个治疗师正在治疗一名对别人提起诉讼的当事人,而这个治疗师宣称被告的行为对他的当事人造成了心理伤害,这时,被告的律师就有权利传看原告的心理记录和治疗档案。当一个治疗师的当事人是诉讼案中声称精神和情感受到伤害的原告时,这个当事人的记录就不再处于先前讨论过的"特权保护"(the protections of privilege)之下。在这些案例中,治疗档案就被认为是必要和合法的证据,因为它有助于确定指控伤害的性质和程度。然而,对这个原则的解释,州与州之间也有区别(Glosoff et al., 1997)。

在这些案件中,如果除了当事人之外的其他人要求查看记录,那么,建议你咨询一下自己的律师并尽力避免在当事人没有同意的情况下公布信息。律师通常会告诉原告,在这样的司法进程中,记录是可以要求公布的,在决定进行法律诉讼时,也可能会考虑查阅临床上的信息。尽管这样做了,也会出现当事人不签署与对方律师分享信息文件的情况。在那种情况下,就可以强制治疗人员遵守法院的命令而公布信息。

不管当事人是否签署这样的文件,如果法院的命令要求他这样做,而且在这种环境下,州法律也不保护当事人的特权的话,记录就必须要公布。然而,一定要保证,在没有当事人的同意而公布记录之前,法院实际上已经命令你这样做了。仅仅收到一封要求公布信息记录的律师来信并不是法院命令的一部分。因此,你就可以不遵从。你也应该知道,法庭的传票和法庭需要提供记录的命令是不一样的。如果没有收到明确命令你提供记录的传票,你就应该维护当事人的特权,在看到法院专门的书面命令之前,就不要公布记录。遇到这些情况中的任何一种,你都应该咨询一下律师并再咨询一下导师和督导员。

在借助法院的命令而公布信息的可能性方面，有三种建议。第一，在治疗之初就应该告知当事人出现这种情况的可能性。这样，如果临床医生做出了一些不太准确的忠告，如“没有你的同意，任何人都没有办法得到你的记录”，就可以减少以后被起诉的风险。第二，临床医生需要对存入病例记录中的内容进行筛选。这个问题在本书第八章还会有更详细的讨论。第三，在没有当事人的同意而公布信息之前，可以咨询一下律师以确保法庭的命令或其他要求具有法律权威且不能抗拒。

保险公司的调查

随着健康护理的改革和其他缩减成本努力的加强，一些担保人的侵犯事件也有了相应的增加，这些担保人要求查看他们担保的当事人的治疗记录副本。从技术上说，保险公司对治疗信息的要求并没有明显地被排除在保密原则的范畴之外，因为当事人经常(但不完全)同意让担保人查阅他们的医疗记录，不管是在登记治疗过程中，还是为一项保险政策而签字的时候(Wedding et al.，1995)。担保人可以要求精神健康治疗师遵从这种规定，否则担保人可能拒绝向当事人提供赔偿。

尽管已经签定了这样的协议，许多当事人还是没有充分意识到其中隐含的意义，而且，他们的私人病例记录可能被某些人而不是他们的治疗师所查阅。尤其是最近几年，一些担保人得寸进尺地要求查阅其所担保之外的其他当事人的记录，来查对他们当事人接受的治疗种类。抵制这些保险商要求的治疗师可能会被他们从保险服务对象名单中删除掉。没有几个当事人意识到这种情况。即使他们意识到了，可能仍会有人同意保险商这么做。

执业医生可以采取一些措施来帮助维护当事人的私人保密信息，以此来对付担保人要求查阅病例记录和病例报告的可能性情况(Acuff et al.，1999)。首先，正如以前提到过的，治疗师应该从一开始就把潜在的保密界限通知给他们的当事人。关于担保人，当事人可以选择签署发布同意书并授权治疗师公布病例报告的副本，或者，他们会更加乐意依靠自己的力量来支付治疗费用，以此来阻止外人的侵扰。

遗憾的是，有越来越多的报告显示，当事人不去进行必要的治疗，是因为他们对保险担保人提出的侵犯性问题感到愤恨或尴尬。当担保人在当事人授权治疗之前极力要预先看到病例的时候，问题就会更加严重。对于一个有自杀倾向的当事人、性虐待的受害者，或者一个面临着严重的痛苦而不得不在会见自己选择的合格治疗师之前与匿名的保险代理人探讨这个问题的当事人，根据我的判断，他们都是特别抵制接受治疗且是具有潜在危险的。专业性服务组织正努力从政治的层面上通过立法来禁止或允许这样的侵犯(Sleek，1998)。我是鼓励专业人员和实习生支持他们的那种努力的。

如果有人期望要查阅当事人的病例，治疗师在给当事人提出建议的同时，也可以掩饰记录中的内容和记录的种类。为了取代“过程”病例记录，即治疗师用来记录关键的个人信息和当事人内心的道德力量的医学观察，许多治疗师(他们预见到了第三方会查阅记录)正趋向于把许多个人信息排除掉，转而把注意力集中在确认具体的“问题域”、治疗目标以及直接相关的干预措施上(Kagle, 1993)。治疗师也报告说，他们不仅保存治疗过程，而且保存以问题为指向的病例类型。如果担保人要求查阅，还会与他们分享这些病例类型，但不包括含有更多个人机密信息的记录。然而，要记住，包含有当事人个人信息或治疗过程的任何文字记录，在法庭审理中都有可能被传唤。

许多治疗师所采用的另外一种方法是限制放入记录中的信息。例如，如果一个当事人准备讨论婚姻中的背叛行为，治疗师就可以这样来记录：我们今天又谈了人际关系问题。这将有助于治疗师回忆所讨论的内容但又不包括足以让人尴尬的具体信息。只要治疗师能够回忆起记录中缩写字母的意思，这就不成问题。然而，如果治疗师有好多年都没有亲眼看见当事人了，他可能回忆不起来这个记录。这样的话，该记录就不能提供很大的帮助。而且，如果病例被移交给了其他的治疗师，或者，如果某人在当事人危机出现的时候接管了这个病例，那么，新的治疗师就不可能意识到一些最重要的根本性问题。在这样的情况下，保存两套记录的做法可能是更好的。前提是后来的提供支持性信息的治疗师能够意识到还保存有第二套记录并知道如何得到它们。

我个人是反对与保险担保人分享病例记录的，在我的工作实践中，我更愿意避开传阅任何一种病例记录。相反，在当事人的同意下，我会单独传阅一些简单概括治疗特征的信件、诊断过程、会面次数、约会的进展以及愈后情况等。大多数情况下，担保人也是尊重信息保密性的，这已经足够了。如果担保人要求额外的信息，我随后就会与当事人沟通一下，以确保他知道将被分享的病例记录。如果当事人表示出担心，我会再写一封信，阐明我们也都担心别人看到原始的病例记录，因为里面有敏感的材料。接下来，我仍会提出更多详细的主要问题摘要和治疗的方法。最后，如果当事人同意且得到了十分必要的补偿，我情愿以与担保人分享记录的副本作为最终的挡箭牌。要想了解更多与规范护理和保险有关的道德和法律方面问题的评论，可以参阅库切尔和基思-斯皮格尔(Koocher & Keith-Spiegel, 1998)以及阿帕波姆(Appelbaum, 1993)的著作。

未成年人的保密问题

保密性问题的讨论以经常被实习生提到但没有一个简单的答案而结束。下面这个主题解决的是未成年人治疗过程中的保密问题。与未成年人在一起工作的时候，保密的原则变得更加复杂。因为未成年当事人的保密权利必须与了解孩子健康和治疗的父母的权利和责任平衡一致。这个问题在学校环境中尤其严重。在那里，除了平衡学生的保密性原则和父母的权利之外，咨询师还必须在法律指导原则和地区/学校政策允许的范围内开展工作(Huey, 1986)。

研究表明,从临床的角度看,正常情况下对保密性原则的承诺增加了青少年释放个人信息和寻求医生健康帮助的意愿。福特、米尔斯坦、哈尔朋-费舍尔和欧文(Ford, Milstein, Halpern-Felsher, & Irwin, 1997)比较了青少年对保密命令的三种不同水平的回答结果。他们的结论表明,能够确定自己的信息被保密的被试很有可能表达出再次造访治疗师的愿望。研究还显示,所有被试中的17%的人回答,对保密性的担心已经使他们在过去某一段时间内逃避了心理健康护理。

不同培训中的道德指导原则虽然为保密工作和未成年人的治疗工作提供了相对清楚的发展方向,但具体要求是缺乏的。这一点可以理解。因为,在其他职业伦理领域,州与州之间的法律和惯例也不尽相同,且不断地在变化。例如,斯温森报告说,"达到成年的法定年龄"(即达到了这个年龄,未成年人就合法地转变成了成人的角色)在一些州里是18岁,在其他州是19岁或21岁(Swenson, 1993)。地方法律规定的多样性,就使得特别具体的指导意见带有冒险性。然而,如何与未成年人开展工作,还是有一些大概的指导原则的。

格斯塔夫森和迈克纳马拉(Gustafson & McNamara, 1987)既评论了与未成年人的保密原则相关的法律问题,又评论了其中的改进措施问题。他们写到,在经验研究中(Belter & Grisso, 1984),在评估对当事人权利的理解状况时,15岁的人和21岁的人做得同样令人满意。其他的研究(Kaser-Boyd, Adelman, & Taylor, 1985)也显示,治疗的风险和效益可以通过未成年人的变化来确认,包括其认知和行为方面所发生的变化。总的来说,大约12岁以后的儿童,对保密性和相关问题的理解就比年龄小的儿童要好。这与"美国精神病学协会关于儿童和青少年临床记录保密的任务要点"(the American Psychiatric Association's Task Force on Confidentiality of Children's and Adolescent's Clinical Records)所提出的结论是一致的。其中强制规定,同意公布保密信息的最小年龄为12岁(American Psychiatric Association, 1979)。

这种规定虽然有用,但是必须谨慎使用。因为,有些州的法律允许父母或监护人获得子女医疗和教育的记录,直到他们满18岁为止。在道德原则和地方法律之间有明显的矛盾时,格斯塔夫森和迈克纳马拉(1987)建议说,与未成年人或其家属在一起开展工作的治疗师,应该制定一份书面的专业服务协议,上面要明确地说明在进行治疗的范围内需要保密的条件。这个协议应该让每一个相关人员查阅,然后签名,并成为当事人永久性记录中的一部分。预先查阅这些条件和签署这个协议,减少了以后发生误解或冲突的可能性。这个过程也给当事人和治疗师提供了权利来决定在给定的条件下是否参与治疗。

我同意制定专业服务协议的建议。但是,还要补充的是,这样的协议应该为所有的当事人设立,而不仅仅是未成年人,而且这些协议应该符合当地的法律。所有的当事人应该从治疗一开始就被告知信息将要保密的范围和界限。进一步说,在开始治疗未成年人之前，实习生必须与督导员仔细地讨论一下保密性和其他治疗方面的问题。在我很熟悉的一个例子中，培训人员通过治疗未成年人并提出了和父母的意愿和法律权利相反的建议而使自己和实习单位都陷入了严重的潜在麻烦之中。他们的意愿是好的，但指导方法却是错误的。他们的努力不但无助于解决原有的问题，而且还带来了更多的新问题。本来，只要认真地咨询一下督导员，这些问题就可以避免发生。

双重关系

治疗关系是单一的。为了维护治疗的完整性，职业伦理严厉禁止双重关系的形成。双重关系包括更大范围内的互动。但是，基本的原则是，治疗师必须避免陷入一种危及当事人治疗过程的关系或角色之中(Boryrs & Pope, 1989; Kagle & Giebelhausen, 1994; Kitchener, 1988)。双重关系包括这样的情形：以咨询师的身份为和你一样居住在同一个宿舍里的学生提供服务；答应为一个同事进行治疗；测查房东家里的成员以作为减少租金的交换。在更加恶毒的和具有破坏性的形式中，双重关系可以采取在治疗师和当事人之间制定浪漫的或性方面的合同。

双重关系的危险在于，在某些方面，治疗师可能有意或无意地让非职业性关系的一面干预治疗关系。卡戈和吉伯霍森(Kagle & Giebelhausen, 1994)对此解释说：

> 双重关系必然产生边界侵犯。它越过了治疗关系和非治疗关系之间的界线，破坏了治疗关系的明显本质，模糊了执业医生和当事人之间的角色，并默许了权力的滥用(p. 127)。

边界侵犯的概念和事例，约翰逊和法伯(Johnson & Farber, 1996)、格塞尔和贾巴德(Gutheil & Gabbard, 1993)都提到过。他们描述了治疗中一些最常见的越过界线的领域，包括：与治疗师和当事人的角色有关的问题、治疗期间会面的时间设定问题、互动的地点问题、费用问题、着装问题、馈赠礼物问题、说话的语言问题、治疗师的自我暴露问题和身体接触问题。

除了考虑边界侵犯在当事人治疗上的影响之外，格塞尔和贾巴德还强调，与标准行为有一点点萌芽性偏差的行为都可能导致更加不可遏止的侵犯后果。他们还指出，与合法行为，尤其是那些关于当事人和治疗师身体密切接触的行为相关的问题是，特定的与性问题无关的边界侵犯的证据也可能被解释为实施性侵犯的证据。

产生双重关系的干扰行为可以来自当事人或治疗师，也可以同时来自双方。但是，从责任和道德上来说，解决这种问题通常都是治疗师的责任。理解到这一点是很重要的。例如，如果一个治疗师准备接受一个邻居为他的当事人，那么，像邻居对治疗师家的小狗汪汪乱叫而感到很生气这样的小事情，就可以很容易地阻碍更重要的治疗问题的解决。同样，如果实习生把校园诊所里的活动作为培训内容的一部分的话，他们可能就不会接受与其一同上课的其他同学为当事人。其危险是，治疗中所说的话会影响到课堂上的互动，或者课堂讨论会影响到治疗活动。避免这种角色冲突的最好办法是，不要接受与自己已经有另外一层关系的人为当事人。

反对双重关系的关键是要认识到，作为治疗师和普通人，当行为可能被矛盾的角色弄得摇摆不定时，自己就不是最好的法官。这意味着是否陷入双重关系之中，其决定权并不真正在自己手里。它只是被禁止的。尽管在偶然情况下，这是不必要的，甚至有悖于特定当事人的明显需要。但大多数情况下，谨慎地避免出现双重关系将给治疗师和当事人双方都带来最大的利益。最安全的途径就是避开任何形式的双重关系。

与当事人的性关系

双重关系中最具破坏性和法律上不可遏止的形式，是那些牵涉到与当事人有浪漫的或性问题方面的合同关系。对双重关系进行禁止的目的，是让治疗师远离特定情况下的错误选择。在性关系的情形中，这一点尤其重要和有效。在助人职业中，每一个主要专业组织的道德守则都专门禁止了与当事人之间的性关系（Kagle & Giebelhausen，1994）。忽视这一原则，将导致许多好的临床医生陷入深深的麻烦之中，并对当事人造成永久的和严重的伤害（Schoener，1995）。尽管有道德上的指责和临床上的担心，但拉姆和凯坦洛（Lamb & Catanzaro，1998）还是发现，在596名被调查者中，有50人（占8%）报告说作为专业心理学家至少有过一次性边界侵犯（SBV）行为。在那50人中间，有38人（占总样本的6%）报告与当事人有过实质的性边界侵犯。这些数字与其他研究报告中的比率是一致的。

为了避免治疗师认为与当事人有性关系对他们是有利的，或者当事人和治疗师就像其他的成年人一样可以自由发展任何关系，我们还是让事实正好相反的研究和临床证据来清楚地说话。尽管已经有人（Williams，1992）提出了开展行为实验研究的困难，但那些已经做过研究的人（Bouhoutsos，Holroyd，Lerman，Forer，& Greenberg，1983）总结道，在研究的样本对象中，与“治疗师-当事人”之间的性关系有牵连的大多数案例，都对当事人一方产生了不好的后果。至少当性关系合同进行的时候，治疗的过程，几乎可以肯定地说，转变了它当初的合法目标，而且变得模糊不清或者在性关系中已经完全丧失了。

有些治疗师的临床经验进一步支持了上述调查的材料，他们已经治愈了那些正履行着以前的治疗师提出的性方面的建议或合约的当事人。L. 布朗（L. Brown，1997），斯隆、埃特蒙、鲁宾和道蒂（Sloan，Edmond，Rubin，& Doughty，1998）报告说，在一份关于社会工作者的调查中，17%的人在职业的某一段时期至少和一名曾经遭受过治疗师性利用的当事人在一起工作。波普和鲍豪索斯（Pope & Bouhoutsos，1986）指出，许多已经和治疗师形成性关系的当事人发现，再相信一个想象中是助人的专业人员是非常困难的。描述中的当事人正承受着波普和鲍豪索斯所认定的“治疗师-当事人性问题综合症”。伴随着不信任和罪恶感，这个综合症的许多症状和创伤后应激障碍的症状是一样的。波普和鲍豪索斯也写道：“在遭到治疗师性虐待的当事人中间有越来越高的自杀风险。”这就意味着，处在这种关系中的治疗师，不仅使当事人冒着心理破坏的危险，而且冒着死亡的危险。

布朗强调指出，除了直接受到伤害的当事人之外，和当事人保持性关系也伤害了治疗师的其他当事人、当事人的家庭成员、治疗师的家庭成员、治疗师的同事以及整个行业。布朗宣称，在努力和治疗师讨论弥补问题的过程中通常忽视了帮助人痊愈和赔偿所有受到治疗师伤害的人的重要性。

如果对当事人和其他人的伤害不足以改进部分临床医生不负责任的行为，那么，法律上和行业里的制裁则会更加可行(Pope，1993)。它支持专业组织明确禁止与当事人的性接触。违反这个规则，就会导致一定的制裁或被专业组织开除，同时也会导致丧失执照。

因为规范的护理公司和其他健康保险公司对进行服务的人员越来越挑剔，所以，因性行为不检点而受到制裁的专业人员，第三方不可能同意做出补偿。同时，这样的后果可能会有效地终止一个人的职业生涯。对于助人职业中的实习生和学生来说，性行为不检点将毫无疑问地导致被开除，从而在职业开始之前就结束(Cobb，1994)。

除了道德标准要求和专业组织的制裁外，许多州还在法律上规定不允许签定这样的合约(Appelbaum，1990；Strasburger，Jorgenson，& Randles，1991)。这就使治疗师-当事人之间的性问题不仅成为了一个道德问题，而且是法律的事情。颁布这样的法律的原因是：非专业组织的从业人员无法受到该组织的制裁，因此，政府就采取措施使所有的执业医生都对道德行为负责，而不管其背景如何。阿帕尔巴姆(Appelbaum)回顾了现存的法律后总结道：“在几乎所有的环境下，违法都被认为是重罪，判决入狱和罚款均可使用。”

除了违法犯罪之外，在所有的州，以伤害而提起民事诉讼的可能性也是存在的(Jorgenson，Randles，& Strasburger，1991)，而且通常不允许这种诉讼的保护性措施受到限制。单从经济的角度看，这是很好理解的。确实，里默(Reamer，1995)曾报告说，在过去的20年里，不法行为声明中的18%都是和控告社会工作者的不当性行为有关的，这些诉讼费用占到了总金额的41%还多。虽然由保险信托支付一定的比例，其他的专业担保人也支付了同样多的费用。正是因为这方面的花费，治疗师和咨询师的职业责任保险费已经明显地增加了，因此担保人正开始限制由保险公司支付该费用的伤害案数量。在责任保险公司的许多政策中，虽然有提防伤害案件发生的条款，但不会对任何伤害都进行赔偿。这样的话，一些伤害的花费将直接来源于治疗师个人的财政收入或物质资产。不当性行为的一个附带的且越来越不可遏止的结果是，不法行为保险的事后赔付可能会遭到拒绝。这些措施的初衷是为一开始就违反伦理原则的临床医生增加更多的负担。但是,有些作者争论说,相反,其结果可能是限制了受害人可能收集到的伤害证据(Pope, 1990)。

最后要说的是,限制不当性行为的法规可能只为治疗师提供很少的保护。不像有些犯罪(如偷盗),超过规定的时间就不能被起诉。在一些性虐待的案例中,有些州在时间限制的条款中还没有开始迈步,有些受害人意识到伤害的存在可能是实际的事件发生之后的几年或更长的时间。值得一提的是,在执业资格委员会和专业组织所开展的培训活动中也没有指明这方面的时间限制,甚至出现过当事人因十几年前发生过的行为而向检讨委员会提出抱怨的情况(E. Harris, February 3, 1995, personal communication)。

对于我们在这里所说的情况和存在的法律和行业标准,必须要清楚地这样理解:和当事人有性关系的专业人员很可能从培训活动或行业中被驱逐出去,丢掉执照,不能进行深入的工作,很可能损失一大笔钱,还会面临判刑入狱,而且不当行为发生之后随时会成为受抨击的对象。

维持职业性边界和处理爱慕的感觉

我们讨论了这么多,应该很清楚一点:治疗师-当事人之间的性关系几乎可以肯定地对当事人、治疗师、其他人(包括家庭、朋友、同事,不用提专业人员自己了)有持久而严重的负面影响。

这些事实鲜明地显示了对这种关系本身和其所造成的后果的批评。但是,如何才能阻止治疗师和当事人之间出现性合约以及如何更加有效地训练实习生在治疗中处理性的问题,也是需要考虑的。在就这个主题尝试教育当事人的过程中,美国心理学协会妇女心理委员会(The American Psychological Association's Committee on Women in Psychology)出版了一本小册子来告知当事人,在治疗师-当事人性关系中存在哪些道德和临床暗示。赫泰林(Hotelling)认为可以用其他的方法来教育当事人,以让他们明白应有的权利是什么,以及作为受害者可以利用的支持团体和自助组织。

在努力教育当事人的同时,这个问题作为学术研究和实习活动培训内容的一部分也开始得到越来越多的关注(Housman & Stake, 1999; Berkman et al., 2000; Rodolfa, Kitzrow, Vohra, & Wilson, 1990; Samuel & Gorton, 1998; Vasquez, 1988)。罗多法等人(Rodolfa et al., 1994)发现,确定在大学心理咨询中心工作的389名被调查对象中,只有12%的人声明他们从来没有受到过当事人的吸引。波普、基思-斯皮格尔和塔巴奇尼克(Tabachnick, 1986)报告说,调查结果表明,有95%的男性治疗师和76%的女性治疗师承认他们至少偶尔受到了当事人的性吸引;63%的人表示出罪恶感、焦虑,或被他们的吸引力弄得神魂颠倒。

尽管由治疗师的倾慕和感情所引起的后果不断出现，但是，由波普和塔巴奇尼克随后所做的一项调查也显示出他们对当事人表现出的恐惧和愤怒。它表明，被调查者中有一半的人认为，在如何处理性吸引问题上，他们得到了很少的培训或者干脆就没有。从更积极的一面来看，同样的调查也表明，样本中25%的人认为他们的训练是很好的。另外一个令人鼓舞的发现来自于波普等人1986年的研究结果，其中表明，57%的治疗师认为，当他们受到当事人的吸引时，就去寻求督导或咨询。就在最近，塞缪尔和戈顿(Samuel & Gorton, 1998)发现，回答他们问卷的98%的实习单位指导员指出，实习生至少在这个问题上得到过一些教育。但是，这种教育的范围、方法和内容因实习项目的变化而有相当大的不同。为了确保所有的实习生在这方面得到足够的训练，他们要求要把强制培训作为实习和官方学术要求的一部分。

波普等人尤其强调了和实习生相关的几点。因为，治疗师被当事人吸引显然是很常见的事情。所以，在培训项目中公开指出这一点也是十分必要的。在此过程中，需要认清吸引的感觉和感觉上的行动之间存在的根本区别。学生们需要知道的是，谈论感觉上的吸引是安全的，而不用担心督导员或导师会谴责、嘲笑、侵犯性地质问。在帮助学生理解和探索吸引力问题时，导师和督导员自己必须树立一种期望学生作为治疗师应该学习和展示的职业标准。

不幸的是，最近的研究表明，尽管有这样的推荐，对督导员和实习生而言，在培训方面仍然需要做大量的工作。对于这种需要，豪斯曼和斯特克(Housman & Stake, 1999)等都做了说明。他们发现，许多已经与督导员讨论了当事人吸引力问题的学生并没有加深对其中道德边界的正确理解。有一部分数量虽少但很麻烦的人(7%)明显地相信，和正在治疗的当事人保持性关系是有道德作用和治疗作用的。另外一方面，47%的人认为，如果有对当事人性方面的感觉是无法接受的。在前面一类人因无法理解性关系上的道德禁止和临床禁止而陷入麻烦的时候，后面一类人则可能因无法从治疗的意义上解决出现的感情或吸引问题而出现困难。

有些作者提出了一些建议，即关于治疗师在治疗中如何积极地应对(如果感情的吸引确实出现的时候)。在前面提到的边界侵犯的讨论中，格塞尔和贾巴德指出，角色边界是和边界侵犯问题有关的基本问题。他们提出了一个关键性的疑问来帮助治疗师理解和判断这种事情。在评价涉及边界的行为时，治疗师应该问自己：这是一名治疗师应该做的吗(p. 190)?

格塞尔、贾巴德以及西曼(Siman)指出，在大多数情况下，事情发展的常见后果就是导致与当事人身体上的亲密接触。这种事情显然是以良性的行动开始，然后就发展到了无法预知的程度。在提到被他们称之为"招致耻辱的行动"时，格塞尔和贾巴德描写道：

> 先是从称呼姓变为称呼名；然后私人的谈话侵占了临床工作；再者是一些身体表面上的接触(如拍肩膀、抚摩发展到拥抱)；接着在办公室以外跳舞；

后来在午饭时间约会；有时享用酒精饮料，而后吃饭；接下来看电影或从事其他社交活动；最后就是性交(p. 188)。

认识到这个顺序可以为实习生和治疗师提供一个早期的警告系统。如果你发现自己穿着有变化，因为你那天将见到一个特定的当事人；或者安排了约会，并同意延长会见那个当事人；如果你比平常吐露了更多的个人生活信息；如果在你离开办公室的时候，会超乎寻常地思考更多当事人的事情；如果你正设法接受在治疗之外见面的机会；或者如果有其他超出你常规行为之外的举动，你都应该认识到发生了一些不正常的事情且应该在督导之下来探索原因。

萨默和萨埃丹(Somer & Saadon，1999)提出了进一步的建议以帮助执业医生避免因细微的、似乎微不足道的行为积累而导致身体上亲密接触的不良后果。他们的建议包括：选择和其他专业人员共同办公的地点、练习对性虐待幸存者进行特殊护理的工作、在危机的时刻限制或避免进行身体上的安慰、保存详细的治疗记录，以及再次寻求咨询和督导。

这个问题对于当事人、治疗师的幸福和行业的完整性是如此重要，以致负责任地、有道德地处理这个问题就成为实习生和专业人员的义务。如果在实习活动期间或职业生涯的任何时候，你发现自己处在治疗边界的十字路口，感觉到了你对当事人有性方面的吸引，或者一个当事人对你有吸引力的时候，就要去寻求督导。虽然你发现自己不会成为这种环境中的第一人或最后一人，但是，专业性地解决这件事情是很必要的。关于这方面的问题，一个很好的补充材料是波普、索娜、霍洛伊德(Pope，Sonne，& Holryd，1993)所著的《心理治疗中的性感受》(*Sexual Feelings in Psychotherapy*)一书。

非性方面的双重关系

因为治疗师和当事人之间的性关系可以带来伤害，因此，在讨论双重关系中的伦理问题时，双方都受到了极大的关注。轻微的(但仍是有问题的)伤害性接触是一种不牵涉到性关系或浪漫感情的双重关系。这种关系的当事人前面提到过了，包括：邻居、同学或同事。

在多数情况下，你可以仅仅通过把当事人送交其他的专业人员来解决就可以了。然而，也有一些无法送交的情况。尚克和斯考夫霍特(Schank & Skovholt，1997)、巴尼特和亚特津科(Barnett & Yutrzenka，1994)、索贝尔和哈格罗夫(Sobel & Hargrove，1986)都指出，在特定的乡村环境中，有一定数量的执业医生，他们可能迟早会收治一些当事人——除治疗关系之外，还与之维持有其他的关系。在这样的环境中，在治疗之前本来不认识当事人的执业医师，在治疗开始之后，会有可能以其他一些角色遇到那个人。例如，一个治疗师可能发现，以前或现在的一名当事人是某个服务组织或社会组织的成员，或者是比赛对方联盟或青年足球队的教练。

在一份关于心理学家遇到的道德困境的调查中，波普和文特(Vetter, 1992)发现，在乡村环境中，上面所描述的情况是很常见的。根据这个发现，他们建议，未来的道德规则应该把地理位置上的担心也要考虑进去，应该更明确地区分两种不同的情形——从治疗意义上看，双重关系是否可以接受。

对执业医生来说，最重要的问题是要保护当事人的幸福和最大利益。然而挑战是，需要了解什么时候以及在多大程度上不同的角色或关系可能与治疗过程发生矛盾。没有任何一种道德规则可以有效地区分出每一次偶然出现的事件，或准确地指明在所有环境下专业人员必须做什么。因此，在规则模糊不清的条件下，专业人员必须进行自由决定和自主判断。然而，就像以前说过的，我们自己的判断有时候会背叛我们，这就使督导活动成为讨论所担心的任何事情的一个很好的机会。

为了防止这种情况的出现，巴尼特和亚特津科对专业人员——因地理上或其他方面的原因，这些专业人员可能要治疗与自己有其他关系的人——提出了一些有益的建议。对于其他情况，巴尼特和亚特津科建议说，专业人员应该直接承认他们之间的不同关系，并寻求“分隔开的角色，而不是关系”。换句话说，乡村里的专业人员必须有他们自己的身份确认，并友好地和其他团队成员、当事人和非当事人建立联系。分隔开的角色意味着治疗方面的问题不应该在治疗互动过程之外向当事人提出来。但是，在治疗之外可能会影响治疗过程的问题是需要在治疗中直接加以解决的。这种可能性的出现应该在治疗开始的时候就向当事人说明。尚克和斯考夫霍特也提出了同样的问题，即小团体中的重叠的关系是如何影响心理学家自己家庭的成员的。要想得到偶然和当事人相遇方面的建议和小的专业团体中特别常见的经历，你可能就要读一下普拉考斯(Pulakos，1994)写的文章。要了解在军事环境中多元关系问题方面的有启发性的讨论，以及处理这种关系的系列性过程，可以参阅斯托和金(Stall & King, 2000)的著作。

让保密原则在小团体中广泛传播的重要性，堪比谨慎地说明保密行为和其背后的理论基础。巴尼特和亚特津科推荐的其他预防措施，包括要尽力了解自己，而且要咨询其他的专业人员——他们可以帮助你识别信息，你可能不承认这些信息或弱化其中所潜在的无法预知的问题。如果居住地的团体中没有别的专业人员可以利用，就试着和所在地区的其他领域的专业人员建立定期的电话联络或向他们咨询。前提是这些人员应该是对以上问题很敏感且对你是诚实和支持的。最后，在某些环境中，即使当地可以利用的资源受到限制，巴尼特和亚特津科还是建议，专业人员应该和团队或地区里的其他可能有用的资源建立联系并且要愿意进行咨询，而不管双重关系的冲突什么时候发生或可能会发生。

后治疗过程中的关系

与当事人保持双重关系最后一个问题关注的是，在同意进一步治疗的情况下这种关系的性质。关于治疗结束之后所保持的浪漫感情或性方面的关系，因职业不同而在道德上禁止的情况也稍有变化，且没有像在治疗过程中所说明的那样清楚。经过许多争论之后，1992 年，美国心理学协会（APA）的伦理守则在治疗师和当事人可能会发生浪漫的牵连之前，设定了一个最少 2 年的时间限制，这一点是仿照了美国婚姻与家庭治疗协会（1991）的做法。然而，APA 伦理守则也强调，这样的关系通常会有伤害性的影响，只有在非常独特的环境中，它才被认为是有道德性的（American Psychological Association，1992）。

假定不同伦理守则之间有模糊性，一想到要冒着伤害当事人的风险和有可能真正被起诉时，我认为，最安全的建议还是沿用当前治疗中所使用的对当事人的原则，即在治疗关系建立之前、之中、之后，都没有必要与当事人保持浪漫的关系（要了解更多这方面的讨论，可以参阅 Koocher & Keith-Spiegel，1998 的文章）。这一原则在美国精神病协会（American Psychiatric Association）那里得到过明确的阐述。该协会 1992 年投票宣布，精神病学家与延续治疗的当事人保持性关系总是不道德的（American Psychiatric Association，1992）。全美社会工作者协会（the National Association of Social Workers）于 1996 年也颁布了一部可以与之对照的禁令。我是同意这些主张的，并相信这是所采取的最安全、最道德的措施。排除与当事人的永久性的性关系，将有助于治疗师和当事人本人避免治疗中或治疗后的角色或目标发生混乱，且有助于治疗师认识到，正常的治疗计划结束的时候，一个人的职业责任并没有结束。

和性接触相比，后续治疗中的非性关系和非浪漫的爱慕关系，却很少从感情上受到指控。但是，它们依然可以为治疗师和实习生带来不可忽视的道德上和自我方面的挑战。如果安德森和基奇纳（Anderson & Kitchener，1998）提供的是关于这种接触的具体指导而不是有用的原则和做出决定所依据的标准的话，它就是不完整的。在评价一个治疗后的伦理关系时，他们建议要考虑四个方面的要素：治疗合同的性质和特点、治疗性联系的道德力量；社会角色以及治疗师的动机。在每个要素中，提出具体的问题都有助于执业医生对相关的问题做出决定和保证行动正确地进行。如果发现自己正处在一种和以前的当事人互动的环境中，你可能很想查阅这方面的文章以备进一步地指导行动。另外，本书第十二章也讨论了与治疗结束后的情况有关的问题，并解决了实习生离开岗位之后如何与当事人保持联系的问题。

教育者、督导员和实习生之间的关系

最后，本章所认定的双重关系的道德指南也适用于督导员、导师和学生之间的关系(Aponte, 1994; Bowman, Hatley, & Bowman, 1995; Harrar, VandeCreek, & Knapp, 1990; Larrabee & Miller, 1993; G. Miller & Larrabee, 1995)。虽然对这个方面的许多关注已经集中在了督导员或导师与学生之间的性关系上,但是,其他一些可能的双重关系问题也不可忽视(Biaggio, Paget, & Chenoweth, 1997; Slimp & Burian, 1994)。

正像治疗师和当事人之间的性接触打破了治疗过程一样,督导员和实习生之间的性关系也可能妨碍督导的过程(Jacobs, 1991)。在这一认识的基础上,APA 于 1992 年正式公布了道德守则:

> 1.19(b) 心理学家在培训中不要陷入与学生或被督导的人的性关系中——心理学家对他们有决定性的或直接的权威,这种关系很可能损害判断或可能被自私地利用(APA, 1992)。

督导员和实习生之间出现性关系,除了损害直接的督导关系之外,也可能使"治疗师-当事人"吸引力问题的公开讨论变得尤其困难。波普等人在他们 1986 年写的一篇文章的结尾处强调,在讨论吸引力问题时,学生在教育者面前必须是安全的,即教育者可能把这样的问题当做开放坦诚的表现而去建立与学生之间亲密的关系。

我们必须提出这个问题,其实是一件很遗憾的事情。但是,有资料表明,治疗师与当事人之间、导师与学生之间的性接触是很普遍的。波普、列文森和斯科沃(Pope, Levenson, & Schover, 1979)报告说,16.5%的女性被试和 3%的男性被试承认,在他们的毕业培训过程中,他们和心理学教员有过性方面的接触。在这些教员中,8%的女性和 19%的男性报告说已经和他们督导过的人发生了性关系。这个调查也表明,那些和学生互动的人,很可能是作为某一领域的专业人员而违反了可以参照的道德标准。尽管其比例很低,桑里森、沙尼西、赫普纳和库克(Thoreson, Shaughnessy, Heppner, & Cook, 1993)以及 G. 米勒和拉罗比(G. Miller & Larrabee, 1995)还是报道了具有对比性的比例。

罗滨逊和里德(Robinson & Reid, 1985)公布了和波普等人同样的结果。他们发现,13%的女性被试指出,在她们的毕业教育期间,经历了与教育者之间的性接触。这个研究结果还指出,48%的被试作为毕业生经历了某种形式的性苦恼。这些研究结果的一致性表明,治疗师-当事人之间存在的性关系对当事人是有害的。在那些经历过性方面的接触或性苦恼的学员当中,有 95%的人感觉到是没有益处的。在评论这些和其他关于性接触或性苦恼的研究报告时,巴特尔和鲁宾(1990)指出,许多被试没有感觉到和导师发生性接触,而其实他们是被迫的。然而,现在回过头来看,大多数人看到了某种程度的强迫性,并承认那是一个道德方面的问题。格拉瑟和索普(Glaser & Thorpe, 1986)、G. 米勒和拉罗比(1995)研究中的被试也多次报告了他们态度上的这种变化。

APA 道德守则包含了语言的界定问题和性苦恼的排除问题。原则 1.11 写道：

> (a) 心理学家不要陷入性苦恼中。性苦恼就是性渴求、身体的成长，或者本质上和性有关的语言和非语言行为，它是与心理学家的活动或作为心理学家的角色相联系而出现的，它要么是不受欢迎的、令人讨厌的，或者引起了敌对的工作气氛，并且心理学家是知道或被告知过的；要么是相当严重的或在治疗前后遭到理智的人辱骂的。性苦恼可以由单一的强烈行为组成或由一系列执着而广泛的行为组成(APA, 1992)。

AACD 道德标准(Sections A. 9 and B. 14 respectively, AACD, 1988)和 NASW 伦理守则中也含有禁止多重关系和性骚扰行为的规定。

尽管这样的骚扰行为是和专业人员的道德标准相对立的。但教育者-学生之间性接触和性骚扰的问题却是真实的、现存的。假如由于导师、督导员、同事或同学不恰当的评论或行为而使你处境不利的话，你就有权利归整出自己的痛苦并要求他们停止这样的行为。我建议被骚扰的学生把对学术机构、专业组织或骚扰者所附属的发照机关的所有合理的抱怨都分门别类地整理出来。为了消除骚扰行为，助人职业中的每一个人都必须理解这一问题并遵守自己的原则，必要的时候可以寻求督导。当违反原则的行为出现的时候就马上报告。接下来要考虑的问题是，这种违反的结果必须是明确的、有意义的和有效的。

尽管双重关系的其他形式比不上性牵连或性骚扰那样变化无常，但它们也同样是无法预知的。斯利普和布瑞恩(Slimp & Burian, 1994)就描述了督导员和学生之间在社交、工作和治疗方面的关系问题。同样，比亚格尔(Biaggio, 1997)等人讨论了合作研究活动和与其他关系相关的问题。这些作者也提出了评价道德问题的框架，而这些问题在教育者和学生陷入一种超出简单的师生互动关系时就可能产生。这一框架检验了与三项标准相悖的关系：(a) 教育标准的维护；(b) 为学生提供的教育经验；(c) 开发性实践活动的缺乏(p. 187)。如果教员和学生记住这些标准并遵从其他的道德原则，那么，在大多数情况下，多元角色和多元关系所具有的危险性就可以有效地得到控制。

义务和保险

本章最后一个主题是职业义务和责任保险。尽管执业的专业人员和实习生相比更有可能成为不当行为诉讼的对象，但实习生也绝不是完全没有这个可能(Gelman et al., 1996)。因为这一原因，瓦皮兹(VauPitts, 1992)就极力地劝说咨询实习项目为所有的执业者和实习生争取责任保险。除了财产保护之外，他还指出，获得这样的保险使得学生熟悉“职业生活的实际情况”(p. 207)。

因为许多学生不熟悉责任申请和责任保险的目的，所以简单地回顾一下还是有帮助的。要想了解更多的广泛性的讨论，可以参阅康特和卡拉索(Conte & Karasu, 1990)的一篇文章或本尼特等人(Bennett et al., 1990)和斯温森(Swenson, 1993)的著作。要想了解与社会工作教育有关的几种责任类型方面的讨论，可以参阅格尔曼等人(Gelman et al., 1996)的著作。

不当行为的要素

本尼特等人通过下面的解释提出了他们对不当行为的讨论：

> 当一名行医者治疗、诊断、评估或在某些方面提出建议、为当事人提供心理服务的时候，他就被迫要练习特定的护理和服务标准。如果发现一名行医者不负责任，那一定表明，他没有练习那些标准，而且由此就会伤害到当事人(诉讼中的原告)(p. 34)。

不当行为诉讼是很多“粗心大意”案例中的一种特殊情况。由于职业地位和与当事人的关系，助人职业中的人有责任提供符合职业标准的护理。如果一个专业人员因不当行为而遭起诉，原告必须有效地证明四个“关键要素”中的每一个要素：(1) 治疗师和当事人之间存在职业关系；(2) 护理标准的存在以及治疗过程中行医者没有按照那个标准进行工作的事实；(3) 当事人遭受到了某种形式的伤害或损失；(4) 当事人的伤害或损失是由行医者没有符合护理标准而引起的(Bennett et al., 1990; Conte & Karasu, 1990)。

解决法律诉讼的最好办法是防止这种事情在职业护理标准范围内因工作实践而发生。本尼特等人已经列出了几条有用的举措来帮助行医者回顾工作的程序并确保这些程序是符合标准的。这里列出的几条尽管限制了程序的内容，但是我还是鼓励实习生和督导员去追溯一下其根源，评论一下其中的条款，并定期进行反馈，以确保这些标准得到有效的维持。

责任保险

康特和卡拉索指出，相对说来，针对心理学家的法律诉讼是不多见的，而且要证明不当行为的四个要素也是不容易的。结果，只有20%的案件导致对心理学家不利的判决，“赔款的平均成本在22 000美元以下”(Bennett et al., 1990, p. 31)。

这些数字是经不起推敲的，本尼特等人强调，行医者有许多理由去投保。即使一个人的活动完全是在标准之内，也无法保证不发生一起法律诉讼或在诉讼中不受到伤害。一个最终受到起诉的行医者可能会赔付超过几千万美元的伤害费。而且，不管结果如何，反诉讼的过程在财力上和感情上的花费也是昂贵的。这种责任保险的一个附加好处是，有些提供者，如美国心理学协会保险信托（the American Psychological Association's Insurance Trust），已经开始提供免费的心理学家/律师咨询服务。这个服务的目的是防止麻烦的发展或尽早地抓住问题。

相对于特定的医疗职业而言，花费在心理学家、咨询师、社会工作者和其他人身上的责任保险的代价是很低的。然而，如同保险的费用一样，这方面事件发生的频率和赔付的数额已经增多了（Conte & Karasu，1990），而实习生可以得到的责任保险的赔付率比全职的执照行医者要低，实习生可以通过本行业的全国性组织机构或本人的保险代理商获得更多有关这种保险的信息。

当你研究责任保险的时候，将会发现有两种政策：基于申请的保险政策和基于自行发生的保险政策（要了解更多详细的信息，可以查询本尼特等人 1990 年的著作，或本专业组织的保险代理商）。区分这些政策中存在的差异是很重要的，因为选择何种政策类型，将会影响你赔付的数额和如何享受政策保护。

只要你遵守了保险政策的规定，在受保期间所发生的行为，基于申请的保险政策就会为你提供帮助。但是，当你不再遵守政策时，政策的好处也就终止了。这就意味着，如果因你的原因而使政策过期失效，或选择退休而不再遵守这一政策的话，那么承保人将不再把你纳入保险政策所覆盖的范围内，而不管是否发生被起诉的事情。换句话说，当你忽视政策时，受到的保护也就停止了，不论被起诉的事实是否发生。另外一方面，只要恪守了这一政策，那么，在受保期间所发生的任何事情都会被政策所覆盖。

基于申请的保险政策的优势是，在执行的第一年期间，它们通常比基于自行发生的政策花费要少。但是，成本会逐年增加。因为承保人紧接着就要为当年遵守政策的人提供保护，以及为前几年发生的事件提供应有的保护。如果你想放弃基于申请的保险政策，你必须意识到，这样做也就丧失了诉讼保护，即使诉讼的事实是你在受保期间发生的。然而，你可以购买特殊的被称为 tail 或 rider 的保险——它将保证你有一段时期来使正常的政策逐渐结束。有些政策也有附属条款——如果一个人购买基于申请的保险许多年，然后就退休了，那么，tail 覆盖就可以免费利用。

自行发生的保险政策为你遵守政策期间所发生的事件提供保护，而不论你被起诉时是否还在享受保险。这种政策类型，在开始时所付出的代价明显是很大的。但是，一旦你购买了这种保险，就基本上为自己投保期间所发生的行为设立了保障。如果有人因五年前发生的事情而起诉你，只要你那时还在遵守保险政策规定，那么你就会享受政策的待遇，即使你真正被起诉的时候可能不遵守这一政策。

当评价不同种类的责任保险政策时，一定要检查其中实质的东西，而不仅仅是基于申请的政策和基于自行发生的政策两者之间价格和表面上的区别。其他应该考虑的因素是：什么样的行为、情形或花费不是政策所覆盖的？这些覆盖包括防卫成本和赔付限制的损害了吗？或者这些方面是分别指明的吗？提供保险的公司的财政安全措施和历史是什么(如果你的承保人破产了,你实际上就变得没有保证了)？

这个讨论意在提供一个引导性的一般看法而不应该被当做法律或财力方面的建议。对于所有的保险,仔细阅读术语使用的条件并与不同承保人所提供的政策对比是必要的。在对实习生的不当行为进行保险的案例中尤其重要。这样的政策覆盖不适用于所有的实习岗位或实习生所有的活动。你也可以发现,实习单位为实习生准备了本单位自己的保险,你再去购买别的个人保险是没有必要的。然而,你在决定不需要政策覆盖之前,我们建议要有一份书面的保证,即你是在单位政策所覆盖的范围之内的。这既包括防护方面的花费,又包括伤害方面的花费。一定要确保自己了解实习单位所提供的保险政策覆盖范围,或自己购买的保险的实质和限制条件,并根据自己作为一名学生、实习生或雇员所进行的活动来仔细地研究这些因素。

技术和伦理

在结束本章之前,讨论一下技术的不断采用和其对实习生和执业医师所暗含的伦理意义也并非多余。

尼克尔森(Nickelson, 1998)把“远程医疗”定义为“通讯和信息技术的使用以提供跨距离的健康测查、诊断、干预、咨询、督导、教育和信息”(p. 527)。范顿伯斯和威廉姆斯(VandenBos & Williams, 2000)发现,在提供某种医疗服务过程中使用电话的方式是十分普遍的。但发展很快却不太普及的是被巴德曼(Budman, 2000)称之为“计算机信息传递通讯”(computer mediated communication, CMC)技术的使用。它使与当事人保持电子邮件的交流以及个人评估和治疗方法的在线发送变得很有必要。一个稍微有些不同的术语:“电子健康”(eHealth),或更专业化一点:“行为的电子健康”(Behavioral eHealth),就被玛尤和戈登(Maheu & Gordon, 2000)用来描述这样的服务。

在这些服务所带来的问题中,保密性、质量保证、风险管理、专业人员的执照发放和定期督导问题都已经认识清楚了(Budman, 2000; Jeffords, 1999; Koocher & Morray, 2000; Maheu & Gordon, 2000; Stamm, 1998)。互联网上的团体活动也引发了奇异的道德和临床问题,如同家庭治疗以及治疗师的培训和督导过程中所出现的问题一样(Humphreys, Winzelberg, & Klaw, 2000)。巴尔的摩(Baltimore, 2000)和伍迪(Woody, 1999)指出,在家庭范围内,技术也可以为保密原则打开一个令人吃惊而又容易忽视的缺口。例如,电话录音或有声邮件可以被家庭成员而非当事人听到,而且电子邮件或其他的电脑通讯信息可能会被使用电脑的家庭成员所窥探。

在回答以上问题和其他的道德担心时,美国心理咨询协会(the American

Counseling Association，1999）、心理咨询师教育与督导协会（Association for Counselor Education and Supervision，1999）和美国咨询师认证审理委员会（the National Board of Certified Counselors，1998）都已经修改了和在线咨询有关的道德原则或行为标准。

从实践的角度出发，库切尔和莫瑞（Koocher & Morray，2000）为利用技术提供服务的行医者提出了七个指导原则。这些指导原则在许多方面反映了本章所提出的关键性原则，并有附带性的技术应用。例如，库切尔和莫瑞以资格的原则开始，但指出，独特的技术与临床资格一样对于远程服务是必需的。他们也强调，远程会面没有统一的护理标准，同时，远程治疗的效果可能受到限制。有人推荐，可以向责任保险的代理商咨询来确保能够为进行远程服务的行医者提供保险帮助。如果当事人的位置离治疗师很远，那就必须确定紧急状态下的危机护理指导原则。也必须与当事人讨论保密界限问题，记录时特别要注意在线通讯、电脑化的记录、手机或其他无线通话的使用。最后，库切尔和莫瑞还注意到，远程服务可能会得到第三方（即保险公司）的赔付，但也可能得不到赔付。这样，就有必要准确地确定什么类型的服务会（或不会）被针对当事人的保险政策所覆盖。

总结

道德指南的存在旨在保护当事人、行医者和行业的安全。作为一名实习生，在工作环境范围之内，精通本行业所设立的原则就是你的义务。本章回顾了与实习生关系最密切的重要道德问题。但是，我们强烈建议你熟悉一下本行业的道德标准，并与同伴、导师、督导员进行讨论。最后，正如所指出的那样，道德和法律标准是不断发展和变化的。因此，这里的回顾是你在整个培训活动过程中都应该坚持的，这也是该过程的一个组成部分。

第四章 实习班级和同伴小组

实习可以成为很好的学习机会，但是，如果你不与有相似经历的其他人进行联系的话，也会感到非常孤单。如果实习班级或同伴小组是实习计划的一部分，那么，你就有机会从同伴的经验中学到知识，如同从自己的实习活动中学到知识一样。实习班级和同伴小组为你提供了一个在常规的讨论课中以及通过诸如角色扮演、自我发掘来检验自己技能的场所(Sklare，Thomas，Williams，& Powers，1996)。它也给同伴成员提供了一个共同分享发现和成功喜悦的机会，或者当感到实习令人难受、困惑的时候，为同伴成员提供了情感的慰藉(Hayes，1990)。

本章记述了一些常见的活动和成功的实习班级和同伴小组所必需的要素。通过阅读本章，你可以更好地了解实习班级和同伴小组是如何运作的，同时更好地了解给出和获取反馈信息的手段、同伴小组接受督导的模式以及其他方面的知识。如果你是固定实习班级或同伴小组中的一员，那么导师就会提出许多我们在本章中所要讨论的主题。如果实习单位没有建立实习班级或同伴小组，那么你可能就会考虑自己组建一个同伴学习小组。为了帮助你完成这个任务，我们下面就提出了与其他实习生形成同伴学习小组或督导小组的几点建议。

形成实习同伴小组

首先，应该区分一下同伴学习小组或帮助小组与外面所出现的友善聚会有什么不同。例如，一些实习生在结束工作或放学之后，可能集合成一个非正式的团体一起去泛舟游玩或骑车郊游，其他实习生可能每个周末都结伴去看电影，也不排除有些人可能参加每月的社交聚会。尽管这些“集聚”(get-togethers)很重要，但还是不同于我们所说的实习同伴学习小组。为了把精力集中在同伴之间相互学习和相互支持上面，你就需要一个有助于这项活动开展的框架和背景。

在多数实习生都来自同一个学科甚至来自同一所学校的情况下，形成同伴小组一般就是很简单的事情。你只需和他们交流一下，看看他们是否有兴趣集中在一起，并找到一个大家都合适的时间和地点就可以了。基于这样重要的意义，我鼓励实习生向督导员争取一些时间，并争取一个在正常的工作时间内（这个时间是作为训练时间的一部分）可以集合的场所。大部分实习单位都会积极支持这一要求的。

如果所在的单位实习生很少，或者几乎没有别的实习生，又或者没有来自同一学科的其他实习生的话，形成一个同伴小组就困难一些。在这种情况下，你就需要扩大自己的活动范围，去和其他学科的人或正在别的地方实习的人进行协商。尽管这需要花很多工夫，但是去见见其他学科和其他地方的实习生还是有好处的。他们会带来一些你在自己的训练过程中本来不会暴露出的想法和信息。同样，他们也可能具有面对完全不同的当事人或采用不同的治疗手段开展工作的经历（当然是与你的工作岗位上的情况相比）。相互的交流可以扩大每个人的意识范围，并带来在相似的同伴小组中不会发现的宝贵的洞察力。

同伴小组学习模式

针对同伴小组学习和同伴督导而提出的模式不止一种（Sklare et al.，1996）。本沙夫（Benshoff，1993）就发展了一种同伴督导的方法，它包括目标设定、杂志文章的讨论、固定治疗阶段的回顾、提交案例以及评价和终止讨论。在研究这种方法的有效性时，本沙夫发现，大部分学生都给予这段经历以积极的评价，他们感到从这一过程中获取了有用的信息和资源。当事人报告说，同伴督导比传统的督导感觉更放松，他们很欣赏由督导员的评定或判断所带来的那种自由的感觉。

在博德斯（Borders，1991）所描述的一个类似模式中，每个实习生或每个咨询师都依次从同伴小组那里获得了帮助。在这种同伴学习方法中，渴望得到帮助的实习生一上来就明确了他们想提交的问题和希望得到的反馈。接着，他们就拿出了一个准备好的治疗进程方案或一个病例的描述录音。在听这个病例的时候，小组中的同伴就分别承担不同的角色或者把精力集中在活动的具体细节方面。例如，某个人可能关注治疗师或当事人的非言语行为，另外的人则可能倾听所呈现内容的次序。小组的成员也可能会从不同的角色出发来评论这一过程。这些角色包括当事人、治疗师或当事人生活中的重要人物。小组中的成员从不同的理论层面来倾听这一过程也是一个方法。有些人可能会从行为的角度来接近问题，有的人可能会从心理动力模式的角度接近问题，还有些人会从认知结构的角度接近问题。

博德斯指出，这些事先设计好的或小组成员自己后来选择的关注点、扮演的角色或理论观点，为整个小组和接受督导的人提供了有指导意义的经历。需要大力发展非言语意识的实习生，可以被安排去关注互动过程中的相关要素。而正在学习某种理论模型的人，在观察案例的同时就可以应用该理论模型。博德斯还指出，作为旁观者的角色缓解了作为治疗师的角色所感受到的紧张，所以，实习生通常能够注意到一些细节情况，或作为旁观者展示他们在治疗角色中所没有显示出来的技术。

当病例录音或描述结束的时候，实习同伴就会基于当初所提出的问题和病例呈现过程中每个人所设想的角色和观点提供一些反馈意见。当同伴给出反馈的时候，督导员或其他小组成员就聆听这些意见，以记录他们所提出的任何新思路并观察小组活动的过程。得到反馈的人可以向旁观者提问，并就反馈意见如何有助于或无助于解决活动一开始所提出的问题做出答复。

在由威尔伯、罗伯茨-威尔伯、莫里斯、本兹和哈特（Wilbur, Roberts-Wilbur, Morris, Betz, & Hart, 1991）等人所开发的模式中也发现了许多本沙夫和博德斯所描述过的要素。他们提出的 SGS（structured group supervision）模式包括了五个阶段：求助要求的陈述、提问时间和关注点的确认、反馈意见陈述、暂停时间、被督导者答复以及最后的选择性讨论。威尔伯等人指出，在要求帮助阶段，被督导者可以要求专业技能、个人成长或者治疗过程完整性方面的帮助。在提问阶段，小组成员使用"轮询"（round-robin）技术进行轮流询问，每个成员都回答一个被督导者的问题。根据一开始求助要求的性质和焦点，小组成员就会倾向于把问题集中在被威尔伯及其同事们描述为"技能进展和任务程序"、"个人成长和心理程序"或"社会程序"这样的问题上。

顺着这些提问，小组成员就提出一些与最初求助要求有关的反馈意见。在听取这些反馈意见的过程中，被督导者可以做记录，但必须保持沉默且不能答复反馈意见。威尔伯等人指出，这样做就减少了被督导者通常答复反馈建议时所惯用的"是的，但是……"或"我已经尽力了"之类的回答定势。我们鼓励小组成员以诸如"如果这是我的当事人的话……"或"如果我处在你的位置上……"之类的陈述形式提出反馈意见。

也许，SGS 模式最显著的特点是紧随反馈意见陈述阶段之后的"暂停时间"。据说，在反馈期间，被督导者可以做记录但不允许口头答复。反馈之后，有一段 10 到 15 分钟的时间，在此过程中，被督导者需要思考反馈意见，但不允许和小组成员深入讨论。小组成员可以停下来喝咖啡或互相走动，但被督导者的任务是对反馈意见做出回应。

以我的经验来看，在规定的时间内做出回应是特别有价值的做法。在美国和加拿大的主流文化中，尤其是学术界，对于快速回应会给予一定的奖励，对深思熟虑的回应则相对不予重视。然而，即时的答复要让接受反馈意见的人充分理解其内容是有难度的，或者让他们恰当地应对也有点勉为其难。被督导者的快速答复要小心谨慎地逐步进行，而不是对反馈意见的当面接受。通过限定思考时间，被督导者就受到了鼓励，以便对接收到的反馈意见给以更多的关注并加深思考。这对学习可能是更有效的，而且对认真思考的重要性和对治疗过程中时间的重要性会产生固定的理解模式。

当充足的反应时间用完的时候，小组成员就重新回到一起。这时，被督导者就对他得到的反馈信息做出回答。其中可能包括新观点的分享、反馈意见特殊作用的确认以及确认的理由或者被督导者希望做出的评论。如果时间允许，还可以对被督导者的回答进行公开讨论。

成功班级和成功小组的要素

为了达到最佳的实习效果，班级或同伴小组就需要吸收众多的有效治疗或有效咨询所必需的相同要素。信任、支持、公开、诚实反馈、安全和探索尝试的意愿都是成功小组的构成要素。同伴支持也是很关键的，而且经常被我们的实习生作为班级的惟一重要的要素而采用。

当学生和导师知道有目的地在小组范围内提出和优化一个积极的、支持性的氛围时，实习班级就得到了完善。途径之一就是在班级内直接讨论这一主题。实习生会被要求谈谈如何看待班级的运转、共同活动的感觉以及表达出对班级应有的期望和担心。当你在实习班级或同伴小组中工作的时候，会发现询问自己和小组成员一些同样的问题是有帮助的。下面设计的练习就有助于这一过程。

练习

在加强维护班级或同伴小组的开始阶段，每一个实习生都应该思考以下几个问题：

1. 我愿意冒险寻求帮助，并对自身的问题、能力范围和欠缺感坦然面对吗？

2. 我的同伴在实习中和班级上解决困难的时候，我愿意并有能力进行移情和给予支持吗？

3. 当我的同伴在实习中和班级上应对胜利和成就时，我愿意并有能力进行移情和给予支持吗？

4. 在设想和展示行为表现时，我在班级上的目标是什么呢？我是在寻求学习并帮助别人学习吗？或者我通过表现自己作为一名优秀的临床医生的才华来(a) 仅仅追求等级，(b) 努力提升地位吗？我在这种班级上的真正目标是什么？

5. 外界看来似乎很容易理解的事情我认识到了吗？这就意味着当其他人也指出我们忽略的某些方面的时候，我们应该对自己保持温和。如果发现同伴在工作中出现了疏忽，我们也必须对他们温和。

6. 想向另外的同学询问或告知什么事情的时候，我是依此而行呢还是保持冷漠和安静？如果我真的那样做了，它能传达出我的尊重和同情吗？如果我没有大胆地说出来，是因为自己的个性呢还是在这种情况下，我坚决地认为自己的意见或问题此时是不必要的？

给同伴提出反馈意见

作为实习班级或学习小组中的一员，你少不了要表达和吸收观点、观察动向并提出建议。为了使这一过程取得最好的效果，牢记“进出”反馈意见的特定行动指南是大有帮助的。卡杜申（Kadushin，1985）在他一本有关督导的书中，提出了九项行动指南，以备督导员在给被督导者提出反馈意见时所用。这些指南传达了这样一些基本原则：活动之后马上提出反馈意见；给出具体而不是模糊的反馈建议；把焦点集中于具体、客观的行为上；要保持反馈建议的描述性而不是判断性；关注接受反馈建议之人的行为表现而不是他们的个人特征；提出反馈意见的形式要以摸索性的陈述来取代权威性的结论或指教。卡杜申还强调了用事实根据反馈的重要性和把反馈当做一个分享思想的过程而不是一个提意见的过程的重要性。最后，他提醒我们，反馈意见必须要具有可选择性，而不能用提出的反馈意见的数量和性质来压制接受人。沃尔特和布朗里（Woit & Brownlee，1995）在阐述“反应团队”（reflecting teams）是一个临床上使用的工具和一个教室学习活动的观点时也提出了同样的建议。

埃默森（Emerson，1995）同意这些建议，但反对把“反馈年鉴”（yearbook feedback）之类的东西送给同伴。大概的、模糊的和不加批判的直接评论也许会使提出和接受反馈的人都会感觉好一点，但是它们对于教育和学习没有太多的益处。埃默森指出，尽管明确而有时是尖刻的反馈意见可能具有更大的挑战性，但从长远来看，如果吸收利用好的话，这样的反馈意见可以提高学习能力并加强小组的凝聚力。

一个人无论何时对一个案例提出反馈意见，尤其是当同学为同伴提出建议时，旁观者的角色比治疗师的角色都更容易做到。记住这一点是很重要的。当一个人处在直接提供治疗服务的复杂角色中时，局外人似乎明显就能观察到的东西对于他们来说就很难意识到或者很难顺利接受（Borders，1991）。这样，如果出现了一个人认识到了某些东西而其他人没有认识到的情况，小组中的同伴就不应该表现出过度的自信或显露出优越感。

虽然旁观者的角色比治疗师的角色要容易一些，但是，同伴也应该记住，无论从案例的陈述或录音中得到了什么样的印象，他们总是不了解病史或治疗师和当事人互动方面的许多情况。这就是作为旁观者要避免过分自信的另外一个原因。过分自信不是建立在对案例的准确印象而是建立在误解的基础上，这样的情况是完全有可能出现的。

为了与前面提到的原则和卡杜申所提出的建议保持一致，实习生从“有目的的探索”而不是作为结论的陈述的角度相互提出反馈建议就是一个不错的想法。同伴应该尝试使用“在观看录像的时候，我感觉当事人正在努力取得你的批准或同意。你有那样的感觉或别的感觉吗”，或者，“如果你当初问过当事人，情况会怎么样呢”的问句，而不要说“这个当事人明显是在操纵你”或“在那一点上，你本来可以问问当事人的”之类的话。

用这样的措辞来提出反馈意见，显示了对旁观者和治疗师之间差异的尊重，而且也不存在旁观者知道“所有正确答案”的意思。这种做法不仅在同伴反馈过程中是有用的，而且它也是治疗过程中值得借鉴的一个技术。正如治疗中的旁观者错误地以为他们知道同伴所遇到的问题的答案一样,治疗师有时候也认为他们知晓当事人的病症所在。试探性的措辞表达也有助于减少当事人的对抗情绪,并可以鼓励他们挖掘任何可能性。

移情作用的重要意义

在多数情况下,实习生之间可以给予的最有帮助的答复就是移情式的理解。我在许多场合看到的情况是,实习生被导师和同伴所提出的建议所操纵。通常情况下,实习生最需要的是得到同伴的认可,即这个案例是多么的困难及他们必须承受多么大的挫折、忧愁或不满。这就要求实习生在给同伴提供建议或意见反馈之前,要问问自己是否真正理解了同伴的感受以及他当时到底最需要什么东西。

当一个实习生需要同情和支持的时候,来自同伴的慰藉总是可以感觉到的。有时候,这种慰藉尤如把一个压得实习生喘不过气来的巨大重负拿开,而在此之前,所有善意的技术方面的建议可能没有多大的益处。实习生地位的独特之处就在于相互之间可以提供移情式的理解和支持,因为他们最能真切地体会到同伴的感受。导师和督导员往往容易抓住一个案例理论或专业技术方面的问题而忘记了满足实习生情感上的需求。通过参与移情,同伴之间就可以满足必要的需求,在此过程中实践并直接地观察主要治疗技术的效果。

获得反馈意见

在思考如何给出反馈意见的同时,思考如何接受反馈意见也是同等重要的事情。首先要明确的一点是,接收反馈意见也是不容易的。这种意识将帮助你更好地理解自己在接收来自督导员或同伴的反馈意见时的感受,还有助于领会当事人在治疗中的某种感受。

无论什么时候,把问题在别人的反馈面前暴露无遗,都会使自己显得很脆弱。这样,你就要冒着泄露别人没有意识到或至少别人不希望被评论的缺点、失误或个人品德的风险。作为一名助人职业中的实习生,风险问题甚至更重要的原因在于你很可能因履行帮助别人的职责而受到控告。这很容易使人感觉到,暴露出自己的错误、失败和不足就意味着,由于某种原因,你让来此寻求帮助的当事人失望了,或者也许伤害了他们。

这种事情更复杂的原因在于,利用治疗师的个性,或者起码呈现出其个性是治疗活动中不可避免的一部分。结果,甚至最善意的建议或反馈也很容易被认为是暗示或坦白地说明一个人个性的呈现是不恰当的举动。这种情况是很难处理的,但也是学习过程的一部分。

承认不完美

为了帮助实习生接受同伴和督导员的反馈意见,提醒并允许一些不是很完美的情形出现还是有助益的。实习生虽然应该尽自己最大的努力，但那也不意味着他们绝不会犯错误。治疗师和实习生只是普通人，既然是学习，就说明他们会有自己不懂的东西。

假如没有感觉到或没有表现出自己的完美，那就很容易接受别人提出的善意的建议或视角。我鼓励实习生尝试着采用这样一种态度，即"我希望别人能认识到我的优点，但也希望他们能指出我做得不好的地方。如果有人指出了我的不足，那将有助于我的学习，而且我也很感激他们"。如果实习生抱着这种态度去学习，他们极有可能坦诚地接受别人有益的建议。因为常人都会承认，建议（而非命令或指责）是受欢迎的。

大部分学生都希望别人能指出自己的弱点，我们并没有做过这样的教导。然而，二选一的心理实际上是很荒谬的。在学校里或实习岗位上的训练活动本身就包含着这样的假设，即一个人还没有掌握一整套的知识或技能。因此，最好的学习方法是认清自己有缺陷的领域并寻求矫正之路。而如果一个人隐藏了这些领域，又怎么能发展和提高呢？

作为实习生或学生，最佳的状况是发现自己的无知，或者了解自己自以为知道或自以为清楚而实际上还不明白的地方。这一点如果听起来感觉很奇怪的话，就问问自己，在不知道缺乏什么特定信息或者误解了关键性内容的条件下是否愿意继续去实践。

把这种态度带入实践活动的途径之一，就是养成感谢那些随时给你提出建议、改正意见或建设性批评的人们的习惯。我认识一个人，他周游了整个世界，能令人艳羡地流利地说几种语言。尽管已经很精通了，但他无论何时出现错误都坚持向说母语的人请教。我这个朋友这样解释他的做法：

> 我知道纠正我的错误可能是不礼貌的，当然我也喜欢被别人恭维。但是，对于我来说，真正的友谊体现在当有人十分乐意纠正我的错误的时候。那是我能够学到东西的惟一途径。而且我宁愿被别人纠正也决不在确实出现明显错误的时候还到处招摇地以为我说得很正确。

在这一点上，我的朋友是非常诚实的，而且他一直坚持自己认为正确的做法并感激提出改正意见的人。这种态度可能就是他能流利地说多种语言的原因了。通过承认错误和公开面对反馈意见，他拜每个人为师，并且能够比那些害怕承认错误和不愿接受建议的人学得更快更多。

活动过程中的录像或录音

在博德斯（Borders）和威尔伯（Wilbur et al.）等人以前所描述的模式中，小组的案例讨论就经常围绕着治疗过程的录音或录像带而展开。这些手段能够使督导员和班级成员观察到真实的当事人和治疗活动，所以它是临床训练时绝对有价值的工具(Romans, Boswell, Carlozzi, & Ferguson, 1995)。如果你可以把这些录制的过程都融进自己的训练活动中，那么有不少的建议都是有帮助的。

经常产生的一个问题是：实习班级中或督导过程中活动的哪一部分是需要回顾的？既然一般情况下因时间有限而不允许对整个治疗过程进行回顾，那么，把其中的一段录下来就是很必要的。这就出现了一个非常有趣的矛盾现象。大部分实习生都想让自己的临床技能和工作活动给人留下积极的印象，所以他们就仅仅选择自己工作中感觉特别自信的那一段进行录制。弗里德曼和凯斯洛(Friedman & Kaslow, 1986)指出，刚刚成为治疗师的人是不会完全与督导员或其他人分享其工作过程的，因为他们害怕会被看做愚笨或无能。

这一做法尽管可以理解，但并不是最好的学习方法。作为一种选择，实习生可以挑选几段自己感觉最好的过程(这对于希望获得理想成绩的人是非常有效和重要的)和其他几段自己感觉很失落、迷惘、压抑、窘迫、紧张或恐惧的过程进行录制。一个实习生记住了这个建议，就会有勇气把一盘录制好的显示在治疗过程中当事人实际上昏昏欲睡的带子拿出来，而在这个带子中当事人只有几分钟的打鼾声。与实习班级和督导员一起分享这样的带子也是需要部分实习生付出勇气的，但是接下来就需要付出更大的勇气播放带子的其他内容：其中暴露出了有几分钟的时间是两个人的打鼾声——当事人和实习生(这确实真的发生了)。在你的工作中，可能不会有完全相同的经历，但是，有时候你也会感到瞌睡，而且毫无疑问地会采取一些措施防止睡着，以此来表明自己希望马上就可以恢复状态或再工作一遍。承认出现这样的失误，或与同伴分享一下此失误也没有什么不好意思的。这样，你和他们都能从这次经历中得到经验。

当倾听自己或同伴治疗过程的磁带时，你会发现以不同的方式参与其中是很有趣的事情。大部分刚刚开始实习的学生观看或收听治疗过程的录像或录音时，他们把主要的精力都集中在了人们之间所说的话上。这种注意和人们日常谈话过程中的互动方式是一致的。但是，治疗活动的经验之一，就是互动内容(所说的话)承载的信息通常要比互动的过程本身要少得多(说话的方式、交谈者的位置、整个互动过程的顺序以及很多的非语言元素)。在参与治疗活动、收听治疗过程的磁带，以及真正开展治疗的时候，要学会获取除谈话内容之外的其他信息元素。

练习

在杰西·戈勒所提供的督导工作坊工作期间我学会了下面这个练习。这个练习包括多次听一个简短的治疗过程的录音片段。第一次听的过程中间，你只是打开录音机，在没有具体指导的情况下收听。然后，再次打开录音机，但要特别注意参与者在互动时每个人所使用的话语。然后,第三次收听这个带子,但是这一次不是注意所说的话,而是他们的感情,即当事人的情感信息和体会。当你把注意力集中在互动过程的不同元素上时,所获得的体会是什么呢?许多人报告说,他们每次收听都会得到一些不同的信息。在第三次收听的时候,在注意力集中到感情而不是语言上的时候,人们感觉实习生开始比以前更加理解当事人了,这也是一个需要关注的普遍现象。

以上练习,旨在让你体会一下除语言之外的互动过程中的其他元素。在这个案例中,人的注意力是放在了感情上,但是,我们关注一下诸如说话的速度、停顿的时间或声音的语调等方面本来也是有可能的。拉兹(Latz,1996)也描述了同样的过程,他把治疗过程的录音和录像部分分开,以此作为指导家庭治疗师在工作时把精力集中到细微的言语交流方面和非言语交流方面的方法。

角色扮演

要解决所录制的治疗过程中存在的问题,方法之一是在小组内扮演治疗过程中的各种角色(Akamatsu, 1980)。角色扮演是一种全新的体验,它有助于对录制的目的、作用以及如何充分地利用它有一个简单的了解。如果对作为治疗过程一部分的角色扮演有更多的兴趣,可以参照一些心理表演疗法或格式塔(Gestalt)治疗技术方面的著作。

角色扮演包括班级成员扮演当事人、实习生或其他人员的角色,以及扮演他们自己所描绘的场景或感兴趣的活动中的角色。它尤其有助于提高基本的助人技巧,有助于学习应对有困难的当事人或员工。角色扮演还可以帮助实习生更多地了解自己的治疗风格以及某些情况下自己生活中的重大问题。专业导师也可以利用角色扮演了解督导过程中的问题和技术。科汉和拉夫(Cohen & Ruff, 1995)就描写了五种角色扮演的剧情并为随后进行的讨论提出了一些建议。

当角色扮演的参与者能意识到一些基本原则的时候,它就能产生很大的价值。首先,角色扮演的目的并不是精确地复制一个真实的场景或人物。虽然现实主义的观点是有用的,但角色扮演作为一种体验,本身也有存在的必要,而且它也没有必要绝对正确地模仿要发生的事情。实际上,偏离现实的角色扮演也为我们临床上了解所遇到的问题及其变化趋向提供了重要的视角。下面的几点建议尽管为如何增强角色扮演的现实性提供了暗示,但请记住,现实主义不是主要的目标,体验、理解和学习才是尤为重要的目标。

成功角色扮演的第二个关键点是参与其中的人不要仅仅想象或机械地做出角色行为,而是要临时地"变成"他们所刻画的人物。角色扮演者不应该只是谈论他们所做的事情,而应该努力走出自己的思想、感觉和行为定势并进入所刻画的角色中,体验那个人的感受,掌控那个人可能的举动,使用那个人可能使用的语音和语调,经历所扮演人物的生活，体会一下此时此刻这种活动对他们意味着什么，以及将会有什么样的感受。

"变成另外一个人"不仅有利于角色扮演，而且也是开发或提高共情的极好方法。通过尝试进入另外一个人的内心，我们就在一个更深的层次上对工作有了新的理解。当然，参照标准是我们仅仅把那个人当做一个临床兴趣的抽象目标来讨论。我在工作中就遇到了一个失去双肘以下手臂的快四十岁的男人，他的境况就把我带到了一种家庭的场景。为了增加对那个人生活状况的体验，督导员播放了一曲轻松的催眠曲，暗示我也失去了手臂，接着就设想一下其他方面的日常活动，如开门、穿衣、握手和洗澡。从想象这些活动一直发展到了想象拥抱孩子、爱抚情人、擦拭眼泪这样一些更深远的活动。练习这一场景不是为了激发对这名当事人的同情，相反，它是为了帮助我感觉从没有体验过的当事人生活中重要细节的一些情况。

这种学习体验以某种形式应用到了我们和当事人交往的所有活动中。我们从来没有体验过另外一个人的经历，然而我们必须努力获得那个人的感受。在你的角色扮演中，要尽最大努力做到这一点。当你在角色扮演中尽力刻画一个人物时，就如何调整自己的行为以更恰当地接近你所表现的人物，公开地听听别人的建议也是很重要的。如果你对扮演一个角色还不确定，就征求一些建议。同样，如果你正在指导一个角色扮演，你需要就选手如何扮演、如何活动以及如何说话提出一些反馈意见。例如，如果两个是好朋友的学生正尝试着扮演互相厌恶的人，有效的做法是建议他们不要把对方当做朋友来看待而要努力把对方想象成所痛恨的人。我曾经观察过的一个导师在处理同样的情形时，就要求角色中的学生想一下当他们犯了胃病且几乎要呕吐的时候的感觉。当这样的想象变得很真实，学生自己差不多都要生病的时候，导师就说：很好，现在设想一下，无论那个人何时出现在你周围，你用那种方式去感觉的情况。

虽然想象的建议和深入地融入角色可以提高角色扮演的准确性和获得较多的好处，但是，也可能有一些时候，你发现要表现特定的当事人或情形总是不可能做到。在角色扮演的过程中，有时也会发生这样的情况，在这样的练习中通常做得很到位的实习生突然发现他们的活动受到了阻碍，而且无法扮演得像那个人或无法表演一种特定的行为。他们感到没有能力理智地去理解人物特征，或者参与者可能意识到了对一个角色有了强烈的情绪反应。

这样的体验有助于参与者获得有价值的洞察力。当一个在角色扮演中有超常规技能表现的人突然间无法刻画一个角色或场景时，这可能就是一个暗示，即遇到了无法解决的问题。确切的问题可能从即时的体验中还搞不清楚，但是，它是一个很好的信号——出现了严重的问题且值得进一步探索。如果你经历了这样的反应，那么就问问自己：是否角色扮演中的一个人物、一种场景或一种环境由于某种原因而引起了自己对生活中的一种感受或一个人物的回忆？你现在表现一个人物的某些方面是很困难的吗？或者是否有一些正在阻碍你或使你感觉很麻烦的特定品质？

通过意识到自己角色扮演中的感受,并努力寻求和理解自己所做出的反应,你可能对自己的了解会比激励自己参加角色扮演的那个具体场景或当事人的了解更多。这是有很大好处的。如果你自己的生活中有一些需要解决的麻烦而且是与当事人的问题有关的话,那么,你自己的问题不仅妨碍角色扮演,而且会影响实际的治疗当事人的工作。有经验的心理剧表演家注意到,当人们在有效地解决基本的问题时,他们刻画有关角色的能力也会提高。这样,正如最初的困难引导出了基本的问题一样,角色扮演中的改变也可以说明自我认识方面的进步。当你越来越清楚地意识到并能够解决自己的问题时,与当事人进行治疗性互动的能力也可能会增强。

作为惯例,关于角色扮演的最后一个建议是,当角色扮演没有被频繁的讨论或说明所打断时,其作用会更显著。如果你介入了一个角色扮演活动,当你进入了角色、了解了角色并见证了所发生的事情以后,可能会表现得最好。尽量不要停下来征求指导或谈论角色。正如我们刚刚讨论过的一样,如果你发现自己频繁地中断角色,那就是你自己的生活中有问题的信号。另一方面,许多实习生中断角色扮演是因为他们已经非常熟悉通过交谈而不是通过尽力地去体验来学习内容。角色扮演结束之后,讨论一下自己所感受到的或所观察到的东西是有用的。但是,在角色扮演的过程中,要注意不能以理智来代替感受。

班级和小组中的伦理关系

第三章介绍了对临床实践和实习工作都必不可少的伦理原则。这些原则包括:资格、保密、知情同意,以及禁止伤害性的双重关系。因为实习班级通常包括案例讨论、磁带回放和角色扮演,还因为实习班级和实习小组要解决私人的、敏感的问题,所以,在教室环境内也要注意遵循同样的伦理原则。

普里托(Prieto, 1997)表达了对双重关系的特别担心,以及对沿循小组治疗模式接受小组督导的学生受到"控制性治疗"暗示的忧虑。斯科莱尔等人(Sklare et al., 1996)也表达了同样的伦理上的担心。这些担心的实质在于,小组督导和学习可以很容易地越过界线而变得非常像小组治疗,同时,学生在同伴和导师面前也感觉像是被强迫着去探索私人的问题。由此导致了包括导师的作用混同于教师和治疗师作用之类的双重关系。另外,学生害怕公布个人的情况可能会影响他们的成绩,这也是符合情理的。斯科莱尔等人推荐说,在小组中可以把注意力放在"此时此地"上以减少这些顾虑。在小组指导和督导中,普里托更进一步地提倡沿用学究式的、教导型的"范式"而反对治疗性的"范式"。无论选择哪一种方法,对导师和学生而言,明确活动的目的和他们各自的边界、所扮演的角色、享有的权利和承担的义务是很重要的。

在班级讨论中,出现的另外一类担心是保护当事人的机密。在大多数实习班级里,把回顾当事人和临床体验作为课堂活动的一部分是实习生的标准做法。出于对伦理问题的敏感,实习生会直接地询问把案例材料带到课堂上是否违背了对当事人或对岗位的保密原则。

这确实是一个有点灰色的区域,没有一个肯定的答案。然而,我们还是能够而且应该采取一些措施来减少破坏保密性原则的可能性。第一步是,实习班级中的每一个成员都要了解保密性原则并同意无论实习课堂中发生何事都严格遵守。这就意味着学生不和班级之外的任何人讨论课堂内的材料。保密性原则尤其重要的原因在于除了回顾案例之外,学生和实习生必须感到,坦白自己的忧虑、弱点、恐惧和与训练有关的私人问题是安全的。他们也必须能够安全地讨论案例和当事人,而不用担心机密信息会散播到实习班级或小组之外。

和实习单位签定的许多非私人协议包括了一段说明,即希望实习生与他们的导师讨论当事人和临床感受并把它作为课堂活动中教育过程的一部分。实习生也受到这样的指导,即在他们与导师或督导员讨论案例以及在实习课堂活动开始的时候就区分出当事人。我们也建议实习生要告诉当事人,在这样的讨论中他们的身份将受到保护,而且这种讨论将严格用于教育的目的。

在录制治疗过程或在课堂上使用录音或录像资料之前,你必须得到当事人的同意。知情同意和保密性伦理原则就要求,如果要录制一个临床治疗过程,必须得到这个过程中的所有相关人员的允许。书面的"同意录制表"应该详细地说明录制的目的、磁带如何使用、授权使用的时间以及使用之后磁带的处理。必须向当事人解释清楚,他们有权拒绝录制,而且他们不应该被强迫同意。当事人也必须知道录制的目的和磁带上信息的保密问题。当事人还应该被告知,磁带的内容仅仅与督导员和班级进行分享,信息将受到严格保密,磁带上的内容会在一个规定的时间内抹去或者在课堂上使用后马上就洗掉。

维持保密性的另外一步是建议实习生在课堂上讨论案例或在杂志上陈述案例的时候必须保护当事人的身份。正如前几章讨论的一样,实习生可以用一个简单的字母来称呼所有的当事人。还要指导我们的实习生,如果讨论一个案例的细节可能会泄露某人的身份,即使没有明确地说出他的名字,那么在把案例搬上课堂之前,应该先和导师讨论一下。如果实习生正在一所大学的心理咨询中心或其他环境中工作,了解这一点就特别重要。因为在这里,学生当事人的身份可能很容易就被认识他们的其他实习生辨认出来。在这种情况下尤其要小心。如果保密原则偶尔不能得到遵守,最好就不在课堂上讨论。例如,一个实习生的工作对象可能是学生部门的官员,他的身份在课堂上必然要妥善处理一下。录制的治疗过程明显地暴露了当事人的声音而导致在课堂上其他人都辨认出了他的身份的事例也不少见。在这样的情况下,保护当事人的机密就胜过了课堂上的教学利益。

并不是所有关于当事人的案例材料和信息都必须保密。在课堂实习期间,实习生总是大量地引出同样必须得到尊重和保护的私人材料。因为临床工作要求非常严厉,而且经常会触及实习生个人生活中的问题。因此，很重要的一点是，实习生应该感觉到他们可以信任同学去探究产生的任何问题。在别的课堂上，一个学生告诉室友类似于“你绝不会相信其他同学今天在课堂上所说的话”可能是可以接受的，但在一个实习课堂上，这是学生绝对无法接受的。保密性是你作为一名专业人员的角色所必不可少的，而且实习单位是建立整个职业生涯都将遵守的伦理准则的地方。

第五章 督 导

我学到的治疗和应对当事人方面的知识比大学三年里学到的都多。

当要求一名同事说出他职业训练中最精彩的一个过程时,他毫不犹豫地说:"督导,来自大学的一名督导员的督导。"

正如这样的评论所表明的那样,督导可以成为一个重要的学习机会。本章就讨论了不同的督导方法和构成质量督导过程的要素,还思考了个性和理论倾向在督导过程中扮演着怎样的角色,以及实习生和督导员如何解决督导过程中所产生的差异。

希望与恐惧

伯格和布赫霍兹(Berger & Buchholz, 1993)发现,尽管督导经验很重要,但是被督导者在接受督导的过程中很少获得指示,或者几乎没有接受过所期待的(专业性)指导。从奈特(Knight,1996)的观点来看,这样的忽视好象是特别不幸的。他指出,BSW 和 MSW 的学生对他们督导员的工作很满意。因为这些督导员很清楚自己的工作角色和期望目标,并且给学生提供机会来申诉他们的忧虑。这些学者建议,给接受督导者提供机会来表达他们的愿望和担心,是在准备进行督导时的首要步骤之一。

当我询问实习生对督导的希望是什么的时候,他们通常谈到,想从督导员那里获得工作质量上的提升。大部分实习生都希望督导员集教师、角色榜样和顾问于一身,以便帮助他们学到治疗、评估和其他临床作用方面的理论和技术。实习生们更喜欢这样的督导员——能给他们提供充分的自由去尝试新的东西,但又十分仔细地甄别不超出他们能力范围的实践活动。他们还喜欢那些既能发挥支持作用,又能回头向他们征求建议并给予鼓励的督导员。最后,许多实习生还希望结识实习安排之外的督导员。

一项要求实习生辨认他们所喜欢的督导员性格的研究也是支持这些印象的(Baker & Smith, 1987; Gandolfo &

Brown，1987；Knight，1996)。这些研究的结果表明，督导员被期望的品质，根据他们经验的不同而有细微的变化。但是，在不同的经验水平之间，对督导员的要求还是具有一致性的——他们应该是可以利用，在讨论中态度坦诚，具有支持性和同情心。在一个具有支持作用的环境中，许多实习生都感觉到，督导员帮助他们了解自我、探究实习生-当事人之间以及实习生-督导员之间的人际动力问题是非常有意义的做法。实习生同时也表达了对直接观察和对工作进行有价值的反馈和指导的需求。当然，督导员帮助自己解决案例中所遇到的问题和在治疗过程中提供观摩督导员工作的机会也是非常受欢迎的。

实习生们在希望获得督导的同时也产生了恐惧。最常见的两种恐惧也许是"我害怕自己不具备本该有的做什么事情的头绪，或不知道如何去做"和"我甚至更担心别人会发现我根本就不清楚自己要做什么"。其他的学者(在著作中)也报告了同样的观察结果。查尼(Charny，1986)就描述过一些实习人员共同的担忧，并强调了在督导时应该允许实习生表达自己恐惧的重要性。在实习生最常出现的恐惧中间，查尼确认了几种，如当事人将会"昏倒"，督导员将会发现他们不喜欢当事人，感觉受到了当事人的吸引，对当事人出现的问题要负责任，以及"不能实际帮助别人"。他坚信，表达和探索这些内心的恐惧要比停留在论文中的"我说过，接着他们也说过"之类的空虚层次上的(说教)更加有益于实习生学到本领。科斯塔(Costa，1995)也提出了同样的意见，并谈到了使实习生的恐惧"正常化"的重要意义。

那些采取发展性的手段来进行督导的人也强调了必须关注实习生的需求和恐惧。弗里德曼和凯斯洛(Friedman & Kaslow，1986)建议说，初期实习生遇到的关键疑问是：面对这些当事人，我的工作究竟是什么(p. 35)？他们也承认实习生对自我能力存在担心，并提出刚刚开始实习的学生可能受到"自疑"(自我怀疑)和害怕的折磨。他们还引用巴纳特(Barnat，1974，p. 190)的话谈到了实习生们的"真切渴望"，并建议说，让刚开始参加实习的学生拥有一名明确做出过承诺的督导员是特别重要的。

恐惧，不但对初来的实习生而且对于有经验的治疗师来说，都是完全可以理解的。我发现，从一开始就大胆承认这一点是很有帮助的。无论我们什么时候学到了新东西，通常都是喜悦和恐惧并存的。我们鼓励实习生承认恐惧而不是厌恶恐惧，这样的话，督导员和实习生就能共同克服它。为了达到这样的目的，实习生在冒险谈论恐惧的时候必须感觉自己是"安全"的。换句话说，实习生必须清楚，如果足够诚实地谈论了自己的不安，是不会受到不良评价或较低分数的惩罚的。

督导员的希望和恐惧

实习生并不是惟一一个在督导活动中希望和恐惧并存的群体。督导员在接纳实习生的时候也有自己的预期和惶恐。描写理想的实习生的词汇可能包括：知识渊博和学习欲望强烈、与员工和当事人和睦相处、表现主动、工作可靠和细心认真。一个实习生还应该是可信任的,善于理解督导的,必要的时候可以向别人寻求帮助且愿意接受挑战的,聪明而有创造性的,敏感而有洞察力的。

最常见的恐惧来自于担心实习生将会做出一些令当事人、自己或督导员冒风险的事情。在临床工作领域,当实习生没有畏惧的时候,督导员却是害怕的。他们有两大最坏的噩梦,一种情况是实习生的意图虽好但过分自信或粗心大意,另外一种情况是实习生表现出做事不负责任或不顾当事人(的感受)或单位(的利益)而操纵一切。

督导员对实习生行为的担心并非是无缘无故的。哈拉、范德克里克和纳普(Harrar, VandeCreek, & Knapp, 1990)就描述了"直接责任"(direct liability)和"代理责任"(vicarious liability)两个概念(p. 39)。这些作者指出,督导员可以因被督导对象的行为而被起诉,而且这种情况已经有过先例了。他们还指出,实习生通常要和执业人员一样,因违反同样的护理标准而承担责任(这一观点也可以参阅Zakutansky & Sirles, 1993)。因为督导员有责任来保证实习生达到护理的职业标准要求。所以,督导员尽心尽力地去关注实习生工作的质量是不应该令人感到吃惊的。同样,如果督导员坚持职业特征的高标准要求或偶尔批评实习生的表现,实习生也不应该为自己辩护。使每一个实习生都感到愉快和舒适并不是督导员的重要工作,相反,他们的主要任务是保证所有的实习生都具有工作资格,并能勤奋可靠地履行自己的职责。

在担心实习生会犯一些伤害性的错误或莫名其妙地产生动摇的同时,督导员也有许多和实习生一样的恐惧(即"在我自己的临床工作或作为督导员的角色中,我知道要做什么事情吗"以及"如果有人发现或提出我(其实)是不清楚要做什么事情的,这时该怎么办呢")。

督导员的角色至少和治疗师的角色是一样复杂的,它绝对是不容易的。愿意做督导员的人毫无疑问地将要接受具有一系列独特要求和独特缺陷的岗位,尽管有人接受过专门的训练,而大多数人则没有接受过。评估督导员接受培训情况的调查显示,只有20%的人回答上过督导课程或参加过研讨班,32%的人则根本没有接受过任何的培训(McColley & Baker, 1982)。在一般情况下,督导员没有接受过培训的更多证据来自一份对151家APA批准的实习单位的调查。那份调查表明,只有三分之一的地方提供了督导工作方面的训练(Hess & Hess, 1983)。

最近几年,督导方面的培训已经增加了。但是,这类培训的性质和范围却差距甚大。接受过比较正规培训的人所表现出来的进步包括能开发一门培训咨询督导员的综合课程指南(Borders et al., 1991),以及能建立一套咨询督导员的工作标准(Dye & Borders, 1990)。

复杂的任务和相对不足的培训经历结合在一起,就把督导员推到了非常类似于实习生的地位上。我们期望每个人都能胜任一个无须进行过多准备的工作角色。正如实习生必须学会有效地处理对角色的恐惧一样，督导员也必须同样处理好对自身角色和工作职责的恐惧。尽管缺乏相关的专门训练可能会成为督导员开展工作的一大障碍，但那也并不意味着他们就没有什么可以传授的东西了。相反，在多数情况下，它却意味着督导员和实习生都将扮演学习者的角色。

最后一个挑战是时间问题。这个挑战可能是实习生不会完全理解但督导员必须要争取的。辛德勒和泰伦(Schindler & Talen, 1994)发现，当实习生开始理解督导的价值，并向外寻求更多的被督导的机会时，督导员就已经发现自己受到了时间方面的压力，并努力去处理好复杂而又充满矛盾的角色。为了帮助督导员解决这种情况，他们提出了一种名为"一般的"(general)和"重点的"(focused)督导方法。前者是督导员用来解决行政 、评价和临床督导的宏观目标的，后者是督导员用来帮助实习生对付具体的、更微观的临床方法或当事人小组的。除了帮助督导员应对不同的角色之外，这种方法也在督导过程中给实习生提供了更多的时间，并显示出了干预手段和督导手段的模式差异。

练习

实习生和督导员从一开始就应该公开双方的和单方的需要、恐惧以及担心。通过预先认识到这些方面的因素，就可以大大地减少焦虑、交流障碍和挫折。为了进行这项工作，我列举了督导员和实习生常见的一些需要。自查一下所列出的这些方面，修改或者增补一些内容，然后大家一起讨论个人的需要和共同的需要。

● **督导员对实习生的需要：** 诚实正直，行为道德，坦白开放，尊重经验，工作认真，思考深入，勤勉努力，虚心聆听。

其他：

● **实习生对督导员的需要：** 支持，耐心，专业知识，指导，温和，做出榜样，直接传授，包容，有限自治，信任，坦白，乐意倾听。

其他：

澄清期望

从一开始就澄清实习生和督导员的期望，能够防止以后产生困惑，并有助于获得最有利的学习经验(Freeman, 1993)。在这些应该尽量澄清的期望中，主要有：

1. 督导员开会的频率和时间长短；

2. 督导员的会议内容(如是不是借助笔记、磁带进行案例回顾，主题范围内的启发讲授，非正式的个人交流，一些技术的整合)；

3. 期望实习生学习的理论或职业技术，以及如何明确地说明和评价这种学习；

4. 将实习生或督导员个人的问题作为督导活动的一部分而得到认可的程度。

督导的频率和时间安排

如第二章所提到的，督导员和实习生应该制定正式的协议以说明召开督导会议的频率和时间安排。一旦形成了这样的协议，实习生和督导员就必须为了工作而尽最大努力恪守督导的时间。当日程安排太紧的时候，人们就开始牺牲督导的时间来完成更紧急的任务了。要避免这种情况的发生，除了罕见的危机或绝对紧急的情况外，没有什么事情是可以看做比督导更迫切的了。实习生和督导员应该围绕着督导来规划其他的事件、项目和会议而不是弱化督导活动。如果督导员或实习生开始允许其他的事情优先于督导工作的话，那么，就需要有人专门对督导的重要性进行关注和强调，并探索时间可以得到保障的开会途径。

准确地说，一个实习生到底应该多久接受一次督导，要依据很多因素，包括他们的活动情况、经验或培训程度、导师的期望、岗位情况，或者说，在有些案例中，它依赖于行业内所建立的工作准则状况(Jarvis，1989)。在咨询领域，咨询及相关教育项目资格认定委员会(the Council for Accreditation of Counseling and Related Educational Programs，CACREP)已经制定了“项目成员督导员或在项目成员督导之下工作的学生督导员每周最少要单独督导一小时”的标准(CACREP，1988，p. 28)。实习单位的政策对临床心理学专业已经公认的毕业生课程要求有：

> 博士学位实习快结束的那一年，导师必须澄清的是……(c)实习生得到了每周最少四个小时的常规安排的、正式的、面对面的督导，至少有三个小时是以某个人为基础的(Belar et al.，1989，p. 64)。

在具体的职业标准还没有建立或没有应用到的地方，作为一个普通的原则，实习生从事的直接服务于当事人的活动越多(如治疗活动或评估活动)，他们需要的督导也就越多。有些项目建议，初期督导要达到每4～6小时就与当事人直接接触1小时的频率。但是经验表明，在实践中，对于初期实习生来说，一直有充足的时间来达到这个要求几乎是不可能的。更多情况下的督导频率是，每8～10个小时督导1小时。在实习生每天要处理三个或四个案例的情况下，就要求每2～3天督导大约1小时。如果督导的频率低于这个数字，临床互动和督导之间的时间间隔就太长了，重要的细节或印象可能会被忘记。

如果实习生有更多的临床经验，或很少从事直接的临床服务(这是另一个极端情况)，那么，督导的频率可能减少。然而，这并不意味着督导是不必要的。甚至有多年经验的治疗师也承认督导的价值，并把它当做重要工作的一部分而安排进自己的活动中。

督导的内容

大部分的督导都是一系列活动的组合。这些活动包括启发式的指导、案例讨论、角色扮演、会议直接观察、联合治疗、声像资料的回顾，以及观摩督导员的治疗活动（Hess & Hess，1983；Romans，Boswell，Calozzi，& Ferguson，1995）。在讨论督导过程中什么样的学习经验最有帮助时，我就鼓励实习生要踊跃发言。这样的话，发言的学生就可能会让自己的导师就一个以前没有学过的具体内容进行讲解。或者，如果觉得自己需要一些非启发式的方法或讨论，你就可以向导师建议扮演案例中的一个角色。你也可能会寻求机会来观察督导员的治疗活动。在督导过程中，督导员对所出现的情况有最终的发言权。但是，你也应该参与其中并让别人知道你的需要和兴趣。

督导员如何决定要做的事情

在描述督导过程中的具体方法之前，多视角地看看督导员在督导活动中是如何决定要做的事情可能是有帮助的。由于不同的原因，包括督导过程中的时间限制，督导的内容"应该"是什么缺乏明确的一致意见，以及人们倾向于做一些自己最熟悉的事情的缘故，督导的内容和方法可能反映着督导员自己治疗或评估的方法并与之有着密切的关系。弗里德兰德尔和沃德（Friedlander & Ward，1984）以经验为根据阐述了这一点。例如，他们发现格式塔治疗师和倾向于心理动力治疗技术的治疗师在他们的督导中所使用的方法是不同的，他们都倾向于使用和自己确定的治疗技术相似的督导技术。

督导员也选择那些反映他们治疗方法的督导方法，因为他们相信这是教导实习生给自己的治疗模式进行定位的有效途径。弗朗西斯和克拉金斯（Frances & Clarkins，1981）描述了督导技术通常是如何与治疗技术保持一致的。在为治疗学校（拥有心理分析、行为治疗、简单的心理治疗和家庭治疗课程）而写的一篇治疗与督导方法关系的评论文章中，这些作者提出，督导中所出现的情况为治疗中要出现的情况提供了一个模型。别的作者也有类似的发现。马丁和麦克布赖德（Martin & McBride，1987）断言，督导员的治疗风格和督导手段之间的一致性是一个值得推广的训练技术。在实习生的督导模式中，他们是在督导的互动过程中通过直接体验来学习一种方法、理论和技术的。这样，在一个有认知能力的治疗师手下学习的实习生就会被要求去探索和当事人有关的难题。同样，一个学习心理表演疗法的实习生就可能被要求参与到和其中一个实习生的案例有关系的心理剧中。

除了根据自己的理论研究方向开展工作之外，我们也鼓励督导员要广泛地阅读和督导有关的文学著作。要了解这方面综合的参考书目，可以参阅罗宾纳和斯科菲尔德（Robiner & Schofield，1990）的著作。而要了解跨文化督导方面的评论和研究，可以参阅利昂和瓦格纳(Leong & Wagner, 1994)的著作。督导员也应该理解实习生私人方面的需要和发展方面的需要(Finkelstein & Tuckman, 1997; Friedman & Kaslow, 1986; Stoltenberg, 1981; Stoltenberg & Delworth, 1987; Tracey, Ellickson, & Sherry, 1989),并重视实习生的治疗工作过程和督导工作过程(McNeil & Worthen, 1989)。

爱德华兹和陈(Edwards & Chen, 1999)都赞成一个督导员的精力应该集中在治疗师的承受力上这样一种观点,而反对他们丧失毅力。把这一观点融进督导过程中的想法,是建议实习生要为解决治疗过程中的问题而开动脑筋做出选择。另外一种关注实习生的承受力发展的方法,是让他们与别人分享治疗中成功的感觉,并鼓励他们在类似的情况下重复这些行为。这些方法可以帮助实习生建立信心,甚至当干预措施好像不会成功的时候,督导员可能会转向强调实习生的良好意图的重要性。最后一点是,鼓励实习生辨认当事人的实力和资产(言外之意包括处在督导中的当事人),或者想象一下他们出现在督导过程中的情景,这些都有助于提高实习生对当事人自身能力的尊重程度。

马格努森、威尔科克森和诺里姆(Magnuson, Wilcoxon, & Norem, 2000)讨论了可能阻碍有效督导的问题,这一点和讨论什么因素可能影响有效督导形成了对照。他们确认了经常妨碍督导的原则,其中包括:不承认实习生发展方面的需要;督导过程中的不灵活;没有受过培训的或不成熟的督导员;过分关注治疗的技术方面或认知方面;过分关注督导过程中不仁慈和不恰当的普通事件。

根据对这些督导模式正反两方面的考虑,督导员接着就可以在众多不同的技术中间选择一种技术,以最好地满足拥有特定当事人的特定实习生的需要。这可能包括直接模仿督导员的治疗方法,但也包括不在督导员的正常治疗方法之内的其他方法。关键的一点是,不论选择什么样的督导活动,它们都应该建立在对被督导者、当事人和工作情景了解的基础上,而不能仅仅建立在督导员自己所习惯和所熟悉的工作基础上。要了解督导方法和治疗结果关系方面深入而全面的讨论情况,可以参阅霍洛韦和纽费德(Holloway & Neufeldt, 1995)的著作。要了解不同的督导活动和督导技术出现频率方面的评论,可以参阅罗曼斯等人(Romans et al., 1995)的著作。

教导式督导

有一种督导的方法类似于导师和学生在学术课堂上所采用的程序。当实习生想要学习本领,或督导员想要讲授一个理论、技术、诊断方法,或讲授与实习生的活动相关的其他主题的特定内容时,教导式或讲解式的督导就是最好的选择(Hess, 1980)。教导式方法的目标是尽量高效率地把内容解释清楚。那样的话,实习生就能学会这种方法并把它直接应用到工作中去。教导式的方法尤其对初期的实习生更具有吸引力。

因为他们感觉自己需要一些具体而实用内容的帮助来应对开展一项新工作所带来的焦虑和不确定感(Ronnestad & Skovholt, 1993)。

督导员为来自某一个特定治疗学校的术语下定义可能就是教导式指导的一个例子。另外的例子是实习生请求督导员现场指导一个特定心理失调的当事人。为实习生提供一些有选择的阅读任务或阅读建议,也可以补充督导员直接进行教导的素材。在阅读材料与实习生当前的活动无关的情况下,这种练习就可以形成一个人整个职业生涯都要遵循的行为模式。专业人员无论什么时候遇到一个个体或一个小组,都要尽可能地把有关问题、可采用的治疗措施、可以获得的有助于做出最有效治疗决定的研究成果通报出来,这是作为一个治疗师的义务。

如果督导员没有为阅读提出建议或任务,你可能就希望得到一些有用的书目或文章。督导员有时候会想当然地认为自己学过的知识是每个人都了解的。这时,他们忘记了实习生是本不应该学的。表现出对参考资料需求的急切心情,显然有助于你更好地了解当事人,并有助于正确地评价督导员理应拥有的知识或方法。

过分地依赖教导式督导方法就会使督导活动变成另一种演说式指导,这也许是其重要的缺陷。在督导中,忍不住要依赖演说的现象是很常见的。这种基于演说的讲授和学习对实习生和督导员来说都是不陌生的。在演说中,督导员会感觉到他们可以传播有用的知识,并在其中体现出自己对实习生的价值。对督导员和实习生而言,演说也是很安全的。麻烦在于,把督导保持在教导的水平上就使参与者避开了更具挑战性的问题。例如,实习生如何看待自己或当事人,督导员和实习生的互动情况怎么样,以及一个人如何解决道德困境等。尽管这样的逃避很受人欢迎,但是,它却掩盖了解决模糊性问题所带来的益处,并且失去了自我探索的信心。

案例讨论

最常见的督导活动之一显然就是案例讨论。正如这个名字所暗示的那样,案例讨论就是实习生向督导员描述一个案例,并且两人探讨将要出现的问题。根据实习生和督导员的目标和爱好,案例讨论可以采用不同的形式:实习生陈述案情,说明他们的行为,并解释互动情况;督导员通常就是倾听、提问,并可能提出不同的意见或建议。这也许是最常见的方法。

麦科勒姆和韦奇勒(McCollum & Wetchler, 1995)就探讨了与现场督导或录像资料督导有关的案例讨论的价值所在。他们建议说,在案例讨论中可以有效地提出四项具体的任务,即:(1) 帮助实习生理解“建筑风格”(即综合性、策略性、发展性以及治疗过程的思考意见);(2) 帮助实习生搭建改变的理论模型;(3) 帮助实习生在更广的视野内(如社会的、家庭的、文化的和其他背景的)理解当事人;(4) 帮助实习生理解自己在特定的文化、社会、人种、阶级和其他环境框架内所发挥的承上启下的作用。对四项任务中的每一项，麦科勒姆和韦奇勒都提出了有用的建议。这些建议是针对将由督导员和实习生共同来探索的问题而提出的。

苏格拉底式的问答法

奥维霍瑟(Overholser, 1991)曾经描述过一种稍微有点形式化的案例咨询的提问方法。他建议把苏格拉底式的提问作为一种督导的技术。这种技术，正如奥维霍瑟所描述的那样，包括三个因素：系统化的提问(systematic questioning)、诱导式的推理(inductive reasoning)和宽泛化的定义(universal definitions)。他强调指出，苏格拉底式的提问不是真正要求获得信息，而是为鼓励实习生的思考而设计的。"系统化的提问"就设定了四个方面的目标：界定问题、提出答案选项、缜密地思考案例和评估所选答案的正确性。

奥维霍瑟的模型中的第二个要素——"诱导式的推理"，是为帮助实习生从具体的细节或案例的事件中形成一个关于案例的推论而设计的。第三个要素——"宽泛化的定义"，大体上是指为拓展治疗的概念而设计的提问，它可以帮助实习生理解诸如"抵抗"、"迁移"等概念以及其他一些重要的治疗思想。

不管一个督导员是否故意使用苏格拉底式的提问，或是否采纳散乱的案例讨论方法，实习生需要理解的是，这些提问、建议或指导并不必然意味着应该得出明确的答案，或者意味着自己做错了什么事情。在督导活动中，提问不是测试的同义语。它们的目的不是引出标准答案而是为了激发思考和理解。

作为一个实习生，如果有人问你一个陌生的实际问题，那么，承认自己的无知并请求别人解释一下答案就是明智的做法。如果有人向你提出一个刺激思考的问题，就不要感觉有压力而急于做出回答。相反，要花费一些时间，思考一下问题和所讨论的内容，然后和别人一起探讨你的想法。这些鼓励创新思考的问题是拓展你的临床知识和促进理解的一个组成部分，也是职业工作中所暗含的一个要求。因为作为一个专业人员，预先知道问题的答案并不是你的任务。相反，你的任务是自我提问，而这些问题是督导员将会提出的。这样，你就可以加强对当事人的理解并做出合理的治疗决定。

移情和经验性思考

这里应该提出几点防止误解的说明。首先，在决定采用提问方法的时候，督导员应该认真思考一下其中的关键所在。正如我们所注意到的，查尼(Charny,1996)和其他人(Bogo, 1993; Kaiser, 1992)都认为，不仅要特别关注治疗这一表面事件，而且还要思考实习生的内心体验、担心和感觉，以及实习生与督导员之间的关系，这些都是非常重要的。一个强调治疗过程内容公开的提问方法，可能就会忽视实习生在其中的内心体验。

实习生需要有支持力的、坚定的和能够移情的督导员。这种心理是与重视其内心体验的要求相一致的。一个专门关注苏格拉底式提问方法或其他提问形式的督导员，不可能很容易地就联想到实习生所需要的支持和理解。关于督导中移情的作用，尚菲尔德、莫尔、马修斯和赫瑟利(Shanfield, Mohl, Matthews, & Hetherly, 1992)已经根据自己的经验进行了研究。他们采用了一个系统的评价目录来审查督导员在督导过程中的表现。研究结果表明，与督导员的良好表现密切相关的主要因素是他们的移情状况和对实习生当前的忧虑和感受的关注程度。通过对比发现，那些轻视实习生忧虑情况并简单阐述的督导员，在实习生的学习活动评比中被判定为"低"级。尚菲尔德等人指出，他们的研究建立在观察等级变化的层面上，并不包括督导员和实习生自己所做出的估计。尽管如此，在级别评定中，所有老练的督导观察员都认定移情能力和优秀评比结果之间有密切的关系。这就足以证明督导员移情状况的重要意义。这个发现和以前谈到的实习生对督导员工作表现评价的调查结果是完全相符合的，而且也是完全和实习生在不同的训练阶段最重要过程的学习结果相一致的。当然，这是他们自己感悟而得出的结论(Rabinowitz, Heppner, & Roehlke, 1986)。

在研究督导过程中移情的作用时，如果一名督导员无法提供足够的支持，那么，与他在一起工作的实习生可能会考虑把上面的研究结果告诉他。这个实习生可能也会考虑向导师或实习小组的同学传达这样的想法。在许多情况之下，督导员可能没有意识到自己没有提供必要的帮助，他们也希望有这方面信息的反馈。随着建设性反馈意见的提出，实习生应该以客观的方式就督导员的督导风格提出建议而不是挑剔他们的做法。

正如在督导互动过程中让提问占绝大多数时间可能是不应该的一样，一般情况下，在治疗阶段的互动中采用少量的提问方式还算是明智的。初期的实习生在努力"解决"当事人的病症时总是容易询问太多的问题。当督导员通过提问的方式建立一个督导模式的时候，实习生可能在自己的治疗活动中倾向于模仿那种方法，这就是不可取的了。因为就像实习生需要获得支持和得到保证一样，当事人也不是仅仅需要通过提问来体验治疗的效果。当然，这个原则在以提问为基础的督导活动中不能被模式化。正如兰伯特和贝耶(Lambert & Beier, 1974)所报告的，当督导员像咨询师一样开始工作时，他们提出的移情式的阐述更多。这一点是与他们和实习生开展互动工作时的表现相比较而得出的结论。实习生和督导员都应该把这一点牢记在心，并承认督导过程不一定必然是理想的治疗模式。但是，特定的治疗原则在督导过程中一定要有所体现。

磁带录音和角色扮演

回顾录像资料已经成为督导中最常采用的学习活动之一(Romans et al., 1995)。有效使用录像资料的方法在第四章中已经讨论过了，如果你还没有阅读那一章，现在去读就会发现是会有帮助的。既然第四章中所说的大部分内容适用于督导活动，在这里我们就回顾几条关键的建议内容。那么，磁带录音在治疗研究活动和督导活动中是怎样被使用的呢？要了解这方面有价值的评论，可以参阅希尔和科比特（Hill & Corbett，1993）的著作。

对使用磁带最重要的建议也许是挑选一个自己感觉很好的阶段和一个自己感觉很困惑或无效的阶段（Ronnestad & Skovholt，1993）。成功的阶段有助于建立信心，也能提供条件来确认哪些方面做得好以及做得好的原因是什么。另一方面，也应该回顾一下督导活动中不太成功的那些阶段，这样，就可以从错误中得到教训并提高技能。如果因泄露出自己表现不理想的工作阶段而感觉不舒服的话，那种感觉本身就值得探索。也许，事情过后，你就很想搞清楚本章中讨论的有关如何解决督导活动中所产生的冲突方面的问题。如果和督导员一起探究督导活动过程中的缺点感觉更舒服的话，我就鼓励你这样做下去。为了取得最理想的学习和发展效果，在暴露优点和缺点方面，你必须要感觉自己是自由的、有动力的和安全的。

就像第四章中讨论过的一样，在进行角色扮演的时候，投入到想象的角色和情境中是很重要的。在整个督导过程中，实习生可能会发现要做到这一点并不容易。原因在于和督导员进行互动性的评价会影响他们投入角色的能力。这和别人鼓励你去解决分享有关录制内容的情况是一模一样的。如果在督导过程中督导员采用角色扮演技术，而且你已经感受到了评价性因素的限制，那么，就要和他们交流一下自己的感受。这样，你就很容易发现隐藏的与督导员-评价员、实习生-学生这样一种双重角色身份有关的问题。清楚地了解与督导员一起表演角色时自己所遇到的困难，也可以帮助你用全新的方法来理解当事人。如果学生或督导员对工作活动中角色扮演的研究感兴趣的话，可能会希望了解一下阿卡默苏（Akamatsu，1980）在这个问题上的观点。

现场督导

直接观察的效果和录制磁带、角色扮演的治疗效果同样是有用的。有趣的是，罗曼斯等人（Romans et al.，1995）发现，合作治疗和现场督导尽管被培训指导员列为实习生最有效的学习活动，但是它们也是被列在最不常用的手段形式中间的。也许，这是由于督导员在治疗活动中直接进行观察或在活动中让实习生参与在时间安排上很难做到同步的缘故。这显然是可以理解的。但是，在这种方法的效果确定的情况下，如果可能的话，现场督导或合作治疗在你和督导员的计划安排中至少应该体现出来。

协议在直接的观察治疗中是可以使用的（Bubenzer，West，& Gold，1991）。一种方法是，在协议中规定督导员应该亲自出现在有实习生的房间里。另外一种可能的方法是，采用装配有单面镜的专门观察室，这样，督导员就可以在玻璃后面看见实习生的治疗活动。

通过如实地观察实习生的治疗活动,督导员可以对其过程获得更好的认识。他们可以倾听实习生和当事人之间的交流,观察他们的非言语行为,记录活动过程中的关键时间段,深入了解互动的整体“感觉”。在有些协议中,督导员也可以在活动期间给实习生下命令。使用一种被称为“隐藏式麦克风”(bug in the ear)的技术,督导员就可以从镜子后面观察治疗过程,并通过一个和耳塞型的小扬声器连接的麦克风对实习生发出命令(Gallant & Thyer, 1989; Gallant, Thyer, & Bailey, 1991)。这使督导员能够提醒实习生注意当事人特定的行为或特定的陈述,指正实习生的行为,或建议他们应该说、应该做哪些具体的事情。

尽管直接观察是学习治疗技术的绝好途径,但是,它也存在一些缺陷。最明显的就是这种技术带有强制性的特征。另外一个潜在的问题是,许多已经对治疗师的角色感到不安的实习生,现在被同时放在了治疗师和学生的双重位置上(Costa, 1995)。弗里德兰德尔、凯勒、帕卡-贝克和奥科(Friedlander, Keller, Peca-Baker, & Olk, 1986)就对同时扮演实习生的“下级的”角色和治疗师的“上级的”角色所导致的角色冲突进行过评论。当实习生从一个督导员那里得到命令时,这种冲突变得尤其尖锐。因为实习生对治疗活动中将要出现的情况产生了自相矛盾的感觉。你可以想象一下用“隐藏式麦克风”技术把活动进行下去。如果某个实习生正考虑用特定的方式对这个问题做出回答,但接着就有人要求他用麦克风做不同的事情,在这种情况下,这个实习生就必须处理内心的冲突。同时,在外面还要对当事人保持平静的态度。

直接的观察产生了这样的问题,所以对督导员和实习生来说,当这样的问题出现时,制定一份如何继续开展工作的协议是有帮助的。这份协议应该说明治疗过程的期望和目标,督导员什么时候介入或是否会介入,是否期望实习生无条件地服从督导员的领导,是否允许他们自行做出一些决定,以及活动之后的情况报告需要什么内容,等等。

我自己的偏好是给实习生留出大量的余地和自由来发挥他们自己的才能。正如加兰特和锡耶(Gallant & Thyer, 1989)所强调的那样,督导员是教授实习生如何开展治疗而不是进行实质性的治疗活动,牢记这一点尤其重要。这样,尽管我偶尔会给实习生提出一些建议,但他们一般还是可以自由选择所要做的事情。如果我认为是重要的事情,实习生就必须服从我的领导。把这一点告诉他们,并制定一份达成共识的协定是很有必要的。这种方法我很少采用,但是我敢肯定实习生理解并尊重这个选择的重要性。如果督导员发现了一个特别敏感的问题,或者有冒很大风险的可能性,实习生就必须相信督导员的判断并把它保留下来以备后用。督导员要对治疗负完全的责任,同时实习生必须尊重那种责任。在治疗过程中,实习生和督导员处于矛盾的对立状态是绝对不能接受的。

有个补充的意见不仅适用于直接的观察活动,而且适用于任何形式的观察性治疗。通常情况下,观察者把东西“拣”起来要比治疗师容易得多。这就意味着,如果在治疗中督导员发现了实习生本不应该犯的错误时，他们必须要有耐心，不能对实习生过分挑剔。唤起实习生对某些事情的注意肯定是有用的，但是其目的必须是有助于教育他们，而不应该是显示作为一名督导员的优越感。当实习生观察工作或正在回放其他实习生的录像资料时，同样的原则也是适用的。

观察治疗活动中的督导员

研究表明，许多实习生都希望得到更多的机会来观察督导员在临床工作中的表现。这些研究要求实习生回答他们的督导员本来应该做哪些不同的工作（Gandolfo & Brown，1987）。实习生认为，讨论工作只能让他们学到有限的东西。他们还感到，当被允许在小组活动或个人活动中观察导师的表现，阅读导师所写的报告，以及在其他活动（如员工聚会和讨论会）中观察督导员的表现时，可以学到更多的东西。莱文森和埃文斯（Levenson & Evans，2000）提出，许多培训项目都有将使用教学和督导活动的录像资料简单化的倾向。他们还建议，学生其实可以更放开地观察教师和督导员在音像资料中的治疗活动，并从中受益。但是，这样做就会为一些督导员带来麻烦。"如果你认为学生不愿意自己的活动被录制下来，那么，就尝试让一个拥有执照的专业人员录制其工作过程的一个片段以服务于教学目的"。那些很想在音像资料中观察督导员活动的学生可能希望公开这个愿望，但问题是，在这样做的时候，他们应该对莱文森和埃文斯所提出的问题保持敏感。

在实践中，督导员和实习生作为当事人的合作治疗师而一起工作，这是实习生观察督导员表现的另外一种途径。这在小组治疗或伴侣治疗中是最常用到的。

如果安排了合作治疗，就必须同样说明观察技术。谁将成为主要的治疗师以及督导员需要发号施令的时候如何向实习生发出信号，在这些问题上，督导员和实习生应该达成一致意见。随后，讨论一下活动经过，共同探索出现的问题并分享互动过程中的相互印象也是很重要的。

尽管大部分督导员对合作治疗都很开明——如果它符合当事人的需要的话，但是，很多人没有意识到实习生是喜欢这样的机会的。结果就导致实习生可能事先需要询问督导员是否可以在不同的环境中观察他们的活动。如果说这听起来是不言而喻的话，那么事情确实是这样。毕竟，我们经常会忽视去做一些显而易见的事情，因为没有人想到要事先去了解情况。

练习

因为许多实习生没有意识到他们可以主动去争取有用的学习机会，所以在这里花上几分钟去想想实习单位为你提供了什么机会，以及你可能发现什么有趣的额外经验。如果有机会去观察督导员在临床工作不同方面的表现，那么，你观察中最大的收益是什么呢？为了更好地了解督导员的视角，现在就问问自己：如果你是一个被实习生观察的督导员，可能会有什么担心呢？考虑完这些问题之后，你可能就希望直接地和督导员交谈一下学习体会或所发现的最有帮助的观察时机了。

理论定位

无论什么样的督导内容或督导风格，一些重要的议题还是有产生冲突的可能性。实习生和督导员之间产生的困惑和冲突最常见的来源之一就和理论定位的差异有关系。理论的问题可以用许多方法来解决，但是最常见的三种方法是：

1. 督导员坚信，某个独特的理论和技术上的治疗或评估方法是最好的，所以，实习生必须学习、实践，并在其中展示自己的知识和技能。一般情况下，督导员随之而来的一个期望是，实习生本人也必须表现出对这种方法和隐含其中的哲学理念或研究成果的信任。

2. 督导员已经研究或开发了对他起作用的治疗或评估的方法，而且实习生从督导过程中接受知识是一种很受欢迎的学习方式。虽然实习生可以选择性地使用技术或理论视角，但那都是他自己的选择。

3. 没有人知道什么是最好的，所以实习生可以自由地尝试每一种方法以了解其作用。如果需要的话，督导员可以帮助其完成。这一点，他们深信不疑。

第一种方法(即在一个严格坚持某种理论定位并期望实习生也照搬的督导员手下进行训练)的优势来自对这种训练所显露出的争论焦点的澄清。面对多样化的学校类型、治疗技术或评估技术，实习生有时会感到困惑。通过选择某个理论和综合某种技术，实习生可以获得心理上的安全感，并以此为基础建立起足够的信心来进一步寻求或探索别的方法。

方法集中对督导员也有好处。没有人可以在所有方面都成为专家。许多督导员感觉到可以给实习生提供的最好的东西，是把自己所熟知的最好的方法教给他们。如果一个实习生有机会在不同的督导员手下接受培训，而且每个督导员都各自专注于一种方法，那么，这名实习生就能够从督导员那里学习到不同的治疗方法。如果每个督导员都能尽力地从多种视角来讲授不同的治疗方法的话，那么就可能给实习生留下更加清晰的印象。

专注于某种单一的治疗或评估方法也有两个主要的缺陷。首先，如果督导员所采用的方法不能迎合实习生的看法，就会有一个阻碍学习的潜在冲突。如果督导员不仅要求实习生对知识和技术精通，而且还要“信仰”理论，那么，这种潜在的冲突就可能加强。冲突之一就是强求实习生理解并掌握那种方法。还有，就是期望他们不加批判地接受督导员的观点。我曾遇到过一个督导员，他判断实习生的好坏不是根据他们的知识和能力，而更多地是根据他们对自己工作模式的信仰程度。在这种情况下，明显的逻辑推理就是：督导员确信他的方法是优秀的。所以，某些机灵的实习生也就当面承认督导员工作模式的价值。对于那些没有"被卖给"该工作模式或还想在其他方法上获得经验的实习生来说，这种督导的态度是十分有害的。

这种督导模式第二个方面的缺陷是，强调某种单一的方法，就鼓励了实习生相信这种方法是优越于其他所有的方法的，或者是对所有的当事人和所有的问题都起作用的一种方法。认同一种方法而排除其他方法是实习生争取成为专业人员身份的必然要求之一，但是，找到一种既对新东西保持开放性，又不凭借诽谤别人或夸大自己而生存的身份，则是一种更好的选择。

传授某种单一的治疗或评估方法而排斥其他方法，不仅仅是一件简单的个人喜好问题。在关于督导咨询师活动的道德问题的评论文章中，柯皮尔斯、吉布森、刘易斯和科比特(Kurpius, Gibson, Lewis, & Corbett, 1991)指出，AACD 道德标准的 H10 就说明：

> 成员必须全面地阐述不同理论的地位，以使学生可以进行对比，并有机会选择其中之一(p. 8)。

柯皮尔斯等人还提到了以事实经验为根据的证据(Allen, Szollos, & Williams, 1986)，其中建议说，好的督导员应该尊重价值之间和经验之间的差异，并鼓励用新奇的眼光进行新的尝试。

解决专注于一种治疗方法缺陷的出路是要求督导员为实习生提供多种模式，并允许他们自己去试验、选择最适合的。不过，这种方法最主要的优点是减少了思想理论体系之间冲突的问题，使督导员和实习生更多地去关注工作技能，而较少地去关注对某种单一理念的坚守。这种方法也可能有利于对不同的干预措施进行更多辨证性的讨论。轻松采纳一种具体的理论观点而不感到有压力的实习生，可以更自由地在体验中来提问、尝试和学习。在这种方法中，督导员的责任是当实习生自己进行探索和试验的时候要在场，并保证实习生可以采用不同的方法有效地开展工作。

对于希望寻求更多指导的实习生来说，缺乏一个界定清楚的模式也是令人沮丧的事情。如果实习生工作之前所接受的专门训练或感性体验相对较少，并因此而缺乏独立进行试验的基础的话，沮丧就不是什么奇怪的结果了。这种方法也为那些在某个特定的理论或治疗(评估)技术中有目的地寻求训练的实习生带来了问题。

督导过程中如果出现这样的情况，督导员和实习生就应该坐在一起讨论一下。讨论的主题可以多种多样，包括实习生指导立法的必要性，或希望对所承担的角色给予重点督导。除此之外，还有一些有益的题目，如为什么人们(包括实习生和督导员)需要工作框架结构，以及主观框架结构强加于客观模糊过程之上所带来的后果。

第三种模式——督导员在其中采用自由放任的方法——通常是三者中最不会被

优先选择的。除了有大量经验和训练有素的实习生之外，大部分实习生还是需要督导员提供更多的模型和指导的。与前面描述过的第一种方法相比，自由放任的督导模式所经受的困难正好与潜在的过分独断所引起的问题相反。倒是那些个性独特的实习生才会从中获得最大的收益。他们起码没有囿于一些僵死的框架和模式。不论是否在理论或技术上达成一致，实习生通常还是能够从那些说出并演示一连串治疗或评估方法的督导员身上得到帮助。

不管督导员擅长于哪一种方法，你都应该辨证地去考虑和自己的需要、督导员本身以及环境密切相关的那种方法。正如所指出的，每一个实习生都有不同的需要，对某个实习生是很理想的督导员不可能完全适合于另外的实习生。因此，要尽力去理解一个督导员的理论和督导方法使用的原因，并要愿意去尝试新的方法。在训练的不同阶段，我几乎不相信任何固定的治疗模式，直到有机会观察到这种模式并发现它们提供了有价值的教训为止。

督导和治疗——差异性和相似性

临床工作和实习经验可以为实习生带来非常独特而难得的财富。因此，临床督导员除帮助实习生得到专门的技能外，他们还必须帮助实习生应对感情上和智力上的挑战以及在训练中出现的个人问题(Aponte，1994)。这种责任可能就把他们置于类似治疗师对实习生的角色上。这种角色的相似和过程的相仿有时被称做“平行过程”(parallel process)(Ekstein & Wallerstein，1972；Searles，1995)。伯恩斯和霍洛韦(Burns & Holloway，1989)、赫伯特(Hebert，1992)、鲁宾斯坦(Rubinstein，1992)、施奈德(Schneider，1992)和其他人都曾经描述过这一点。

在区分治疗和督导之间的相似性时，上面提到的许多学者也都承认，实习生作为当事人没有和实习单位签定义务条约，而且他们有权利根据自己的意愿来解决私人问题，这就使督导员和实习生都陷入了一个两难的困境。如果实习生的私人问题开始妨碍他们的临床工作和发展，这种困境就会变得特别突出(Bradley & Post，1991；Lamb et al.，1987；Stadler，Willing，Eberhage，& Ward，1988)。

治疗和督导之间的差异性

治疗和督导之间比较重要的差异是：进行治疗还是进行督导的选择情况；相对于督导而言，治疗的目的和目标情况；和当事人的角色相比，实习生所扮演的角色情况；和治疗师相比，督导员所扮演的角色情况；对督导员功能的评价情况(Prieto，1997；Sklare，Thomas，Williams，& Powers，1996)。

在治疗过程中，当事人都是有意识地来寻求帮助以解决个人问题的。他们也可以自由选择治疗师，以及选择在什么样的环境下进行治疗。与此相比，一般情况下则是要求实习生把督导活动作为他们教育和训练内容的一部分。他们可以决定也可以不决定督导员将会是谁，但是，很可能不会决定是否将得到督导。

如此一来，同意和选择从一开始就成为区分治疗过程和督导过程之间差异的两个根本选项。一种情况是根据当事人的意愿选择终止，另一种情况在本质上是非自愿的（除非一个实习生想冒被训练项目排除的风险），并且通常没有取得实际的成效——这种成效是要冒险的，这是不能终止的。

治疗和督导之间的另外一个重要区别表现在活动的目的上。当事人寻求治疗主要是因为他们想通过治疗在某些方面得到帮助。相比较而言，就像怀斯、洛厄里和西尔弗格雷德（Wise, Lowery, & Silverglade, 1989）所指出的那样，训练项目委托给治疗师的督导活动，不是像"保护当事人的幸福"一样来极大地帮助治疗师自己。他们还谈到，它的目的排除了把咨询师个人的发展作为主要的中心（p. 327）。这样的结论并不意味着实习生本人不能通过督导过程来获得发展。然而，他们确实建议，实习生的个人发展不是许多督导计划的主要目的，特别是那些作为训练项目组成要素的督导计划。

和选择问题密切相关，同时与治疗和督导的目的密切相关的问题，都是因督导员的双重角色所带来的问题。督导员也要和实习生一起参与治疗活动。他们必须对实习生发挥多种功能，包括命令、辅导、支持以及评价（在这里是最重要的）。因此，他们与实习生相关的督导员的地位就大大不同于和当事人相关的治疗师的地位。有趣的是，一些研究人员指出，学生非常清楚自己和督导员之间权力上的差别，但是相对来说，督导员可能不清楚这个问题（Doehrman, 1976; Kadushin, 1974）。

一个治疗师可以对当事人形成肯定的看法或批评的看法，但是，除了特定的工作环境或极端的情况外，治疗师并没有特殊的地位使他们可以在治疗之外采取一些确实会影响到当事人将来康复的行动。而这就不是实习生会具有的问题。督导员可能掌控着实习生未来职业的命脉。"命脉"的隐喻说法是被鲁宾斯坦（Rubinstein, 1992）所重视的，他强调了通盘考虑督导过程的重要性以及督导员的权力对实习生未来的影响。他引用伯曼（Berman, 1988）的话对督导和"全控机构"（total institutions）进行了比较，并建议说，忽视评价性过程的督导员，就会冒着复制"（错误）倾向"的风险，即"在全控机构工作的治疗师去解释当事人担心的倾向和怀疑的倾向，就如同转移感觉一样介入他们的生活"（Rubinstein, 1992, p. 114）。

这样的对比就好象是，一个督导员的评价权力可以比得上一个决定着当事人或住院人员是否准备出院的治疗师的权力。在面对那种权力的时候，实习生可能会找出很好的理由来仔细地为自己挑选信息而不必完全对督导员诚实。因为督导和治疗之间关系的双重特性可能产生两难困境。伯恩斯和霍洛韦（1989）直接说道："尽管督导员提供便利的教育环境，但在作为评价者的角色中，他们在伦理上不能发展成与实习生之间的咨询关系（p. 48）。"

类似的道德忧虑怀斯等人(1989)和科皮尔斯等人(1991)也曾谈到过,他们建议:

> 为了对双重关系问题保持敏感,实习生在督导过程中自我探索意识的提升将主要集中在他与当事人的交流活动中,而且不应该超出帮助当事人的意图之外(p. 52)。

无论一个督导员的意图多么善良,他们和实习生之间固有的权力差异还是可以让实习生陷入(如鲁宾斯坦所指出的)"通过与督导员进行交流而带来的内容选择所造成的长久忧虑之中"(Rubinstein, 1992, p. 110)。这种忧虑的一个明显表现,就是被哈利(Haley, 1992)描述为一份学生起草的"人权法案"(bill of rights)。他指出,教师不能去调查学生的私人生活,除非可以说明这种调查和治疗任务有关联,并且可以展示这种私人调查如何有助于从正面改变作为治疗师的行为。

就像本讨论所阐述的那样,治疗和督导之间有许多重要的区别,而且督导员和实习生都能认识到这些区别也是必要的。在强调这一系列区别的同时,鲁宾斯坦还指出,两者之间相似性的讨论大多数都强调是来自心理动力学理论中的概念。实际上,那些概念是没有必要被应用于讨论行为治疗中的督导和其他很少基于动力学的治疗方法的。

必须牢记督导和治疗之间的差异以及不同的治疗方法之间的差异。其实,特定的条件对所有的督导活动都是一样的,而且对治疗过程也有重要的相似之处。因为这些固有的条件无法避免,所以实习生和督导员就需要熟悉它们,并学习识别和理解它们如何影响督导员的工作关系和工作过程。

实习生的需要和个人素质的探索

在一篇描述实习生自我意识的论文中,赫伯特(Hebert, 1992)写道:

> 成为一个有影响力的咨询师,要以理解实习生呈现出的需要为中心。对他们的需要、防卫、最喜欢使用的设备,以及心理倾向的理解,对提供有效的专业服务是很关键的(p. 124)。

实习生之所以要意识到自己的需要,在众多原因中,有两方面表现得最为突出。其一,在治疗师本人作为"一台治疗性仪器"(a therapeutic instrument)的范围内(Hebert, 1992, p. 131),能够理解并在需要的时候适应这个仪器(即自我)来帮助当事人是必要的;其二,如果治疗师没有意识到实习生的需要,就更可能用治疗过程来满足那些需要,有时候这是以牺牲当事人的利益为代价的。赫伯特发现,影响大部分实习生开展工作的两个共同的需要是“快乐的需要和缓解自我怀疑的需要”(p. 125)。

如果自我意识对治疗师是那样重要，并且，如果缺乏自我意识就可以导致实习生用治疗来满足自我需要的话，那么，一个督导员在没有以治疗师的身份服务于实习生的情况下如何来提高自我意识呢？赫伯特的建议是，在部分实习生中间提倡自我检查。这种自我检查的目标是增加实习生的意识，诸如他们忧虑的来源、变革与守旧之间的斗争、引起自我责备倾向的刺激因素、独裁主义者的姿态，以及其他可以影响治疗的特征。

尽管赫伯特强调自我反思，但是他坚持认为，这种反思也应该适用于督导员。在描述督导员的职责时，他说道：

> 督导员必须对实习生能力的改变充满信心。实习生是正在努力完成一项非常艰难的任务并由此来赢得督导员的尊重的。这种改变将发生在一个具有支持性/挑战性的工作环境中(该环境将可能阻碍实习生使用开创性的策略)。

赫伯特对督导员角色的描述听起来很像对治疗师角色的描述，也像对助人职业中必要工作关系的组成部分的角色描述(比较 Rogers, 1961, pp. 50～57)。因而，尽管赫伯特非常清楚实习生在督导员面前的脆弱地位，但是，他把这种自我认识看做是一个治疗师取得进步的主要任务。他这样总结：

> 正是实习生角色的本质特性才把所有的有用成分都过滤掉了。而要避免那种过滤，就会使一个具有开创性倾向的咨询师的训练受到不利影响。这种倾向他们自己是容易忽略的(Hebert, 1992, p. 131)。

练习

本练习有两个部分。第一部分要求你自己去思考对呈现出来的有关督导和治疗的思想如何做出反应。你认为探索治疗师的需要和自身素质很重要吗？你对探讨自己的活动过程有过犹豫或担心吗？在督导过程中提出这些问题你会有什么反应？你希望督导员如何来解决这个问题？

练习的第二部分包括尽力去识别自己所意识到的东西。这一点如果处理不好，就会妨碍你作为一个治疗师发挥作用的个人需求的实现。例如，你可以考虑一下自己对关爱、赞成或权力的需要，以及影响你作为治疗师开展活动的个人方面的需要。思考完这些问题之后，你可能就会希望与同伴或导师/督导员讨论一下了。

对自我意识和变革的抵抗

在督导过程中，随治疗进展而出现对自我意识和变革的抵抗是很正常的现象，因为自我意识在工作训练和督导活动中太重要了。在督导过程中至少表现出三种类型的抵抗。

第一种是意识的抵抗,它和讨论推进实习生的需要密切相关。意识的抵抗是指对逐渐意识到别人不容易承认或不容易拥有的个人品质或需要所产生的挑战:

> 在了解人类行为的过程中,我们就是在了解自身、防卫、动机以及本能的冲动。在冷静地考察我们最关注的态度和我们幻想的来源时,我们就公然暴露出了以某些方式控制自己生活的问题(Kadushin, 1985, p. 237)。

对这个过程的抵抗是完全可以理解的,它也可能是大多数实习生所期望的。赫伯特(1992)就很好地描述了这个过程:

> 这是一个可以预见的、完全可以接受的防卫性的回答。所有的人都努力让关于自己和关于别人的虚构故事永恒存在(Hebert, 1992, p. 129)。

尽管自我意识的压力和随之而来的抵抗明显无法避免,但是,督导员和训练计划总是相对不重视帮助实习生去有效地应对这一过程。这一点是被梅和基尔帕特里克(May & Kilpatrick, 1989)所证明的。他们调查了社会工作活动项目并做出了总结:大多数学校都认识到,让 MSW 学生准备应对这样的压力是学校的职责。但是,几乎没有一所学校是采用正规的方式完成的(p. 316)。虽然这些作者关注的是社会工作活动项目,但是如果一个人调查过心理学项目、咨询项目或其他类似的项目的话,通常也会肯定地得出相似的结论。

在现实生活中,一个人必须承认自己对未知世界的无知。这是抵抗的第二个来源。对任何人来说,这都是不容易做到的。尤其对那些感觉自己的能力在每一个转折点上都经受着考验的学生来说就更加困难。卡杜申(Kadushin, 1985)特别描述了这种困境:

> 学习的情况就要求对无知的承认,然而要有范围的限制。在承认无知时,实习生暴露了他们的脆弱。他们冒着被批评的风险,以及因明显缺乏某种知识所带来的羞辱和可能被拒绝的结果。
>
> 实习生可以选择忧虑,或者对承认无知和获得帮助感到忧虑,因为他们不知道如何完成工作(p. 238)。

在学习过程中,这种自相矛盾的情况固然存在,所以,实习生自己来解决是很困难的。例如，对督导员来说，对这一情况保持敏感并尽力允许实习生认识到自身的不足(其目的是为了使学习成为可能的活动)是绝对重要的。同时，实习生应该认识到，冒着承认自己不足的风险比冒着伤害当事人或单位的风险而伪造知识更好。

督导过程中抵抗的第三个来源是变革。在一篇涉及这种情况和督导过程中其他情况的评论文章中，鲁宾斯坦就评述了卡杜申和罗斯曼(Rothman，1973)所做的类似结论，并解释说：

> 变革要求放弃原有的行为模式。这些行为模式已经帮助实习生在个人的生活中保持体内平衡，因此，这种变革就在实习生中间引起了忧虑——他们不敢确定自己(竟然)希望改变已经花费了很多时间而学习到的东西(Rubinstein，1992，p. 99)。

实习生可能抵抗尝试、学习，或者有时候甚至抵抗思考特定的问题或治疗的技术，因为他们感觉自己像普通人一样应用的做事方法正在受到威胁。尽管明显的言语防卫的内容可能用有利于当事人的语言来表达，但是，通常在实习生对防卫的需要中就会发现抵抗的根源。这种防卫已经对他作为个人或作为一个治疗师发挥了有力的作用。

这个活动过程的一个案例来自我自己早期训练阶段的经历。那个时候，我对治疗中的"反射"技术非常抵触。尽管我想发展这种治疗技术，但是我关注的是不要"听起来像个治疗师"。这个愿望在我第一个实习岗位上得到了支持。在那里，临床人员沿用着一个和反射方法完全不一致的治疗模式。同样在那个学期，在一次教室里的角色扮演练习期间——学生要使用反射方法，我提出了口头的抗议，但是在导师的坚持下还是"进行下去了"。这个练习之后，我就对这个技术不感到有压力了。但是，导师耐心地建议说，我们应该通过回顾一盘角色扮演的磁带，来识别当事人已经引出大部分答案的陈述。使我很吃惊的是，这个磁带所揭示出反射性的陈述——这是我以前非常挑剔的，已经证明了对当事人最广泛、最有用的探索。这个经历告诉我，对一个技术抵触的程度有时候可以反映出我们自己的欲望，即满足个人的信念或需要，而不是关于有助于或无助于当事人的实际知识。

卡杜申就对抵触做了稍微不同的解释，尽管它毫无疑问是一个相关的解释。在一个特别引发思考的讨论中，他建议说，变革可以产生背叛的感觉。因为实习生被要求放弃过去从父母或其他重要人物那里学到的行为或思考的方式。因此，变革暗含着对父母或其他角色模式的不忠诚。

在这些情况下，抵触可以采取争论的形式，即一个假定的概念或技术是否可以帮助当事人。但问题的根本是，接受新思想或新方法就暗含着一个人的父母或其他角色模型由于某种原因而可能是"错误的"。实习生抵制那种可能性。因为接受它将带来一系列其他问题和大部分实习生还不具备应对条件的忧虑问题。

正如讨论所说明的那样，抵触是督导活动中活生生的一个事实。那么，督导员和实习生如何才能最有效地解决它呢？

有些原则对我帮助是很大的。首先，抵触自我意识和变革不应该与来自督导过程中的合法的自我保护相互混淆。抵触自我探索的学生可以寻求避开自我意识，或者保护他们的隐私不受侵犯，以及避免来自督导员的潜在的践踏。像鲁宾斯坦所指出的，一个人必须要慎重，在没有仔细地考虑好在什么情况下要采取行动的时候，就不要妄下结论。在把一个学生的行为归结为抵触之前，督导员要好好地接受别人的建议，以思考他们作为督导员的行为如何会促成学生明显的抵触。就像实习生可能抵触自我意识一样，督导员还应该认识到，他们并不总是自己行为的最佳评判员。到外面去寻求智慧，有时可以帮助督导员更清楚地了解他们的行为。其中，问问实习生本人也是会有帮助的。但是，在极端的情况下，正是这些带来明显抵触的因素限制了对督导员的行为进行真实的反馈。

督导员不仅应该认识到他们的行为如何引发了学生的抵触，而且应该认识到他们如何才能帮助学生克服这些抵触，以使他们取得更好的自我意识和发展。这个过程的第一步是帮助学生理解抵触的概念、影响以及一些可能的表现。如果学生准备发展技能，他们就必须发展自我意识并改变特定的行为，但这个过程并不总是顺利的。把这些直接告诉学生是有益处的。因此，接下来要做的就是学生必须解决抵触情绪，然后，督导员通过承认其重要性和存在的困难，就可以使这个过程变得顺利。督导员也应该创造一个允许并鼓励学生自觉地表达、确认和探索其自身抵触情绪的安全而有支持性的环境。

关于督导过程中的抵触情绪，最后且非常重要的一点是，它为实习生提供了一个绝好的学习机会来理解变革的过程对当事人究竟意味着什么。抽象的研究概念永远不会像直接的体验那样有意义。如果督导过程中实习生能够意识到他们抵触情绪的话，那种意识就可以帮助他们重视并尊重当事人在治疗中所表现出的抵触。缺乏这样直接的体验，实习生就会倾向于把当事人的抵触看做“干涉治疗”或者表明当事人是“动机不明的”。通过比较，实习生在显示和承认了他们自己的抵触之后，就很可能突破过于简单化的解释，不是把它作为治疗中的障碍而是作为其工作过程中一个很正常、很重要的部分而加以重视。

练习

思考一下抵触的三种类型（即意识的抵触、暴露无知和变革），仔细地想想你所受的教育以及对此进行的训练，并试着识别你本可以对每一种抵触类型做出反应的情况。接着，试着设想一下未来可以引起这种反应的情形。最后，因为每个人都可能在某些方面表现出抵触，因此最重要的是我们要学会辨别和多方面地应对这些抵触。在你思考什么可能引起抵触以及如何确认自己身上的抵触时，要考虑一下如何学会了解以及如何对付这些抵触以使自己发生变化。

移情与反移情

当督导中的抵触和治疗中的抵触以同样的方式出现时，移情与反移情也就成为了治疗和督导中的一部分。这些术语——在心理分析方法中有自己的出处，被不同的作者以不同的方式定义(Schneider，1992)。对于我们的目的来说，把移情理解为下面这样一个过程就足够了：在这个过程中，当事人或处在督导之下的实习生，显然很早就"取代"了其他一些和治疗师或督导员生活在一起的人，在与初学者的关系相似性方面，实习生和后一类人也是相关的。比如，学生可能和督导员之间有关系，这种关系很像他们和父母或他们生活中的其他权威人物的关系一样。如果学生正好比督导员的年龄大，也可以出现学生和督导员的关系就像他们和自己的孩子一样的关系。

反移情在某种程度上是移情的颠倒。在反移情的情况下，治疗师(督导员)把当事人(实习生)当做外人一样来讲话，就好像当事人把治疗师当做外人来讲话一样。例如，一个督导员可以把实习生看做是他们的孩子或当事人。

根据心理分析学的解释，移情和反移情都是无意识地发生的，而且是通过行为和情绪来表达出来的。施奈德(1992)解释说，在督导中，"督导员，仅仅凭借他作为一个权威人物的服务，就允许一种移情关系的发展和成长"(p. 73)。

就像解释抵触一样，理解督导活动中的移情和反移情有助于实习生充分地理解督导，并在观察和体验的过程中获得更多的认识。辨别和探索督导活动中的移情反应，也可以帮助实习生更好地自我了解——这对治疗师的成长是很关键的。

练习

尽管移情被想象为主要是无意识的过程，但是我们每一个人在生活中都有特定的想象对象。这些人物在过去代表了权威。也许父母是最可能成为这个角色的人。但是，其他人，如年长的兄弟姊妹、亲戚、朋友或老师，也可以成为这样的人物。这个练习的关键不是试图在它出现之前就解决掉，以此来绕开移情。相反，其目的是介绍一个反应的过程和对移情的一种理解——如果在督导或治疗中移情确实发生了，这种理解是有用的。为了帮助你理解移情如何影响自己和督导员之间的经历，思考一下下面这个问题：如果你准备基于自己过去生活中的某个人来预料对一个督导员的移情反应，谁将成为最有可能的人选？为什么？

对治疗和督导具有建议性的指导原则

因为治疗和督导之间相似性和差异性的存在，所以，在两种活动之间做出绝对的区分是不容易的。一方面，作为训练过程的一部分，实习生需要去探索个人的需要和影响他们与当事人在一起工作的动力。另一方面，实习生处在一个相对于督导员来说更容易受影响的位置上，而且他们应该有权利去选择所希望公开的个人信息。

在没有完全解决这个问题的情况下，许多作者提到了有助于决定治疗和督导活动之间的分界线——什么时候或是否交叉的标准问题。问题的核心是活动的目的。伯恩斯和霍洛韦(1989)总结了他们对这一主题的观点：

> 当目的在于提高实习生对自己的反应、行为和对当事人态度的理解时，使用咨询的技术(如便利的条件)是完全恰当的。然而，使用这样的技术目的仅仅在于影响咨询师在咨询角色之外进行的改变可能就是不恰当的了(p. 56)。

在对实习生个人需要的重要性的讨论中，赫伯特建立了一套具有对比性的标准。他肯定地说：

> 只要精力集中在不同个性特征的实习生与他们所服务的当事人对象之间的相关性上，精神治疗的努力可能就同时存在。只要不断地重视实习生在尽力治疗中的自我表现对治疗效果的影响程度，那么，从本质上说，这就应该有助于他们顺利进入心理治疗领域(p. 124)。

这段话中一个共同的主题就是，督导的焦点必须放在治疗中实习生的行为表现上。只要他们的行为不违反道德标准，实习生在治疗之外所做的事情就不是督导员所担心的了，并且应该让他们根据自己的意愿来安排。

在和实习生一起工作的过程中，我发现与他们的临床工作有关的个人问题可以被督导员识别出来，并且有时候也应该被识别出来。但是，解决这些问题的程序最好是留在对某个人的治疗活动中而不是留给督导员自己。我就鼓励实习生要把个体的治疗在本质上看做是有价值的工作经历和趋向职业发展的一个重要的步骤。这也许是必要的一步。个体治疗的好处很可能承载在实习生的临床工作和督导工作中，但是，督导的工作将不会被督导员/治疗师或实习生/当事人这样的双重角色所迷惑。

如果实习生接近于一个治疗师的角色，那么，在其临床工作或督导关系中所产生的问题在治疗活动中就可以表现出来。然而，治疗活动的目的应该是促进实习生个人的成长，而不是发泄个人的不满或事后对督导员的猜疑。当治疗活动的目的与督导问题和培训等级问题有关时，要想得到对实习生的个人咨询活动有用的建议，可以参阅怀斯等人(Wise et al.，1989)的著作。本书在第九章中强调了临床工作，第十章将会详细地讨论个体治疗问题。

练习

你自己对寻求治疗或咨询工作抱什么样的态度？如果你或你的督导员发现了正在影响临床或训练工作的私人方面的心理问题，那么，你会主动去寻求治疗吗？如果不愿意，那么你的担心是什么呢？如果督导员也开始以一名治疗师的身份对你施加影响，那么相关的风险和好处分别是什么呢？如果感觉一个督导员在某些方面正扮演治疗师的角色而你对此感觉不舒服的话，将会做何反应？

督导中的冲突

冲突的频率和解决之道

尽管大多数实习生都有过积极的被督导经历，但是，妨碍学习的冲突还是很常见的。莫斯克维茨和鲁珀特(Moskowitz & Rupert, 1983)调查了158名临床心理学专业的大学毕业生，他发现：38%的人报告说导致学习困难的主要冲突来自于督导过程。被学生认定的三个主要方面的冲突是：理论定位和治疗方法问题、督导的风格问题以及督导员的人格问题。尽管每一个问题已经在本章中都有所提及，但是，莫斯克维茨和鲁珀特研究的结果在冲突解决的不同方法和不同结果方面还是提供了有益的信息。

这个研究最有意思的结果之一是做出回答的所有实习生都指出，当冲突出现的时候，他们希望督导员能公开地指出来。抛开这个愿望，经历过冲突的人中有83.8%的人报告说，是实习生自己而不是他们的督导员发起了对冲突问题的讨论。这个结果说明，在督导过程中，如果体验到了冲突并认为它应该得到解决，那么，你——实习生，就不得不成为提出这个问题的人。

至于冲突的解决，莫斯克维茨和鲁珀特的研究发现都表明，冲突的结果和其特性有非常大的关系。大致说来，大多数经历过冲突并和督导员讨论过此问题的人报告说，这种讨论至少改善了某些方面的工作。然而，讨论过冲突问题的学生中有37%的人指出，情况没有改善或者情况变得越来越糟糕了。解决冲突最成功的案例是那些和督导的风格有关系的案例。在这些案例中，有90%的案例讨论导致了改善，而在所报告的案例中，没有一个案例是随着讨论的进行而变得更糟糕的。即使和理论定位有关的冲突，也随着讨论的进行而表现出了改善的迹象。但是，和督导风格问题方面的冲突改善相比，理论定位方面冲突改善的效果还是很小的——只有55%。最难解决的冲突是和督导员的人格问题有关的，只有36%的案例表明有所改善，37%的案例表明情况变得越来越坏或者导致了督导员的更换。

除了介绍讨论冲突的案例结果之外，莫斯克维茨和鲁珀特还指出，尽管大部分学生选择直接地讨论冲突，但还是有23%的人选择不去讨论冲突问题。不讨论冲突问题的学生解释说，他们担心这样的讨论可能会恶化问题，或使自己受到责备，或令督导员做出负面的评价。在直接面对督导员的场所里，这一小组的学生指出，他们通常是从自己的同伴或其他工作人员那里寻求支持的。

从这一研究中，我们可以得出两点肯定性的结论而且应该加以重视。首先，大部分实习生是没有报告他们与督导员之间的重大冲突问题的。其次，大部分和督导风格或理论定位有关的冲突问题通过讨论是可以顺利解决的。然而，与此同时，督导员和实习生之间的冲突绝对不是经常出现的，而且冲突的讨论并不总是会导致情况的改善。如果你的训练计划中附带有实习小组或指导教师，他们那里可能就是用来讨论和活动地点相关的督导冲突问题的一个理想的地方。分享在同伴小组中所遇到的担心或麻烦，就给实习生提供了机会以便从其他人所遇到的挑战和经历中获得教训。

解决冲突的指导原则

督导中的冲突问题是常见的，所以，某些指导原则可能会帮助实习生和督导员更有效地来解决冲突。第一个原则是要逐渐地把冲突看做学习的机会而不是看做妨碍学习的“绊脚石”。这样，在对付督导带来的冲突问题时，你就能够发现自己是如何对冲突做出反应的，什么样的问题或活动有增加冲突的倾向，以及如何更有效地来解决冲突。在提出这些可能性时，我的本意不是提出简单化的箴言，即“任何事情都是一次学习经历”，我也不希望像其他督导员喜欢告诫实习生那样提出建议——“冲突铸就品格”。然而，我确实认为，解决冲突最大的障碍之一是这样一些根深蒂固的思想——“冲突不应该发生，或者我不一定非要解决它”。如果你抱着从冲突中学习的态度而不是生气、害怕或回避的态度，那么，你就更有可能有效地解决问题。

第二个基本的原则是在和督导员一起提出冲突问题之前，要确认它到底是和什么领域有关。在理论或技术问题上你们有争执吗？你感觉到督导员没有提供充分的支持了吗？可能会出现什么样的移情或反移情问题？后勤服务（如督导的计时）有问题吗？在思考一个冲突问题的关键点时，一定要认识到，在很多情况下，一个冲突问题的表面内容不会必然反映出真实的困难。例如，在同一个场所工作的人可能会陷入谁应该拥有更大的办公室所带来的冲突中。实际上，冲突可能不是关于办公室的大小，而是关于谁想拥有或值得拥有更多的报酬或威望以及其中的原因是什么。

在辨别了冲突的性质之后，下一步要做的就是尽量诚实地问问自己正在其中扮演的角色是什么。这并不意味着你应该陷入自责的泥沼，但是，它确实提醒你应该反思自己的行为和反应，以便更好地理解在所发生的事件中的表现。如果自我反思有困难的话，或者，如果发现真正认出自己的角色有困难的话，你可能会想到向外征求别人的意见。如果你决定向外人求助，那么，在选择了一项活动时，就不要期望别人向你保证所有的冲突都是他们的错误。支持性协议和模糊性协议之间是有很大区别的。当和第三方讨论督导中的冲突问题时,你可以要求他们从感情上支持你的意见,并要求他们重视冲突所造成的困难。但是,你也可以要求这个听众客观地评估形势走向,并要求他们尽力帮助你了解自己可能意识不到的事情。

例如,你可能会陷入认为督导员对自己的时间要求过于苛刻的讨论中。在听取你的描述时,别人也可能得知,这个督导员也许正在直接地恭维着你。你自己在冲突过程中也可能会扮演一个角色,因为督导员不知道你什么时候已经被别人看中了。征求别人的看法是为了去理解正在发生的事情,而不是去证明你是对的。

另外一个解决冲突的重要步骤是试着从督导员的视角来看问题。是不是督导员正做的事情或正说的话对于你来说不可能马上就弄明白,而从他的观点来看就是很清楚的呢?你的督导员知道冲突问题是客观存在吗?如果答案是肯定的,那么,他对冲突的定义将会和你不同吗?问问自己这些问题,就可以帮助你在不直接与督导员交流的情况下解决冲突。如果你们确实讨论了这个问题,这种预先的考虑将会为进一步的讨论提供更有价值的准备。

解决冲突问题更重要的一个要素是弄明白自己想和别人不同的地方在哪里,以及想通过什么事情让自己得到满足。这可能会是你和督导员之间互动方法上的一个变化,或者可能会是一些安排上的调整,如工作的时间、待处理案例的数量或者一些类似的事情。通过思考自己的欲望,你就更能够说出目前的状况和对变化的希望。这样的澄清显然可以帮助你和督导员确认应对和解决冲突的具体步骤。

最后要说的是,我们的理想尽管可能是解决冲突以使每个人都满意,但有时候这是不可能的事情。在这样的情况下,最好的解决途径是在督导员或实习单位之间协商并做出一个调整。这种调整不应该成为有关人员的一个消极体验。在努力去应对这一局面,而且努力的结果表明这只是人员不合适的缘故之后,最具建设性的解决方法是换人。在这样的状况下,招募一个持中立态度的第三方加入进来就是一个很好的想法,比如另外一个督导员或另外一个导师。他们可以帮助调解冲突并找到双方都满意的方案。

评价

莱扎和莫西克(Lazar & Mosek, 1993)发现,在现场实习活动中,学生经常感觉到自己不是很清楚为什么会获得某个特定的分数。为了纠正这种状况,实习生、导师和督导员从工作之初就应该讨论一下评分和评价问题,应该取得一致意见,并要了解评分时所采用的基本原则和方法。

应该了解的情况之一是督导员所做出的评价和导师所给出的分数之间的关系。在大多数单位,督导员所采用的评价形式是用来鉴别实习生的相对优点和缺点的。从理想的状况来说,评价提供了有用的反馈意见。它们可以帮助实习生认识到自己哪些地方做得好,并帮助他们辨别出哪些方面还需要改善。

当实习生也准备获得学业分数的时候,他们应该知道督导员的评价和学校导师将要给出的学业分数之间的关系。如果督导员的评价在导师的评分系统中占有一定的地位,那么,实习生应该知道它是如何进行的,以及还有其他哪些因素有利于他们分数的提高。

实习期内的一些学生奉行的是"分数至上"原则,那就意味着他们会把注意力集中在如何获取分数而不是所学的内容或如何表现上面。对他们而言,认识到实习的经历在根本上不同于其他的学业活动是很有必要的。在一个正规的课堂上,缺乏知识或技能很可能意味着一个人的分数会降低。但是,出人意料的情况是,这样的结果很少出现。通过比较发现,在实习期间,实习生知识或技能缺乏所造成的真正后果不仅波及自身,而且波及当事人、督导员以及所工作的单位。因为应该走出分数主义的心理状态而把精力集中到学习上,所以他们必须接受评价(即对一个人的工作质量给出意见和听取反馈的过程)。当他们把评价当做学习过程中必不可少的一个组成部分时,失误、成功和反馈都可以得到理解——评价确实应该成为学习的机会,而不是完全无意义的分数册上数字的增减。

评价原则

卡杜申(1985)提出了一系列完全有助于评价的原则。例如,他强调,评价应该成为督导过程中一个不间断的组成部分,而且要预先达成一致意见。评价应该在一个肯定性、支持性的环境下进行,而且应该成为一个既强调优点又强调缺点的互动过程中的一部分,以及应该成为促进成长的领域。他建议,应该用评价来鉴定学习过程,而且评价应该被看做是学习过程的报告而不是"最终的得分"。为了保证督导的角色独立于治疗的角色,卡杜申还告诫说,评价应该集中于实习生的职业活动,而不是个人的问题。

评价一个实习生表现的责任应该落在实习生和督导员两人的身上。这种观点与卡杜申所提出的建议是不谋而合的。双方都应该承担对一个实习生的优点和缺点进行彻底、诚实、精确、苛刻和积极的检查责任。促使这个目标达成的一个方法是要求督导员和实习生各自独立地完成实习生的评价任务,然后把这些评价汇总在一起并比较一下他们各自得出的印象。

作为评价过程的一部分,表现回顾应该体现出实习生表现的多个方面,而且评价应该基于多方面的观察和多方面的资料。这样的话,一个独立的事件或一次性的观察就不应该成为整个评价过程的基础。应该尽可能地使用多种形式或不同的信息来源,这些来源包括书面材料、直接观察和多人的印象。

基于职业分析的表现回顾研究和其他有关咨询心理学家任务的研究,哈恩和莫纳

(Hahn & Molnar, 1991)都提到了实习生的评价体系应该涉及以下领域：

> (a) 个案治疗，(b) 同伴/夫妻治疗，(c) 小组治疗，(d) 测评(职业的和心理的)，(e) 危机干预，(f) 案例概念化，(g) 教学的或固定的团体和工作坊陈述，(h) 督导的使用情况，(i) 职业作风，(j) 咨询活动，以及(k) 督导(如社会实践的博士生)。写作交流技能是可以在这些领域内进行评价的职业培训的一个重要方面(p. 422)。

哈恩和莫纳提出的指导原则在咨询心理学中是专门指导大学毕业生层次的工作项目的，所以，毫无疑问，适用于其他学科或培训层次的评价原则与此是不同的。在评价实习生表现的各个独立要素时，无论选择什么要素，都要尽力避免“延续进行”(carryover)或“光环”(halo)效应——它们可能基于其他活动中的表现而在某个领域内从正面或负面影响到评价。

避免评价中的光环效应不总是能轻易做到的。博德斯和福恩(Borders & Fong, 1992)以自己的经验对此做了说明。他们发现，在实际的咨询活动中，督导员对实习生咨询活动的总体评价等级和实习生行为的外部评价等级之间具有较低的交互作用。根据这样的结果，他们认为，督导员的评价不仅要受到咨询活动中实习生表现的影响，而且要受到督导过程中实习生所做出的反应的影响。同时他们进一步建议说，督导员应该根据实习生的经验和发展的水平来调整他们的期望和评价标准。

莱扎和莫西克也报告了类似的结果。他们发现，实习生的分数受到他们活动的质量和他们与督导员关系的影响。基于这个发现，他们建议说，使用“通过”或“不通过”(Pass-Fail)的评分体系对现场实习和督导员来说可能是一个更好的办法。

在思考有待评价的具体领域和评价的信息来源的同时，实习生将要接受评价的形式和“参照系”也是需要认真考虑的。评价表格的共同模式参照如“期望的水平”、“平均值”、“规格”等标准，然后，个人就可以被评价为下降、持平，或超过参照点而处于一个变化的水平上。这样的划分等级所具有的优势是可以在表现的多个方面提出简洁而方便的反馈意见。然而，无论什么时候使用，都应该搞清楚所参照术语的意思是什么(Hahn & Molnar, 1991)。“期望的”(expected)或“平均的”(average)水平真的是指对实习生在相似经验水平上的期望或均等吗？或者，这些术语的内涵谈到了管理机构对专业人员的期望水平了吗？

本书的附录D中包含了一个评价表——它是我要求督导员填完交给实习生的。评价表的内容提到了诸如基本工作行为(准时、可靠等等)、当事人的知识和治疗问题、对督导的反应、与当事人的互动情况，以及与同事的互动情况等几个方面。该表还留下了一些空白来进行更具体的评论，同时它还鼓励督导员提出建设性的批评意见。评价表中的问题只是在评价过程中所提到的问题的一个范例。根据实习活动的特性和实习生、导师或督导员工作目标的不同，还需要提到其他一些方面，而且目前提到的有些方面可能会被删除，这一点是毫无疑问的。

除了评价等级标准外，督导员给实习生提出更具体的行为表现方面的反馈意见也是有帮助的。有人告诉你某个人低于或高于所期望的水平，这就可以提供一个如何评价这个人的大概印象，但是，它不能给你提供那个人哪些方面做得好或者如何完善其表现的信息。这样，督导员就应该提供(实习生也应该要求)进一步发展的具体建议。这种反馈的一个例子是：某人表现出了很好的倾听行为，并且很快就与当事人打成了一片。当当事人违反了项目活动的规则时，在决定什么时候以及如何有效地面对当事人方面，他还很不在行。另外一个例子可能是：某人需要写出更简洁的几乎没有行业术语的报告，并为治疗小组写出更具体的推荐信。和等级标准方法相比，像这样的评论关注的是个体的优点和缺点而没有参照行为的外部标准。

最后，只要评价意味着不仅评定过去的表现而且指导未来的发展，它就应该成为实习生拓展目标的组成部分和行为计划过程的组成部分。这就是说，相对的缺陷不会简单地被承认或被遗忘。一旦得到确定，需要改善的领域应该用具体的策略提出来，以做出必要的改变或获取必要的技能、知识。

督导员的评价

对实习生而言，正如评价是实习训练过程中的必要组成部分一样，它也应该为督导员提供有用的反馈意见。随着实习的进行，评价过程在体验结束时不应该被限制在某个单一的事件上，而应该成为以后交流活动继续进行的一个组成部分。通过本章，我们建议，实习生应该就自己所担心的事情或完善督导过程的想法和督导员进行交流。如果他们这样做，许多评价工作都将融合为督导过程很自然的一个部分。虽然如此，这样的交流仍然有助于实习生在实习结束时能够提出更多有条理的反馈意见。

斯莱特(Sleight, 1990)发现，与实习生评价模式的有效性相比，有关督导员评价的案例却相对较少地被提出来。卡杜申也做了类似的观察并建议说，尽管动机纯正的督导员总是进行自我评价，但是，单单这样做就想让他们的行为产生实质性的改变可能是不够的。自我评价另外的缺点是，督导员的自我分级并不必然与实习生所给出的等级一致。

甘多弗和布朗(Gandolfo & Brown, 1987)注意到，督导员和实习生对良好督导的构成要素问题可能会有不同的想法，而且他们的想法可能随着训练发展的不同阶段而发生变化。在一项对实习生真实的督导经历评价等级和理想等级的研究中，甘多弗和布朗在督导的核心、督导的形式、督导员和实习生的作用、督导的“评价和环境”要素以及督导员的性格上都发现了差别。贝克和史密斯(Baker & Smith, 1987)也报告了相似的发现，他们检查了学生的督导分级——和社会工作专业人员的分级相比——之间的区别。

督导中悟性存在差异的证据说明，督导员和实习生一样，应该增加使用正规的评价程序并在不断坚持中获得收益。卡杜申为此从乐器原理中提出了一个简要的模型。埃弗斯特申、帕顿和卡德什（Efstation, Patton, & Kardash, 1990）发明了一种专门用来测量督导中"运作的联盟"（working alliance）的工具。埃弗斯特申等人的"督导员运作的联盟库存"（Supervisor Working Alliance Inventory, SWAI）包括一系列让督导员和实习生来完成的表格，他们提出了一些要素，包括对当事人的理解、督导员和当事人之间的和睦相处以及鉴别督导员。

基于对一篇文学著作和学生评语的回顾，我开发了一种对实习生和督导员都有用的评价工具。该表格在附录Ⅰ中有所体现。虽然评价表是为实习生而设计的，但是这种对督导员评价的工具主要还是作为一个范例出现的。然而，它也是印在活页纸上的，以便可以很容易地撕下来使用。我们也应该对它进行修订，以更好地适应督导员或实习生的具体需要。最重要的不是任何表格的准确细节，而是评价本身的过程以及它所体现出来的精神。准备评价督导员表现的实习生，可能会很好地重温一下卡杜申所提出的指导原则，并在评价讨论开始的时候呈现出来。

计划将来的督导

督导是实习活动的一个重要组成部分。但是，当实习活动结束的时候，督导的价值并没有终结。在结束本章的时候，我鼓励你们要把督导看做贯穿一个治疗师职业生涯的必要组成部分。临床工作是特别复杂的。有很多时候，依靠自己的力量，你是无法理解一个当事人或一种情形的。在这种时候，你就需要寻求督导，并虚心接纳同事的想法和观点。作为实习生，如果你在督导活动中获得积极的体验，那么，其收益可能就是明显的。而且作为一个专业人员，持续的督导就仅仅是要求牢记其价值，并和同事进行协商。如果督导经历不是积极的，你可能要花费一些时间重新去尝试这一过程。那是可以理解的。但是，最有价值的学习机会不应让一两件不愉快的经历阻挡住。

老实说来，进入助人职业的决定也是一个接受和寻求督导的决定。其中的挑战是找到合适的督导员来满足个人和职业的需要，然后就与那个人一起工作以确保双方都能充分地利用这次经历。

第六章 在多元背景下开展工作

实习活动的环境通常在经济背景、种族背景和不同于自己的文化背景方面影响着人们。所以，你必须要了解自己是怎样受所处的背景影响，以及别人是怎样受他们自己所处的背景影响的。

助人职业的发展和技术发展的观点均来自于西欧占优势的受过大学教育、经济上衣食无忧的一部分男性，而且在很大程度上受到他们的引导。当然，这只是相对的观点。一些例外的情况是，这个观点被想当然地接受，并且被用于训练和治疗方面。其结果是，有很大一部分人没有得到服务就离开了，或者，在多数情况下受到了专业人员的不良服务(Hall,1997)。

学会解决工作中出现的差异是获得实习经验的主要挑战和机遇之一。在彭特洛托和凯瑟丝(Ponterotto & Casas，1987)所做的评论研究中就发现了这种说法的证据。其中显示，在1977年的调查中，只有不到1%的咨询项目报告有对多元文化进行研究的要求(McFadden & Wilson,1977)。最近，由贝纳尔和卡斯特罗(Bernal & Castro)所做的更多研究显示，46%的被调查项目中没有少数民族员工，已经认定的临床心理学项目中，39%和少数民族阶层不相关。1990年的一份博士水平的临床心理学培训项目的调查也报告了相似的结果(Bernal & Castro,1994)。少数民族相关课程缺乏的更多证据是由明兹、巴特尔斯和里德奥特(Mintz, Bartels, & Rideout)1995年的一个调查提供的。他们发现，要求进行这种研究的机构数量并没有实质性的增加。而且，在对少数民族人群进行的咨询服务中，得到训练的大多数学生都把这种训练看做是微不足道的事情(Mintz et al.,1995)。

这种带有限制性的训练，有助于解释给少数民族提供的服务的总体不足(Rosado &Elias,1993)。多种文化背景训练的缺乏也有助于解释苏氏兄弟(Sue & Sue, 1990)研究的结果，其中显示，超过50%的少数民族当事人仅仅与治疗师接触了一次之后，就终止了治疗。

多元文化训练的原因和抵触因素

普罗克特和戴维斯(Proctor & Davis, 1994)对临床实践中多元化的问题阐明了三个重要的原因。这些原因包括：由于传统的隔离，种族之外的人被限制在不同种族群体的知识之外；在总人口中，非白人群体的比例不断上升；群体之间存在的新旧矛盾对立。

最近的人口普查数据显示，传统上未被充分代表的群体，现在占到了美国总人口的25%。假定这个事实成立，对文化问题不敏感的专业人员和实习生，可能就不能很好地处理文化背景或种族类型与自己有差异的当事人。霍尔(Hall, 1997)得出了一个相似的观察结论：在一些大城市中，有色人种占到了人口的一半，并且这个比例在21世纪中期将成为一个全国性的社会标准。他由此提出，心理学正面临着“被淘汰”(obsolescent)的危险，并且有可能会触犯“文化上的不当行为”(cultural malpractice)罪(他自己给出的罪名)。另一方面，尤特珍卡(Yutrzenka, 1995)也回顾了与跨文化训练和治疗效果有关的研究经过。尽管这个领域的研究是有限的，但是，已有的研究显示出了得到这方面训练的治疗师，其治疗结果已经呈现出了改善的倾向。

刚才描述的文献资料主要集中在种族的差别上，但是，相同的原则也可以针对有不同经济收入、不同宗教信仰、不同性别、不同性取向、不同身体能力的人以及不同国家的人(Delucia-Waack,1996)。从某种程度上说，一个人的经历不足以让自己跟很多方面与自己不同以及伴随自己成长的不同的人进行交往。在过去以及当前的社会压力和种族偏见环境下，我们很难理解别人的经验、能量、需求和观点。

在做实习医生期间，这种现实就使一个当初以下面的话回答多元化讨论的同学清醒了，他说：

> 我认为，人种和所有其他方面的差异已经谈得太多了。我们都仅仅是人，并且如果我们对待每一个人都是平等的话，那就不会有以上所有的问题了。我不歧视自己，并且我尽力平等地对待所有人。

该同学的评论是真挚的，这是他自己的观点。他相信自己已经弄明白了如何对待差异问题。在做实习医生的几周时间里，日志记录显示出，他开始对自己和其他人有了更深刻的认识：

> 我总是认为每一个人都是平等的，并且我自己根本没有受到歧视。在这里工作后我才开始明白，仅仅我个人认为每个人都是平等的并不意味着其他人也是这样认为的，或者每个人都有像我这样的机会。我很想知道，如果我的家庭与我工作中接触到的人一样贫穷，我的生活将会怎样。我总是认为，那些人穷仅仅是因为他们不想努力工作。我认为我以前是有偏见的，并且没有认识到这一点。现在，我看到这个家庭努力地工作，但还是没有能力负担

> 在我看来是理所当然的东西，他们甚至无力给孩子们看病。我开始明白为什么他们看起来像是生气了。我对自己也生气了。这是不公平的。但那些人不得不每天都那样生活，而我却回到了舒适的卧室。我开始认识到我所受到的庇护。这虽然开阔了我的眼界，却是来之不易的。

这位同学开始明白了，一个人不能简单地说多元化问题是不重要的，或者说“平等对待每个人”。这需要对自己和其他人都有更深刻的认识。实习单位是开始提高这种认识的理想场所。

正如专业组织开始认识到差异和种族的重要性一样，在某些情况下，多元文化训练的合法委托现象已经发展起来了。在对助人职业中关涉到多元文化训练模式和问题所进行的广泛回顾中，里德勒、门多萨和肯尼兹（Ridley，Mendoza，& Kanitz，1994）总结道：

> ……关于是否包含一些多元文化咨询（MCT）形式的问题不再公开讨论。大学生训练计划必须提供 MCT……带着这个附带条款，问题现在就集中在提供何种 MCT 上（p. 227）。

在要求这种训练的同时，这些作者警告说，如果追求多元文化咨询训练的动机没有经过仔细考虑的话，其结果也许是相反的。勉强地服从组织标准将导致敷衍塞责，以及缺乏内容和诚意的符号化动作。里德勒等人也注意到了潜在的“家长式的态度”（paternalistic attitudes）影响训练效果。这种态度有以下风险：

> ……含蓄地把知识传输给那些非主流文化群体的实习生是比较困难的。这使得主流群体的很多人怜悯那些没有这种文化特征的个体，并且赞同那些少数群体的病理和无能。此外，这种理解使得白人咨询师在进行多元文化咨询活动时扮演着能够提供给少数群体同情服务的恩人。而这种权利分工结构使主流文化和非主流文化力量差异长期存在于大的社会联合体中（p. 236）。

抵触

尽管已经提出了研究多元文化差异的事实和争论，但一些学生和某些院系对不附加任何额外的课程就已经足够学习临床基本技巧的观点提出了抗议。那些争论使我们首先把注意力集中在如何传授基本的技巧上面。然后，如果时间容许，我们将考虑怎样将技巧应用到不同的群体当中去。

关于这个主题还存在另外一种说法。它指出，那些“核心”的治疗技巧和理论应当在必修课里面教给学生，而差异的问题应该作为一门选修课提供给感兴趣的学生。多宾斯和斯吉林斯(Dobbins & Skillings, 1991)就描述了来自于学生的类似争论，并且写道："经常的习惯性的影响形成了一种印象，这种印象认为，多种文化是特定阶段的附属品(p. 38)。"

虽然，这种说法被作为对多样化问题为什么不应该也不能集中培训的逻辑推理，但是这个争论本身说明了多样化的培训正在寻求解决之道。事实上，这种争论听起来很像罗、本尼特和阿特金森(Rowe, Bennet, & Atkinson, 1994)所说的"避免"身份。在定义这种类型时——本章后面还要详细地讨论，罗等人陈述道：

> 尽管看得见的人种/种族少数群体的成员很少有机会去关注他们的种族特性，但美国白种人会通过各种方式尽量消除种族意识的影响问题。……不管这些人是否发现这些问题仅仅是不便利的或已经产生了焦虑，他们所喜欢的回应方式是忽略、最小化或否认疑惑话题重要性的存在(p. 136)。

罗等人继续说：

> 当然，导致生活不和谐的经历要尽量避免。但是，在没有足够的经历因素使"避免"成为解决不和谐的最佳途径之前，所表达的任何种族态度都将是缺乏个人意义的(p. 136)。

另一个回避种族问题的明显例证可以在被称为治疗和训练的"色盲"(color-blind)方法中找到。普罗克特和戴维斯提出，这种方法曾经是作为解释"治疗师-当事人"差异和同等对待普通人的方式而加以倡导的。但这种方法实质上一开始是被我们早先描述过的那类学生所倡导的。他们相信，如果我们都平等地对待每一个人，所有这些问题都不会出现。

尽管良好的意向表达可能会强调这种说法，但"色盲"的方法易于忽视人们生活中的重要方面，并导致对"当事人和他们的问题非现实的、抽象的理解"(Proctor & Davis, 1994, p. 136)。假装没有看到差异，可能会使假装的人感到好受点，但这并不能使差异消失，或解决治疗中所遇到的相关问题。进一步说，忽略差异将有助于助人专业人员和实习生处理这种事情，使不同背景的人更满足于他们的日常生活。正如普罗克特和戴维斯陈述的：

> 最终，"色盲"实践就是逃避主义，它使专业人员避开了美国种族暴乱中的认知因素和情感因素。这样"色盲"者就可以从面对种族不公和对当事人

社会生活的冲击的尴尬中摆脱出来(p. 316)。

也许,弱化差异方法的最大困难来自于模糊的假设,即主要来自于一个群体发展的思想和技术将会或者应该对性别、种族、文化、阶级和教育经历有巨大差异的人都有帮助。强调反省和经验论的研究领域已经忽视其理论和技术中存在固有的偏见很长时间了,这正是对现实的一个具体的嘲讽。

帕德森(Pederson,1987)对这种大量忽视的情况进行了很好的描述,他指出:

> 从严格的术语来看,西方人的观点更加具有外来性的状况越来越成为了事实:世界上的大多数人都接受了一个非西方人的视角(p. 17)。

帕德森继续观察说:

> 尽管那已经成为了现实,但许多社会科学家,包括心理学家,还是依靠课本、研究发现和几乎完全基于针对欧洲人和美国人文化假设的模糊心理学理论。这些假设通常情况下是那样的模糊不清和自以为是,甚至没有受到眼界开阔和具有洞察力的心理学家的挑战(p. 16)。

由于不能理解种族歧视、不公正和社会经济不平等的历史背景——这些因素已经伤害了来自少数民族文化或地位的人,从而就加深了这种自我中心意识的负面影响(Sue & Sue, 1990)。

多元化的重新阐述

在一个关于多元文化主义的全国性会议上提交的论文汇编中,苏、宾厄姆、波奇-伯克和法斯奎兹(Sue, Bingham, Porch-Burke, & Vasquez, 1999)宣称,“多元文化主义”(multiculturalism)包括范围很广的意义差别(种族、性别、性取向、健康和残疾、宗教、阶级等)。这些差别经常阻碍着人们之间的交流和理解。苏等人相信,被扩大的多元文化主义概念,削减了被多元文化争论排除在外的群体的倾向,发现他们之间处在了相互对立的状态,而且陷入了“谁更受压制”的游戏之中。

帕德森(1991)给出了一个相似的定义,并解释说,多元文化主义并不是咨询的边缘化,它事实上应该居于中心的地位:

> 通过广泛地界定文化——包括人口统计上的变量(如年龄、性别、居住地)、社会地位的变量(如社会的、教育的、经济的)和附属变量(正式的和非正

式的)，以及诸如国籍、种族、语言和宗教等民族学的变量，构建“多元文化”就成为了对所有咨询活动关系的统称(p. 7)。

从这样的理解出发，帕德森认为：

> 文化经常会被看做进行咨询的障碍，而不是帮助咨询师更准确咨询的工具和有利于良好咨询的手段(p. 9)。

尽管帕德森承认对文化进行宽泛的定义是有陷阱的，但他还是同意：

> 多元文化主义应该对传统的咨询理论进行补充，而不是与之竞争。接受宽泛的文化定义，对于一个咨询师来说，没有在某些方面解释他的当事人视野中的不断变化的文化特征，而根据任何理论来进行准确而高明的咨询都是困难的(p. 9)。

我同意帕德森关于多元文化的观点和苏等人提出的宽泛定义。着重于教学互动过程中技能的多元化，我们并没有“创造”更多的多样性。相反，我们正在带出以前被人为从“图景”中去掉的基础性问题。导师、督导员，还有我们的学生应该研究的是，一个议题如何和为什么对教育具有那样基础性的作用，以及临床工作在过去被忽略或被鄙视的原因，而不是反对信息的显著增加。理解多元化并不是“奢侈”而是必需：如果一个咨询师不能与不同的人合作，那么他们还能干什么呢(Speight, Myers, Cox, & Highlen, 1991, p. 30)?

解决差异的工作步骤

承认多元化是很容易的。使人激动的更困难的挑战是找到一种有效的方法以便和不同背景的人一起工作。本章的目的之一就是帮助实习生更清楚地意识到自己的背景、观点和方法。在这些因素中，他们关于自己、他人和治疗过程的假想都是和工作分不开的。

阿特金森、莫顿和苏(Atkinson, Morten, & Sue, 1993)曾经指出，对“少数民族当事人”方面的大部分讨论都假设：咨询师来自多数群体而当事人来自少数群体。这种看法忽视了相反方面的可能性问题。多数和少数差别的另外一个问题是，它忽视了这些群体内部的文化差异。作为多数和少数差异的另外一种选择，阿特金森等人更喜欢“跨文化咨询”(cross-cultural counseling)的说法，这是指“两个以上有文化差异的参与者之间的任何关系”(p. 9)。这个术语和帕德森的多元文化主义的宽泛定义相类似，它包含了咨询师来自少数群体而当事人来自多数群体的情形。跨文化咨询也包括这样的咨询：

> ……其中，咨询师和当事人（当事人群体）在种族和人种上有相似性，但由于其他诸如性别、性取向、社会经济因素以及年龄等变量的差异而分属于不同的文化群体（白种男性-白种女性，黑人纯种-黑人混血，贫穷的亚裔美国人-富裕的亚裔美国人）(p. 9)。

一个人从国家的某个地区迁徙到另一个地区或从城市迁徙到乡村，首先要知道的是，明显属于同一种族的人在文化背景方面存在着很大的差异。不同的宗教、不同的教育背景、不同的性取向和不同的社会经济地位的人之间也存在着相似的差异。没有理解和采纳一种应对这种差异的方法，就只能减少成功地进行交流的机会。

科尔曼(Coleman，1997)已经深入地采取了解决方法，同时他指出，一个人不仅要欣赏和理解种族和文化差异本身，也要欣赏人们解决这些差异的不同方法。他假设，多元文化咨询关系之间的冲突要么在文化差异之外演化，要么在治疗师和当事人如何消弭这些差异上推进。这样的话，一个相信直接而明显地应对文化差异是非常重要的治疗师，可能在不知不觉中就与当事人产生了不和谐。当然，这名当事人是选择了忽略的方法来处理差异，而且认为每个人都是差不多的。

本章的标题——在多元背景下开展工作，所反映的信仰就是跨文化咨询的问题是应对咨询中存在的差异问题中的一部分。从某些方面来看，其目标就是解决跨文化咨询中的抵触，其手段是指明这样一个不可否认的事实：咨询师必须学会和不同于自己的人一起工作。如果那个前提条件可以接受的话，那么，接下来解决的差异就包括文化上的差异。而且咨询师和实习生必须要千方百计地解决诸如种族主义、性别歧视、经济和社会成分和其他不能忽视的现实问题，前提是如果他们还想充分了解多元化和不同背景下人们的感受的话。

为了回应帕德森的多元文化主义的讨论，并强调"文化全球化"(internalized culture)的重要性，霍(Ho，1995)也对此进行了很好的阐述。"不懂得别人文化的人也没有真正懂得自己的文化"(p. 21)，他补充说：

> 没有多元文化的意识，自我理解将被限制而且不完整，更不用说他人的理解了。这就是为什么迄今为止多元文化意识首先被用于各种咨询中的理由(p. 21)。

了解我们自身的多元性

很多人(Locke，1998；Sue & Sue，1990；Wintrob & Harvey，1981)都认为，在学习与来自不同背景的当事人一起工作时，自我意识是一个重要的因素，当然这是与治疗师相比较而言。温特罗布和哈维(Wintrob & Harvey)都是这样认为的：

> 了解治疗师对自己的社会身份、种族、民族、宗教特征的感受，了解他与当事人观点的契合或分歧，对治疗效果十分重要(p. 111)。

与这些观点相一致的是，深入地思考一下自己的经验和看法是很有好处的。当然，要把它作为提高解决差异能力的一个步骤。除非你已经很清楚地知道你是谁，否则，面对自己与当事人之间的相似与差异则比较容易敏感。本章后面的一个练习就是为增强一个人对自己的种族和文化背景意识而设计的。

术语问题

大部分的学生、实习生和很多执业治疗师都不是很清楚专门术语的重要性和在多元文化咨询中经常使用的专门术语的意义。约翰逊(Johnson，1990)报告说，种族、文化、部族这些术语经常被混淆使用，而且也没有理解它们之间的差异。多宾斯和斯吉林斯也表达了同样的认识和忧虑。他们对基于"种族"(race)之上区分人们差异的历史进行了有价值的回顾。这些作者解释说，"种族"的概念带有一个欺骗性的印象，即明确而重要的生物学差异就可以用来说明人与人之间的差异。正如多宾斯和斯吉林斯所解说的那样，"存在着一个错误的生物心理社会学(biopsychosocial)精密性假设"(p. 39)。这种对"种族"概念的错误理解，同时伴随着不正确的推测，即特定的文化标准和价值与一个特定"种族"中的所有成员都是相关的。

认识到缺少对生物学意义的了解以及缺少对文化和种族界限混淆趋势的认知，约翰逊说道："种族区分引起了对社会群体问题的关注，忽视了个人问题，并强化了对破坏性种族思维模式的维护(p. 43)。"多宾斯和斯吉林斯对种族差异问题也得出了同样的结论：

> 出于职业的原因，生物特征上的混淆和文化观念上的预设使人们忽视了诸如他人的价值、精神性、家庭的扩大以及经济状况等行为因素的显著决定力量，这些都是和基因库没有太多关系的(p. 39)。

多宾斯和斯吉林斯继续说道：

除了忽视群体之间更多相关的变异因素之外，种族类型还隐含着对一个特定群体内的所有成员都是一样的概念。这样的思维方式只是不太准确罢了(p. 39)。

为了避免思维方式的不准确和种族识别中的困惑现象，约翰逊(1990)倡议：

在指称人与人之间活动过程的时候，我们也要考虑种族和文化的互联性。在展示种族主义痕迹的时候以及在说明根除种族主义的过程中，(种族)术语的使用应该受到保护(p. 48)。

多宾斯和斯吉林斯还提出了用来描述人们的词语：

……应该反映个人背景的某些方面。从这个意义上看，“黑人”这个术语就不如“非裔美国人”好，或者，如果可以更精确的话，就是“尼日利亚裔美国人”、“爱尔兰裔美国人”或“土著美国人”(p. 43)。

根据这些建议，除了在种族主义的背景下和种族的术语有特别关系的讨论之外，或者，当提到其他作者已经指明是关于种族问题的著作时，在本书的叙述中，我将避免种族的区分，而在宽泛的文化定义之下，在部落、文化或背景中用差异来代表，就像以前帕德森所说过的一样。

练习

认识自己的多样性

本练习的目的是为了帮助你对自己的文化和个人背景以及个性特征有更清楚的了解。因为，了解自己是了解将如何与当事人进行互动的第一步。因此，在本章里，这可能就是最重要的事情了。我希望你能在这个练习上切实花一些时间，而且，如果你感觉这样做很舒心、很安全的话，不妨和你的同伴和导师做一些交流。

下面所罗列出的问题指明了个人方面和文化方面所表现的特征。这些特征对于人们如何理解这个世界以及如何和别人进行互动具有深刻的影响。每一个特征都是从描述自己开始。在此基础上，花费一些时间认真地考虑一下自己所做出的每一个选择是如何独立影响你对自己和对他人的理解的，同时考虑一下自己所做出的所有选择是如何共同发挥作用的，还要花费一些时间思考一下这些特征是如何帮助你作为实习生开展训练时进行推测的。增进理解的途径之一是做这样一个设想：自己本来想当然的事情在何种程度上是如何归因于人种或文化背景的。例如，你可以问自己：“因为我有粉红色(或棕色、黑色、红色、黄色等)皮肤,所以我感受到了……",或者,"因为我家的经济地位是……,所以我感受到了……"。另外一个途径是设想一下,如果你具有别的特征,生活将会有什么不同。例如,你可以想想"如果我是不同文化的人,我会……","如果我的父母很贫穷(富裕),我可能会……","如果我是一个新来的移民,我可能会感觉……"。在本练习最后要完成的时候,你可能想与同伴或其他人讨论一下自己的答案。你也会发现,与那些在公认的领域和自己有很大差异的人一起讨论是会有帮助的。

1. 我的性别是________
这就是影响我的经历以及我了解和应对别人的原因。

2. 我的年龄是________
这就是影响我的经历以及我了解和应对别人的原因。

3. 我的外表包括以下一些特征(尽量准确地描述,并尽力避免过于简单化或使用种族的术语):
肤色:
头发:
面部特征:
体格:
其他特征:
以上特征就是影响我的经历以及我了解和应对别人的原因。

4. 我的父母和祖父母的国籍和文化背景是:
我的祖母:
我的祖父:
我的外祖母:
我的外祖父:
我的父亲:
我的母亲:
这就是家庭文化影响我的经历以及我了解和应对别人的原因。

5. 我所成长的家庭的经济背景是________
就是那样的背景影响了我的经历并影响了我了解和应对别人。

6. 我母亲的宗教倾向是________
我父亲的宗教倾向是________
就是那样的背景影响了我的经历并影响了我了解和应对别人。

7. 我母亲的教育背景是________
我父亲的教育背景是________
就是那样的背景影响了我的经历并影响了我了解和应对别人。

8. 我自己的教育背景是________
就是那样的背景影响了我的经历并影响了我了解和应对别人。
9. 我身体的健康状况和能力状况是________
就是那样的背景影响了我的经历并影响了我了解和应对别人。
10. 我的性取向是________
就是那样的背景影响了我的经历并影响了我了解和应对别人。
11. 其他影响我的经历和影响我了解别人的因素是________

直面偏见并承认无知

苏氏兄弟在一本讨论对不同文化背景的人进行咨询的著作的第二版中写道：

> 作为心理健康的专家，我们有个人和职业的责任去(a) 面对、认识并采取措施解决我们的偏见、思维定势、价值偏颇以及对人类行为的推测，(b) 意识到当事人的世界观、价值观、偏见以及对人类行为推测上的文化差异，(c) 考虑到有文化差异的当事人的历史、文化和环境感受，并提供适当的帮助、干预对策和经验结构(p.6)。

经过训练，一些实习生逐渐相信自己有足够的能力来治疗几乎所有当事人，很少有人意识到自己的经验和理论的欠缺。卡里洛、霍兹哈布和锡耶(Carrillo, Holzhalb, & Thyer, 1993)在谈到下面的问题时也对此进行了很好的说明。他们写道：

> 许多学生没有意识到他们的偏见，或没有意识到他们所固守的信念可能对别人是有歧视性的。他们可能认为自己没有偏见，而且对所有的群体都是充满了仁慈和同情的，不论他们是什么种族、部落、性别、年龄或其他特征。学生常见的另外一种态度是，自己和受压制的人群在一起工作就证明了不缺乏“其他人是脆弱的”这样一种共同的人类观念。任何一种态度都限制了发展和变革，并严重地损害了专业治疗的效果(p.264)。

在认识到文化意识本身的重要性和治疗师的文化意识重要性的情况下，许多评价治疗师和咨询师的信仰、知识和技能的手段就已经得到了发展——这些治疗师和咨询师需要应对不同的人种和文化背景下的人(Allison, Echemendia, Crawford, & Robinson, 1996; Sodowsky, Taffe, Gutkin, & Wise, 1994)。有不少人对这些手段进行过评论(Ponterotto, Rieger, Barrett, & Sparks, 1994; Carrillo et al., 1993)。萨亚斯、托里斯、马尔科姆和戴斯罗西斯(Zayas, Torres, Malcolm, & DesRosiers,

1996)通过调查非少数民族治疗师，采取了一些稍微不同的方法，来评估自己对种族上敏感问题的治疗。调查的结果表明，有四个重叠的标准是可以确定的。它们是：差异意识、当事人的文化知识、评估中的文化和病理的区分以及治疗中对文化的关注。

有些手段已经融进了早先暗示过的一些原则中。鉴于此，下面练习的目的就是鼓励和来自不同文化背景的人一起工作时进行自我探索。这个练习会促使你认真而诚实地思考当事人类型，对这些当事人你自以为有足够的经验、知识和了解来和他们进行真正有益的互动。

如果你像我们的众多实习生一样，那么，你就会发现，完成这个练习之后，对于是否应该尝试着和任何人而不光是自己进行互动就没有把握了。如果那种感觉出现的话，不要灰心，学习的第一步是承认无知。在练习之后，有一些观念和建议会帮助你建立在差异中工作的意识和能力。

练习

了解自己知道或不知道别人的什么

下面所列出的项目包括许多区分个人和团体的特征。思考一下这些项目，然后尝试着判定一下，自己的知识、智力和经验在哪些地方能够准确地发挥作用，以及这些因素在什么情况下能够以有益的方式和自己的经验、担心、思想、情感或需要联系起来。对于你感觉有足够的知识可以对付的群体，都要给出理由，例如，你的哪些经验、培训或个人知识和这个群体有关。

年龄群体状况：

性别：

外貌(如肤色、面部特征)：

种族或文化背景：

居住在本国的同代人状况：

经济地位：

教育水平：

宗教信仰：

性取向：

躯体能力或伤残程度：

必须承认历史背景

意识到对别的群体不了解是对自己学问局限的承认，或者说是对他们历史的无知。然而，虽然对自己宽容的、坦率的、善解人意的，或具有同情心的治疗师或实习生可能会相信自己是有能力通达其他人的。但在我看来，那些性格特征无法抹去种族、阶级、性别和其他受压迫状态的长期历史。如果一个当事人、实习生(或两者)都来自一个历史上曾经受过歧视或压迫的群体,或来自于当前正经历歧视或压迫的群体,那么,这样的现实就不可避免会影响到临床上的互动。同样,如果当事人和实习生来自于社会上占支配地位的群体,他们将会坚持那些影响行为表现和互动过程的固定思维模式、偏见和误区。这些事实都无法简单地避免,而且也不必加以否认(Comas-Diaz,2000)。

在讨论这个主题期间,一个人会经常听见诸如“过去‘那些人’的经历不是我的过错,而且我也不能改变它。我们需要把握住今天所发生的事情”这样的陈述。这种陈述所反映出的问题是,他们建议抹掉已经过去的所有事情和事实上仍在发生的所有事情,而不必关心过去和现在所造成的认知上、情感上、经济上、社会上的影响,或其他方面的影响。这在某种程度上是可能做到的。

一个研究多元文化教育的同事建议说,关于历史,“我们不必对过去感到愧疚,但是我们必须承担对现在的责任”(Hardiman, 1982)。她的主旨是,若因先辈们过去对待别人的做法而深感愧疚和不安或干脆更喜欢完全忽略过去的人,就需要找到一个现实的、建设性的尤其是个人化的工作方法,以便用现在的视野来解决过去所造成的事实。其他人(Comas-Diaz,2000)则争辩说,我们有义务帮助专业人员在政治性的项目中采取积极的措施来克服业已存在的种族主义,并改正历史的种族主义和历史的偏见所带来的挥之不去的阴影。

虽然已经提出一个人必须要意识到解决差异的历史背景,但是,几乎没有实习生或专业人员被人明确地告知对来自少数民族群体中的人进行历史性治疗的知识,这是不幸而真实的情况。大部分学生几乎不知道民主权利、妇女权利、经济正义斗争的历史,或不知道其他为所有人而争取公平和尊重的长期斗争的历史。如果你有兴趣了解这方面更多的知识(而且我相信,作为训练的一部分,你应该感兴趣),下面的内容可能是有用的。

多元文化历史的参考

我建议大家去阅读一些参考书,它们代表了我所发现的有用或具有挑战性的著作,或代表了本领域(多元化教育)的学者推荐给我的著作。抱歉的是,因篇幅有限而不允许我在这里罗列出来,或为所有的群体提供有代表性的资料。我还知道,有些读者会不同意这些著作中所提出的观点。那是不可避免的。一个人不可能为每一个问题或每一类群体的研究去引用一个参考,而且在任何问题上都满足每一个人的著作也是找不到的(附带说明的是,一个人对参考书的反应方式可能与本章后面要讨论的身份发展的阶段和模式有关,而且可能会加入一些自己的洞见)。我希望,通过引用一些有趣而发人深思的例子,可以激励读者去阅读这些资料,并继续去查询和个人的背景或当事人的情况有关的资料。除了所引用的非小说作品之外,我也强烈建议你们去研究诗歌和小说以及其他文化著作,包括艺术、音乐、舞蹈和宗教。

必须承认当代背景

应同时具备对不同人群历史背景的认识以及对当代社会种族的、性别的、文化的或其他方面差异的背景认识。种族主义、性别歧视、反同性恋和经济上的不公平并不是过去才有的老问题。它们每时每刻都破坏性地影响着数百万人的生活。没有经历过这种现实的人可能不会理解这些问题是如何影响到临床互动的,结果,让他们没有想到的是,临床互动恰恰是在远比只是"两个人在一起谈话"复杂的背景下发生的。苏氏兄弟用特定的术语界定了这种现象:

> 这样,前来咨询的文化上存在差异的当事人的世界观问题就成为了一个重要的问题:是什么因素使你——一个咨询师/治疗师和那些曾经压迫过、歧视过自己的其他人表现出不同呢(p.6)?

一个没有意识到当事人可能会隐藏这类问题的咨询师或实习生,很可能由于不理解根本的原因而感受到挫折、失败和敌对。而且,没有文化背景意识的实习生也可能误解当事人行为的意义,还可能做出错误的诊断或给出随意的解释。换句话说,专业人员或实习生不单单是要解决问题的一部分,他们还可能无意中陷入部分问题中。这些人不理解来自不同文化背景下当事人的历史和他们的日常经验。

解决问题的能力必须逐步得到确认

许多有关多元文化咨询的最新作品都把焦点集中在了不同群体之间的不公正和不平等问题上。正如我们所强调的一样,对于实习生来说,在临床工作中理解和思考这些问题,并在社会生活中使之产生影响都是有必要的。然而,与此同时,固定的印象模式可能会阻止自由地理解和欣赏不同群体的文化财富和文化遗产。认识到这一点也是很重要的。

对于实习生来说,至少了解一些其他群体偶尔所遇到的不利因素,或者了解一些其他群体的个人和文化力量被忽略的现象,同样是很常见的事情。家庭、宗教、学校、艺术和音乐的作用可能在不同的群体成员之间有很大的区别。这些因素和其他人群的习惯、传统对于正确的理解是必要的。因为,它们有助于一个人理解当事人的经历,而且可以提供非常宝贵的信息来帮助当事人解决他目前所遇到的困难。

当实习生能够进入当事人的另外一种文化意识中时,他们所描述的一些最深刻的感受就出现了。有一个年轻的实习生正在东南亚难民服务中心工作。在一个职业培训活动项目中，这名实习生和一个当事人在一起工作了大概一年之后，就被邀请去参加一个传统的庆祝活动。他的日记就体现了当时的反应：

> 今天晚上，我获得了最令人惊异的体验。直到现在，我才只是真实地看到了当事人的一个方面。他们的生活总是很艰难，而且要不停地进行抗争。同时，我已经成为了帮助他们尽力获得工作的人。今天晚上，我是这个房间里独一无二的白人，其他所有的人都是越南人。我是少数派。我有一种被排除在外的感觉，而且好像是个穿着滑稽的人。但是，每个人对我都是那么热情和照顾。房间里有各种各样精美的食物(有一些对我而言是不太精美的)、音乐和娱乐活动，每个人都在笑着，尽情地狂欢。我禁不住想：今天晚上得到的印象怎么和此前一直以为的印象不同呢？

了解一个当事人的种族和文化经历的丰富性是基本的工作程序。多种原因表明，仅仅看到一个人文化背景的消极面或缺点很有可能引起同情、内疚或其他类似的情绪。但是，如果那是治疗师所感受到的全部，那么，作为一个个体想得到人们真正的尊敬是困难的。同样，要想辨别出可以获取的自身和文化的资源以便解决问题也将是困难的。

这并不意味着我们必须退回到"色盲"或认为所有人都相似的地步。恰恰相反，它意味着我们必须尽可能地去理解当事人所遇到的挑战和他们身上所拥有的资源，并理解这些东西是怎么产生的以及如何把当事人的种族背景、文化背景、更广阔的社会背景联系在一起。

种族认同的发展

既然许多作者已经说明了固定的文化差异可以和治疗的预期结果产生冲突，那么，另外一些人就指出了处于文化劣势中的人在试图认同他们种族和文化的背景时所面临的挑战。近几年来，越来越多的学者在为重申某个种族文化遗产的重要性而争论。例如，帕哈姆(Parham，1989)就扩展了由克罗斯(Cross，1971. 1978)所介绍的概念，并描述了一种"心理学的黑人认定"(psychological nigrescence)理论：

> 在生命周期内，一个黑人可以在不同的时间段中获得感受。这样的种族认定只是一种假设(p. 187)。

帕哈姆的认定模式是通过几个阶段来描述一个过程，这几个阶段被划分为"遭遇前阶段"(pre-encounter)、"遭遇阶段"(encounter)、"沉浸阶段"或"脱出阶段"

(immersion/emersion)和“内化阶段”(internalization),他还强调了理解的重要性:

> 个人的种族认同态度如何影响他们的精神健康,就如同种族认同态度如何影响治疗过程本身的动力(即关系)一样。

帕哈姆引用的研究结论是:

> 正面的黑人态度的发展可能是健康心理调整的预示。然而,一个黑人贬低自己的态度和同时急切想变成白人的愿望或许是心理上适应不良的表现(p. 215)。

根据帕哈姆的观点,咨询关系和治疗性关系的改变,将取决于个体认同意识的阶段性。

类似于帕哈姆的认定模式已发展为用来描述对墨西哥裔美国人(Chicano)的认同发展(Ruiz, 1990)。它们也在一个适用范围更广的框架中得到了发展,这个构架是由苏氏兄弟提出来的。苏氏兄弟的“种族/文化认同发展模式”(R/CID)被当做“一个概念性的框架来帮助咨询师理解文化上有差异的当事人的态度和行为”(p. 95)。这个模式把人们看做尽力“按照自己的文化、主流文化和两个群体之间受压制的关系来理解自己”(p. 96)。

苏氏兄弟的 R/CID 模式确定了认同发展的五个阶段,这一点和帕哈姆、鲁伊兹(Ruiz, 1990)所描述的模式有很多相似之处。第一个阶段代表了对自己文化的拒绝,最后一个阶段则反映了对自己文化以及对自己文化与主流文化关系的全盘接受。苏氏兄弟把这些阶段命名为“一致”、“不一致”、“抵抗和沉浸”、“内省”和“综合意识”。他们建议,每一个阶段都以一定的信念或态度为特征,理解各个阶段以及对各个阶段之间态度上的关联性有助于咨询师更好地理解他们的少数民族当事人并与他们进行交流。苏氏兄弟归纳这些主要态度是根据来自少数群体中的个体如何看待他们自己、如何看待同一群体中的其他人、如何看待其他少数群体中的另一些人,以及如何看待来自多数群体中的个体。

苏氏兄弟所描述的观点类似于史密斯(Smith, 1991)所提出的观点。后者确定了多数群体成员和少数群体成员所体验到的种族认同冲突的样式。在这些冲突中,史密斯所确定的种族认同冲突样式有:

- 种族意识对种族无意识
- 种族的自我确认对非种族的自我确认
- 自我仇视对自我接受

- 自我接受对他人接受
- 自我拒绝对他人接受
- 他人拒绝对自我接受
- 他人拒绝对自我拒绝
- 种族认同整合对种族认同分裂或扩散
- 种族中心主义对他人中心主义(p. 184)。

根据史密斯的模型,这些冲突在每一个发展阶段中都会产生,而且多数群体和少数群体的人都可以体验到。

虽然我所描述的每一个理论都采取了稍微不同的方法来理解种族认同发展,但是,治疗干预必须考虑个体的文化背景和与那个背景相关的认同发展,这一点是所有的方法都有所涉及的。根据个体所处的发展阶段以及与各个阶段相对应的具体态度和信仰,在咨询关系中就需要提出不同的问题。苏氏兄弟对此给予了特别的关注,并强调说,正是因为来自少数民族的个体与他们的咨询活动和咨询师发生关系的方式不仅可能受到群体成员身份的影响,而且还受到与成员身份相关的发展阶段的影响,因此,理解认同发展是很关键的。

必须承认一个人的偏见和偏好

了解社会条件的历史或现状以及研究种族认定发展观,有助于实习生更好地理解当事人群体和其他群体的经历。但是,如果这个过程是简单地从表面并理性地去做,那么实习生就不可能意识到他们自身的偏好或偏见。科文和威金斯(Corvin & Wiggins, 1989)已经强调了面对一个人自身所固有的种族主义观念而走出理性去理解的重要性。这一说法得到了凯瑟里科(Kiselica, 1991)的响应,他描述了自身在多元文化实习活动中的经历:

> 对种族中心主义倾向进行质疑,引导了我去认识和面对自己的种族主义行为。对我而言,这是一种痛苦的但必需的经历。由此,我才能作为一个人和作为一个专业人员而不断成长……
>
> 通过直面欧洲中心主义倾向、种族主义行为和定型化的思维模式,我对自己有了更清楚的认识,并且对自己身上的瑕疵如何阻碍着咨询活动进程也有了更深的了解。在真正的咨询过程中,通过不断地认识到这些不完善的地方,我能够在努力与文化上有差异的当事人建立和谐关系的时候阻止它们变成障碍(p. 29)。

就像凯瑟里科所描述的,以及像其他实习生的报告所揭示的那样,直面一个人自身的偏见和种族主义倾向并不是一件容易的事情或一项愉快的任务。然而，如果一个人将要和各种各样的当事人在一起工作的话，意识到个人的偏见并努力理解和克服它们是很有必要的。

“白种人”认同发展的一种模式

除了在少数种族群体成员之间讲认同发展以外，我们还必须考虑主流群体之间的认同发展问题。因为主流群体的成员倾向于把他们的优势地位看做是既定的，并且倾向于拿其他群体与自己的群体进行比较，或拿其他观点与他们自己的观点相比较。所以，理解一个人自己的文化认同发展也许是一次令人惊奇的心理体验。

在由哈迪曼(Hardiman，1982)所开发的模型基础上，科文和威金斯提出了一个“反种族主义”(antiracism)训练模型。这种模型主要集中在白种人认同发展的阶段上。他们断定，大部分白种人在很大程度上不知不觉地认为他们自身的文化背景在本质上比他人的文化背景优越，并且把多元化看做是在本质上有缺陷的一种观念。为了在这种思维定位之外进行理解和工作，科文和威金斯提出了一种白种人认同发展的四阶段模型。第一阶段，定名为“接受”，以那些虽没有把自身当做种族主义者但是却隐含着把“白种人的推测作为‘标准’”的人为典型代表。处在这个阶段的人公开地发表诸如“人就是人”的言论而没有意识到它否认了文化的差异，并在此过程中强化了尚未检验的白种人的标准假定。当意识到白种人的文化种族主义开始滋长的时候，第二阶段——“反抗”便出现了。在这个阶段，个体承认种族主义是一个问题，但他们自身的个人种族主义还是没有被充分关注到或认识到。

在我和学生一起工作时，这一发展阶段的一则例子是由一个年轻妇女提供的。她的家庭拥有一个果园，主要依靠外来劳动力收获产品。在描述这些外来劳动力时，这个妇女说：

> 我不是一个种族主义者。但我必须要说的是，为我们工作的墨西哥人真的是一个问题。你不能仅仅依赖他们。他们是不诚实的，他们有一半的时间是在喝酒。他们甚至不去关心像洗澡这类基本的事情。你应当看看他们的生活方式。

很显然，这个学生相信她是简单地说出“事实”资料，而不是带有偏见的陈述。然而，当我开始去追问她所指出的有关工人的治疗问题、支付给工人的有限工资问题、农药残留问题、主人没有提供足够的卫生设施的问题，以及本地区的工人经常受到的种族歧视待遇问题的时候，她变得相当警惕。在那一刻，当问到她是否以为这些工人想在她描述的那种条件下生活时，这个学生用一种刺耳的声调说：

> 大部分工人都能够支付得起更多的生活开支，假如他们希望的话。但他们把大部分的钱都寄回到了他们在墨西哥的家里。

当我们提出，那个女人是在质疑那些工人为家庭做出牺牲的意义时，这个学生沉默了一会儿，然后踌躇地说：

> 那是对的，不是吗？我以前从来没有那样想过。或许……或许我是有一点儿偏见的，我要再认真地考虑考虑。

科文和威金斯模型的第三个阶段被称做“再次限定”，涉及个体对他自己的身份认同的发现，其中包括了个人价值观方面（有些是种族主义的）的高级意识。这个阶段也涵盖了对源自白人群体的相对舒适感和优越感的理解，以及这种优越感如何与白人系统的成员身份建立联系的反应。通过对他们自己的角色和价值进行反应，个体更能够对个体改变和群体改变产生直接的驱动力。这种相互映射的系统使群体和个体的种族主义进入最后一个阶段——“全球化”。在这个阶段，个体意识到，自我“种族认同”的复杂性已经使多元文化的视角具有了全球性，并且对和其他人一起努力来变革和影响种族主义体系做出了承诺。

科文和威金斯把他们的阶段模型观点视做“评估个体处于白人认同发展的什么阶段的诊断工具和在哪些地方仍需对种族主义行为进行斗争的判断手段”(p. 113)。从这个前提出发，他们提出了在认同发展的每个阶段旨在迎合个体情况的具体训练目标和学习活动。

其他学者也提出了白人的种族认同发展模型，最为突出的是赫尔姆斯(Helms, 1984/1990)。这些模型也遭到了批评。罗等人(Rowe et al.，1994)指出，大部分白人的种族认同发展模型和少数群体的认同发展模型是平行同步的，只是占多数的文化成员的认同可能大大不同于占少数的文化成员认同而已：

> 少数种族的发展促进了白种人发展的观点来自于对白种人统治社会观点的认可。白种人对待自己的态度和对待其他族群的态度不是来自于这样的理解。人口占多数的白种人促进了自己族群和其他族群发展的观点受到了垄断社会的思维定势的强化。这样，压制的社会体系不仅影响了白种人的种族态度，而且影响了其他种族人的态度，但是他们的感受是不同的。

这些学者也坚持认为，白人身份认同模型的发展序列和定向塑造是从种族主义到非种族主义的“强迫”运动。这一运动仅仅是发展模型上的推测，而绝不是既定的生物性和社会性影响。作为对发展模型的不同选择，罗等人建议，白人认同应归于"类型"，这将使种族观点分门别类。如"回避分类"就可避免讨论白人及少数种族的种族话题；而"主导论"代表着"鲜明的种族中心观点，认为存在主导文化"(p. 137)；"冲突论"虽反对种族歧视，却倾向于反对减少这种差别。

根据这个模型，种族观点和认同模式发生变化就不是发展进程的原因，而是"个体认知结构和体系不协调的结果"(p. 135)。

不论是某个发展模型的观点还是罗等人的观点，它们都提供了如何看待生活在主导文化社会中个体的种族意识和种族认同的有用观点。而且，由于认同个体文化和认同当事人群体的文化都很重要。因此，我们就鼓励实习生不仅要对多数人群体认同的模型做出反应，而且也要对少数人群体认同的模型进行应对。下面的练习就是为了探询你的种族和文化认同模型，以及你对别人处于自己的认同发展类型中做出的反应。

练习

个体文化认同

下面的讨论描述了不同文化中的个体认同模型。为了使其更加真实，练习提供了两个问题。第一，联系以上模型，你会将自己归于哪一个发展阶段或你将如何描述自己的认同类型？第二，假如你正在与一个来自不同文化和种族的人交往，你认为交往中的哪一个阶段或认同类型是最容易解决的？哪些是最难的？为什么会如此？如果你能和来自不同种族或不同文化的同伴讨论一下自己的反应，这个练习将是非常有效的。

假设、模式及处理技巧

学生们认为，好像还没有什么东西足以对顺利地理解自己和他人的文化背景造成挑战。但我们现在必须要面对的另一个现实性困难是，许多主要的处理技巧和评定基础的根本性原则与来自不同文化背景的人们的价值认识和实际情况相互对立。

我们没必要为此寻找更有力的证据。一个人思考一下就会认识到，比较典型的治疗交互活动的构成是一个非常奇怪的安排：两三个相互之间从未认识的人却在一起讨论最私密的生活话题。交互活动的部分目的是消除陌生感，改变个人的自我意识。但是，陌生感是复杂的。当某个治疗模型的设想意味着患抑郁症的当事人的问题是心灵内部活动过程的惟一结果，而不是个人所面对的社会压力和挑战时，陌生感会转化为伤害(Priest，1991)。

即使对于来自主导文化和社会主导阶层的人来说，对心理治疗的结构和理论也经常很难做出判断。而对于那些来自其他文化的人而言，治疗本身看起来好像是愚蠢的、疯狂的甚至可能是伤害的。但如果一个实习生以自己的观念揣度具有不同观念的当事人的想法，并想当然地认为治疗会完美无缺，结果就可能陷入僵局。

不同的学者都描述过西欧文化的治疗模型与其他文化的价值观和传统观念之间是如何产生冲突的。例如，帕德森(1987)就列举了十种反映咨询活动中产生文化偏见的常见设想，其中包括正常行为构成的设想、个人主义和独立行为要素的设想、可以忽略的支持性行为系统的设想、线性思考的设想、可以忽略的行为历史的设想，以及重点改变个体而不是改变体系的设想。

苏氏兄弟(1990)确定了一些具有可比性的问题。他们指出，即使是诸如言语和表情、价值观念、因果指向以及交流活动本身等根本性问题的设想在不同的文化之间也是有差异的。他们同时认为，咨询技巧的运用和咨询目的的实施也许都不具有跨文化比较的可能性。他们还描述了也许可以应用于有文化差异的当事人的四种情形。

理想的情况是，治疗师提出文化上适当的治疗方案，以帮助当事人达到文化上适当的治疗目标。与此相反的情况是，在文化上适当的治疗方案却没有达到治疗的目标，或文化上适当的治疗目标却没有文化上适当的治疗方案，又或者是两者都不适当。

在这个问题上认识稍微有些不同的方法是由亚伯拉罕(Ibrahim)提出的。他强调的是在咨询活动中理解文化差异的世界观的重要性。他和卡恩(Kahn，1987)两人发展了与人性、社会关系、自然、时间以及活动定向等相关的设想，希望以此找寻到一种评估世界观的手段。亚伯拉罕建议，为了使治疗方法与当事人相匹配，咨询活动中首先要做的是理解当事人的世界观和他们的文化认同。

尽管这里所描述的模型是作为跨文化咨询的一般指导而被提出的，但是文化设想与世界观方面存在差异的案例在相关的特殊文化群体中也被讨论过。例如，海恩里希、科宾和托马斯(Heinrich，Corbine，& Thomas，1990)就对土著印第安人和他们对于咨询活动反应的差异进行了讨论。由于土著印第安人中间存在三百多个部落和众多不同的文化，这些学者就解释说，治疗师期望许多接受心理治疗的土著印第安人进行自我剖析，以便“先入为主和发现不适当之处”。另一方面，对于时间、沉默的文化价值观、健康模型的不同观点会被治疗师误解为抵抗、抗拒或不服从的表现。

以亚裔美国当事人为对象来比较文化的差异和由此而发生误解的可能性已经描述过了。在一份综合评论中，利昂(Leong，1986)就讨论了这样一个研究结果，即认为亚裔美国当事人可能不喜欢含糊不清的治疗而更倾向于固定的治疗互动，他们可能表现出较低水平的言语和情感表达，以及更有可能把咨询当做“直接的、家长式作风的、专制的过程”(p. 199)。

练习

根据苏氏兄弟(1990)所提出的四种可能情形以及刚刚对文化差异的一些描述，选择一两个你认可的治疗模型或技术并思考一下他们为什么会与来自不同文化传统或价值观念的人们发生冲突。你所设定的治疗目标是怎样与不同文化背景中的人们相冲突的？如果可能的话，自己思考之后，与某个不同文化背景中的人进行讨论，听听他们的感受和想法。

文化敏感型咨询师

如果可能的话，我们可以继续为西班牙裔当事人（Ponterotto & Casas，1987）、非洲裔美国人家庭（Wilson & Stith，1991）以及其他众多的文化群体列举治疗设想与文化价值之间的潜在冲突。可以提出的问题是：一个人如何知晓即将与其共同工作的来自不同文化背景的人的所有情况？而且，当当事人的"自我"受到众多治疗师从没有经历过的文化因素的影响时，怎样在助人职业的治疗中运用"自我"呢（Greene，Jensen，& Jones，1996）？正如斯佩特等人（Speight et al.，1991）所说：

> 培训中的治疗师所不可缺少的任务就是为每一个文化、种族和人种群体（包括"外来人"）的治疗开出处方。为每一个群体提供这样一个"食谱"需要多少篇幅呢（p. 30）？

沃克和斯特顿（Walker & Staton，2000）也提出了相关的忧虑。他们不同意把讲授和测验特定的事实作为一种评判多元文化治疗资质的手段。他们还争辩说，在死记事实的基础上进行资质界定的努力，具有让人产生通过记忆知识来发展能力而不是来促进理解和技能这样一种错误感觉的潜在性。而且他们还担心，这种方法是冒着反对固定化过程而完善固定化模型的风险。

对这个问题已经有了不少答复。经常被推荐的一种方法是在当事人和咨询师之间寻求契合点。根据这种方法，咨询师就会如当事人一样具有同样的文化背景，而且可能会意识到当事人的文化经历，并对此保持敏感。

这种契合的模式有很多优点，但也不是没有问题。困难之一就是，咨询师几乎不可能拥有来特定机构接受服务的所有当事人的多种文化背景。另外一个困难就是，对个体进行"分门别类"既不是一件简单的事情，也是一个没有必要的过程期望，正如本章以前讨论过的那样。斯佩特等人就指出：

> 契合模式所存在的问题……是个体无法简单地进行分类。例如，谁将会是一个波多黎各女同性恋者、一个非洲裔美国男同性恋者或一个跨种族女人最好的咨询师呢？还有，如果年龄、宗教、语言、躯体/精神问题、文化适应水平、世代地位、认同发展或社会经济地位诸因素被分解到契合模式中时，情况会怎么样呢（p. 30）？

霍(Ho,1995)也指出了类似的问题,并警告说,把注意力集中到群体特征上可以使咨询师易于

> ……自动地对来自那一群体的当事人产生期望和判断。也就是说,用群体的知识对个体做出判断……但是,也存在着归纳过当甚至加以定型的危险。借鉴一个当事人固定化规则的形式和范围必须根据经验进行调查,而且不能自以为是(p.7)。

面对这种复杂性,实习生和有经验的治疗师一样,可以毫无顾忌地宣称为每个人提供服务是不可能的。问题如此难以解决,那就让我们沿用以前的方法来"同等地对待每个人"。这样的反应尽管可以理解,但是治疗师还是可以更智慧地解决文化问题,并切实改善他们与来自不同文化的个体的工作(Hansen, Pepitone-Arreola-Rockwell, & Greene, 2000; Proctor & Davis, 1994; Yutrzenka, 1995)。

关于跨文化咨询,苏氏兄弟(1990)强调了三点。他们认为有文化技能的咨询师首先是:

> 一个能够与少数群体的经验相联系而且具有文化和阶级知识元素的人。其次,咨询师需要意识到的是,和不同文化背景的人一起工作并不是口述同样的方法,而是在不同程度上与生活方式保持一致的方法。在咨询活动中,平等对待可能是有歧视性的。最后,当种族和部落差异与咨询师个人的方法和价值以及他们所在的不同咨询机构有关系时,进行系统的观察就是很重要的事情了(p.165)。

从这个前提出发,苏氏兄弟又进行了系统的确认,并描述了有文化技能的咨询师的特征。这些特征包括:对自己的设想和偏见意识的程度、对当事人世界观的了解,以及开发在文化上进行适当干预的技术能力。前两个特征(对设想的意识程度和对世界观的了解程度)本章已经提到过了。接下来,我们要探索一下有关文化上的适当干预技术的思想。

文化敏感的干预方法

多元化不仅存在于文化之间,而且存在于文化内部。因此,我们应该对为了特殊文化群体的成员而提出特殊治疗措施的做法持谨慎态度。我发现的一种更有效的方法是开发一个模式来解决特殊文化如何发展和评价特殊咨询技术的问题。

文化专属的咨询活动

尽管文化之间和文化内部的差异问题都已经有人写过了，但告诉学生与别的文化中的个体一起开展工作的企图已经把目光盯在了占主导地位的咨询活动和占主导地位的心理治疗方法如何能够适用于其他背景中的人上面。我们可能更应该让治疗适应当事人，而不是尽力去强迫当事人适应治疗。但是，在适应中建立的方法可能仍然是不起作用的。努瓦楚库和埃维(Nwachuku & Ivey, 1991)指出：

> 现存模式中适应方面的问题表现在，它们是以传统的理论设想开始的，而这种设想在文化上是存在偏见的(p. 70)。

作为一种选择，努瓦楚库和埃维提出了一个用来催生"文化专属"(culture-specific)咨询理论和方法的模式。这种方法不是让主导的理论模式去适应某一种文化，而是尽力去理解这种文化现存的助人途径：

> 文化专属咨询活动会提出这样的问题：一个特定的文化如何看待助人关系？他们在传统上如何解决问题？是否有新的特殊咨询技能和思考方法可以更好地理解文化的参考框架而不是典型的欧洲-北美框架体系(p. 107)？

为了回答这些疑问，努瓦楚库和埃维首先要求来自特殊文化的个体审视一下自己的文化，并描述这种文化的价值观和助人风格。基于这些信息，他们就用发展的训练内容向咨询师传授关于文化、文化价值观、行为和传统助人方法方面的知识。他们的研究表明，这种方法不仅修正了实习生的思维，而且修正了实习生的行为，其目的是让他们根据文化标准获得更多的收益。他们还建议说，可以采用类似的程序来为其他文化开发文化专属的训练活动。

练习

探索文化专属策略

为了增强你对文化专属咨询策略的意识并改善文化内部的助人方法，以自己的文化为例，和别人商量一下，对其中传统的助人方法给出反应。尽力确定一些有助于你给别人提供处理文化方面问题的思考建议的原则或技术。然后，选择一种你相对不熟悉的文化，并请求那种文化中的成员和你一起探索其中的助人方法和目标。同时，在他的帮助下，尝试着去确定一些有助于你给别人提供处理他们自己文化方面问题的原则或技术。

信息资源

正像一开始所指出的那样，治疗中的文化差异问题曾长期遭到忽视。直到最近几年，大量的书籍、专业性杂志和个人的文章才陆续涉及解决不同文化群体当事人的问题。除此之外，现在也出版了专门探讨多元文化人群的杂志。其中包括：《多元文化的咨询和发展》(*Journal of Multiculture Counseling and Development*)、《黑人心理学》(*Journal of Black Psychology*)、《跨文化关系国际期刊》(*International Journal of Interculture Relations*)、《同性恋的社会服务》(*Journal of Gay and Lesbian Social Services*)、《多元文化的社会工作》(*Journal of Multicultural Social Work*)，等等。

由于篇幅有限，本文不可能评论所有的文献。然而，我在书后罗列了一些涉及不同群体内容的最有名的著作。本章所引用的额外资料包含在书后的参考书目中。我鼓励你们琢磨一下所列文献和本章的参考资料，并深入探索那些应用在自己工作对象上的具体资料。

第七章 临床写作

临床写作跟你曾经学习过的其他写作不同。临床报告写作的目的、方式、主题和格式等需要一系列新的技能。在大学里几乎没有哪个学生受过这方面的培训。本章和下一章旨在使你理解临床写作的过程和内容,以便发展并掌握技能,它们会让你的整个学术和职业生涯终生受益。

讲述这一专题内容的方法,首先是假设学生已经掌握了基本的写作技能,并且仅仅需要集中讲解临床写作这一个方面就可以了。经验告诉我这种假设是应该的。但是大多数情况是,学生在一般的写作技能上仍旧有待训练。这也是学生之所以在临床写作上常常会出现麻烦的原因。由于这种经验的存在,在讨论临床写作之外,我还会就如何提高你的整体写作水平提出建议。如果你的写作技能已经比较完善,可以略读本章开头的部分,然后多花点时间阅读后面的材料。但是大多数学生最好还是仔细阅读全章内容。正像费舍尔(Fischer,1994)所发现的,誊写优质报告的基本要求"都是常识,但却并不平常"。

写作是可以学习的

有时候,人们说写作是一种天赋,是教不会的。我认为这种说法是错误的。写作,像其他技能一样,不但可以教,而且大部分人都可以学会。这并不是说,我们都能获普利策奖。但它确实说明,大部分学生能够学会写出准确、明了的报告,并且写作方式也符合我们职业的标准。如果你已经幸运地掌握了写作技能,本章将使你把那些技能运用到临床治疗的写作中来。如果写作从来都不是你的强项,请用心阅读下面几个小故事。

在上大学一年级之前的那个暑假,我花了两个月的时间徒步远行,并登上了位于科罗拉多州(我的家乡在那里)附近的山上。在大部分时间里,都是我一个人徒步行走,并且经常是一连好几天不说话,也听不到别人说话,不读也不写一个字。这种经历具有心理治疗的性质。但是,在大学学习开始的时候,它也带来了一些问题。一年级的所有学生都要选一门课程,就是心理评价。这门课程要求掌握心理测验的组织管理、评分和解释等能力，并要求每周写出两份长长的心理评价报告。

作为一个大学肄业生，我的写作能力属于一般水平，也没有接受过任何具体的临床写作训练。经历了那么长时间远离语言的暑假之后，我发现大学里的写作任务是那么的困难。每个报告我都要写好几天，打字、修改、再输入，直到要交报告的那天凌晨，报告才能最终完成。为了便于修改错误，我特别选用了一种容易擦改的纸张。为了节省购买白色修改液的钱，我买了 1 加仑白色乳胶墙壁涂料来代替。有时候，我那台手动的打字机老是不停地跳格，急得我简直要把它从二楼的窗户扔掉。

虽然尽了最大的努力，但令人尴尬的是，我的报告还是被退了回来，并且在报告的第一页上面画着许多大大的红叉或者“NO!”。天生具有临床技能的我，知道这标志着教授对我的表现很不满意。这一判断是准确的。半个学期以后，我接到通知，如果写作没有改进，将不得不重修这门课程甚至被除名。面对这些令人沮丧的消息，我问老师：“怎样做才能提高写作能力呢?”老师说他也不知道。他只会教心理评价，但不会教写作。于是，我不得不到别的地方去学习写作。

解决这个问题的标准办法可以概括成这样一句话：总结过去的经验，对我而言或许是最好的办法。但我并没有听到这样的老套话。正是由于自己写作上的困难，我反而学到了一些独特的东西。它们也将使本书的读者更有效地提高他们的写作技能。做出这样的改变还能提高你们的口头表达能力。于是，我开始练习一些可用于所有写作的简单规则，然后进一步分析临床记录和沟通的具体方法。

以学习写作为取向的阅读

提高写作水平的一个最好办法就是改变你的阅读方法。人们阅读的时候，大部分时间是阅读材料的内容。他们想知道当天有什么新闻，想了解记者的文章说了什么，或者想知道故事是怎样发生的。注重内容是获得信息的好办法，但不是提高写作水平的好方法。要想通过阅读来提高写作水平，你必须注意文章的结构和写作方式，而不仅仅是信息内容，然后把阅读的焦点从文章写了什么转移到文章是怎样写的。

我们可以做个类比，一个拉小提琴的人听小提琴协奏曲的方式肯定不同于一个对乐器演奏毫无激情的随意的观众。一个随意的观众可能仅仅欣赏曲调，而一个学习器乐演奏的人可能会密切地关注音乐家的技巧。同样，不打高尔夫球的人可能仅仅观看球飞得有多远、多直，相比较而言，一个想学习这项运动的人会忽略球本身，而更加关注运动员的动作。

如果你想学会写临床报告，开始的时候有一个好办法，就是阅读他人写作的报告。当你阅读他人的报告时，记住要改变你的“视点”。仅仅阅读别人报告的内容，可能是学不到什么东西的。真正重要的在于报告的结构和写作的方式。具体内容会随着不同的当事人而变化，但是基本的写作结构和方式，你却可以反复使用。

下面一组练习可以明确说明内容和形式之间的差异，请仔细思考下面各组句子。每一组句子的内容基本上是相同的，但他们在形式和结构上并不相同。它们之间只有微弱的差别，你不需要说明哪一句"更好"，你的任务是指出它们之间的差异，并想一想它们是怎样传达信息的。你也可以改写这些句子，试一试自己能否在某种程度上改进它们。稍后，我将进一步分析这些句子。

练习

句子组

1. A. 面谈期间，当事人说他之前从来没有找过治疗师进行心理治疗。
   B. 当事人表示他之前没有心理治疗的经历。
2. A. 测试结果表明有中度抑郁、焦虑以及有关家庭问题的烦恼。
   B. 根据测试结果，有证据表明存在中度抑郁症状，同时伴有焦虑及明显的与家庭问题相关的烦恼。
3. A. 威廉姆·史密斯是一个和蔼可亲、精力充沛的 75 岁的老人，来的时候他穿着整洁的黑灰色西装。他开门见山地谈到自己目前的焦虑，并且表示，只要能恢复到原来的状态，他愿意做任何事情。史密斯先生说，他来做心理治疗是因为这样的问题，即他的性生活开始从每周的 5 次减少到 3 次了。
   B. 威廉姆·史密斯是个 75 岁的老人，他的问题是性能力下降。在面诊的时候，他穿得很好，全身修饰得很整洁，显得很兴奋。

练习与反馈

写作，像其他任何技能一样，需要通过练习来学习。但是仅仅练习还不够，还需要反馈意见和积极的批评意见。没有反馈，就可能是在练习错误而不是学习新技能。作为实习生，在写作上，你至少可以从三个方面获得反馈信息。同事、实习导师和课程老师都可以就临床写作的形式和内容提供参考意见。要积极利用这些资源，因为这些人会从不同的角度提出意见，而且你会发现跟某些人合作可能比跟另外的人合作要容易。我自己的经验是，当老师在写作上不能提供什么指导时，那么，大学同学就是最有价值的反馈来源。确实，假如没有他们的帮助，我不可能完成我的学业。后来，几个实习项目中的导师也给我提供了很多指导。直到现在，信息反馈仍对我很重要。同事、编辑和学生都会提供一些评论意见和批评意见。

正像你必须以不同于普通阅读的方式来提高写作技能一样，你也必须征求并接受各种不同的反馈意见。请别人评判完成的报告时，人们往往都希望得到好的评语。像"我看很好"、"很好"、"好作品"等评语，听起来感觉虽很舒服，但对提高写作水平却没有任何助益。为了使反馈的信息更有指导作用，你必须乐于征求并接受尖锐的批评或建议。表扬和鼓励当然重要，但在发现错误、改正错误的过程中我们学到的东西会更多。对于这一点，有一个同学做得很好，当他把完成的报告草稿传给好几个同伴评阅时，他在上面附言：请帮个忙，尽量地批评、挑剔。也就是说，把报告打乱。我需要您诚实的批评和建议。

人们都习惯了求取好听的意见并送出一般性的肯定性评价，所以，一开始你就必须征求具体的、批判性的意见。最重要的一步是要超越那种普天下都适用的概括性的话语，而请别人针对你写作的具体方面提出具体的建议。比如，不要简单地请别人阅读你的文章，然后告诉你有什么感受，应当要求他们阅读每一句、每一段，并告诉你怎样写才能更明了、更准确。针对所写的东西，请阅读者谈一谈还有什么其他的表达方式。你甚至可以要求他们用自己的话写同样的内容，然后把他们的句子跟你的比较一下，看看哪些话还可以改进。我经常让我的学生交换他们的报告并互相批评、指正，有时，在征得学生本人同意之后，我还在课堂上匿名地大声朗读他们的写作报告，并请学生提出建设性的反馈意见，以促进他们提高写作水平。在反馈的过程中，你要乐于尽力去修正一些难写的句子或段落，直到满意为止。有时候，你可能还得从文章的整体出发，删除个人喜欢的一些句子或段落。写作和修正的过程，既能提高写作者的写作能力，也能提高阅读者，特别是那些对报告做出评价的人的写作水平。

为了使阅读人能够给你提出最有价值的意见，下面的指示或许对你会有所助益：

> 请尽量仔细并批判性地甚至刻薄地阅读这份作业。我并不需要你判断它是好还是坏，我希望你能够提出改进的建议。我非常欢迎你的评论，无论你提出什么批评意见，我都非常感激。当你阅读的时候，请标记哪些句子或段落表达得不清楚、不准确、笨拙或意思含混、不生动。如果你认为某些句子或段落需要改进，请你尽管写上，不要客气。如果结构上有问题，请说明并提出更换意见。如果有些信息遗漏或者表达不清楚，请指示应该添加哪些内容或者更换哪些表达方式。最后，如果你认为还有其他地方应该修改，我会非常珍惜你的意见。我预先谢谢你了！真诚的批评珍贵难寻。

这样的说明在两个方面有利于意见反馈。第一，允许阅读人带着批评的眼光阅读你的作业。第二，为阅读人提示了应该关注的具体的问题范围以及提出反馈意见的方式。但接下来的任务可能是最难的。既然诚恳地征求批评意见，那么，你也就要有足够的胸怀接受任何意见，不要觉得伤了感情或者变得自我防卫起来。另外一个能够征求到这种批评和反馈意见的地方就是作者所在的办公室(Drotar，2000)。

改写

本书各章在准备出版之前，都至少经过了二十遍的修改。一些读者可能对此感到惊讶,但它恰好反映了写作过程中一个基本但又常常不太令人理解的事实:写作技能是通过反复修改而发展起来的(Zinsser,1994)。

高质量的写作有赖于反复修改。这句话主要体现在两个方面。首先,要提高你作为一个"作家"的写作能力,就必须反复练习修改所写的东西。写作跟你想学会的其他技能一样,必须要经过尝试、犯错、再尝试、再犯更多的错、再用不同的方法尝试、再犯错……直到你掌握它为止。这个反复修正的过程有助于你掌握更有效的写作方法,并且慢慢地提高初稿的写作水平。

很多学生没有经历过反复修改的过程,因为学校环境中的写作任务很少要求修改。学生写完的实验报告,一般是做为评分定级的需要在期末交上去,而根本不要求也没有机会得到反馈,当然也不需要重写。因此,学生可能练习了写作初稿,在一定程度上也可能提高了他们的写作能力,但是,这种作业练习根本教不会学生怎样写作,并且,还使学生养成了坏习惯,即总希望一次性地把文章写完,然后就不管了。有了这种学习写作的经历,当要求学生必须重写报告或者重写论文的时候,往往会使他们形成一种抵触心理。如果大学的写作作业要求至少写出两遍草稿并得到多方面的反馈意见的话,情况将会好得多。比起只要求写一遍初稿的训练方式,重写可以使学生养成修改的良好习惯,并进而有效地提高写作能力(Baird & Anderson,1990)。

除了可以提高学生写作能力以外,修改这一环节本身也非常重要,因为,即使最熟练的作者也知道,他们的初稿总有有待改进的地方。作为一个作者,无论他要培养多少技能,修改永远是写作过程的一个重要环节。理解并坚持这一事实,跟培养写作能力本身一样重要。

常见的写作问题

作为一个教师和实习导师,我读过上千篇学生论文和报告。这种经验使我明白,学生写作中存在的大部分问题大概可分成这样几个类别:意思是否明了的问题,选词和句法的问题,以及主题转换和篇章结构的问题。写作能力差的学生写出的句子往往意思含混。他们选词时常常粗心大意,或者文章中有些句子的含意并不是他们想要表达的意思。这些学生还难以把各个主题的内容有效地联结起来形成一篇结构合理的文章,或不能连贯地从一个主题转换到另一个主题。这些问题都非常常见,因而他们的论文读起来令人痛苦不堪。然而,这些错误大部分都是可以改正的。

我发现,有几本书对辅导写作特别有用。有些书论述了所有写作中存在的一般性问题,有些是专门论述临床写作的。有两本专门论述临床写作的优秀著作,一个是诺曼·塔兰特(Norman Tallent,1997)写的《心理学写作报告》(*Psychological Report Writing*),另一本是康斯坦茨·费舍尔(Constance Fischer,1994)写的《个性化的心理评估》(*Individualizing Psychological Assessment*)。塔兰特对临床报告和写作做了广泛的研究，虽然他那本书特别指出是论述心理学的，但书中所包含的内容对许多领域的专业人员和实习生都是有用的。费舍尔的书，除了对评价和报告的写作过程做了最清楚的描述之外，还提供了非常有价值的写作技巧和大量的写作实例，以说明学生普遍存在的写作错误，并对如何改正做出了指导。另外有一份资料对帮助临床写作的新手选词造句很有助益，这就是爱德华·祖克曼(Edward Zuckerman，2000)的《心理学报告写作指南(第五版)》(*The Clinician's Thesaurus*，*Fifth Edition: The Guidebook for Writing Psychological Reports*)，该书还有了电子版(2000)。希望提高学生写作水平的教员可以参考皮尔西、斯普兰科和麦克丹尼尔(Piercy，Sprenkle，& McDaniel，1996)等人的文章，它们描述了在家庭治疗和医疗培训中写作教学的三种教育方法。

注意：不同的督导员和实习导师有不同的写作风格

接下来，我们将要分析前面所提到的那些作者的观点，以及我个人作为治疗者、督导员和实习导师在实践经验中所形成的一些观点和看法。在我提出那些观点之前，有一个明确的条件需要说明。虽然，对于我认为是好或者差的写作，我将举出具体的例子并做出解释，但是，不同的实习导师和不同的督导员对我这里所说的观点或看法会有不同的意见和偏好。如果你的导师或督导员持有另外的观点或期望，也没有必要为这种差异而感到困惑不安。相反，可以尝试使用各种方法，并查看它们之间的差别。随着培训的深入，你最终会形成适合自己的写作风格。

优质写作的关键

写作要简洁，但对待当事人不能简单化

斯特朗克和怀特(Strunk & White，2000)要求作者“使用明确、具体、生动的语言。要特殊的不要一般的，要明确的不要模糊的，要具体的不要抽象的”。津泽(Zinsser，1998)的观点几乎一脉相承，他认为写作的首要原则是“简单”。他说：“好作品的秘密就是每一句话都要精练地表达出最清晰的内容。”我非常赞同临床写作的这些基本的原则，但我还要加上一条：治疗师的任务是写作简练，但不是对待当事人简单化。你必须尽量简单地、直接地写，但同时也必须准确地描述你的当事人。

下面的例子可以说明，写作中力求简单和直接将怎样提高临床报告的质量。

例 1

A. 面谈期间，约翰逊先生很多时候都表现出神经质和忧郁的症状。

B. 当问到他的家庭时，约翰逊先生移动他的椅子，说话也有点结巴，并且明显地避开目光的接触。

我们可以看出，第一个例句使用的好像是临床治疗的语言和方式，但它实际上是一种非常一般的综合性的语言。像“很多时候”和“神经质症状”等词语并不能说明当事人具体什么时候以及是如何表现的。相比而言，第二个例句直接描述了约翰逊先生的行为和表现以及这种行为和表现的时机。这就能够使读者更好地想象当事人的行为，并且把特别的行为跟具体的刺激联系起来。因此，遵循“要明确、不要模糊，要具体而不要抽象”的原则进行写作，就能够从文体上和临床实践上提高语句和用词的水平。

第二组例句是本章先前已经提到的句子。

例2

A. 威廉姆·史密斯是一个和蔼可亲、精力充沛的75岁的老人，来的时候他穿着整洁的黑灰色西装，他开门见山地谈到自己目前的焦虑，并且表示，只要能恢复到以前的状态，他愿意做任何事情。史密斯先生说，他来做心理治疗是因为这样的问题，即他的性生活开始从每周的5次减少到3次了。

B. 威廉姆·史密斯是个75岁的老人，他的问题是性能力下降。在面诊的时候，他穿得很好，全身修饰得很整洁，显得很兴奋。

这两种描述，你更喜欢哪一种？A还是B？为什么？

这个例子设计得很巧妙，可能会引起更多争议，但是大部分情况下，我会更偏向于例句A中的描述方式。原因有这样几个：首先，虽然第二句明显很简洁，但是，仅仅简洁并不必然意味着它就更直接，或者说更好地描述了当事人的基本情况。“性能力下降”并没有告诉读者到底是存在什么问题。我喜欢A例，还在于它能够使读者更好地认识该当事人作为一个普通人的大概身份，在于它描述得更具体。“穿着整洁的黑灰色西装”一句比“全身修饰得很整洁”描绘了一种更加清晰的人物形象。同样，A例直接引用当事人说的话“只要能够……愿意做任何……”比“显得很兴奋”更能使读者深入地理解当事人。

费舍尔(1994)也举例说明了同样的观点：

> 在报告中，我首先提供一些有关当事人生理特征的描述。这样可以使读者对当事人有一个总体的评价。我尽量描述当事人的动作、行为，而不是静态地描写。这样，读者就能够对当事人在其所处环境中的表现以及改变环境和被环境所改变的方式等有一个总体一致的估量。

请注意，虽然大部分情况下我偏好A例的描述，但是例句B的描述也有它的长处，并且在有的情况下B例更适合。B句的长处就是简练。如果时间紧迫并且没有必要记述超出临床材料要求之外的对当事人的直觉感受，那么，描述就要简短。作为治疗师和记录者，你的任务首先是选择关键的信息，然后决定怎样以最好的方式把它写进你的报告中。

删除不必要词语

要简化你的写作，一个方法就是去掉不必要的词语。请仔细看这个标题："删除不必要的词语"(omit needless words)，这是直接借用了斯特朗克和怀特的说法。它用三个词明确地表达了主要的含义。我们可以比较一下，这句话也可以用七个英文单词来表述，即"删除那些词，它们是不必要的"(Leave out words that are not needed)，这表达的是同样的意思，但后一句显得不够简练。

斯特朗克和怀特还说：

> 有活力的写作就是简洁。一个句子里不应该包含不必要的词，一段话里不应该包含不必要的句子……这就不仅要求作者要精简所有句子、避免囊括所有的细节，或者仅仅进行大致地、概约性的记述，而且要让每一个词都表达该表达的意思。

为了说明这一点，我们回过头再来看看前面提到的一组例子。

例 3

A. 面谈期间，当事人说他之前从来没有找过治疗师做心理治疗。

B. 当事人表示他之前没有心理治疗的经历。

第二句中删除了哪些不必要的词？状语"面谈期间"去掉了，因为我们可以想象得到当事人说这句话的时间和场合。"……说他以前从来没有找过治疗师做心理治疗"这一段，用"……表示他以前没有心理治疗的经历"来表达，意思完全一样，但语句更精练。删除不必要的词语可以节省书写时间。减少报告的篇幅，但不能简略有关当事人的重要信息。这种处理要求同样也适合前面讨论的例句 2，请再分析下面的这两个例句，看看哪些地方怎样删除了一些不必要的词。

例 4

A. 测试结果表明有中度抑郁、焦虑以及有关家庭问题的烦恼。

B. 根据测试结果，有证据表明存在中度抑郁症状，同时伴有焦虑及明显的与家庭问题相关的烦恼。

斯特朗克和怀特还举出了一些例子来说明日常表达中包含的许多不必要的词语。比如，"这是一个……的问题"跟"这个问题……"，"我并不知道……的事实"跟"我不知道……”。后者一般更直接、更简练。普通情况下没有必要加上前置词，或者当其他短语已经能够准确地表达意思的时候，也没有必要另外再加上一个前置词。还可以比较一下：“七点钟把我叫起来”和“七点钟叫我”，“发现有关……”和“知道……”。在助人职业中，冗词赘语会把很简单的问题复杂化，比如，“当事人正在做一些散步的活动”与“他在散步”，再如，“他几乎没有说任何话”与“他沉默不语”。

就像脂肪吃得太多会阻碍动脉一样，臃肿的语言也会妨碍你的写作。上面的例句表明，学会删减不必要的词语或句子是提高写作水平的关键环节。津泽非常看重这一点，他说：“要为你能够扔掉的每件东西而感到高兴。”

像前面我们强调一定要注重修改一样，把文章写得简短一点也很重要。学生都知道，冗词赘语有助于延长篇幅，使报告达到老师所规定的字数要求。现在，我这里的要求是把十页的论文要尽量缩短至几页，使文章的每一个词都经得起推敲。什么时候才会感觉报告太长呢？塔兰特认为，写文章的人，只有

> ……经历了写作中的痛苦，他才会感觉文章太长。比如，长时间的写作给人带来的烦恼；把无数的细节罗列成篇，其间所感受的麻烦与困难等等。如果文章包含了无关或者无用的内容，或者文章所包含的细节远远多于它在治疗过程中真正能够发挥的作用，那么，文章就是太长了(1997，p. 73)。

塔兰特(1997)提供了一些长篇幅报告的例子来说明他的观点。在其中一则例子的后面，他以同样冗赘的语言讽刺性地写道：“仅仅看一眼这篇报告，你就可能怀疑它是不是太长了。当读过之后，你就会肯定它确实太长了。”为了不让自己写出的东西出现这种状况，就必须练习精简每一句话。如果你能用最少的语言表达最丰富的意义，而不是用最多的话语表达最少的意义，那么，这种能力会对你的写作产生极大的影响。

慎重选词

除了限制用词的数量之外，还要着重关注它们所能表达的和你想要表达的意思。慎重选择词语也是你作为一个临床治疗者的基本要求。在职工会议上、治疗面谈中以及报告写作中，你所使用的语言很关键。作为一个治疗者，对自己说的每一句话、写的每一个字都不能粗心或随便。你必须知道话语之间的差异，学会准确地表达自己的意思。这在写报告的时候非常重要。因为你的报告完成以后，如果别人阅读时你不在场，你就无法解释或纠正某些错误。粗心大意、滥用词语，如果涉及到有关法律诉讼问题，还会给你惹来麻烦。

津泽建议：“绝不要随便把自己称为作家，除非你对每一个词语以及它们的意义抱有尊敬甚至敬畏的态度。”我很赞同这种说法，并且建议把其中的主语“你”改为“作为一

个作家的治疗者”。如果你不能敏锐地关注每一个词，准确地理解别人所使用的语言，并且谨慎地思考自己说的话、写作中的用词的话，就永远也成不了熟练的心理治疗师。

塔兰特提到过几种研究，其中一种调查了大量的治疗师，询问他们在一般的临床报告中最喜欢什么，最讨厌什么。在最受指责的条目中，语言模糊是提得最多的一项。一些心理治疗术语定义模糊也在一些文献中受到了批评。塔兰特还提到了格雷森和托尔曼(Grayson & Tolman，1950)的一个经典研究。这个研究要求临床心理学家和精神病学家对心理学报告中常用的二十个术语分别下一个定义。通过仔细分析这一系列的术语和定义，研究者惊奇地发现，这些专业人士对所列表中许多术语的定义非常地宽泛。

格雷森和托尔曼是这一问题的第一个研究者，事隔十几年之后，西斯金德(Siskind，1967)重复了这个研究，但结果还是一样。如果我们今天再进行一次调研，其中的某些术语肯定又有变化，我也不能说现在定义模糊的现象比 1950 年或者 1967 年就要少。对于学生和实习生来讲，意义模糊、含混是特别令人烦恼的问题。许多词虽然看起来好像是“最具临床治疗专业性的”，但实际上非常模糊。学生都喜欢使用一些技术性的专业术语来向导师展示自己的专业知识。但问题是，许多进入临床用语的专门术语看起来好像是科学的，但实际上经常是糊涂的，而不是阐释的。哈维(Harvey，1997)也发现了类似的问题，并建议学生要缩短句子的长度，尽量使用短句，减少疑难词，少用隐语、行话。费舍尔提出：“要用具体的概念表达你的意思，不要用职业行话虚饰内容。”

塔兰特的观点也是如此：

> 我们常用的一些词语，如口头的、自恋的、受虐的、不成熟的、强迫性的、精神分裂的等等，往往使意思更隐混而不是更明了。
>
> 技术性的术语虽然不会导致含糊不清或思想不明，但它们本身却常常是模糊不清、界定不严的。现在似乎有一种唯名论或者唯概念论的倾向，无论什么时候，我们总喜欢对某物或某事简单地命名、下定义，好像这样做了，我们就理解现实中发生或存在的事物了。

在本书的前面，我也提到过滥用“不合适”的概念的问题。有一些单词或短语，比如“操纵的”、“依赖的”或者“只要专心去做就行了”等等，使用频率同样很高，但也同样模糊不清。为了抵制这种行话、隐语，费舍尔说：

> 无论是说话还是写作，想要表达你的意思，就必须把抽象的概念转换成具体的例子。你怎样向一个 12 岁的孩子解释你的意思呢？如果你想象不出

怎样做，那么你就并没有弄清楚你自己想要表达的意思，无论你的话语或文字是用什么样的临床术语来表达的。

哈维(1997)把这些建议又向前推进了一步，他实实在在地要求自己学生的报告严格遵守“可读性”的评价标准，如用词选择、句子的长度等。哈维用这些标准来评定学生作业和实验报告的等级，评估他们写作中存在的问题的程度，并要求学生修改或重写，这样学生就可以知道自己作业的等级。哈维在解释这种教学方法时指出，现在越来越多的父母亲，还有那些比报告的作者所接受的正规教育要少的人，也会去阅读心理学或其他精神健康方面的报告。因此，如果能够使我们的报告更适合这些消费者阅读，就能够提高报告的价值，减少误解。

练习

读下面的三个句子，想一想它们用词上的差别，在交流的过程中它们是否会引起细微的但又重要的意义上的差异？

A. 史密斯先生否认滥用酒精或毒品。
B. 史密斯先生说他没有滥用酒精或毒品。
C. 史密斯先生没有滥用酒精或毒品。

在上面练习中的第一句话中，我们碰到了另外一个误用的临床用语(当然，这种被误用的词还有很多，这只是其中一个)。句子中“否认”这个词非常重要。在心理学的语言中，“否认”是一种防卫的方式，并且意味着这个人不是很诚实，或者是他潜意识地表现出来的信息。在这个例子里，可能是这样一种情况：史密斯先生“否认”滥用酒精，但我们知道或者怀疑他实际上在滥用酒精。也可能史密斯先生是诚实的，他确实没有滥用酒精或毒品。如果情况确实是这样，那么第二句话就表达得更准确，因为它避免了由“否认”一词所引起的可能是其他情况的暗示。第三句对于史密斯先生是否滥用物品更加明确，但它也可能引起另外的问题。我们确实知道这是真的吗？还是这仅仅是史密斯先生告诉我们的？这句话写出来好像我们知道这是事实，但如果话的内容是出自于史密斯先生之口，那么，我们就是在暗示还有某些歧义。

这好像是在故意挑刺、找茬，但事实并不是这样。要问为什么，你可以自我反思。如果你呈交给其他专业人士的报告包含这些句子，而其他专业人士又以误解的报告信息为基础做出临床治疗的决定，那会发生什么事情呢？从第一句中，其他读者会断定史密斯先生实际上喝酒但又不承认，或者他们认为史密斯先生没有喝酒。而从第三句，他们可能以为，在我们看来酒精或毒品并不是什么问题，或许设想那仅仅是当事人告诉我们的。如果我这里说的临床治疗中的误解并不可信，你可以想象一下，当你在诉讼案件中为自己的责任做辩护时你会怎样竭力解释自己的意思。

有一个澄清含义的方法，就是把有问题的段落读给同事听，请他们告诉你这些段落意思是否清楚，它们听起来是什么意思。有时候，我会让那些非治疗人士来读我的报告，并请他们提供反馈意见。让你的家人或者其他没有受过专业训练的人读你的报告，这特别管用，因为他们最能发现其中的歧义。

另外一个工具就是词典，这常常受到忽视。我要学生使用两本词典，一是标准词典，二是专业术语词典。标准词典使你理解这些词的意义以及普通用法中的含义。但要注意，不要以为标准字典中提供的含义在临床治疗的论文中也具有同样的含义。如果一个词语包含临床治疗上的特定含义，专业词典就会收录它。经常出现的情况是，学生使用了某个自以为熟悉的词，却发现该词的意思或所指的事情与他们所想的完全不一样。有一个学生用了“无忧无虑地”这个词来描述一个大脑受损的当事人怎样举起他的手。另外，在谈到想要减轻当事人的焦虑而实际上反而加重了当事人的焦虑的情况时，我听到一个同事反复说“两重性”(duplicity)这个词，而他实际上是要说“重复、翻倍”(duplication)的意思。

如果你不知道前面段落中某些词的意思，你查过字典吗？为什么没有？我有一个学生，在回答类似这样的一个问题时，他说：“我已经考过 GRE 了。”后来，这个同学既没有拿到学分，也没有得到工作推荐信。

临床术语的误用也很普遍。学生经常混淆“妄想”(delusion)和“幻觉”(hallucinations)，“执著”(obsession)和“强迫”(compulsion)，精神分裂(schizophrenia)和多元人格(multiple personality)，等等。其中滥用最普遍的一个术语肯定要算“负向强化”(negative reinforcement)了。即使你肯定知道它的意思，也要在课本上查一下。在一个高年级班上，有二十个学生说他们知道这个定义，但实际上只有五个人的理解是正确的。要了解准确用词的重要性，只要想到这一点就会明白：如果误解了报告中的“负向强化”，那么治疗就会出现干扰——可能治疗计划与作者的意图正好相反。

明了

认真地选择用词，是使写作和临床治疗工作意思清楚明了的一种方法。这个要求既包括个别词语的明了，也包括句法、篇章结构的明了。如果报告的结构不明确，读者就不得不到处去寻找重要的信息。如果句子的语法混乱，意思就会含混不清。比如这样一句话：治疗师把他的问题告诉了当事人。治疗师谈论的是谁的问题呢？治疗师的还是当事人的？

斯特朗克和怀特(2000)提醒：意义混乱不仅有碍于文章，而且还会损及生活，湮灭希望。在临床治疗中，这话一点也不过分。有一个例子：一个治疗师告诉另一个治疗师说，他约定“下一个星期五”要看一个当事人。由于谈话是在星期三，听者以为这个安排是在两天之后。然而，说话人指的是下一周的星期五。由于问题中的当事人正处在严重的危机当中，所以，这种歧义可能会潜在地产生严重的后果。

大部分人都会赞同这样的说法：意思明了在临床报告中很重要。但困难在于，我们什么时候才知道自己的报告意思不明了呢？因为写作的时候都认为已经知道了自己想要表达的意思，并且假设我们写出的话能够充分地传达我们的意图，因此，我们常常滤掉了那些事实上没能理解的信息，或者更糟糕的是，那些好像能够理解的信息却被别人误解了。

前面已经提到过，控制误解的一个办法，是在报告转交之前先请其他人看一遍。如果找不到其他人，那就假设自己对该病例一无所知，然后以这样的心态，大声地读自己的报告。大声阅读会使那些在默读的时候发现不了的问题显现出来。如果时间允许，另一个极有价值的方法是把报告暂时搁在一边，过几天以后，再以开放的心态来读它。除了有利于发现写作中的问题之外，这还可以使你在呈送报告之前，能够更多地思考病例本身的情况。

我并不是过分强调写作意思清晰明了有多么重要，但治疗师至少必须知道要极其小心地对待自己的语词。你必须知道并且准确地表达你的意思。要防止总是这样想：这是常识，你知道我的意思。但这样还不够。有些话可能在日常生活中能起作用，但在专业工作中，是不能接受的。如果读的人没有准确理解其中的含意，那么责任会落在写的人的身上，而不是读的人。说你想说的东西，并且清楚明了地说。对此，我深有体会，只是还没有机会对学生直截了当地说过："如果你不想学会小心和准确地运用语词，你或许应该考虑另谋他业。"

了解你的听众或读者

关于写作的最后一条建议，是了解你的听众或读者。有些教师和有关论述临床写作的文章，对临床写作的文体形式和内容提出了一些具体、严格的规则和要求。但在所有有关写作的建议中，我很欣赏的一条就是，要根据对读者或听众的了解程度来选择和调整写作的文体形式和内容。

费舍尔(1994)在她的书中反复强调：报告是写给读者看的，而不是给作者自己看的。塔兰特也强调了这一原则，并且引用了哈特雷和默克(Hartlage & Merck, 1971)一篇报告中所说的话：报告的效用性减小的主要原因是"深奥……作者提出了报告对读者可能的用处，但没有适应普通大众的理解能力"。哈特雷和默克认为，只要心理学者能够熟练地运用一定的方法使自己的报告更加具有实用性，他们写的报告就会跟未来的读者或听众更加紧密相关。

准备给本领域的同事和专业人士看的报告跟写给律师、普通家庭成员或者其他不同背景和需求的人的报告肯定是不一样的。如果认为他人可能忽略了当事人的某些方面，你肯定想在报告中着重突出这些方面。但对于你来说，最要紧的是，写作的时候要随时记住怎样使写作的文体格式和内容符合临床治疗和专业的目的。

练习

你写的研究报告会针对不同的阅读群体，下面是提高对这些不同群体的认识的一种方法。请先看这个表，然后，列出你心目中随时会考虑的问题——如果你的报告是为他们而写的话。你可能考虑这些因素，比如，读者的知识和训练水平，有多少时间用于阅读，他们最习惯阅读的报告格式，这些或其他因素在不同群体的身上会有什么变化。

- 当事人
- 当事人的家庭成员
- 保险公司
- 临床心理学家
- 咨询员
- 社会工作者
- 精神病治疗专家
- 非精神病治疗专家的医疗博士
- 学校老师
- 学生
- 律师
- 法官
- 职业记者
- 新闻报刊
- 其他人

分析、回顾上面的这些项目及其所蕴含的内容，能够提高你写作时对一些总体性因素的认识。但是还要记住，无论他们的职业或角色如何，不同的人会有不同的偏好和需求。一个学校教师可能通晓治疗策略，但另一个人对此毫无所知。精神病治疗专家可能希望报告要尽量地简单，并且“仅仅需要客观的事实”就可以了，而另外的人可能更喜欢细节性的报告，因为它们描述了当事人作为一个普通人所体现的思想意识和状况。

在写报告之前，如果知道报告是写给谁看的，有时候就可以直接跟这个人联系，询问他喜欢什么格式和哪方面的内容，以及对报告的具体要求是什么。这也是很好的办法。报告写完以后，你随后可以向接收报告的人征询反馈意见。作为实习生，你会有很多机会获得这些信息或意见，并且许多人都很乐意提出他们的意见。

第八章
病历和病程笔记

病历的作用和保存

如果你还没有机会阅读或写过病历，那么，当你开始做自己的治疗记录时，请你把它当做一件愉快的事情。因为病历很快将成为你职业生活中的一个组成部分。虽然许多专业人士对写病历或其他笔记持否定态度，但是，如果你能够理解有关病历工作的重要作用并掌握一套如何使用和保存病历的方法，那么你的病历工作将会越来越科学而有效，你的工作也会更令人信服(Caper，1987；Kagle，1993；Van Vort & Mattson，1989)。

范·沃特和马特森(Van Vort & Mattson，1989)强调，记好病历可以确保对当事人的诊断和进一步治疗的质量，更好地满足他们的要求以及应对万一引出的法律纠纷。同时，病历还能保证第三责任人可能的赔偿(如保险公司为护理服务所做的赔付)。实际上，病历的这些作用也被《美国心理学协会病历档案管理规则》(*American Psychological Association's Record Keep Guidelines*)(APA，1993)所认可。

作为一种制度，卡斯珀(Casper，1987)认为，医院及其他健康护理机构都应该恰当地保存好病历以便接受审计机构的评估检查：

> 所有重大的审计机构，如医疗信誉联合会(JCAH)和健康护理基金会(HCFA)，都建立了医疗记录评估标准，并作为定期检查的精神病治疗条件的一个组成部分。

并且，职业道德标准和国家有关法律条款也对病历有明确规定。美国心理学协会(APA)针对临床心理学家制定的《临床服务专业规则》(*Clinical Psychologists*)(APA，1981)明确要求：在完成临床服务工作以后，临床心理服务的提供者必须在合理的时间内保存好有关临床过程的基本信息。同样，法律对有关职业及其工作档案的保存也做出了类似的规定。当然，各州之间具体要求并不一致，你必须熟悉希望去工作或研究的单位所在地的法律。

病历的重要性还体现在临床记录应当保存的时间长短上。关于这一点,《美国心理学协会病历档案保存规则》也要求病历保存的时间和方式应当遵从各地法律的规定。在有法律具体规定的地方,法律的规定高于行业的规定和要求,并以当地法律的规定为准。如果当地的法律和条例没有对病历保存做具体规定,美国心理学协会也有明确的规定:

> 完整的病历,在与当事人最后一次接触之后,至少应当保存3年。而所有的病历或者总结,还应当在被处理掉以前再保存12年。如果当事人是未成年人,那么他的病历还应当一直保存到他达到法定成人年龄之后的第3年。

其实,在这些重要规定条款的附注中还建议,美国心理学协会的实施条例在以后的修订中,应当将保存年限改为7年,并要求是完整的记录。

不管是出于职业道德上的考虑还是实施条例上的要求,我与很多律师都讨论过这一问题。他们对于病历保存时间的态度很明确——永远保存!原因是,除了职业道德和法律规定所要求的之外,一些民事官司也要求慎重保存病历。在一篇重要的评论中,索尔森、范德克里克和纳普(Soisson, VadeCreek, & Knapp, 1987)就分析了在我们这个爱打官司的社会里病历保存的重要性。在对现有法律与案例的评论中,索尔森等人特别强调指出,谨慎保存好病历会减少不必要的责任纠纷,而病历的缺失可能被指控为服务不好或失职。关于这一点,哈里斯(Harris, 1995)以及本尼特、布赖恩特、范登伯斯和格林伍德(Bennett, Bryant, VandenBos, & Greewood, 1990)等人反复声明:对于医疗工作,没有记录,就没有进行。

由于这些原因的存在,谨慎保存好病历将是专业工作的基本责任。做好病历记录,应当首先明确哪些东西应该记录下来,并掌握一些记录和进一步评注或分析的格式。威格(Wiger, 1999)的临床文档全书中就提供了一些病历档案和保存病历的格式范本,大家可以参考。

病历记录什么

练习

在阅读下面的内容之前,请思考一下:假如你有一个当事人,你想了解他的哪些信息呢?然后,把你所想到的信息进行分类,并制作一个简单的表格,以作为初次与他见面时使用的记录表。当把所要收集和记录的关键信息列举出来以后,再把你的设想与同学或实习同伴的想法进行比较,看看他们是选择什么方法、记录哪些信息的。你或许会发现遗漏了某些应该记录的信息。

在本书里，我讲的病历是指有关当事人诊疗过程中所有有关信息的记录。病历应该记录什么呢？一般的标准是，病历记录并保存重要的信息，注意说了什么以及是怎样说的。一份好的记录不仅包括当事人当前的基本情况，还应当包括以前的一些相关的信息，比如病史和治疗情况、病程笔记、交往情况、病情公开情况、咨询档案、经济支付情况、知情同意(informed consent)的方式以及其他相关信息。

不同的组织和机构有不同的病历保存技术。对于典型的材料，一般的做法是用包装纸或折叠卡片把有关记录信息分组分类保存。为了方便起见，在小类材料中通常要进行编码，并贴上小标签，以识别它们的基本内容。为了使病历档案的保存工作符合规定的要求，大部分单位都会定期地对病历材料的内容、管理等进行自我检查、评估和清理。

卡格尔(Kagle，1993)、卡斯珀、范·沃特和马特森推荐了一种病历系统。这种系统既能改善临床记录工作，又能严格地遵循有关管理机构的规则。它主要包括精练病历、减少臃余信息、使用统一的病历表格、采用计算机及其他记录设备。有的管理机关还聘请时间管理咨询人员来协助评估病历档案真正要保存多少时间，以及怎样提高保存效率。

皮亚察和贝鲁斯(Piazza & Baruth，1990)关于怎样组织病历和病历记什么的分析可能是目前最准确、最有效的。他们把应当进入病历的信息资料分为六大类。在提到这套病历系统的效用状况时，皮亚察和贝鲁斯指出，他们的这个病历系统已经成功地应用于许多临床治疗机构，并且按照这个系统所做的病历全部都通过了国家或地方的评估标准。

皮亚察和贝鲁斯在每一类应当录入的病历材料中又列举出具体的信息种类。在“鉴别或接案信息”(identifying or intake information)这一类中，他认为应当包括这样一些具体的个人资料：姓名、住址、家庭和工作电话、出生日期、性别、家庭成员及其姓名、最近的亲戚、职业状况等。同时，还应当记录初次接触的日期、提请咨询或治疗的原因，以及正在给该当事人治疗的其他人或曾经给他治疗过的专业人员，如医生或其他咨询者的名字。

大部分机构都会采用一些标准的格式来记录这一类信息。在有的情况下，这类材料由当事人自己填写，而有时候，是专家或治疗者亲自与当事人交谈或讨论，然后在交谈的过程中同时做好记录。如果是通过计算机网络进行的咨询项目，这些材料是允许当事人自己填写的。

这类信息的记录对大部分当事人来说，是一个直接的、坦率的过程。但在有些情况下，当事人有可能不愿意别人知道他们的家庭住址。比如，我曾经接受过一对关系不和的夫妇的咨询，他们都不愿意让对方知道自己进行精神治疗。那么，在这种情况下，你有必要把跟当事人会谈和付账的地点与方式在病历上做恰当的处理。无论怎样处理，关键是，必须保证不要让治疗师、秘书、病历科或其他同事，由于一时疏忽而给当事人家里打电话要求当事人来确定会谈治疗日程的事宜，或者寄送收费单等事宜，这会向当事人的家人暴露他正在进行精神治疗的实情。

皮亚察和布鲁斯提出的第二类记录材料，是“评估信息”（assessment information）。这类材料通常是在治疗开始为当事人制订治疗计划时应该收集的。在有的记录方法中，这类材料可能包括在前面提到的格式。在“评估信息”这个标题下包括五项内容，这些内容在皮亚察和布鲁斯看来都是最基本的、必要的信息。第一项是“心理评估”，它主要说明当事人的治疗动机、情绪状态、认知能力、以前出现过的心理障碍和治疗史。第二项是“社会和家庭评估”，这项主要关注当事人的早期家庭状况和成长历史，包括父母亲、兄弟姐妹、家庭活力和家族疾病史，也包括他们现在的家庭状况、社会地位和职务。

皮亚察和布鲁斯(1990)认为不仅要考虑当事人生活“功能紊乱”方面的信息，同时还要关注他们的能力感和受教育状况。这些信息就是他们提出的第三项记录内容——“职业或教育评估”（vocational/education assessment）。除了职业和学习经历以外，这一项还包括业余爱好、休闲及文娱活动。要了解当事人的生活背景，关键是不仅要知道他的工作和学历，而且要具体了解他在工作岗位上的能力和业绩。因此，当一个妇女说她是一个家政工作者时，咨询者应当弄清楚她具体的工作信息，如财务管理、计划、组织或者幼儿照顾等可能进一步透露其具体角色的信息。当事人可能倾向于遗漏可能标志其身份的具体角色和技能，但是，治疗者掌握的这些情况，对调动当事人自身的力量、提高治疗效果具有重要作用——这也是精神治疗的一个组成部分。

第四项和第五项分别是“毒品和酒精的使用情况”和“健康状况”。这个标题已经说得很清楚了，不必多做解释。所要强调的是，很多咨询师不太注重生理因素。身体上的疾病和生活方式，比如抽烟、喝酒、睡眠习惯和是否使用咖啡因等，对当事人的心理有很大的影响。我曾告诫实习生，应当尽可能多地获得当事人身上透露出来的一些必要的信息，并且与他们的私人医生保持密切联系。像皮亚察和布鲁斯所做的那样，我也建议，如果很长时间没有看过医生的话，就应当鼓励他做一次全面的身体检查，因为，许多表现为心理症状的问题，可能是由身体上潜在的某些疾病所引起的，或者与生理上的一些或大或小的毛病密切相关。为了明确这种可能性，在与当事人见面之前，你可以要求先与他的医生取得联系，并且，在你见过当事人之后，要仔细地分析医生提供的结论。

需要注意的是，在收集和分析当事人以前的有关信息时，有人所提供的某些情况可能并不可信。所以，在征得知情同意的情况下，你最好从他的家庭和朋友那里获得可确证的具体信息。实际上，在精神治疗的开始，跟他的家庭成员和他的朋友见见面也是治疗工作的一个基本要求。对于当事人来讲，由于他当前的病情（如精神混乱、脑损伤或一定程度上的人格障碍），可能使他不能够或者根本就不想提供有关自己状态的准确信息。

除了上面提到的信息以外，作为对当事人最初评估内容的一部分，我主张，如果当事人曾经或者正在其他治疗机构或者其他专业人员处接受咨询治疗的话，那么，你应当去查看这些病历材料——当然要征得当事人的同意和签名。如果当事人不愿意让你接触以前的病历记录，那么你应当在病历上做一个小小的记号，以便以后进一步了解原因。如果你看不到过去的病历记录，那么，应当慎重考虑是否接诊当事人。从可能承担的责任的角度来讲，如果不能得知当事人以前治疗的情况，那么，拒绝接诊可能是明智的选择。因为，这些信息对于理解当事人目前的状态以及自己怎样给他们提供治疗具有非常重要的意义。如果你不能尽力地收集当事人过去的有关信息或者正在进行的别的治疗方案的信息，而且，如果你也没有在临床记录里面记录自己所做的努力和这些基本情况，那么，一旦惹起官司来，就可能会招致一些不必要的麻烦。

如果掌握了上面列出的当事人的两类信息资料，治疗者就可以编制治疗方案了。这就是皮亚察和布鲁斯的病历系统中的第三类信息资料——“治疗方案”(treatment plans)。他们认为，当事人和治疗者双方都应当同意每一个治疗计划并签字。治疗方案至少应当包括：当事人的问题或病情描述、用可操作性的语言说明的治疗目标、实现治疗目标的可操作的治疗步骤。随着治疗进程的展开，当事人和治疗者应当定期地回顾治疗方案、评估治疗进程，并在必要时调整治疗方法和治疗目标。

在健康护理中，“管理式保健”(managed care)[1]或其他变化越来越成为精神治疗专业领域的一项基本要求，这也是皮亚察和布鲁斯所说的第四类记录材料。其目的在于表明，我们为当事人所做的一切治疗工作都是建立在一定的理论基础之上的，也表明我们的工作对当事人是有成效的。在有些案例中，如果从一开始就没有制订一个合理的治疗计划，并且也没有在病程笔记中记录好按照既定的治疗计划所执行的下一步治疗工作，那么，你和你所工作的机构或单位以及被你治疗的当事人就可能得不到保险公司的补偿。因此，除了保证为当事人提供优质的治疗服务以外，慎重制订并清楚地记录治疗计划，既有利于你也有利于当事人的经济安全或经济保障。

而“案例笔记”是皮亚察和布鲁斯的病历系统模式中的第五类记录材料。案例记录将在本章后面详细讨论。皮亚察和布鲁斯认为这些笔记应当包括每次会谈的目标、目标是否达成的解释、行为观察和临床印象，以及下一次会谈治疗的计划。

治疗师在结束时应当写出简单的案例要略，并且在回顾治疗工作的开头、经过和结果的“总结”中也应当有所记载。如果当事人将被移交给另一个专业人员，那么在“总结”中还应当对这件事情或者其他后续治疗方案有所记录。

记录中的第六或最后一类记录资料被简单地称做“其他材料”，这里包括这样一些信息，如治疗授权情况、病情公开的情况、有关测量或测验结果的备份情况，以及同其他专业人员的交流情况。如果你就某个病例向其他专业人员做过咨询，那么，就应当

〔1〕 有人也译作“保健管理”，是指美国90年代以来出现的一种医疗体系。——译者注

对那些咨询做好记录，这些记录可以放在这里，也可以放在第五类记录材料，即“案例笔记”中。这一部分记录可能会塞满很多很多的材料，但是你会发现，对插入的材料做好记号并系统地整理它们会很有裨益。

记录的外在作用

保护当事人

跟所有常见的规则一样，对记录任何重要情况的规则，都是有一些忠告的。在临床病历的记录中，告诫的出现是由于案例的记录并不总是严格保密的。这个事实在《美国心理学协会病历档案管理规则》中有明确的认定，它指出：

> 这些要求规定，没有哪一份记录能够在任何时候都免于公开，不管当事人或心理学专家是否希望。

知道病历在某些特殊情况下可能会公开，并不意味着你就可以粗心一点，或者，无论法律是否要求和允许，你都可以被赦免承担公开病历的责任。但是，它确实意味着，如果手头持有当事人及他们的治疗计划的各种记录，那么其他人完全有可能接触到这些记录。

病历的保密程度都是有限的，这在研究院(所)之类的机构里更加普遍。如果病历记录已经是或者将成为更大的病历研究样本中的一个组成部分，那么，很明显，你的病历记录完全可能被其他人看到。在这种别人随时可以接触病历的管理模式中，当事人的利益可能得不到最好的保护。因为别人可能与你一起分享当事人的秘密，或者有可能伤害当事人。

你也应当知道的另外一种情况是计算机处理病程笔记和输出资料的情况。韦丁、汤普斯基和麦加哈(Wedding，Topolski & McGaha，1995)等人为与计算机处理记录笔记有关的问题提供了广泛的讨论，特别是在管理式保健的情况下。杰福茨(Jeffords，1999)报道，国家研究院(National Research Council)发现，随着技术的发展和进步，传统的记录保存方法已经发生了改变。25 年前，病历是由私人医生保存和使用的。现在的病历则是由至少 17 个不同机构中的人处理。

有些作者指出，治疗师为当事人所制订的“管理式保健”计划必须同时附带病程笔记，并且能够让保险公司凭借病程笔记做出评价。但是，如果病历由计算机处理并与其他机构或单位分享，那么，无论什么时候都会出现这样的可能性，即其他人将会看到病历或病程笔记，并且他们还有可能违背有关保密的原则。此外，还可能出现黑客及其他安全问题。正是由于这些原因，在医院工作或者为“管理式保健”之类的项目提供服务的治疗师和实习生，必须特别谨慎地对待病例笔记的写作、评价和报告。

格塞尔(Gutheil，1980)特别强调了"病程笔记"[1](progress notes)和"过程笔记"(process notes)之间的区别。前者包括在治疗实施条件下可以被他人观察到、在完整病历上还可以被别人分享的经验性的信息内容。而"过程笔记"则反映精神治疗的过程，包括由当事人透露的个人信息和治疗师对这些信息的思考、猜测。后一种信息材料不应该进入他人可以接触的那种病历记录里(Harris，1995)。

由于上文已经提到的保密问题的存在，所以，通常的做法是单独保存个人的病程笔记。有时候人们认为，这种个人的病程笔记绝对具有保密性。但是，我认为，这也不能那么肯定。在第三章我们已经分析过，有些病历记录可能要屈从于法律条令，当事人也有权要求查看他们自己的病历。考虑到这种可能性，索尔森等人(1987)认为，病历不应该包括当事人不想冒险被别人看到的比如性行为或感情等方面的内容。但也有截然相反的看法，有些研究者，比如韦德曼和萨恩索尼(Wiederman & Sansone，1999)则认为，在有些类型的治疗中，一个人的性行为经历是非常重要的治疗信息，并且有关性方面的问题可能是情感或心理痛苦的原因或结果。治疗师似乎必须具备一种与当事人适当地谈论性问题的特殊能力，但是，当记录具体的情节时，治疗师必须特别谨慎，以确保当事人的内情能够得到保密。

最后，当你考虑怎样做病程笔记才能保护当事人的隐私时，要注意，当事人是很容易看到他们自己的病历的。所以，尽量不要记录你自己对当事人的个人情感上的反应或意见——如果这些内容被当事人看到，可能给他们带来临床治疗上的伤害或者引起法律后果的话。

保护自己

正如保证病历尽可能不被他人看到非常重要一样，保护自己同样也非常重要。十分明确的规则在这个领域并不存在。但是，实习生和临床治疗者自己应当首先弄清楚的是，他们所做的记录在法庭上是怎样被当做证据的。格塞尔深切地指出，实习培训人员要：

> 谨慎地想象一下主持审判的心怀敌意的起诉律师的模样，在这可视的幻象画面上，最好还要再加上最合适的听觉印象。

格塞尔继续写道：

〔1〕 有的人译作"完全记录"、"病程记录"或"病情经过记录"。——译者注

达到这样一种目标定向的短暂的精神病状态之后，接下来，实习培训人员还应该在精神上试验一下他所要记录的东西在那种情境下将会出现什么样的后果。

这并不意味着你应该为自己所记的每一个细节而担惊受怕，或者担心周围的每一个角落都是诉讼的阴影。然而，知道你的病历和病程笔记可能会被公开并做司法分析，这同时也是一个有益的提醒或激励，这将使治疗工作和记录材料尽可能保持最好的质量。

有两种情况是病历中应当避免的："捕风捉影"（raising ghosts）和"自责"（taking blame）。"捕风捉影"这个词，我是指在笔记中记录没有发现的，或者没有必要的猜测行为。比如，如果一个当事人在会谈期间好像有些情绪低落，但是从他们的病史、言语或行动上却找不到什么理由可以推断他们会有自杀的潜在倾向，那么，如果你记录"当事人今天情绪低落，但我并不认为自杀的潜在可能性很高"的话，这就是不明智的记录内容。如果提到自杀，你必须小心地估计这个潜在的可能性，并记录下来。如果自杀的可能性并不高于正常人的一般程度，那么根本就不要提到它。同样，当事人可能会对他人造成伤害或带来危险之类的问题也应当这样处理。病历中不要对那么严肃的事情做简单的猜测，除非在会谈中你一直在追踪、探查这种猜测。

记录中要避免的第二种情况是自责。不要在你的病历中记录说"我今天在治疗中犯了一个错误"之类的话。这样做可能让人感觉很诚实、很坦白，但以后可能会给你招来麻烦。如果你想要记下这个情况，那么自己可要先反问一下在病历中记录犯了错究竟会有什么好处。你自己知道就足够了。想一下遭遇车祸时汽车保险公司所给你的那些建议吧！假如某些不幸的事情确实发生了，而你不得不在法庭上为自己的行为辩护，那就请教律师应该怎样处理，千万不要事先就在你自己的病历中承认一切。

最后，千万不要做错记录。如果某个司法诉讼案件中需要记录，你将被要求对记录做出保证。比如，你的全部记录是或不是对治疗工作真实而准确的记述；自从最初记录下来以后，有或没有做过改动。如果你改动了记录，但又没有做出标记，那么就犯下了作伪证的罪名。最好的方法是，从一开始就要慎重地对待治疗和病历记录，如果受到法庭的指控，你必须谨慎而正直。在对当事人的治疗过程中，如果你忽然意识到，从某些角度看，以前的记录中还存在某些缺陷，那么，就在发现这些缺陷的时候，记录下你发现了以前的笔记中有一些需要添加或改变的细节。这并不意味着在反悔或更改笔记。它只意味着后来单独做了一个笔记，并表明需要调整、澄清或改正以前的某个记录。

例如，假定两天前你记录了某一件事，现在你正在翻阅笔记并回忆上一次的会谈活动，当想到那次会谈时，你觉得有几件事情还应当添加上去，这时，你可以签上现在的日期和时间，然后标明所做的变动或改正。这种处理也表明了定期检查和阅读病历笔记的好处。因为在引起一些麻烦或司法牵连之前，你必须发现这些遗漏之处。在法律纠纷或其他不幸事件发生之后再用改正过的记录来作为法庭证据，它们就没有那么大的分量了，因为法庭会把修改看做是你自我辩护的举动。

病程笔记

练习

如果你正在某个临床机构工作，那么，就要弄清楚你是否有权利查阅一些当事人的病历。然后研读记录中的病程笔记，并自我反问下面几个问题：我能看出不同的工作人员在笔记类型或笔记内容方面的差异吗？什么样的笔记明显是最有用的？什么笔记没有用处？从信息类型和信息内容方面来看，有哪些情况可以解释这些差异？

病程笔记的目的

病程笔记是大部分病历的核心部分。它们提供了各个事件的记录材料，是专业人员之间交流的途径，它们激励我们回顾和评价治疗中的问题，为其他专业人员评价治疗的过程提供条件，并且它们是法律性的记录。我们可以看到病程笔记被保险商使用得越来越多，因为他们要根据病程笔记决定有关治疗是否在他们的服务范围之内，以及是否应当提供保险补偿(Kagle，1993)。在做病程笔记的时候，你必须注意到记录所具有的这些功能。

我自己在做病程笔记的时候，总要随时注意几个问题，这也是很有用的。第一，边写边回顾某些事情，以便再次评价和更好地理解。这有助于处理和检验现在以及以前所做的治疗活动。第二，我问自己：如果几个月或一年以后再来读这些笔记，它们还能让我回忆起曾经发生的事吗？怎样发生的？为什么？

我可能是读自己笔记的惟一的人，所以我得考虑：如果我出了什么意外并且如果当事人的治疗将由另一个治疗师接手的话，将会出现什么问题呢？我的笔记能使他理解当事人和有关的治疗吗？如果在工作的机构里，其他专业人员也可以参阅同样的记录，我就会反问自己：我写的笔记足够准确地与他们交流吗？此外，我还考虑了字迹的可识读性问题。如果我的字写得太差，以致别人读不懂，那么笔记对他们、对当事人都没什么好处。最后，也是非常重要的一点，我还要问自己：如果这些笔记将在法庭上用做法律证据材料，那将牵连到什么？有什么影响？

病程笔记的类型

因为临床工作中各种各样的人际交往活动和事件是必不可少的，而且机构不同对病历保存的要求就不同，所以实践中就会有好几种类型的病程笔记。一种笔记是以事件为基础的，这种笔记通常是简要地记述一个具体的事件，然后说明做了什么或者采取了什么措施。第二种笔记更多的是记述连续的交往活动，比如治疗会谈。

以事件为基础的笔记（event-based progress notes）可能会采用多种形式。其中最常见的两种是问题取向的笔记（problem-oriented notes）和目标取向的笔记（goal-oriented notes）。正如它们的名字所标示的，前者主要记述治疗中所涉及的一个或几个具体的问题范围。后者则集中关注预定的治疗目标，其中每个项目都一定程度地与既定的治疗目标相关联。在使用问题取向或目标取向笔记的系统中，每一个治疗师，或者作为集体的治疗小组，都必须明确当事人在治疗中的几个关键性的焦点问题。比如，可能需要明确的问题有：（1）与其他居民的第一次冲突；（2）不参加社会交往活动。如果表述为治疗目标，这些就可以陈述为：（1）减少诱发冲突的概率；（2）提高社会化。

如果列出了问题和目标并制成一个表格式的清单，接下来，病程笔记就可以用数字或者代号来记录。

这些方法背后的理论基础是它有助于全体工作人员把活动目标集中指向具体的治疗要求或治疗目标。这种笔记也有利于向保险公司证明他们所提供的治疗工作是系统的，并且与保险方所要提供补偿的具体问题和目标也是相关的。

除了类型上的差异之外，病程笔记在哪些条件下可以被他人或他方看到，其具体的做法和要求相应地也存在着差异。个人治疗师通常要分别为每一个当事人或者集体当事人保存好病程笔记。这些笔记基本上是供当事人自己使用的，一般不和其他人直接共享。与个人治疗师的笔记相反，记录也可以通过临床机构集中保存。这样，就可能会有多个专业人员接触当事人个人的表格材料，并且也可以在上面填写有关栏目的内容。

病程笔记的文体形式

对于大部分病程笔记来说，文体形式并不重要，而清楚、准确和简洁才是重要的。你的任务是用尽可能少的时间和篇幅把所有最重要的信息记录下来。因为，你可能每天都要书写或阅读许多当事人的笔记，为了节省时间，就必须挑选最重要的信息记录下来。如果笔记很简明，也就节约了别人的时间。在多个专家共享病历笔记的机构或诊所里，这种做法就显得更加重要。毕竟，他们每个人都要与多名当事人保持联系。如果治疗师必须阅读许多笔记，在阅读或写作的过程中所节约出来的每一分钟累计起来都是可观的。只要笔记记录准确，能够提供所有最重要的信息，那么，在表格上节约出来的时间就可以更好地直接用于临床治疗或其他工作中去了。

运用速写是缩短病程笔记写作时间的一种方法。如果笔记基本上是为自己所用的话，任何速写的方法都可以采用——只要自己以后还能读懂。但是，如果在病历中所写的笔记别人还要阅读，那么，任何速写方法都必须保证能够让别人读得懂，并且也必须得到所在机构的许可。如果某些词语或句子有产生误解的可能，最好还是完整地表述出来。应该明白，不同的机构对速写有不同的要求和标准，而有些地方可能根本就不允许使用任何速写。如果写笔记还是实习期的训练任务之一的话，在记录之前一定要弄明白到底有哪些要求。

结构化的笔记格式

标准格式

为了使病历标准化，许多机构都制定了具体的操作规范，或者执行着某种或某些操作规范和标准。这些规范和标准对应该记什么、记在笔记的哪个部分等事宜都有明确、具体的规定。治疗方案或目标定向之类的笔记通常都包括在这些标准中。如果你的实习单位有这些操作规范，你就必须熟悉它们并反复练习，直到被自己认可并确实能够正确地使用。前面已经提到，大部分机构都会定期进行检查，以保证所有病历符合规定的标准。如果能够确保所写的病历合乎标准，那以后就不会给自己和导师招来麻烦。作为一项督导检查的内容，实习生一开始就要跟导师一起讨论、分析自己所写的病历和病程笔记。导师通常会很忙，可能会忽视这些细节。所以，让实习生一开始就明确公认的正确笔记格式，也是导师应尽的一份责任。

DART 笔记

现在应用最广泛的几种笔记模式都存在很多问题，特别是应用于与医疗领域迥然不同的心理学临床情境中时。SOAP 模式是一个样板，它是以问题为定向的医疗记录系统（the Problem Oriented Medical Records, POMR）的一部分（Weed, 1971）。SOAP 笔记格式以及它的缺陷我们后面会有简单的讨论。但是，这里我们先提供另外一种笔记模式，大部分实习生会觉得这种格式对于他们学习、掌握保存治疗笔记的技能非常管用。

这种笔记系统实际上是由我在运用 SOAP 笔记格式受挫时所闹成的笑话而衍生出来的。那时，SOAP 是实习活动中所有的笔记必须遵循的格式。但我采用了另外一种记录系统，它的首字母缩写词叫“DART”。一开始是称做“DIRT”[1]，由于它背后的幽默成分而医院不会采用它。另外，这几个字母还代表了一个有用的概念，它最有助于指导病程笔记的写作。如果上级部门没有规定必须遵照其他某种标准，那么 DART 格式就是一个可以采用的好方法。

---

[1] DIRT：“垃圾”的意思。——译者注

在做关于某一个人或某一个事件的笔记时，DART 系统特别好用。这里的“D”(description)表示对当事人及其境况的描述，“A”(assessment)表示对当事人境况的评价(“A”开始是“I”，是 impression 印象的缩写，表示对当事人的基本印象)，“R”(response)表示治疗师和当事人的反应，而“T”(treatment)是治疗和治疗计划的意思。简单地讲，这个系统的思路就是，你的笔记必须讲述发生了什么、怎么解释、怎样做出反应，以及下一步打算怎样做或者应该采取什么措施。按照事件发生的先后顺序来做笔记，不仅是理解病程笔记的有效方法，也是应用治疗交互作用的一种有效方法。

描述

任何病程笔记的第一部分都应该是描述新闻学上的四个“W”问题——什么时候(when)、什么地方(where)、谁(who)、发生了什么(what)。在临床记录实践中，并不是这些词本身运用在病程笔记中，而是指笔记的内容必须包括这些词所内含的信息。通常，这些词所内含的信息分别可以用单独的一句话来表达。“什么时候”是指事件发生的日期和时间。有些人把日期和时间放在笔记的末尾，但我认为最好把它们放在笔记的前面，以便以后查阅。“什么地方”是指事件发生的地点。如果事情总是发生在同一个地方，比如治疗室，那么它就可以省略。但是，如果发生在许多地方，比如学校、医院或其他什么大的场所，那就要求标明准确的地点。接着就应该指明是“谁”观察你正在记录的事件或在其中所扮演的重要角色。说明是谁在现场，以后就可以随时找得到他——如果想对某个具体事件或当事人做进一步了解或补充，以取得更多的信息的话。

如果在笔记中提供了一些基本的信息，最好还应当说明是什么因素促使你对这些信息做了笔记。这可能是一些很常规性的事情。比如：“史密斯先生在过去的一周里几乎没有任何变化。他继续在大厅踱来踱去，并且自言自语。”但下面这条信息则可能表明当事人在外表和行为上出现了重大的变化：“在今天的个人治疗期间，约瑟夫告诉我他一直非常压抑，并在考虑自杀。”事情的重要性越大，相应地，在病程笔记上所占的篇幅和空间也就越多。因为，在下一次做笔记的时候，你肯定还会扩展或补充有关内容，因此还需要在笔记上预留一些空间。

评价

描述了所观察到的情况之后，下一步就要对它们到底意味着什么做出评价。也就是要对事情问一个“为什么”。你并不一定总是要提出深刻的洞见或解释，也不必总是要清楚某一事件意味着什么。有时候，最重要的笔记是准确地记录当事人最显著的行为。因为这些行为的内涵并不总是那样清楚、明了。比如，一个本来很文静的当事人忽然变得非常健谈、充满活力，这种变化的意义可能就并不清楚。但是，你可以先把它记录下来，提出一些可能性的思考，或者向其他专家、同事寻求“高见”。

为了引导你对事件的发生做出尽量正确的评价，当考虑眼前的某个事件或行为时，不要单独就事论事，要慎重地把以前对当事人的了解和治疗情况联系起来，考虑他们当前的境况跟以前的行为表现、最近出现的情况、治疗计划本身以及其他因素之间究竟有没有什么关系。值得注意的是，大部分事件的发生都是当事人个人的或者环境的、长期的或者暂时的综合因素的反映。因此，你可能发现了当事人行为上的某个变化，并且做了记录：事件可能是近期家庭冲突所致的压力而引起的反应，也可能是在精神治疗实施环境条件下产生的全部压力而带来的反应。最重要的是，要写出你对观察到的情况所做的思考，并努力把思考与你对当事人已有的了解和治疗活动联系起来。这就不仅仅是优秀的临床笔记了，而且也是正确的临床实践方法。

反应

一种优质的治疗工作，首先必须同时关注当事人发生了什么、正在做什么和说什么，然后判断或评价这些现象可能意味着什么，接下来的任务就是采用一定的方法做出适当的反应。病程笔记也应当反映这一系列的活动。对当事人的境况做出记录和评价以后，就应该记录自己相应的反应性行动了。记述自己的反应不要太长，但必须准确地记录重要的情节。

跟治疗反应一样，病程笔记应当反映有根据的、合理的治疗方法。有时候不妨想一想其他治疗师怎样评判你的反应，想一想有关法律问题，这样做有益于你的学习。从法律的标准来看，如果有的事情没有记录，那么就难以证明你曾经做过。要知道，谨慎地记录做过或者没有做过的事情非常重要。特别要留意是否把当事人交给其他人治疗过，是否给当事人做过正规测验或其他测量，是否给当事人布置过家庭任务或者与当事人达成过什么协议，是否并何时安排了与当事人日后的联系。还要记录是否向其他人员咨询过某一病例，包括所咨询的内容以及咨询的结果和小结。

如果当事人的问题变得越来越严重，或者做出任何治疗决定的冒险性都变得越来越大，这时，记录就应该更加详细、具体。本尼特等人(Bennett et al.,1990)认为，病历记录应该说明所选择的干预行动的目的及其可能的危险和作用，并说明选择某种治疗措施的原因。还有，要说明你所知道的潜在的危险及其原因、可以采用的其他治疗方法和没有采用这种方法的理由，以及为提高效果所制订的治疗步骤等等，这些都会证明你曾经慎重考虑过自己的选择。有时候，记录没有采取的行动和决定不采取某一行动的原因，跟记录自己做了什么同等重要。再者，记录曾经给当事人提供过的信息或者与当事人讨论过的话题以及当事人所做出的反应，也是必要而有用的。

实际上，这样处理后的效果就相当于在记录本上"大声地思考"。格塞尔建议：作为一个通用规则，越是模糊的地方，就越应该在记录本上"大声地思考"。这个时候，治疗师所记录的不仅仅是所采取的行动，而且还包括采取或不采取某种行动的原因。如果以后引出什么问题的话，解释已经记录在案了。格塞尔强调，在法律上，出于责任而考虑这样的处理是重要的，因为它会减少追究工作疏忽或渎职的可能性。

治疗计划

除了说明当时的反应以外，一份高质量的病程笔记的最后一个要素就是记录下一步的治疗计划。这一项可以简单地表述为“下周一的计划”、“继续监视每天的状态”，或者再具体一点：“下周的会谈我们将讨论家庭方面的问题。当事人将带来说明每个家庭成员的文稿，我们将完成一个家庭关系链的表格。”这类笔记可以使你下次翻阅时能够重新回忆起曾经计划过的内容。现在看起来这似乎没有必要，但如果手头上的病例很多或者很复杂的话，这些记录就可以保证你跟当事人以及和他们的治疗进程保持连续性跟踪。

如果所工作的机构每天的病历日记都有人整理，那么，你可能就要在病程笔记上给其他工作人员留言。比如，你可能在笔记结尾建议晚班的同事密切观察某个当事人。如果情况确实非常重要，那你就要在笔记上设法予以明示，比如用星号做特别标志、用粗体字标识或者用其他凸显内容的办法。但是，如果情况特别紧急，就不要把问题仅仅写在病程笔记上，而要直接告诉负责人。

DART 的实践应用

为了说明 DART 笔记模式怎样应用于临床实践，我们可以假设，你在一个学校工作，一个小孩来到办公室，他的背部有几条像皮带条一样的、又青又肿的伤痕。你以为这孩子遭受虐待，所以，你与他谈了起来。他似乎不愿意回答你的问题。但最后，他说他是跌跤摔伤的。

下面示范的实例笔记，具体地说明了怎样使用 DART 格式来记录这一事件。在这个例子中，DART 格式一开始是为了方便今后查找材料、整理笔记的。请阅读下面的实例，并注意分析有哪些材料分别以怎样的方式包含在各个主要的栏目中。你可能会发现，其实一个栏目中的信息材料也可以放在另一个栏目里面。与其他笔记模式不同，DART 模式所做的治疗笔记并不是很在意“什么事发生在什么地方”。它最关注的问题是所有重要的信息必须准确地、方便地记录下来。

D：2001/10/16，星期一：今天上午 10 点歇息之后，蒂姆在脱他的夹克，当他的衬衫掀起时，背部露出皮带一样的、又青又肿的伤痕。当中午休息而其他孩子都出去时，我跟他谈了起来。我说我发现你背上有红印。他移开视线，耸了耸肩，没有回答。我问他是在哪里弄伤的，他说他也不知道。然后，他又说是周末不小心跌倒摔伤的。我问他父母是否知道，他说知道。下午我和蒂姆会见了校医凯伦。校医查看了伤痕，也问了蒂姆同样的问题。蒂姆也说是跌伤的。

A：这些伤痕看起来并不像是跌伤的。校医凯伦也这样认为。我们担心可能是虐待。这孩子以前也曾带着可疑的伤痕来过，但都没有这次这么严重。他每次总能说出合理的解释。考虑到目前伤痕的性状，我们认为这种情况应该向儿童保护协会汇报。

R：我通知了学校辅导员艾丽斯，我们与儿童保护协会取得了联系。儿童保护协会那边的联系人是威廉。他问我们是不是蒂姆还会有受到严重伤害的危险。我们说没有足够的证据证明还会有严重伤害的危险。他跟我们约定星期三会面，就是在 10 月 18 日，下午 4 点。如果在这之前还有什么问题，我们就电话通知他。

T：我们将继续跟踪观察蒂姆，进一步查看他的受伤情况。进一步的行动计划将在星期三会面以后再做决定。

签名：乔伊斯·杰弗森，MSW，日期：2001/10/16
CC：凯伦·琼斯、艾丽斯·布莱克、威廉·伦道夫

SOAP 笔记

前面已经提到，SOAP 格式是另外一种较普遍的标准化的笔记记录方法。SOAP 这四个字母分别代表主观（subjective）、对象（objective）、评价（assessment）和计划（plan）。虽然问题取向的医疗记录背后内含的观念（SOAP 笔记模式就是从中演绎而来）非常重要，但是，根据对 SOAP 的实践经验，我认为，如果应用在医疗背景以外的场所，SOAP 这个概念的意义就是含糊的。正是由于意义含糊，所以常常会导致一些不必要的争议，如某一内容是放在主观一栏，还是放在对象或者评价栏。我还发现，死板地遵从 SOAP 的严格要求还会带来一些歪曲事实的笔记。这样的笔记不是使事实更加清楚明了而是更加含混模糊。

使用 DART 笔记模式的许多要求虽可以适用于 SOAP 模式，但两者稍微有点差别。如果你有兴趣详细了解 SOAP 笔记模式，可以参阅韦德（Weed，1971）所著的有关 SOAP 的最早的一部著作。有关医疗记录的总体性评论还可以参考埃弗里和埃姆德克（Avery & Imdieke，1984）的一些著述。大部分使用 SOAP 笔记或其他标准笔记的机构里也有相关培训材料，它们将教会你更熟练地应用这些笔记。

练习

如果还没有开始写临床笔记，你可以这样来锻炼自己做笔记的技能：选取最近与

朋友或当事人的一次交往活动作为笔记对象，然后把它记下来，就好像在临床记录中做病程笔记一样。如果可能的话，请你的导师评阅并提出如何改进笔记技术的意见。

"流水账"笔记

DART 和 SOAP 笔记方法基本上是用来记录具体事件或交互活动的，而记录治疗师个人与当事人会谈治疗的病程笔记则与它们不同。它通常采用别的形式。其中最常见的就是"流水账"笔记（"time-sequenced" notes）。在这种笔记里，按治疗进展的先后顺序对治疗会谈进行记录，各个事件按照在会谈中发生的时间先后被如实记录下来。有的治疗师在会谈期间一边工作一边记录，有的可能等到会谈结束后再做"流水"记录。

这种按时间进展顺序的记录方法常常用于会谈笔记中。因为，如果按一种结构化的格式记录的话，要记的东西太多了。按时间记录也有利于治疗者观察会谈治疗中所发生事件的顺序，有利于提供最有益的治疗信息。比如，如果当事人先叙述家庭冲突，然后再转到工作问题，这可能就不仅仅是一种巧合了。"流水账"笔记按照话题转换的顺序来做笔记，这有利于治疗师在笔记中发现事件之间的联系——即使治疗者在会面中没有注意到这之间的关系。下面是一个缩简的有关会谈治疗的病程笔记，请注意短文中为节约时间而使用的非正规速写：

> 2000/7/2，下午 2—3 点。JA 想了想第一周的会谈情况，然后开始了本次的会谈。他说他仔细想过那件事了，但搞不清为什么会为父亲而流泪。我们对此做了深谈。JA 又哭了，想起一次钓鱼，父亲拿走了他的鱼。一种受屈辱的感觉。认为这是最经常的感受方式。说起最近一次见面，父亲责备他的工作，于是吵了起来，所以 JA 提早回家。我们讨论了寻求双方赞同和避免排斥的方法。JA 意识到怨怒也就在那儿。但这表现在婚姻。JA 时常对妻子发怒——如果她对他做的事不满意的话。举了两例子，当他炒菜和带小孩时。他对自己的行为总感到不自在，但又不想试图改变。同意下次会谈再讨论。

在一个一小时的会谈中，要记录的事情明显很多。但是在这个示例中，治疗师只是选择了他认为最重要的事情和话题来记录。不同的治疗师当然有不同的选择，这跟他们不同的理论取向也有密切的关系。比如，受过心理分析学派理论训练的治疗师所做的笔记，与受行为主义理论训练的治疗师所做的笔记相比，可能就有很大的差异。

虽然这种时间序列的"流水账"式的笔记在实践中运用得非常普遍，但是，仅仅记录会谈中的事件可能并不足以满足保险公司的要求，并且也不能包含法律诉讼上的所有有用信息。因此，除了记录会谈中的关键事件以外，最好还是要记录其他一些信息，比如治疗计划，就像在DART记录格式中描述的那样。

过程笔记还是病程笔记

过程笔记(process notes)可能是你应当熟悉的另外一种记录形式。过程笔记是指这样一种临床记录，即记录中包含了治疗者本人对当事人那些无意识动机的反应状态、治疗过程中的移情和反移情现象等等。与之相反，病程笔记(progress notes)主要是记录诊治过程中出现的外在的、可观察得到的、以经验为依据的治疗事件。过程笔记主要在于探索当事人和治疗者的内在心灵。接受过心理动力学训练的专业人士对过程笔记相当熟悉，并可能将此视为治疗过程最重要的内容。

虽然很多专家很看重过程笔记，但是，其问题在于它不能满足保险公司的需要，因为保险公司要求清楚地说明治疗的目标和治疗的过程。过程笔记也可能引发有关法律程序方面的问题。精明的律师可能会对病历中所记录的治疗师本人的反应或情感进行有趣的发挥，以有利于他的辩护。在法律上，当事人自己也有权查看他们的病历，如果当事人看到治疗师对当事人产生性爱、潜欲或其他有关情感方面的幻想与猜测，他们可能会对做这种笔记以及其中有关语词的目的和动机感到不解。

考虑到这层问题，有些专业人士就大量减少甚至根除内省的或理论的猜测，而这在过程笔记中曾经有过一个评价标准。选择记录什么，这完全由个人决定，但是心中要有数：每一个记录可能很有用也可能会冒险，要知道，你的笔记可能会让别人阅读，在法律诉讼上有些人的立场可能与你相反。

签名

病程笔记的最后一个环节就是签名。作为实习生，应该跟导师证实一下，自己是否准确地弄清楚了怎样在笔记或其他文件材料上签名以及应该以什么身份签名。有些研究机构要求实习生必须签名，但他们的身份是“心理学实习生”或“社会工作学生”。有时候材料可能还需要导师和你一起签名。这些材料既包括每天的病程笔记，也包括一些更长的报告。由于不同的实习机构或研究院(所)有不同的制度要求，所以，要弄清楚应该遵守什么样的程序，惟一的办法就是从一开始就多问。

除了准确地标明身份以外，还应当考虑签名字迹的可识别性。有时候，我的签名几乎无法被完整辨认。但是，凭着经验，秘书、学生和同事都或多或少地知道怎样识别我的笔迹，而那些缺少经验或不了解我的人可能看到我的签名就会感觉一头雾水。这就给病程笔记提出了一个问题，因为有时候会有一些问题与笔记相关，人家需要知道是谁记的笔记，如果没有人知道谁记的，并且他们又认不清你的签名，那么别人就很难找到你。我的办法就是在签名的地方再印上章。大部分人都不太熟悉实习生(不像对正式职工那样熟悉)，因此，保证让别人能够读懂你所写的东西并清楚地标明你的身份，也是特别重要的。

口述转录

无论是书写还是转录，病程笔记的内容和结构都必须遵守前面提到的基本规则和要求。这说起来好像很容易，但大部分人都会有一个适应的过程。新手们常用的办法是先写出笔记，然后读一遍，并用录音机录下来。严格地讲，这并不是一种效率很高的方法。如果实习的地方录音笔记仅仅是可选择的一种方法或要求，下面的方法可能对你有用。

口述录音跟写作一样，都需要通过反复练习才能掌握。开始做口述录音时，最好先写出一个简单的提纲。虽不需要事先写出冗长的整个事件的过程，但它确实可以提供一个框架结构和参考要点。也可以设计一个总的概要，比如 DART 格式，然后再给每个当事人或每个事件补充细节。

口述时要注意的是，工作人员在转抄录音时，仅仅是把从录音中听到的内容作为誊写的基础，所以，语言表达一定要清晰，不熟悉的姓名、术语都要拼写一遍，并且要口头说明标点符号、段落分行或其他应该运用特殊符号的地方。随着数字记录系统技术的发展，现在录音时说话的速度也许可以快一点，因为转抄录音的人可以随时停止或前后反复播放。但如果使用的是速度较慢的磁带录音系统，那么说话的速度就要慢一点，以便打字员能够跟得上你的语速。无论使用什么录音系统，在停下来思考时，应该按下录音机的停止键，以便节省打字员的时间。如果忽然想起前面录音的某个地方弄错了，或者遗漏了一些细节，不要害怕做出适当的更正。如果意识到某个地方有错或者有遗漏，与其把带子卷回去，从头录起，还不如说："我刚刚意识到还漏说了一句话。请回到刚才说的……之后，再插入……"当把需要改正的地方补录了以后，再接着往下录就是了。

在一些大型的研究机构里，你可能从来没有碰见过录音抄写部的职员。我发现这个部门的人不太友好，所以我认为很有必要认识他们。跟病历科、秘书处及其他部门的职员建立关系，不仅有利于人际和谐，而且还可以防止或更好地解决部门内部或职员之间的一些对立问题。良好的文秘工作非常有价值，所以，尊敬、支持你的同事就显得很重要。表示尊重并建立友好关系的办法之一，就是在开始实习时，多走访你的同事，与他们一起聊天，不时地与他们打打招呼。未来的口述录音会引入"声音识别系统"，那样的话，你就可以直接对计算机讲话，然后它就会输出所要打印的文本。这些系统已经越来越复杂、精细，能够处理一些复杂的医疗术语，并具有一些编辑的功能。但是这也要求使用者的发音要相当清晰，语言要相对连贯。这可能需要一段时间才能适应，但在实践中，我们可以学习与这种系统进行有效的交互活动。

病程笔记与临床督导

前面已经讨论过了，病程笔记在满足有关管理机关的病历标准、道德规范和法律文件等的要求方面具有重要的作用。这里还要补充的是，病程笔记也能给临床督导提供有用的材料。临床督导的一般内容已经在第五章讨论过了，但另外还有一些观点很有必要在这一章里再次提及。

把定期检查病程笔记作为督导工作的一部分，对实习生和实习导师都具有重要的实践意义和实际价值。这种检查、评价有几种功能。像前面提到的一样，与导师一起评阅笔记可以确保实习生的笔记达到上级或有关责任机关规定的标准。保存病历很重要，但这时常又是临床培训过程中被忽略的一部分。所以，导师就要经常对实习生的笔记内容和格式提建议、做指导。实际上，评阅笔记也给学生提供了一个机会，使他们可以询问有关病历保存和笔记书写方面的问题。除了秘书做的那部分笔记采写工作以外，评阅笔记和病历也能够使导师观察、了解实习生们在病例或会谈治疗过程中重点关注哪些问题。这样，导师就能够监控实习生每一次治疗会谈的内容和过程。在需要的时候，实习生的笔记还可以用来做补充材料或者用做案例分析。

充分使用你的笔记

本章前面的篇幅基本上都是在讨论怎样保存病历和病程笔记，但不要忘了笔记的基本目的是为了辅助对当事人的治疗。我们常常会惊奇地发现，治疗师在会谈结束时虽然把治疗笔记做好了，但在下一次跟当事人会谈之前并不会再次参考它们。这种情况很容易发生，特别是在治疗师非常忙的情况下：安排表上的当事人一个接着一个，中间几乎没有时间间隔。这或许可以理解，但最终会影响当事人的治疗，使治疗质量下降。

有时我自己也会出现这样的情况，坦诚地说，我曾为此感到惭愧。记得有一次，当事人告诉我，他已经对上周谈论的话题内容做了很多的反思。但我无论怎么努力都回想不起上一次面谈到底讨论过什么内容。那恰好是我布置给他的“家庭作业”(比如，建议当事人在两次会谈之间做某些活动或写某些东西)，而我后来忘记分析了。当事人的话虽然提醒了我，但有时候也同时表露出不满的情绪——觉得自己没有受到关注和重视。

除了礼貌或遗憾的问题以外，很多当事人可能还会把这些疏忽看做是职业道德的问题。克莱伯恩、伯比露鲁、纳里森和索姆伯格(Claiborn, Berberoglu, Nerison, & Somberg, 1994)对 96 名成人做过一项调查(这些人有的是曾经做过精神或心理治疗的当事人，有的没有)，主要调查他们对大约 60 个假定在治疗过程中可能发生的事件的看法与态度。他们发现，“治疗师忘记了上次治疗时谈论的话题内容”，在所有被认为是“不道德的事件”里面列在第 4 位。每一个假定的事件都要求记一个等级分(分值为 1～5,其中 1 为“完全不应该”),而这一事件得到的平均分值是 1.32。可见,在这个调查样本中,接受临床治疗的当事人对治疗师应该清楚先前一次会面的内容这一点非常看重。

其他要求

本书反复强调,你必须要明白,每个人的能力都是有限的,应该随时敞开学习的大门。在病历和笔记的学习中也应如此,这跟实习期的其他各个方面一样。如果不知道应该怎样写临床笔记,或者对某个词语的用法不太确定,那么就大胆地问吧。如果正在写跟当事人互动交往的笔记,不要滥施你的写作才华,洋洋洒洒、不分巨细地把每一件事都记下来。作为实习生,谦虚是一种美德,傲慢只会自找麻烦。请记住两点:简单和客观。

笔记的另一条基本原则是结构化。如果其他人也可以看得到病历笔记的话,结构化就尤其重要。虽然评价或尝试解释所观察的事件是你的责任之一,但其目的是为了方便治疗,而不是为了对当事人或员工的批评与责备。比如,这样的笔记就不具备积极性:“丹尼斯好像又要弄他的鬼把戏了。发现他又在电视机前手淫了。有时候,我想我们应该把这事情了断了。”这可能听起来有点让人惊奇得起鸡皮疙瘩,但我们确实在工作人员的记录中看到过这样的笔记。实习生可能通过病历样本来学习,但是有些病历样本并不是很好的学习或模仿的材料。试想一下,如果这样的笔记内容被业外人士、当事人家属看到或者在法庭上被引用的话,将会带来什么影响呢?

同样,如果你在某个协会工作,那里是许多工作人员共用一个册子做临床笔记,那么,拿笔记内容质疑或攻击其他职员肯定不是一个好主意。可以想象一下下面的话会造成什么影响:“晚班人员没有遵循上周的治疗计划。如果我们的治疗工作不连贯的话,他怎么会好起来呢?”这样的笔记可能是由于在法律纠纷上遭受了挫折而暴露出来的。但是,正式的病程笔记并不是用来发泄这种情绪的。我曾经看到过一些病历册,它们更像是职员之间的一场战争,而不是相互之间对治疗工作的分析和讨论。这种笔记实际上对当事人和职员都没有益处。如果有问题,应该客观地向督导员反映。

最后要说的是,从职业生涯的一开始,就要养成良好的记录笔记和保存病历的习惯。要强迫自己在会谈治疗一结束就尽快地把笔记做好。要安排好记笔记所需要的时间,不要让别的事分心而耽搁。遵从任何必要的格式,尽量完整地保存笔记,养成反复查阅的习惯,以保证每件事都有进展,都在更新。

面对临床工作上众多的条条框框,实习生常常会出现粗心大意的情况,或者让别的任务遮盖了笔记记录的工作。如果需要花上十分钟记笔记,那就安排好时间,不要让电话或别的事占用。如果不是要紧的事情,那就省掉那些麻烦事,先把笔记记好再说，否则，一天下来之后，很多细节都会忘记或者根本就没有半点印象了，这会使你很吃惊。拖的时间越久，笔记内容可能就越不准确、越没价值。如果还要用做病历保存，那么，最好强制性地做治疗笔记。保存一些好的笔记不仅能够提高临床治疗水平，也会在保险公司能否为你的服务承担保险赔付上增加有利的砝码。在这个官司频繁的社会里，好好保存病程笔记可以使你避免数不清的法律纠纷。

第九章 压力与助人职业

助人职业工作者在向别人介绍自己的职业时，常常会听到两种最常见的反应："唉，成天听别人的烦恼，那一定很难受吧。我不知道你怎么承受得了呀！"或者说："噢，天哪！我最好得小心一点。你不会正在对我进行心理分析吧？"

持这种观念的人一般都是对心理治疗专业领域缺乏足够了解的人，但是，这种反应却引出了几个应该受到关注的问题。助人工作反过来对自身会有什么影响？怎样在专业角色与工作之外的个人生活角色之间取得合理的平衡？如何协调好来自实习单位、学校、家庭、朋友和工作等方面的各种要求，以免于人格被分离？

这一章主要讨论实习生和助人工作者所体验的压力，以及压力影响生活和工作的方式。本章的目的，在于帮助理解培训和工作对你的挑战，并认清这种挑战所带来的影响。最后，本章还提出了一些有关处理挑战的建议，它将有助你作为一个普通人或作为一个专业人员的成长。

练习

在进一步阅读之前，先花点时间思考下面的问题并把你的想法记录下来。即使你还没有实际临床经验，也请回答这些问题，把自己当做好象正在某个临床机构工作，并可能会受到某些影响的人。

1. 你认为实习活动可能在哪些方面影响情感？比如，在实习期结束的那一天，你会感觉怎样？当不再是在实习期时，你感觉怎样？

2. 实习活动怎样影响了你对临床当事人的观念？如何影响你对一般人的看法？如何影响你对亲密的人的态度？如何影响你对社会的看法？

3. 实习活动怎样影响了你的身体？工作上的活动对你提出了哪些身体上的要求和限制？与压抑的当事人、同事或导师一起工作时，你有生理上的反应吗？

4. 实习活动怎样影响你的私人关系或社会关系？

5. 现在的实习活动正在影响着你，如果是一个全职的专业工作人士，你可能还会受到怎样的影响呢？

6. 你认为哪些个人素质会有助于处理工作上的压力？哪些个人素质会阻碍处理工作上的压力？

7. 怎样才能够认识到工作有或者没有给你带来负面影响？

8. 如果意识到正在承受着很大的压力，并且专业绩效和个人身心也正在受到侵害，那么，你可能怎样处理自己的处境呢？

无论怎样回答这些问题，你肯定会受到工作的影响。在某种情况下你根本不可能与他人交流，也不可能被改变。与此同时，工作之外的生活经历和压力，也会影响到你作为一个专业工作人员的表现(Mahoney，1997；Sherman & Thelen，1998)。更复杂的问题是，你并非总是能够控制或者清楚地意识到自己是怎样被工作和工作之外的生活所改变的。正如盖伊(Guy，1987)在《心理治疗师的个人生活》(*The Personal Life of the Psychotherapist*)一书所描述的：

> 因为他们的个性就是以往用以从事临床工作的"工具"，所以，一个心理治疗师要经受长期的挑战、评价和改变。人们当然希望所带来的变化是积极的，能够促进治疗师对生活和人际关系的满意度。可遗憾的是……某些改变也可能潜在地妨碍工作内外的人际关系的功能。

科特勒(Kottler，1993)也有类似的描述：

> 心理治疗的过程有两个方向的影响力。一方面，它明显地会影响当事人，另一方面，它也会影响治疗者个人的生活。这种影响可能是积极的，也可能是消极的，既能够使助人工作者精神抖擞、信心满怀，也能让他们情感枯竭、不思进取。我们当中有些人可能因工作而精神焕发，在尽力应用所知帮助他人和理解自己的过程中获得学识长进，但也有些人变得精神萎靡、意志消沉，一段时间后，甚至可能变得愤世嫉俗或者冷漠、古板。

当治疗师认识到治疗工作也会影响本人，并且当其认识到自己的意识和身心状态是治疗过程的关键因素时，他会惊奇地发现，许多在校学生以及毕业生的教学内容中极少涉及这个问题。现在，对这个问题的关注越来越受到大家的重视，有关如何处理精神治疗工作对治疗师和实习生影响的研究材料也越来越多了。

事务繁忙，日复一日

试想一下未来的工作情景。你在某个心理健康中心开始了专业工作。星期一早上8点,第一个来访者是一个二十五岁的妇女,她嫁给了一个虐待她、辱骂她的男人。她已有两个孩子,第三个孩子还没出生。最近她的母亲去世了,自己又将失去工作。她基本上是一个关心他人、工作勤奋的人。她发现自己处于一个糟糕的处境中,且无力从中解脱出来。你认真地思索其处境到底是什么样的,并且决定该怎样治疗。

第二个来访者是一个十五岁的男孩,他的父母马上就要离婚。他曾经吸毒,并担心自己已经上瘾了。最近,他又因和几个朋友闯进别人的卡车偷了一个音响而被拘捕。他以前从来没有打过官司,但这一次法院的审判日期就在下周。这个男孩来求助于你,是想解决吸毒问题和应对即将来临的法院审判。

同一天的第三个案例是一个男子,他因酒后驾车被拘捕,法院要求他进行精神治疗。他确切地表明并不想真正地接受治疗,也不想戒酒,并且对过去的行为既不想承担任何责任,也不想改变自己。他说,来见你仅仅是因为法庭规定的时间到了。

现在11点,今天还要接待另外四个来访者,而距周末还有四天多。再想一想工作的其他背景:联邦政府和地方政府的精神健康基金减少了,并且保险公司的第三方赔偿也越来越低,所以诊所的未来很渺茫。更糟糕的是,最近有一个当事人自杀了,所以全体工作人员不得不连续开会来讨论这个事件。最后,由于几个员工相处不好,诊所职工之间的关系非常紧张。你又做得如何?噢,是的,我忘了一点,你的另一半很恼火,因为你要加班,不能外出度周末。

如果这些还不够典型的话,想象一下职业生活中所遇到的最糟糕的治疗案例的情景就最合适不过了。实际上,许多现实中的案例和机构中存在的问题,要比我们这里提到的还要严重得多。

助人职业的压力

只要想到以上所描述的各种要求,助人工作者就会感觉到自己工作在重大的压力之下,这并不奇怪。舍曼和沙伦(Sherman & Thelen,1998)调查了一些心理学家,企图揭示生活和工作中的事件对他们造成伤害的频率和程度。结论表明,前一年中至少有20%的被调查者报告说他们至少承受一种重大的生活压力。其中经常提到的压力主要有家庭成员的严重疾病、重要的人际关系负担、经济变化和工作变动。而工作中的压力主要包括接手治疗棘手的当事人、时间要求、健康护理公司提出的限制性要求和办公室政治压力。在波普、塔巴尼克、基斯-斯皮格尔(Pope,Tabachnick,Keith-Spiegel,1987)的一项对治疗师的调查中,只有38.8%的人报告自己"在心情沮丧、苦恼不堪而影响工作效果的时候,才不接诊当事人",如果考虑到来自家庭和工作方面的压力频率的话,这也许并不令人感到惊奇。在其余人的回答中,有48.5%人说,他们"极少在这样的状态下工作",10.5%的人说"有时会在这样的状态下工作"。那么,这就只剩下0.6%的人了。他们表示,在压力过重以致于影响工作效果时也经常去上班。我们欣慰地看到,只有极少数的治疗师承认,在他们工作低效时也还经常上班。同时,这项研究也表明,某些时候,有一半以上的人在压抑、沮丧而有可能损害治疗效果时还坚持工作。

临床治疗师所产生的压力还进一步被阿克雷、伯内尔、霍尔德和科德克(Ackerley, Burnell, Holder, & Kurdek, 1988)的调查结果所证实。马斯拉奇和杰克逊(Maslach & Jackson, 1986)采用马斯拉奇"耗亏"量表(Maslach Burnout Inventory, MBI)对562名基本上在心理健康机构从事临床实践的心理学家(他们都拥有博士学位和从业执照)所做的调查表明,有将近40%的被调查者"在经历着高度的情感衰竭",34%的人在体验着"高度的人格解体"。在一项个体治疗师占较大比例的调查中,斯格拉帕和阿格里斯提(Skorupa & Agresti, 1993)报告,有25%的被调查者处于中度情感枯竭(emotional exhaustion)状态,还有15%的被调查者处于高度情感枯竭状态。斯格拉帕和阿格里斯提也发现"心理耗竭症状"(burnout)的出现与治疗师每周接触当事人的时间紧密相关。总的来说,接触当事人的时间越多,出现生理衰竭和人格解体的概率也越高。从积极的角度说,这些调查结果还表明,较多关注"心理耗竭"威胁性的心理学家也更多地表现出对防范措施的了解,和对"耗亏"症状的总体了解。

对大部分实习生来讲,他们还是这个专业领域的新手。他们精力充沛、信心十足,临床工作的压力跟他们可能还没有什么直接的关系,他们也不会关心这个问题。但是,这些压力却不应该被忽视。波克斯雷、德鲁和兰格尔(Boxley, Drew, & Rangle, 1986)的调查研究表明,有66%的实习机构报告说,在过去5年里曾经有过"受伤"的实习生。受训者受"伤害"的平均概率大约为4.6%。这个数字说明,大约20个实习生中就有1个人受到"干扰实习生专业工作质量的生理、情感和教育背景因素"的影响。奥肯和高恩(Olkin & Gaughen, 1991)调查了各种精神健康机构的临床取向的培训项目,他们的发现结果很有参照价值。调查显示,"问题学生的平均百分比为4.8%"。所谓问题学生,是指"具有这种性质或严重倾向问题的人:(1)变得很在意学院及教师;(2)要求得到学院或教师的反应"。

正如波克斯雷等人以及奥肯和高恩的定义所表明的,并不是所有被认定为"损害"或"问题"的例子都可以单独归因于压力。但是,他们的研究结果和有关发现也给我们一些启示,这就是:要更加重视实习生处理压力和人际关系的培训。但现在他们在临床实践中受到的培训还不够(Bradley & Post, 1991; Lamb et al., 1987; Stadler, Willing, Eberhage, & Ward, 1988)。

压力产生的根源

在波普等人的研究之后,盖伊、普尔斯特拉和斯塔克(Guy, Poelstra, & Stark, 1989)对318名心理治疗专家所提及的压力进行了根源性分析。这一研究揭示,治疗师必须与来自两方面的压力进行抗争：一是直接来自临床工作的，二是由个人日常生活问题衍生出来的。当问到近三年内个人所经历的苦恼来自何处时，有74.3%的人至少指出了一个主要根源，其中，提到工作压力的占32.9%，家里有人生病的占23.2%，婚姻问题的占20.4%，家庭成员去世的占17.9%，经济问题的占15.9%，中年生活危机的占15.7%，个人疾病的占14.7%，其他占10.9%。当问到个人苦恼是不是由于提供的护理质量日趋下降而引起的时，有36.7%的被访者回答了"是"，4.6%的回答是"由不适当的护理引起的"。这些调查结果并不表明有一些具体的压力来源可以证明治疗护理质量有所下降或者不适当。然而，一些年龄稍长的治疗者更倾向于认为个人的苦恼不会影响对当事人的护理和治疗。同时研究也发现，那些提到有工作压力和情感问题的被访者最倾向于坚持他们的护理质量并没有因为压力而有所降低。在对这些调查发现所进行的具体分析中，盖伊等人认为，治疗师，特别是那些正在经历工作压力和情感压力的治疗师，可能倾向于否定这些压力对临床工作效率的影响。

上面所提到的研究资料是与老练的临床实践专业工作者有关的。其他一些研究还包括了实习生和见习生。他们更关心那些具体的、与工作相关的压力根源。比如，道奇(Deutsch，1984)，赫尔曼、莫里森和阿伯拉莫维奇(Hellman, Morrison, & Abramowitz，1987)，罗多法、克拉夫特和雷利(Rodolfa，Kraft, & Reiley，1988)调查了在退伍军人行政管理医疗和咨询中心(Veterans Administration Hospitals and Counseling Centers)工作的老练的诊疗师、实习生和见习生。他们的调查结果证实，当事人的行为表现、治疗师的经验和治疗师本人的信念是对诊疗者、实习生和见习生最具压力性的因素。

当事人的行为表现

在罗多法的调查结果中，当事人最具压力性的行为是对治疗师的人身攻击、自杀倾向和潜在的自杀状态。与老练的专业人员相比，实习生和见习生更倾向于把当事人的以下行为当做最具压力性的因素，如明显的精神性胡言乱语、同性或异性取向的性挑逗或性卖弄、中途停止治疗以及当事人缺乏治疗动力。雷德克和马奥尼(Radeke & Mahoney，2000)也得出了相似的结论。他们发现，当事人的自杀倾向、排斥、抵抗以及怨怒是治疗师提到的最主要的几种压力根源。

弗里蒙特和安德森(Fremont & Anderson，1986)稍微换了一个角度来研究当事人。他们请高级职员、实习生和见习生来判断当事人的哪些行为最能引起咨询者的恼怒、挫折或不愉快。参与者列举了许多事件，这些事件大致可以分成五大类：当事人抵触、向咨询者提出不合理要求、言语攻击、咨询者过度介入当事人的心理动因和其他事件。所提到的一些具体事件主要有：不按时参加预定的会谈治疗，当事人不停地责备他人或者拒绝解决自己的问题，当事人提出特殊的优待要求，在莫名其妙的时间里给治疗师打不必要的电话。与罗多法等人的发现一样，治疗师们也提到了当事人的言语攻击和身体伤害。弗里蒙特和安德森认为，对于有些问题，特别是明显的抵触行为，咨询者的经验水平会影响他们的反应行为。一般来讲，经验越丰富的咨询者越少提到抵触反应中的怨怒。

当事人的某些行为可能确实对治疗师造成了压力或焦虑。但也有研究表明，对于有些当事人来说，治疗师实际上是可以惊人地把问题处理好的。比如，默塔夫和沃勒谢姆(Murtaugh & wollersheim,1997)发现，治疗抑郁当事人，治疗师自己并不必然会表现出情绪上的抑郁。原因就在于他们对认知和情感的处理策略的灵活运用。这种策略的运用会在第十章中做更多论述。

治疗经验

除了探讨当事人的行为表现对治疗师产生的压力之外，罗多法还分析了治疗师的工作经验与心理压力之间的关系。他发现，下面这些因素最具有压力性：无力使当事人病情好转、受到导师的批评、专业人员之间的冲突、接待的当事人过多。与专家不同的是，对于当事人的行为，实习生和见习生会把不同治疗师的经验看做是更具压力性的因素。比如，他们最看重下列因素所导致的压力：当事人没有好转、对当事人的病情感到无能为力、导师的批评、在众多同事面前展示自己的治疗个案。正如研究结果表明的，实习人员除了面对助人职业本身的挑战之外，他们还要承受来自导师督导及相关方面的压力。

治疗师的认知

有关压力生成的观念表明了第三个研究领域的必要性，这个领域曾受到罗多法等人的关注。其应用起先于道奇所创立的一个量表，他们发现，下面这些观念与实习生的重大压力密切相关：治疗师总是以高度的热情和能力表现进入工作角色的观念；治疗师能够解决当事人出现的所有紧急情况并且应该帮助每一个当事人的观念；如果当事人的病情没有好转，那是治疗师失误的观念。另外，治疗日程活动的既定安排不能随便取消，这也是前面提到过的压力形成原因之一。正像某些观念所起的作用一样，如“治疗师自己应当是精神健康中心的榜样”的观念也会增加治疗师的压力。

练习

刚才学习了有关实习生中普遍存在的压力形成的各种观点。请思考一下，对于实习活动和当事人，你现在持有哪些观念？其中有些观念会给实习或培训增加一些不必要的压力吗？如果答案是肯定的，那么，你将怎样改变你的观念并相应地改变压力水平？如果能够把这些问题跟其他实习生、老师或实习导师一起商讨的话，你还会获得更多的启示与教益。在讨论中，你可以问问同伴或其他可信赖的人，了解一下他们是怎样处理工作中的这些问题的。

罗多法关于治疗师的信念与压力产生有关系的研究结论，与其他相关研究的结果是一致的。比如，赫尔曼等人(Hellman et al.,1987)就研究了治疗师的灵活性、边界保持与压力之间的关系。我对这一研究特别感兴趣的是"融合"(fusion)与"边界保持"(boundary maintenance)这两个概念的区别。正如他们所定义的，"边界这个维度反映的是，企图通过强调空间和时间的界线并清楚地辨别角色模式，来建立一种高度结构化的互动反应形式的倾向。而融合这个维度反映的是在环境中模糊个人界线的一种倾向"。

治疗师与当事人之间界线模糊的一个表现，就是有的研究者所描述的"替代性创伤"(Vicarious Traumatization,VT)。皮尔曼和玛塞恩(Pearman & Macian,1995)认为，"替代性创伤"就是治疗师由于对当事人的创伤经历及其后果产生移情作用而引起的一种转换了形式的创伤。布雷迪、盖伊、波尔斯特拉和布罗卡(Brady, Guy, Poelstra, & Brokaw,1999)等人也提出了一种类似的描述，他们认为，"替代性创伤"与创伤后应激障碍可能有关系。容易染上这种替代性创伤的人，大部分都是初次接触创伤工作，或者自己有过创伤经历的人。因此，实习生面对当事人的创伤可能会特别脆弱。然而，重要的是要记住，由于临床工作要求有较高的移情作用，实际上，这种替代性创伤即使在最有经验的治疗师身上也会不同程度地出现。

问题的关键在于有没有保持一种适度的专业距离。在与当事人保持适度的职业距离的范围内，治疗师既能够对当事人产生移情作用，但又不至于迷失或者担心迷失自己的身份。赫尔曼等人的研究结果表明，灵活的治疗师总体上要比那些被认定是灵活性不够或教条主义的治疗师感到较少的压力。至于融合与边界问题，能够保持较高个人边界的治疗师，一般不会对当事人的一些行为，比如自杀威胁、被动攻击和消极情感等感觉到有压力。在这些研究发现的基础上，赫尔曼等人指出，对于能够保持一定灵活性和职业距离的治疗师来讲，他们自己能够消减因当事人的行为而产生的压力。他们进一步提出，那些具有较深融合性倾向或者在思维方式和方法上比较刻板的治疗师，在治疗各种当事人时会感受到不同寻常的压力。

总览以上有关结论，特别是边界与融合的问题，我们认为，保持心理治疗过程中的平衡才是问题的关键。这一点对于我们每一个从事精神与心理治疗工作的人来说都是非常重要的。虽然，对当事人产生情感上的移情，不同理论的研究方法对其重要性所强调的方面各不相同。但是，不管什么理论，如果它的基本原则是强调保持一种僵化不变的边界的话，就会阻碍对当事人产生移情作用。实际上，如果走向极端的话，要排除心理治疗过程中的压力，最明了的办法就是构筑一条清楚的界线，但这甚至都不能与当事人产生互动影响而最终失去了治疗的可能性。最好的策略就是能够找到一种方法，它既能使你对当事人产生移情作用，理解并护理他们，又能保持作为精神治疗者的专业角色，并维持自己的身份以及会谈治疗之外的日常生活角色。

压力的影响

从上面的讨论分析中可以看出，在实习生和助人职业工作者的生活中无疑存在着许多可能产生工作压力或个人压力的因素。这就引出了一个新的话题：这些压力将怎样影响个人以及怎样影响我们对当事人的诊断和治疗呢？

对生理的影响

当人们提及对助人工作者的要求时，首先想到的可能就是要求他们精神上和情感上的付出，但实际上他们身体上的消耗也同样很大。我曾经谈到，治疗师在没有窗户的办公室里，每天要花八到十个小时接待或治疗一个又一个的来访者或当事人。有时中午只能花上十分钟吃中餐，然后又接着工作，根本没有休息。这样对身体肯定没有什么好处，过不了多久，这种工作对身体的影响就会表现出来。正像一个治疗师所说的："每一种工作都有职业病，对于我们来说就是痔疮。"实际上，他还应当再加上动脉硬化、肌肉萎缩、体重增加、脊椎疼痛以及身体上的其他各种小毛病。

精神治疗以及有关的活动并不是一种耗氧性活动。如果你看过临床治疗录像带，就会惊奇地发现，治疗师在一些治疗活动中几乎没有什么身体上的运动。他们付出的是大量的脑力劳动或精神活动，而身体上的运动却极少。这样，他们常常会得一种被同事们称做"生理活动紊乱症"的疾病。

在谈到精神治疗工作这一特点时，盖伊(1987)曾经提到，其他职业也可能会相对久坐不动，但"很少要求工作者屁股贴在椅子上一连五十分钟不动，没有机会站起来伸伸腰或者是走动走动。如果治疗师不能利用休息时间舒展筋骨，让身体得到足够运动的话，那么，他能做的一点点肢体上的活动，就只是在轮换诊疗对象时偶尔地在水池和休息室行走几步了。长此以往，这种久坐不动的工作方式就会引起身体疲劳，从而对治疗师的专业工作和生理功能带来负面影响"。雷德克和马奥尼(Redeke & Mahoney, 2000)发现，有五分之一的咨询师对自己的体重存在不同程度的不满，而上述情况可能就是其中的部分原因。

除了有限的活动会引起身体上的毛病之外，长期的肌肉紧张所贮存的压力也会导致一些身体上的问题。我曾经在暑期实习的头一个月里，感觉左肩与脖子之间的部位疼得厉害。虽然晚上疼痛会有所减轻，但随着一天天过去，疼痛却越来越严重。有几周的时间，我试着用冷敷和热敷来治疗，并采取了一些消炎措施，甚至用网球在肩上滚压。但是，直到有一天，我在给一个棘手的当事人看病，他主动提及我的左肩在耸抖时，我才意识到，我所做的这些治疗都是无效的。虽然，我在看病时尽量使自己放松，但肩膀却是明显地不由自主地紧张。这次经验使我开始关注当事人给我自己生理上带来的反应。后来，我发现每当我遇到棘手的当事人时，肩膀就会紧张地耸抖起来。

这种情况之所以在我的身上出现，就在于我把所有生理上的紧张集中到了肩膀。有的实习生和同事曾经反映过脖子痛、下巴痛、头痛、前额肌肉紧张，或者一些其他什么部位的疼痛和肌肉紧张。其实，临床工作压力对身体带来的影响绝不仅仅是肌肉的紧张。由于实习生要承担一些额外的要求和负担，在一定程度上，他们更容易患上一些与工作压力有关的疾病。所以，当学生报告说，他们出现剧烈胃疼或工作压力下的其他反应症状时，都并非不正常。一个同事曾经认为，他的心脏病是在论文答辩之前的那个夜晚患上的。事实证明，压力、态度和焦虑三者之间是密切相连的。经验告诉我们，既要善待情感，也要呵护身体。

对社会关系的影响

正如前面所提到的，每一个从事心理辅导或精神治疗的专业工作者对下面这些话都可能非常熟悉："你不是在对我进行心理分析吧？"或"噢，我说话可得小心点。"当有人介绍你的职业时，别人常常会这样反应。

对于那些认为心理辅导师和治疗工作者一直是在评判、分析他周围所有人的人，你的诚实回答可能应该是"是"或"不是"。回答"不是"，是因为我们在社会情景和个人关系中的交际活动与在专业角色中的交流活动不是同一回事。当然，所有的人，包括助人工作者，相互之间总会产生一定的印象。

在日常生活中，人们往往害怕与治疗师随意交谈。这恰恰说明，在社会交际活动中，我们能够获得机会在临床情景之外通过各种不同的途径或方式获得一些有益的建议。有时候，有人会向你征求对某一公共话题的意见，因为他们认为你肯定受过相关的教育和训练，或者，他们非常尊重你的才能，因而想听听你对某个问题的理解。这样的表现一般是出于对你和对你的职业的尊重，通常也是友好的、客气的。这时，你的挑战就是要避免武断或不懂装懂。另一方面，在日常生活中，人们往往又是这样跟治疗师开始说话的："呵，你是治疗师呀，……"随后，他们就和你聊起一大堆问题来，比如孩子、配偶、父母、朋友、老板或其他一些不在场的人。

这种咨询虽然不免有点奉承的味道，但你应当明白，人们在社会情景中向你寻求"临床建议"，会牵涉到治疗过程中最忌讳的角色多重化、目的不明、交流不深等问题。一般来讲，在这种情境下，明智的做法是不要随便提出什么临床建议或解释。因为，你可能听到的只是事件的一个部分，也没有真正进入正式的治疗师角色，并且一般都是在公共场合（如晚会上），而没有真正的做咨询工作，也不具备治疗的环境、时间、允诺等条件。这时候，你的问题是怎样做到礼貌性地拒绝给出他们所期望的建议或解释，同时又不至于让人感觉失礼。

遇到这种情况，我一般会认真地倾听当事人的问题和他们的要求。接着，在大概了解了所关心的问题之后，我就直率地告诉他们或告诉相关的其他局外人士：在临床场景之外做出分析或治疗建议是不合适的。我可能会这样说："听起来，那并不是一个十分棘手的问题。我知道你希望得到一些处理意见。但是，由于各种原因，当不做治疗工作的时候，我通常不会提出治疗建议，或者对当事人的问题做过多分析。我希望你能理解。"

一般来讲，大部分人都会就此把问题打住，然后，很自然地就把话题叉开了。但有些人可能还会继续追问，比如，"今后能否接诊"，"可不可以推荐其他治疗师"等。这很好办，你可以向他们推荐你的导师或者其他你所认识的专业人士。

还有一种情况。很多实习生在治疗室以外的场合(如商场、电影院或其他场所)碰巧遇到自己的当事人时，常常会感到十分尴尬。这个问题虽然相对来讲极少受到研究者的关注，但一项调查发现，当意外地遇到自己的当事人时，治疗师通常会感到一些惊奇和不敢确认，并且，至少也会感到一些不自在(Sharkin & Birkey, 1992)。相对而言，当当事人意外碰上自己的治疗师时，虽然在反应中也提到了尴尬，但他们是把"自信"和"惊奇"这两项列在"不自在"这一反应的前面的(Pulakos, 1994)。关于治疗师意外遇到当事人的讨论和练习，请参看阿荣恩和塞格尔(Aron & Siegel, 1995)的有关研究。

练习

想一想，当在治疗室之外的场所遇到当事人时，你是怎样的感觉？将如何应对？你的反应对角色和治疗过程会有什么启示？把自己想象成当事人，当在公共场合遇到治疗师时，你会有什么反应？有难以或者很容易碰到自己当事人的场所吗？是哪些场所？可能发生的哪些尴尬情景将使你更清楚地认识自己和自己的角色？

奇怪的是，当治疗师与当事人在治疗室以外的场所意外遇见时，产生尴尬的原因是双方都担心被对方看到自己"真实的一面"。这种感觉来自两个方面：第一，在一定程度上，每个人都害怕被别人以不同的眼光来看待；第二，双方都存在一种倾向，就是不希望被看做是精神治疗的当事人或者治疗师以外的别的什么人。也就是说，双方都希望保持在治疗室里所建立的治疗关系中的角色形象(Aron & Siegel, 1995)。

由于暴露了治疗关系以外的不同角色，巧遇中的当事人和治疗师自然地就会产生一些尴尬。此外，精神治疗中的保密原则和尴尬之中不知道是否应该以及以什么方式跟当事人打招呼和交往的心理，也会使人感到不知所措。当双方碰面时，如果还有其他人在场并且需要做必要的礼节性介绍时，情况可能会更复杂。考虑到保密性原则，治疗师如果这样介绍治疗对象肯定不合时宜："这是埃里克·约翰森，是我在治疗所的当事人。”

妥帖的做法是，你可以把偶遇的当事人当做是在同样场景中偶然遇到的朋友。可以简单地问一下最近工作生活怎么样，随便地聊聊天气，等等。如果还有他人在场并且需要适当介绍，那么，直呼名字就可以了，没必要过多赘述。

在下一次会谈时，再简单地提及以前在外面巧遇的事情，通常被认为是一种妥当的做法。普拉卡斯(Pulakos，1994)在调查中发现，有71%的当事人说，他们与治疗师的巧遇会在下一次治疗会谈时提及。但是，在沙肯和伯基(Sharkin & Birkey，1992)的调查中只有52%的治疗师认为他们会在下一次的治疗会谈中提及以前巧遇的事情。这种不一致的现象表明，当事人和治疗师对这种巧遇意义的感受不一样。不过，我更倾向于在下一次的治疗会谈中简单地提及。如果这种巧遇似乎给当事人带来了一些麻烦，那么，在治疗过程中简单做一点解释，或许还是有利于治疗的一个内容。如果这种巧遇让你感到有些棘手或非常难堪，那么，你就得跟导师好好商谈一下了。

最后一个方面，无论是否喜欢，当交往时，别人总会产生一些关于你的个人素质和职业素养的印象和看法。并且，在他们与你交往的基础上，有人还会对你的整个职业逐步地形成某些基本的看法或态度。这并不意味着在公共场合你应当总是给别人某一种印象，也不是说所有助人工作者必须一直表现出“完美的健康心理”的榜样角色。然而，它确实意味着，你应当清醒地意识到自己所展露出来的形象，及其这种形象对他人、对职业角色所产生的影响。

比如，在某个聚会上，你跟朋友们聊起了所接诊的当事人。出于保密，你可能不会透露当事人的基本信息，但是，这一公开的做法可能让他人产生反感，并且如果当事人知道你这样做的话，他们也会深感不安。故事中所讲述的当事人，可能将来谁也认不出来，但是，由于知道自己的私生活会被别人公开地谈论，一些真正想寻求心理治疗的人可能就不敢进心理治疗机构去面对咨询师或治疗师了。

除了直接谈论当事人以外，如果在工作之余的日常生活情景中随随便便地向他人透露治疗专业工作中的问题，在治疗过程中如何控制愤怒的情绪，以及人们可能寻求治疗的其他各种疑难问题，那么，你的职业信誉和品质可能就会受到别人的质疑。这些行为或其他行为如果已经成为了一个严重的问题，那么，你可能需要为自己的治疗工作本身寻求精神帮助。自我保护工作手册，比如科特勒(Kottler，1999)著的《治疗师工作手册：精神治疗职业中的自我保护和自我促进》(*The Therapist's Workbook: Self-care, and Self-improvement Exercises for Mental Health Professionals*)一书可能会比较有用，不妨参考一下。

对家庭关系和亲密关系的影响

除了上面提到的职业可能会带来一些社会性尴尬以外，更大的麻烦可能是，我们的专业工作还会影响或削弱与配偶、家庭成员以及与重要他人(significant others)之间的良好关系。实习生和助人工作者的心理压力曾经使他们当中许多人的夫妻关系离散。很多治疗师发现,他们自己正在做曾经劝告当事人不要做的事情。我们经常把大部分时间花在了工作上,没有什么业余时间去进行文娱活动,也没有私人时间陪伴家人或重要的他人。工作中我们整天与人"交流",已经感觉很疲惫,可能会拒绝谈论自己的感受以及同伴的感受。除了白天要处理的事情以外,我们可能觉得没有必要再倾听同事的问题。当关心我们的伙伴谈到人际关系时,我们倒可能怀疑这种关心是否合法,或者干脆就自我防御、避而不谈了。

科特勒(1993)在下面一段中描述了从工作到家庭之间角色位置转换的问题:

> 我们要警惕自己的情感分离,以保护家庭和朋友不因自己的工作压力而受到影响。然而,为了遵循工作上的行为规范,我们虽然要恪守职业道德的种种约束,却常常不得不沉浸于自己钟爱的事业之中。我们成天克制自我、束缚思想和言论、匡束情感,以表明自己聪明过人,然后,匆匆忙忙地转换角色走回家庭。一天下来,积累的种种压力,在走进家门时,就像当事人走进治疗室一样等待着将各种烦恼倾泻而出。如果不小心的话,家人可能就会遭受我们的情感分离之苦。

练习

请为你自己以及生活中的重要他人完成下面一个测量表,并评估一下你作为实习生的实习活动给生活和人际关系所造成的影响。

1. 一周中,在完成了工作之后,你会有多少天觉得筋疲力尽而不想做别的事情?
2. 一周中,在完成了工作之后,你会有多少天觉得有一种成功感,并且对其他事情也充满活力和兴趣?
3. 你和重要的他人所做的最后一件事情是在什么时候?
4. 你和一个或一些朋友所做的最后一件事情是在什么时候?
5. 上个月,有几次是由于工作造成的冲突或影响而耽误了你与重要的他人一起做某事?
6. 上个月,有几次是由于工作造成的冲突或影响而耽误了你同朋友一起做某事?
7. 你觉得能够像你所喜欢的那样听重要的他人讲话吗?
8. 别人是否觉得你能够像他们所喜欢的那样听他们讲话?
9. 你在采取哪些措施保护自己的身体健康?
10. 如果你是治疗师,同时又把自己当做一个当事人,那么,你会提出哪些有关自我保护或探究的建议?

11. 你没有做哪些形式的自我保护？为什么？

12. 一周里，在其他场合中，你发现自己一般会有多少时间在思考实习上的工作或者当事人的事情？

13. 在个人生活中，你有多少次感觉自己很怨怒或有其他情绪，以至于超出了所愿意接受的程度和频率？这些与工作中的压力有关吗？

14. 你与重要他人之间的密切关系现在怎么样？你的工作会影响你们的关系吗？

做完上面的问卷之后，我非常希望你能够同生活中的重要人物一起评判一下答案。如果认同所关心的问题领域，那么，你可能还希望一并评估一下实习活动与个人生活相互之间有什么影响。有关深入探讨本章主题和其他相关内容的最好参考材料，可以查找詹姆斯·盖伊(James Guy，1987)所著的《心理治疗师的个人生活》(*The Personal Life of the Psychotherapist*)一书，还可以参考苏斯曼(Sussman，1995)著的《一个危险的行业：心理治疗实践的危害》(*A Perilous Calling: The Hazards of Psychotherapy Practice*)。

假如因为临床实习或培训，你或你的同伴觉得人际关系正在受到负面的消极影响，那么，就要考虑一下是否去做心理治疗。我指导的一个实习生曾坚持认为临床实习活动对他的个人生活和人际关系只有正向的积极影响而没有负面影响。然而，当做上面的练习并与他的同伴讨论时，他才惊奇地发现，实际上，从同伴的角度来看，自己的人际状况正在遭受重大的影响。最后，他们俩人决定一起去做心理治疗。后来，他们自信地告诉我，走进心理治疗室是他们曾经做过的最好的决定之一。

心理"耗竭"

当工作上的压力过大时，就会出现心理"耗竭"(burnout，有人也译作"耗亏"、"枯竭"等)的现象。"耗竭"一词是赫伯特·弗罗伊登伯格尔(Herbert Freudenberger，1974)创立的一个专业术语。它用来描述人们在从事某种承诺性活动的过程中，开始表现出来的在工作投入、自我效能感、工作业绩等方面不断减低的现象。这个概念创立之后，就被广泛地用来描述和研究广大社会群体，包括学校教师、社会工作者、心理学家、警官、护士、医生、公司经理等在高压力的工作岗位就职的人群。

"耗竭"的症状

在一篇有关理论与实验研究的评论文章中，法伯尔(Farber，1983)指出，"耗竭"有好几种不同的定义。有的研究者强调情感特征，而有的人更关注"耗竭"的心理症状。但人们普遍提到的最多的一些症状，主要是与当事人或同事的情感疏离、共情感降低、愤世嫉俗、自尊降低、身体倦怠、失眠、胃痛和其他与压力相关的种种身体不适。法伯尔还发现，不同的研究者各自强调的方面也不相同，但一致的地方就是“耗竭”的症状主要包括态度、情感和生理三个方面的因素。

马斯拉奇(Maslach，1982)在“耗竭”的论述中特别强调“与当事人和同事的疏离”这个方面。同样地，派因斯和阿荣森(Pines & Aroson，1988)注重“耗竭”中的退缩过程。他们认为，临近或处在“耗竭”状态下的专业工作人员通常会寻求退缩，要么在生理上寻求退缩，要么在情感或精神上寻求退缩。这种行为策略可以很好地解释“耗竭”现象，以及对“耗竭”其他症状的反应。

当治疗师开始感受“耗竭”的症状时，他们就会寻求一些途径以减轻痛苦。如果没有别的办法或者那些办法达不到减轻痛苦症状的效果，那么，生理的、情感的或者精神上的退缩就可能使他们与当事人及工作疏离开来，从而达到减轻心理压力的效果。这种行为我们完全可以理解，但是会给专业人员和当事人带来消极的负面影响。其实，当治疗师意识到自己的效能感和满意度在不断下降时，退缩又会导致更深的挫折感和其他负性情感。但是，我们又找不到更具创造性或建设性的办法来对付它。

“耗竭”的阶段

大部分研究者都曾经强调把“耗竭”看做一个“过程”，而不是“结果”。这就是说，一个人并不是在某一天突然就“耗竭”了，而是说，通常要经过一个过程、一个连续的阶段才会造成“耗竭”。艾德维奇和布罗得斯基(Edelwich & Brodsky，1980)提出了“耗竭”可能会经历的几个阶段：从起初的情感呆钝、挫折，到最后的冷漠。他们强调挫折和冷漠两者之间有很大的区别。“耗竭”仅仅与后一阶段相关。如果人们遭受挫折，可能仍然高度地投入和操劳，并努力改变境况。在挫折阶段，人们仍旧能够改变自己，并可能返回到更加积极饱满的情绪状态。而到了冷漠阶段，或者说当一个人到了心理“耗亏”状态时，根据艾德维奇和布罗得斯基的看法，这就会大大地减少产生积极转化的希望。

派因斯和阿荣森认为，在退缩的境态下，冷漠可能被看做是回避学习的结果。处于心理“耗竭”状态的治疗师知道，尽管竭力做好治疗工作，并对当事人产生紧密的共情作用，他们还是会时常感到受挫。这种挫折的产生，要么是因为当事人病情本身的治疗限度、当事人的状况没有好转或者组织机构上的因素，要么是因为阻碍成功或者激起更大需求的其他一些因素。这个过程会引起厌恶性条件反射，它使治疗师觉得避免负向结果的办法只有从治疗过程中退缩。如果对当事人情感痛楚的移情作用是厌恶性的，就会导致治疗师的情感退缩。如果治疗师对病情以及对系统的治疗过程的认识和所花费的努力并不能产生积极的效果，那么，他们就会产生精神退缩，并且深深地损及对工作本身的行为动机。如果工作场所本身与痛苦体验紧密相联，那么治疗师可能会产生对那个场所的生理性退缩。理解这其间的联系具有非常重要的临床意义，因为通过辨别退缩的方式，人们就可能找到导致退缩的关键线索。

“耗竭”的测量

出于研究和临床应用的目的，通过设计出一些测量工具，“耗竭”这一概念已经具有了可操作性（Arthur，1990）。其中应用频率最高的两个测量工具是马斯拉奇“耗竭”量表（Maslach Burnout Inventory，MBI）和员工心理“耗竭”测量表（Staff Burnout Scale，SBS）（Jones，1980）。马斯拉奇的量表包括三个分量表：情感衰竭、去人格化和个人业绩。情感衰竭被认为是由于持续的压力引起生理和情感的紧张所造成的结果。去人格化被看做是一种应对紧张的尝试，它试图通过使自己跟当事人和同事疏离，并把他人当做客体的“物”而不是主动的“人”来实现。最后，作为持续压力和企图应对这种压力的结果，就是个人业绩慢慢下降。作为衰竭和去人格化的综合反映，它将导致自我效能感下降和心理沮丧。

员工心理“耗竭”测量表所关注的焦点与马斯拉奇“耗竭”量表相比在很多方面都是相似的，但前者更强调生理或行为这两个维度。它为“耗竭”确定了一个总分，其测量项目可以划分为四个方面的内容：工作不满意、生理和人际紧张、生理疾病与苦恼、与当事人之间违背职业规则的治疗关系。

除了帮助人们识别“耗竭”的症状以外，这些测量工具及其相关研究还有助于解释“耗竭”形成的原因和方式。这些理论解释对于实习生和治疗师都非常重要。因为他们最有可能产生心理“耗竭”，所以有必要认识心理“耗竭”的一些症状，以便能够有效地处理导致“耗竭”的一些潜在因素。

“耗竭”的原因

引起心理“耗竭”的各种原因主要来自于个人、工作本身的内在特征、组织机构以及管理方法等方面。广泛的社会问题，包括劳动异化，也都被发现是导致“耗竭”的可能原因之一（Farber，1983）。除了这些普遍性的原因之外，还有一些研究者，包括法伯尔、派因斯和阿荣森都认为，助人职业的培训过程和职业要求本身也会以独特的方式引起“耗竭”。当然，大部分“耗竭”都是由上述多种原因综合引起的。明白它们的相对重要性，对我们很有裨益。正如派因斯和阿荣森所指出的：

> 个人怎样认识“耗竭”的原因以及对所受到的“责备”如何归因的方式，对后继的行为有重大的影响。如果把原因归之于自身的性格缺陷或能力不足，那么他们可能采取某种行动，如退出这一职业、寻求精神治疗等等。然而，如果能够从广泛的角度上把原因看做所在境况本身的一个功能，那么他们就会努力地去改变这一境况，使之变得更加宽容，从而使治疗行为呈现出根本的区别。

分析这些普遍的原因，有助于我们分析自己或者同事是否开始出现“耗竭”的一些症状。具备了这一基础，你就能更有效地应对这些情境了。下面再引用派因斯和阿荣森的话：

> 第一步也是最重要的一步是，要从“我出什么毛病了”的关注焦点转到“对于这种境况我能做什么”上来。

个人因素

与“耗竭”有关的一些人格特征，在对压力和治疗师特质的讨论中已经提及。其中经常提及的特征主要有：自我与工作之间缺乏明确的界线、极端的移情作用、特别强烈的义务与责任感、脆弱的自我概念。

卡罗尔和怀特(Carroll & White，1982)指出，低质量的培训也是导致“耗竭”的原因，并且他们指出，培训上的缺陷导致治疗人员自身心理“耗竭”主要有两条途径：第一，缺乏适当的培训而使人感觉从业准备不充分、脆弱、不安全、害怕失败等等；第二，即使那些在工作技能上训练有素的人，也可能缺乏如何应对压力的训练。因此，有些人出现心理“耗竭”，是由于他们对工作所必需的技能缺乏适当的训练，而有些人出现心理“耗竭”，可能是由于在怎样处理工作的情感要求方面从来没有受过相关的培训。

培训不足会导致“耗竭”。同样，助人职业的培训过程本身也有导致心理“耗竭”的危险。派因斯和阿荣森(1988)分析道，那些最终成为助人职业工作者的人在关注别人的烦恼和痛苦以外，自己也产生了“耗竭”，然后也遭遇了一些无法轻易解除的问题和痛苦，这往往使他们感到失望和无助。而这与当初吸引他们从事治疗师这一职业的动机和信心似乎又不相称。助人自身内在的特征常常成为心理“耗竭”的关键因素。

与前面提到的罗多法等人(1988)的研究结论一样，法伯尔(1983)认为，治疗工作的挑战和督导过程对受训人员来说是一个特别重要的压力因素。他指出，治疗工作本身的不确定性、掌握一种新技术的复杂性以及实习督导具有的教导和评价的复杂角色等，都会使实习生在培训过程中产生高度焦虑。并且，随着受训人员“心理学意识倾向”的增强，这些焦虑会变得更为复杂：

> 作为心理治疗的一部分，治疗师和实习生都要求理解当事人内在的心理动力。这样一来，这种学习也同时使他们自己更加具有“心理学意识倾向”，更加意识到自己的潜意识活动过程、心理动机以及心理障碍(Farber，1993)。

对于心理治疗培训来说，这个研习过程是最基本的内容，并能产生积极的效应。但是，它也会潜在地导致对当事人的过度认同。随着实习生逐步进入治疗师角色，他们同时也越来越清楚地认识了自己的心理动力,因而他们必须要处理那些充满模棱两可和焦虑的两大系列问题。处理其中一种就已经够艰难的了,而两者聚集在一个人身上则足以把人压倒。因为这一点非常重要,所以这将在后面的章节里详细阐述。

组织制度的因素

与强调心理"耗竭"个性特征因素的研究路径相反,导致心理"耗竭"的组织和管理方面的原因也日益受到研究者的关注。派因斯在比较了两个不同的治疗中心之后发现,尽管两个机构在当事人服务、所处位置、职员和其他变量上是相似的,但其中一个机构的"耗竭"程度要高于另一个机构。这种差异表明,不同治疗中心组织系统的特点也是引发或减低心理"耗竭"的原因。阿切斯(Arches,1991)的研究也曾经得出同样的结论。通过调查社会工作者,他发现,缺乏自主性和基金资源及其所造成的影响是导致心理"耗竭"的重要原因。

派因斯区分了工作环境中影响"耗竭"的四大因素:生理的、心理的、社会的和组织的。派因斯和阿荣森认为,研究那些有助于防止"耗竭"出现的组织特征同样非常重要。比如,积极性的组织特征主要有组织的灵活性、职员的自主性、多元化、同事间的相互支持、压力期间休假的机会、限制压力性工作的时间,以及必要时减少当事人与工作人员之间的比例,等等。

管理方式也被认为是可能导致"耗竭"的原因或者预防"耗竭"的因素。墨菲和帕迪克(Murphy & Pardeck,1986)认为,预防职员产生心理"耗竭"的最好的管理方法可能就是采取中庸之道,即让组织的管理处于集权与放任之间。他们的理由是,集权式管理办法不能给职员以足够的工作自主权或工作方向,也不能让职工参与到决策中去,而是倾向于向职工不做解释地发指令;放任式管理办法则走向另一个极端,它的问题在于没有对职工的工作进行足够的指导、规范和支持。

在一个有关组织因素与"耗竭"关系的评论中,有的研究者对工作满意、工作更换与"耗竭"进行了区分。这样做很有意义。因为他们的研究材料表明,即使出现心理"耗竭",也可能对工作表示满意。这也有助于解释经济补偿、满意度及"耗竭"之间的联系。贾业拉特纳和切斯(Jayaratne & Chess,1983)针对社会工作者做过一项"七种工作性质怎样与工作满意度相关"的研究,他们考察的七种工作性质是:舒适、挑战、报酬、升迁、角色模糊、角色冲突及工作负担。结果表明,挑战、报酬和升迁机会等各个方面都与满意度有关。其中工作报酬状况是影响职工离职的最重要的预期性因素。与工作相关的压力因素不会影响对工作的满意度和离职现象,但能够导致"耗竭"。换句话说,员工可能对他们的工作总体上感到不满意但仍想保住这个职位。不过,他们仍旧会体验到心理"耗竭"的症状。或者说,员工可能"跳槽",但并不是因为他们心理"耗竭",而主要是出于经济上的原因。最后,经济补偿虽然是影响员工是否离职的重要的预期性因素，但与“耗竭”并不具有明显的联系。

贾亚拉特纳和切斯认为，这并不意味着助人工作者不需要或者不值得获取公正的经济补偿。低报酬与工作更换没有直接因果关系，但是，仅仅靠调整工资报酬并不会长久地解决心理“耗竭”的问题，因为导致“耗竭”的原因并非仅仅出于经济方面的考虑。

社会状况

除了与临床实践活动相关的压力之外，实习安排和临床工作还常常要求实习生深入社会生活的各个方面。而这些对于他们来讲可能是难以应对的，并似乎难以驾驭或无力解决。柯兰德和萨尔曼(Kurland & Salman，1992)对此进行了评论并指出：

> 一些社会工作实习生抱着理想主义的动机进入工作角色，但他们可能并不具备应对和处理那些将要面对却又无法解决的重大社会问题的必备技能。

柯兰德和萨尔曼进一步指出，作为这种体验的结果，这些从业者可能：

> 不久以后就会由于面对自己的处境和那些重大的社会问题而感到无助、无望，并陷入一种深深的痛苦折磨之中——如果他们的老师、督导员及咨询人员不能帮助他们面对各种困境，令他们满怀信心地继续前进的话。

这种由于遭遇深层“社会病”而带来的心理困惑，通常是实习生(包括富有经验的从业者)产生深度挑战的根源。我们在关怀着社会、关照着他人，自己却被抛入一种缺乏社会关怀和他人关照的行业。当我们面对显得那么重大而且对那么多人产生现实而持久的伤害的社会问题时，我们能够如何应对呢？这并不容易回答。因此，当面对困境而无力应对时，心理“耗竭”或其他病症就不可避免地产生了。

认识你自己的境况和“耗竭”

本章前面所回顾的各种研究文献，从理论的角度来看都是很有趣的。但是，现实的问题是它如何与我们个人相关。其间的变化是很大的。人们已经认识到，实习生和实习场所既有消极性特征又有积极性特征。有些实习生对当事人特别投入，也很敏感，但他们同时也非常脆弱，并容易陷进“耗竭”之中。还有另外一种极端的情况。我有时也遇到过这样的实习生，他们看起来确实对心理“耗竭”具有免疫力，因为他们很超然于现实，根本不会对当事人发生移情作用或者其他关联。但人们还是会发现，有些实习生是属于中间类型的，他们对当事人具有健康的、均衡的感受性，并且积极投入情境，能在一定程度上保持客观和超然的态度，不过度承受由当事人的痛苦而产生的负担，反而能够出色地完成临床工作。

不同的实习场所之间也表现出很大的差异。在最好的实习场所里，实习生感受到热情、关怀和相互支持，并积极地投入工作、感受当事人的病情。而有的场所，可能弥散着一种专断或敌意的氛围。

对可能导致“耗竭”的个人和环境因素，实习生和导师都必须有一个明确的把握。如果实习生表现出了前文所提及的一些症状，那就是在提醒我们，要认真反思一下到底出现了什么问题，以及怎样处理这些问题。一开始，病情相对来讲并不是很复杂，在演变为重症之前，只要明白了症状，就可以防止“耗竭”。完成下面的练习，你就会发现它是很有用处的。

个人和环境的“耗竭”倾向与预防

练习

自我评价

根据前面刚刚学过的有关心理“耗竭”的内容，回答下面的问题：

1. 你有哪些可能会导致心理“耗竭”的个性特点？
2. 你有哪些可能会有助于防止出现心理“耗竭”的个性特点？
3. 在目前实习的机构或者未来的工作机构里，你认为有哪些特征最有可能导致心理“耗竭”？
4. 实习场所的哪些特征有助于防止心理“耗竭”的产生？

作为应对机制的心理“耗竭”

也许可以从另外一些角度来看待心理“耗竭”，这是完全可能的。在大部分研究文献和专业论文中，心理“耗竭”都被看做应当防止或避免出现的消极状态。这种思维观念中存在的根本问题是，它忽视了“耗竭”作为一种个体学习和专业成长的机会所具有的价值和重要性。如果“耗竭”仅仅被看做一个消极、负面的概念，那么，实习生和专业人员就会由于害怕别人知道他们自己在某些声名狼藉的事情面前也会表现出脆弱的一面而否认自己的真情实感——因为那些声名狼藉的事情总是会给人一种消极、反面的印象。他们的反应可能是：“我不可能出现心理‘耗竭’。心理‘耗竭’是脆弱或失败的表现，而那不可能是我。”而有些组织或机构在他们的职员开始出现心理“耗竭”时，也会做出同样的反应：“不。我们的职员绝对不会出现心理‘耗竭’。如果那样的话，就意味着我们的机构出了问题，但我们很清楚那是不可能的。”其实，实习生、导师和有关组织机构完全可以换一个视角来看待这个问题，即把‘耗竭’现象看做一个有价值的信息，它表明组织机构中确实有些方面的工作运转不佳、应当改进。从这样的角度去看待“耗竭”现象，我们的机构或许可以从这一现象中受益。此外，还应该强调的是，“耗竭”症状并不必然意味着问题的根源出在工作单位。个人生活等其他方面的原因也完全会引发心理“耗竭”。

罗伯茨(Roberts，1987)曾经建议，在考虑压力对助人工作者的影响时，我们必须充分考虑到他们日常人际关系和生活需要的总体质量。正如他所指出的，每个人控制压力的精力、机智和能力等都是有限的。随着精力的下降和曾经有效应对过压力的那些机智的失效，应对危机的效果也在下降。因此，当人们表现出心理“耗竭”的迹象时，也就给出了一个信号：生活中的总压力已经超出了所能够承受和应对的能力和机智范围。从这个角度来看，心理“耗竭”不能被看做失败，而应该看做以另一种方式解决问题的努力。

罗伯茨在一个充满深刻洞见的观察研究中解释道：

> 回想一下个人曾经有过的抉择、体验和机智，“耗竭”可以被看做一定环境条件下合理的应对机制。以前曾经出现这种处理方式的(“耗竭”)那些情境，如工作、家庭或朋友等，好像实际上很少真正出现“耗竭”或阻抗“耗竭”的现象。

换句话说，产生“耗竭”的原因并不仅仅限于工作场所，“耗竭”也同样会出现在工作场所以外。根据罗伯茨的观点，“耗竭”也是一种心理应对形式。很多人都会诉诸于它，——因为这样做了，会感到最安全。这就意味着我们不能仅仅注意工作上的心理“耗竭”，还应注意人际关系、学校教育以及其他生活方面的心理“耗竭”。因为人际关系是更安全的环境，在许多情况下，“耗竭”首先损害的是人际关系而不是工作。正是因为这一点，人际关系和我们的同伴才最容易遭到伤害。

如果认识到自己哪里出现了压力的迹象，那就表明我们的某些应对机制在那里正处于优势状态，这些迹象实际上就具有了某种信号的作用。通过这一痛苦的认识过程，我们就能够探究到生活中的压力究竟出自何处，为什么我们其他的应对机制没有调动起来应对它们。因此，不要把“耗竭”和其他压力现象纯粹看做消极、负面的概念，而可以把它们当做更好地认识自己、认识自我状态的一种信号、一个机会。

第十章 自我护理

从标题可以看出，助人职业就是为所服务的对象想出解决问题的办法并提高他们的生活质量。然而，令人矛盾的是，助人工作者和实习生怎样护理他们自己几乎没有著作论及过，也没有哪个培训项目对此给予了足够的重视。这真是不幸的事情。作为一个实习生或专业工作者，关心、呵护自己是最重要的任务之一。然而，这有时却会成为最困难的事情之一。

在第九章里，我们讲述了实习和专业活动的一些压力。这一章主要探讨自我护理的重要性，以及在竭力辅助他人的同时如何使自己保持健康的建议与策略。我们将要讨论的内容主要是自我护理中的认知、情感、行为、身体、人际以及经济等方面的问题。

有人可能已经看出来了，这里所涉及的都是学校教育或者培训项目中"正好没有讲过的"内容。有人也许会反对甚至厌恶在这里讨论身体保健的问题，经济问题的讨论也可能让某些人感到惊异。但我对这些问题有些情有独钟。我确信，很有必要合理地流动分析这些在学术性课程里没有讲述过，但在课堂之外的工作和生活中又是至关重要的问题。

并不是说所有的实习生和专业人员都必须同意或者遵照这些意见。我也不会说，为自我护理所提供的方法是"最好的"或"正确的"。另外，我也并非过分强调助人的工作和实习期训练的经历是无与伦比的，或者是非常紧要和必不可缺的。自我护理，不仅对个人健康而且对实习效率都是至关重要的。无论你是否同意这一章里某些具体的观点和建议，我都希望它能够激发你去思考这样的问题：在竭力帮助他人自我保护的同时，如何处理自己的压力以及如何护理自己？想要获得更多有关这个主题的内容，可以参考莎斯曼(Sussman，1995)的有关研究材料。

时间管理

由于实习工作中要做的事情实在太多，所以，当要求学生列举出生活中导致压力产生的根源性因素时，实习生都一致地把时间管理列入了最基本的问题。这一点也不奇怪。实习生都是希望在实习期间把工作做好的，但是在努力协调学校、工作、家庭以及其他各方面的需求时，他们很容易感觉到好像是“事”在控制着“人”。这样，问题就出来了：如果不能有效地管理好自己的时间，那么就可能做不好治疗笔记，就不能让身体和精神得到必要的休息，还可能把工作带到了家里。长此以往，他们可能对选择的职业或工作产生抱怨，感到后悔。同时，如果不能管理好时间，也可能是在其他方面没有护理好自己的一个征兆。正像我的一个同事所说的：如果太忙而不能照顾好自己，结果会更忙。各种事情会变得变化不定，使你无暇应接。

并不是只有实习生才会感觉时间上有压力。许多有经验的治疗师也会感觉工作负荷重，很多专业人员也不能管理好自己的时间。特别普遍的是，治疗师在每轮会谈之间没有安排充足的间隔时间，所以，他们上班期间就得不到足够的休息，更无暇伸伸腰或放松一下。

解决这个问题的一个办法就是像弗奥菲(Fiofe，1989)所说的那样“非预期(unscheduling)”。“非预期”的意思是要首先安排自我护理要做的事情和所需的时间。如果已经确定了照顾自己所需要的时间，然后，再以这个时间为中心去安排工作或其他活动。这听起来好像有点自私，但是，如果我们连自己都不能照顾好，最后怎么能够去关心别人呢？要首先安排好自我护理，就不得不重新思考我们的优先权了。

许多专业人士不能管理好自己的时间，其中的一个原因就是他们从来没有认真地考虑过究竟是怎样支配自己的时间的。我对从事临床治疗工作的同事做过一个非正式的调查，发现几乎没有人能够密切地关注一下自己的时间是怎样分配的，以及完成各种任务要花多长时间。卡拉罕(Callahan，1994)就研究过咨询收费结构中治疗师的时间耗费问题。许多从事私人治疗活动的治疗师对他们付出的时间和精力到底值多少钱以及向当事人收取多少酬金，都存在一些误解。因为，他们常常不能准确地估量在治疗过程之外所花费的时间，比如做笔记、处理书信、打电话等。

练习

反思时间都用到哪里去了

为了形成时间意识，培养管理时间的能力，在未来两周里，你仔细跟踪一下每天24小时中所做的每一项活动。从每天晚上12:00到第二天晚上12:00，记录各个活动的起止时间。这或许让你感到厌烦或是浪费时间，但实际上情况可能相反。这是一个让你理解怎样不浪费时间的方法。

跟踪所做的每件事情能够更好地培养你的时间意识，包括时间的去向、各种活动具体花费了多少时间。例如，如果持续跟踪一周里每次面谈中做病例笔记这件事情，通过记录在各个当事人的病例笔记上所花的时间，你就会更清楚地意识到到底需要做些什么，那么，你就可以在时间表上计划好这个环节应该分配的时间了。在这个过程中,你不仅要尽力弄清楚现在的时间花到哪方面去了,同时还要注意到应该而没有花时间的那些方面。在每次面谈之后你花一点时间走出办公室,伸伸腰骨、放松心情了吗?如果记录表明在自我护理上面几乎没有分配什么时间的话,你就可能需要对时间进行"非预期"处理了。

除了以常规活动为基础,预算好每周的时间之外,还应当考虑到其他一些特殊的时间花费,如测验准备、试卷印制、出席会议等。如果对这些事情有所预计,就能保证你的时间表上有机动的时间为这些活动做准备。不要让这些活动占用自我护理的时间。

把时间和活动列一个表,写在笔记本上,这是管理时间的最简单的办法。但恪守时间表上的时间安排确实比较困难。不过,我建议实习生在时间表上不同程度地安排一些机动时间,以便处理一些意外情况。我也建议他们,应当有一段确切的时间是"雷打不动的"。除非是在某种极端情况下,一般不能让当事人或其他职员打断这个"铁定"的时间。不要用做笔记的时间打电话,不要把面谈时间拖到超过活动表上预定的时间,也不要把用来活动身体的时间看做无关紧要而随便占用。

说"不"

恪守确定的时间计划,要有一种说"不"的能力。实习生通常会有来自班级、其他工作或者家庭的任务。因为大部分人办事都很认真、负责,所以他们很难推卸有价值的活动项目。为了满足各个方面的要求,结果自己的负担越来越重。指导他们做出选择的基本原则是:首先满足他人,然后满足自己。而对休息和睡眠几乎从来没有时间上的限制或者身体上的要求。如果学校里有人需要某班学生帮忙,实习的同学马上就会提供帮助;如果一个社区的服务项目需要一批志愿者,实习生们首先会伸出援助之手;如果在实习期里有额外工作要做,实习生们会主动加班。

所有这些活动都是令人赞赏的。同时,实习生主动参与,积极上进,这也是令人钦佩的。但重要的是,要学会有所选择,学会确立哪些事情要优先做,哪些可以缓做。给你的活动划定一个范围,这没有什么错。实际上,要做的事总是比能做的事多得多,你不必苛求自己做所有的事情。

说"是"

学会说"不"是自我护理和管理时间的重要方面。但是学会说"是"也同样重要。在工作中,我会遇到一些压力过重的学生或同事,他们的问题并不简单地是难以对额外工作说"不",而是有时候他们对自己喜欢的事情难以说"是"。有一个同事,每天从早上 7:00 工作到晚上 7:00,每周工作五天,并且星期六还工作半天。有一次他告诉我,他最喜欢的事情就是划船。当我问他什么时候划过船,他说今年去划过一次,过去两年里每年两三次。

与其痛苦地面对众多的参与机会或更多必做的事情而无法定夺，我认为，还不如坐下来做自己应该做的事，或者跟同伴一起，仔细考虑怎样分配时间。前面也已指出，在某些事情上付出的时间有多少，就是所看重它的程度是多少。然而，当人们分析时间实际上花在了哪里以及为什么花在那里时，他们会意识到，在有些事情上所花费的时间要远远多于花在真正重要的事情上的时间。

练习

明确优先做的事

上一个练习要求分析最近你是怎样分配和使用时间的。现在请你思考怎样分配你将来的时间。把重要的事情都列在一个表上，然后分析愿意在各个事情上花多少时间。当你这样做的时候，不要从正在做的事情开始，而是从正在做的事情上着手分析。因此，首先列出什么事情对你是重要的，然后比较一下，在这些事情上你实际花了多少时间。你会发现，口头上说(或观念上认为)是重要的事情与实际做的事情之间可能有相当大的差异。认识到这一点，并在这个基础上，制作一个活动(时间)计划表，它将有助于你多做一些认为应该优先做的事情。

结束面谈

与时间管理相关的另外一个普遍的问题和下面这些活动密切相关，如，保证足够的时间做病例记录、打电话、跟当事人安排治疗计划等等。要求面谈必须保证在预定的时间内不要打乱活动表中的安排，这对于实习生来说特别难以做到。

如果面谈的时间快要结束而当事人仍旧在谈论某个问题，实习生往往会允许或鼓励他们继续说下去。有时也可能是当事人一直没有谈到最关键的地方，直到在快要结束时，才谈到问题的实质。出现这种情况有几种原因：一是，也许在整个面谈的时间里，当事人对谈论的问题特别敏感，内心一直在犹豫，直到最后才鼓起勇气开始谈到它。同时，在快结束的时候提及最关键的问题，他们或许还会觉得有一种安全感。另一种可能是，当事人在试探治疗师是不是真正关心他们的问题，如果允许超时，似乎表明治疗师就真正关心他们了。无论是什么原因或问题，如果面谈的时间已经结束了，那么，治疗师就应当明确了应该明确的问题，解决了应该解决的问题。如果超时的现象反复发生而又没有质疑为什么会出现超时，这就可能意味着治疗师在面谈过程中忽略了一些重要的信息。

有很多方法可以积极地结束面谈。首先，面谈一开始，治疗师就应该把面谈的具体时间(比如 1 个小时或 2 个小时)清楚地告诉当事人。面谈期间，最简单最直接的方法就是治疗师要有一种时间意识，随时把握时间。当面谈快要结束时，就直接说明：

“现在我们应该结束了。”如果这时候当事人正好引出一个重要的问题，治疗师可以简单观察一下，然后说：“我认为你刚才说的很重要，下次面谈时我们可能应该好好谈谈。但是，现在我们应该结束今天的面谈了。”如果当事人还在继续不停地述说着他的故事，这时治疗师可以起身，径直走向门口。这些方法在大部分情况下都可能被当事人接受，而且也是有效的。如果当事人面谈时总是“超时”的话，这种行为本身就可能需要治疗师好好研究了。这里我再次强调，在治疗观察的过程中直接声明你对某些事情的态度是有好处的。比如，你可以这样说：“我记得上次面谈时，我们好像提到一个重要的问题，但是又‘超时’了。我想这次我们应该有足够的时间来探讨这个问题，不过，要注意我们的面谈时间有限，请把握时间。我不知道我们是不是有一个可以更有效地讨论问题的方法。”

关于这些方法，还需要强调的一点就是，治疗师应该，当然也要求自己做出主张和决断。但有时候拖一点时间可能也是必要的。如果当事人表露出他可能处在危险中，某个关键问题需要彻底解决，或者有些问题需要马上引起重视的话，治疗师也可以决定延长面谈时间。当然，应该尽量少这样做，如果对同一个当事人反复这样做的话，治疗师就应该自我检视和解释这种情况了。

使面谈“超时”的不仅仅是当事人。有时候，当事人正准备要按时结束面谈了，但实习生或许觉得有必要彻底“解决掉他们的问题”，这样也会拖延时间。这种倾向不仅违背了前面讲到的要正确管理时间的要求，同时也可能妨碍治疗。因为现实的情况很简单，治疗工作几乎极少能够通过一次面谈就“完成”或“解决”问题，总是有更多的事情要做。最好的做法是，面谈结束时遗留一点事情等待下一次解决，不要企图一次性完成。对某些问题，当事人需要做一段时间的持续性反思，治疗师也应该给他们这样的机会。实习生必须知道，治疗师不能总是那样干脆利落地结束面谈，不要，可能也不应该让当事人总是带着一切问题都解决了的感觉离开治疗室。

我的一个同事提出了一个概念，叫做“带着问题”。希望这个词能使实习生理解到，并不是一次面谈就能够解决所有的问题。带着问题，意味着有些问题要求反复思考，而不应该期望所有的问题都马上得到回答。带着问题，意味着能够让当事人在每次面谈之间有时间反思问题。生活并不总是存在简单干脆的解决方法的，我们必须能够应对这种情况。要培养一种“带着问题”的能力，而“带着问题”本身对当事人、对治疗师都有一种治疗的效能感。

认知上的自我护理

有一个观念很重要。实习生对自己、对当事人、对心理治疗以及对整个世界的广泛问题所持有的一些观念，可能会强化他们正常的压力体验，以至于他们可能认为压力乃是因为观念的问题而引起的。所以，认识并有效地处理认知上、观念上的问题是自我护理中很有价值的因素。

对自我的认知

实习生开始实习时，一般都对自己的知识、能力以及当事人的感情抱有一些超现实的或者说是虚幻的期望，这基本上是普遍存在的现象。例如，实习生可能认为他们绝对不能犯错误，或者担心别人会认出他们缺乏经验；他们希望当事人或同事能够喜欢自己，甚至希望得到他们的关爱或支持，这也是比较普遍的现象。

道奇(Deutsch,1984)研究了一系列被治疗师视为具有压力性的观念。他发现，最具压力性的三种观念都与治疗师追求完美的倾向紧密相关。其他压力性的观念包括：认为治疗师要对当事人的变化负责，治疗师对当事人一定是经常有效的，治疗师自己应当是心理健康的榜样，等等。

实习生对自己或对当事人所抱有的虚幻性期望给本来就已经充满竞争力的职位增添了更多的挑战。但是，另一方面，他们对自己作为一个治疗师的能力又持有一定的焦虑，这当然也是现实和必要的。因为，在一种契约性的关系中向他人做出承诺，设法帮助他人改变困境，确实是一个重大的责任。但是，对于怎样才能使当事人发生改变，各种观点并不一致，对什么是有效的也没有一个明确的标准。因而，这个重大的责任常常使人产生一种心有余而力不足的感觉。相反，对自己的能力或对治疗过程不存在任何顾虑的实习生，倒会给导师带来压力与焦虑。

我们应当在焦虑与自信之间有一个合理的平衡。如果实习生觉得自己每件事情都应当做到完美，就会变得无助并害怕治疗的深入展开。另一方面，如果实习生自认为已经是专家或“高手”了，却可能会犯一些危险性的错误，最终给当事人带来伤害。作为自我护理认知的一部分，意识到这些问题，就是指治疗者应该反思自己作为一个普通人和作为一个专家的自我认知状态。实习生应该反问自己是否对应该具有的能力和现有的实力存在虚幻的过高期望，也应该与自己的老师或导师分享、交流各自所持有的观念。如果对自己的能力是什么或应该是什么抱有极端化的认识倾向——要么是极端的肯定，要么是极端的否定，那么，就需要实习导师或学校教师为你做一些个人指导了。

自我护理也要求对焦虑本身保持一种正确的观点。有些实习生对自己的焦虑感到非常恐慌。他们好像认为，优秀的治疗师应该永远是不慌不忙、充满自信的，任何焦虑都是虚弱或无能的标志。这种担心是可以理解的。即使是最熟练的专业人员也知道，他们有时也会感到疑惑，怀疑自己是否真正知道当事人或者治疗过程到底出了什么问题。

有经验的治疗师有能力处理这些问题。因为他们已经习惯了对治疗过程的信赖，即使有时候心存疑虑，他们也相信治疗的效用。熟练的治疗师也会倾听自己的身心感受，因为这些信息常常能够为面谈过程中所发生的现象提供一些深刻的洞见。在实习过程中，要尽力清楚地认识自己、体验自我，探索究竟是哪些信念或观念使你产生了超现实的期望。跟同伴、学校老师或实习导师一起分析讨论那些观念或信条也很有好处。不要耻于承认自己的无能。有经验的导师一定能够理解这种情况，并且宁愿实习生坦率地说出这种感受与困惑，也不愿意他们把问题埋在心底而不寻求帮助，并继续盲目"自信"地工作下去。对自我护理的自我认识，最重要的一点或许就是要相信"我不必苛求完美，但我必要的时候确实需要帮助"。

对当事人的认知

正如对自我的虚幻期望将会给自己增添压力一样，对当事人的不准确或非现实的认知也是导致实习生压力增生的一个普遍的根源。弗里蒙特和安德森（Fremont & Anderson, 1986）认为，咨询人员往往对当事人"应该怎样表现和咨询活动应该怎样开展"事先抱有一系列的假设性的观念。当这些假设的状况没有实现时，咨询者可能会抱怨或者产生挫折感。弗里蒙特和安德森指出了下面几种事先的假设：

1. 通过咨询，当事人可以变好，或者出现行为变化。解决个人问题、遵守咨询员提出的要求是当事人这一角色应尽的一部分责任。
2. 当事人不应该依赖性太强。一定程度的依赖性是必要的，但是不应该干扰咨询员的私生活。
3. 希望当事人认可，甚至欣赏或感激咨询员在精神与心力上的付出。如果当事人反对这种观点，尤其是表露出怨言或者敌意，都是不可接受的。
4. 当事人不应该支配咨询员的行为。

除了上面提到的这些先见或假设之外，你同时还会因为这些假设的存在，发现自己往往认为当事人都应该是夸张的、懒惰的、危险的、自杀的、引诱的、疏远的、无助的、疯狂的、缺乏动机的、操纵的、消极的、攻击的、刺激的、惹是生非的、痛苦的等。当感觉到自己总是抱有这样的情绪时，记住下面几种观点也许有好处。

第一，在所有对当事人的认知中，最具有压力性的或许是这样的观点，即"当事人应当不是他们现在这个样子"。这种认识可能有很多种表现形式。如，你可能认为"当事人在治疗中应该更放开一些"，或者"当事人不应该如此愤怒"，又或者"当事人应该对我们提供的服务抱有更加认可或欣赏的态度"。

无论怎样理解这些观点，如果你坚信当事人不应该这个样，应当改变他们现有的状态，就只能给自己和当事人增添压力。这并不是说当事人的现状不值得改变，而是说，希望当事人应该不是这个样子，应当改变现状，或者他们不这样做就感到不安。这并不是心理治疗。我们的任务不是识别当事人"应该"怎么样，然后希望他们改变现在的状态，我们的任务是帮助他们判断自己想要成为什么样，然后帮助他们去实现自己的目标。

第二，很多实习生往往把对某些当事人的看法泛化到所有的当事人身上。要记住，这也会给自己增加压力。比如，有的实习生担心几乎所有的当事人都会有自杀的可能。当然，由于自杀是一种严重的行为，并因为每个人都有选择他自己生活的权利和能力，所以这种担忧是可以理解的。然而，大部分当事人，甚至最忧郁的当事人，都不会自杀。因此，如果过多地担心每个当事人都会自杀，你就会引发更多的忧虑，而实际上大部分担忧都是不必要的。当然，绝大多数实习生慢慢地会对当事人采取区别对待、具体分析的方法，也会更准确地理解他们，而不再泛化地对待他们。如果这样的话，你就会更精明地认识到自己什么时候可以放松，什么时候确实有必要对当事人表示担忧。

对治疗的认知

关于治疗过程的一般观念与"当事人应该不是这样"的观念也密切相关。如前所述，其中有一种观念就是认为"当事人不应该对改变自己有任何抵触"。如果当事人"明显需要改变"，但又抵制治疗师为"改变他们的行为方式"而做出的努力，实习生或者新入行的治疗师对此常常会深感不安。在这种情况下，问题的关键以及治疗师自我压力的来源，实际上并不是当事人，而是治疗的观念，即认为改变自己是很容易的，也是应该的。但现实的情况是，改变自己非常困难，有时需要花很长的时间才能实现。因为变化往往是不熟悉、也不确定的，所以每个人（包括实习生和治疗师）都倾向于抵制改变。如果治疗师面对当事人的抵抗情绪而又没有认识到这一点，那么他们就会对当事人、对自己产生挫折感。另一方面，如果当事人的抵抗情绪得到理解并被认为是治疗过程中的一种正常的、预料之中的现象，那么治疗师就能够更有效地应对当事人的抵触情绪。

另一个可能给自己增添压力的观念，是认为助人工作者要对当事人的生活负责。当事人来到诊所，是因为他们需要你，需要你帮助他们理解或改变他们自身或生活中的一些烦恼。而你是因为花费了时间和精力而挣到自己应得的报酬，并且设想自己在助人职业上受过专门训练，所以，这就暗示了你的一种负担：至少应当对当事人做了有益的事情，才能取得应得的报酬。然而，如前所述，当事人却又时常抵制改变自我，并且在治疗中采取不合作的态度。于是，你就开始责怪他们，特别是当治疗没有什么进展或者他们的变化没有你所期望的那么快的时候。责怪当事人没有进步或改变，是治疗师因缺乏成功感或效能感而产生挫折的一种原因。但是，这种反应最终只不过是满足了治疗师自己而不是当事人的心理需求。

为了更好、更有效地处理当事人的抵抗，就要把自己看做他们行为改变的辅助者，而不是变化的主体。你不能、也不应该为当事人应该解决的问题承担所有的责任。你应该认识到,在帮助当事人解决他们的处境、挖掘他们的内在潜能、促进他们在需要改正的时候积极地改正等方面,你确实具有不可替代的重要作用。然而,最终还需他们自己改变自己,我们不能代替他们做任何事情。

对世界的认知

当完成实习以后,实习生所习得的经验,将会影响到他们对客观世界的认识。有时,这种影响是使他们对客观世界的"正常"现象产生一种歪曲的反映。如果大部分的时间都在应付那些在生活中经历了严重危机的人、心怀敌意的人或者受过严重心理伤害的人的话,这些经验可能会使实习生逐渐认为社会上大部分人都有这些问题。在有些情况下,这一过程实际上还会引起或者强化种族或者其他社会刻板印象。

我们的一个实习生曾经在某少年犯拘留中心工作过一个学期,后来她说:"我简直不敢相信我所看到的。以前我曾经想要孩子,但是现在,如果他们会变得像这些孩子一样的话,我还是不要了。"同样,一个做过受虐待儿童治疗工作的实习生,发现自己开始"恨这些父母,并且怀疑外边是否还有受尊重的人"。另一个实习生在护士之家做过阿尔茨海默氏当事人[1](Alzheimer's disease,AD)治疗工作。后来,当有机会对一个没有精神错乱的老年人做智力测验时,她对这个老年人在其年龄上的智商而感到惊奇。事实上,这个人仅仅是达到他这个年龄段人群的平均智商水平,但相对于她曾经工作过的那些人来讲,这老人似乎是天才了。实习期的经历还会影响实习生对组织制度的看法。比如,有一个在社会服务机构实习的学生,由于那里工作效率低下并且对大部分雇员的工作缺乏指导,他开始有些抱怨,后来感到很受挫折,最后则变得沮丧、压抑。另一个实习生也因为制度的缺陷而深受挫折,并对助人职业完全感到失望,并决定要"改换我的专业,放弃帮助任何人的愿望,自己赚钱去"。

在上面的每一个例子中,实习生都有在自己所选择的集体或制度里工作的经历。当他们凭着实习活动的经验去认识这个世界时,往往会对这个世界抱着一种歪曲的观念。这些观念对实习生的潜在影响可以从他们的言行中反映出来。正像上面例子中的一个同学所说的,她的经验使她怀疑是否还真的想要自己的孩子,而另一个则说他要彻底地离开这个行业。

实习生应该提醒自己,他们工作的对象是现实中的人、现实中的苦难,并且有时是与紊乱、低效的社会制度密切相关的。那是社会生活的一部分,但并不是生活的全部。如果你发现自己对实习的生活和工作感觉越来越辛酸和尖刻,那么,去看看或听听生活世界的"另外一面",感受一下"另外一面"生活的快乐,这对调整你的心境可能非常

〔1〕 是一种常见的老年异质性脑神经退行性疾病,以不可逆进行性记忆和认知功能丧失为主要临床特征,是一种主要的老年痴呆症。

有益。格洛斯和奥尔森(Glosch & Olsen,1995)引用体育训练上的一个说法,指出了"交叉训练"(cross-training)的作用。比如,变换工作和活动,以便从另外一些角度获得体验,就是一种保持新鲜感的方法。对于我们这里的实习生来讲,他们可以寻找到一些正面的榜样,比如正在为社会做出贡献的年轻人,正在精心照料孩子的父母,还有那些思维敏捷、持之以恒、坚持锻炼、保持健康的老年市民等等。另外,也可以从成功的社会制度中去吸取力量,在那里,你看到的是运转有序的组织制度和才华横溢的社会成员,你会对我们的社会、对自己都充满信心。这些制度确实存在,只是你没有那么幸运在自己的首次实习活动中发现。

要努力帮助实习生把握人类真实的痛苦和缺陷,但也不要忽视了对人类同样重要的另一面:快乐、慈善和健康。重要的是让实习生明白,他们有能力改变功能紊乱的体制,使之变得更加美好。如果世界上的每一件事情都已经完美了,那助人职业也就没有存在的必要了。另外,事情总是在不断好转,人们的处境已经有了很大的改善。在上面的每一个例子中,都因为有了我们当中一个又一个的助人工作者参与、引导当事人实现目标而使他们的境况有了改善。作为一个学生和一个实习生,你如果有机会学习知识、获得经验、开阔眼界和增长见识,就会有拥有改变现实世界的能力。这个责任并不容易,任何一个人用尽毕生精力也不能完全改变,但因为有了你的努力,人们的生活(包括你自己)才会不断完善和更趋美好。

练习

认知总结

根据上面所学习的内容,结合自己的经验,回顾总结一下你对实习生的角色、治疗过程、当事人以及对整个世界所持有的观念。你有哪些可能引起不必要压力的观念?哪些观念将有助于你建设性地处理工作或实习中的压力?把你自己的思想或观念写出来,再跟同伴和督导员一起讨论,听取他们的反馈意见。如果某些观念将对你产生消极影响,那么就要设计积极的策略去抵消并改变它们。

生理上的自我护理

你所指的身体健康的含义是什么,自己要明白。在生理医疗学家的工作领域,我工作的对象是那些因为疏于身体保健而导致心理和生理痛苦的人。我的各种工作都涉及疾病预防和促进身体健康等方面的目标。因为我的工作背景,也因为从自己直接的工作经验中知道实习活动和临床治疗工作将会给身体所带来的耗损,所以,我鼓励实习生要呵护自己的身体,关心自己的心理健康。我并不想使这些成为"布道一般的宣言",只是想帮助实习生形成一些终身受益的技能和习惯。看到这个领域的工作可能给人带来生理和情感上的牺牲和代价,我觉得至少有必要把这个问题提出来,或许也能贡献一些新的思想。

体育锻炼

像本书前面所提到的，由于临床工作往往是久坐不动，同时还有看不见的内在压力，所以对从业者的体质会有一些不同平常的要求。体育运动可以克服久坐不动而造成的影响，也使人们能够有效地应付各种压力。

提到体育活动的项目，有些实习生可能觉得不会有问题，因为锻炼已经成了他们日常生活中的一部分；有些实习生可能表示对体育锻炼有兴趣，但是找不到时间；还有些实习生可能就像我曾经提到的一样厌烦这些活动。

对于第一类群体，需要的仅仅是鼓励他们继续做他们正在做的活动，并且要使之保证每天的锻炼时间。对于那些愿意锻炼但又找不到时间的人来说，读一读我们这里有关时间的讨论是会有启发的。而对那些消极对待锻炼的人，我会提出一些忠告，以改变他们的身体锻炼状况。

首先，不要觉得你必须马上就开始一个艰苦的锻炼项目。用点时间先想一想哪些活动有益于你的身体健康。当仔细考虑过这些问题后，就不要一想到身体的自我护理，马上就想到那些很费力的运动项目，或严肃正经的饮食节制计划。这些活动项目实际上并不等同于身体护理，所以它们可能有些负面作用。作为一个更现实的、更有吸引力的选择，如果从一些小型的活动开始，并考虑到自己的实际需要和有效性，你可能更能获得成功。不要一开始就直接加入大型的运动团队，可以尽量找一些体力耗费较少的活动形式。有时候，你只要做很少的事情就可能达到健身的目的，比如，爬楼梯而不要坐电梯，把车子停得离办公室远一点，或者，步行或骑自行车上班。上班的时候要养成一个习惯，在每轮面谈之后，站起来，伸伸腰。同样，如果工作是长时间的阅读、写作或操作电脑，你可以放一个钟表或别的计时器，以便随时提醒中途休息，活动筋骨，舒展腰肢，放松眼睛。

仅仅这些行为上的小小改变就能给你带来明显的身体变化。但是，在周末，你还可以安排一些户外运动。做到这些以后，你可能会像许多人一样追问："我究竟必须做多大量的锻炼呢?"身体保健方面的专家认为，这个问题更恰当的问法是："至少做多少体育活动就可以有明显的体质改善呢?"这一提问方式的改换，实际上就去除了一种被逼迫的情绪，变被动为主动，同时，也许排除了一种对身体锻炼的抵触心理。还要指出的是，运动还可以减少患冠状动脉硬化或其他疾病的可能性。一点点的锻炼对身体素质的促进具有明显的作用。

很多人，甚至那些以前认为锻炼等于自寻痛苦的人，很快发现在活动(时间)表上安排一点时间锻炼就成了他们一天中的亮点，有时成为了所期盼的事情，成为了喜欢做并感受到快乐的一件事情。其实，运动不应该被看成一件"给我们"(to ourselves)

做的事情，而应当是为了放松紧张、改善整个身体状态的一种"为我们"(for ourselves)所做的事情。

按摩

对于有些人而言，锻炼身体好像不是自我护理。但是，大部分人都会同意，治疗性按摩应该是自我护理的最常见形式。或许，按摩对于助人工作者来说，最好的情形是把自己几乎是整个儿地交到了别人的手掌上，在某段时间里全部由他们来护理你。这是我们大部分人，特别是助人工作者所没有体验过的事情。因为大部分时间他们是在做相反的工作——护理他人。

我写这本书的时候，有一次，按摩带给我的好处几乎是非常直接又相当明显的。在最后一个阶段，我每天超常规地工作，从早上5:00开始，一直工作到不能再继续，甚至常常是连续工作到第二天半夜。在连续几个月之后，我的工作效率开始下降了。这时，我意识到需要中断下来休息一下。但是，由于交稿期限的压力，我突然想到按摩，于是就给他们打了电话。很幸运，我熟悉的一个按摩治疗师答应当天给我安排一次按摩治疗。我说明了自己的情况，躺在一个台子上，让她给我按摩。在整个按摩期间，我只想过一个问题，就是要在这一章里再添加一段关于按摩的内容。我并不夸张地说，一个半小时以后，我感觉精神抖擞，好像换了一个人似的。我仍旧超常规地工作了几天，是按摩帮助我度过了几近筋疲力尽的极端状态，并且使我重新"加油"，最终度过了那段紧张的时光。

除了具有一种释放压力、助人放松的作用之外，按摩还可以监控身体，使你知道身体的哪个部位以及这个部位是怎样内化了工作情绪上的压力。很多人常常会把工作上的情绪与压力积聚在身体的某些部位上。头痛、腰痛以及其他疼痛都可能由此产生。一个技术熟练的按摩治疗师能够找到这些问题并帮助你排除。这也提供了一些线索，使你知道自己的压力积聚在了身体的哪些地方。

监控身体上的压力

我们当中几乎没有哪个有足够的时间或金钱负担得起每天的按摩。既然享受不起那份奢侈，在工作中，我们就要学会处理身体上的紧张。我的同事提出另外一个有益的建议，就是定期进行"心理上的身体检查"，以便发现身体上出现的紧张或其他征兆。最简单的方法可能是从头顶开始，快速地检查姿势姿态、肌肉弹性以及其他的内部感觉。呼吸时也可以这样做，想象一下，当呼气时，所有的压力都被"呼"走了。这种自我检查和放松在很短的时间里都可以做，并且别人还不会注意到。在面谈、开会、上课以及其他活动期间，我都会尽量地做几次这样的检查。这有助于我们排除生理紧张，也可以发现一些身体上的变化线索，并弄清楚我们对正在发生的事情有什么反应。

在为当事人提供服务时，我会观察他们的身体姿势和明显的压力程度。了解这些情况，可以为临床中所发生的事情提供有价值的线索。

健康的饮食和良好的习惯

除了保持一定量的锻炼和放松以外，健康的饮食也是重要的一个方面。实习生可利用的锻炼时间是有限制的，饮食上吃什么、怎样吃、什么时候吃也时常会受到来自各方面的不良影响。很多实习生并没有意识到这一点，除非他们有意识地反思过这个问题。事实上，实习活动已经在很多方面影响了他们的饮食。

有些实习生发现，吃是他们应对实习活动压力的途径之一。一个普遍的经验就是，一天紧张的工作下来之后，回到家里，总觉得需要吃些东西才能入睡。实习生还会发现，在工作场所是那么忙，以至于几乎没有时间考虑轻松地品尝"美餐"。不过，对他们而言，美餐也不过就是一块面包和一杯从自动贩卖机上取下来的饮料或咖啡(并且每天只有五杯)。

这里我们要关注的问题不是应该吃什么或不应该吃什么。我们的目的是要知道实习期的挑战怎样影响着你，以及你怎样应付这些挑战。随着时间的推移，不良的饮食习惯会给你带来内在的伤害，但这也是一个信号，它会使你认识到你是否关心了自己。

酗酒、吸烟或其他药品的使用与压力紧密相关。助人工作者并不是更容易或者更排斥滥用这些东西。休斯、德威特、康拉德和斯托尔(Hughes, DeWitt, Conrad, & Storr,1992)报告，在一个对医疗工作者的大量样本调查中，急诊人员和心理治疗人员使用这些物品的比例要高于其他专业的医疗人员。

在临床工作和作为学校教师、实习导师的工作中，我跟那些严重滥用物品的学生、导师、同事都有过接触。大部分情况下，很多人都否认存在这个毛病，即使认识他们的每个人都知道这一毛病，同时也在关心着他们，他们还是会否认。滥用这些物品，除了给自己带来损害和困难之外，同时也损害了我们的职业形象。因为社会公众会嘲讽地看待助人工作者——他们自己明显都不能处理这些问题，怎样去治疗别人？

我们的另外一个目的是促使你能够自觉地认识出现在身上的那些信号。那些信号表明你没有处理好个人压力或职业压力。如果发现自己对违禁物品或控制物品的使用越来越频繁——有时候觉得不得不通过喝杯饮料、抽烟、吃药或别的什么东西来减轻工作上的压力的话，就应该检讨一下工作给你造成了什么影响，或者你的习惯怎样影响了工作。

练习

个人的身体健康护理回顾

作为培养身体自我护理习惯的一个环节，你可能需要做一个简单的个人身体自我护理评价。这种评价涉及与锻炼、饮食和不良习惯等有关的一系列行为。先在一张纸上写出下面这些标题：锻炼、饮食、习惯。再在这些标题下面列出你认为有利于自我护理的行为和一定程度上可能有害于自我护理的行为。然后自我对照实习工作或其他活动与所列出的事项有什么关联。最后，想一想应当在自我护理上做哪些改进才能有利于你的实习、学习和其他方面的活动，以及这些行为上的改变反过来又会怎样影响你的身体护理。

情感上的自我护理

有两个小故事可以说明，实习生或治疗师需要重视护理自己的情感。第一件事发生在一个年轻的实习生身上，他在一个精神病医院实习。一个周末，这个实习生参加完一个集体晚会，骑着自行车回家。他一边骑一边想着两个对比：下一周我将要待的地方和当事人将要待的地方。非常出乎意料的是，当他走到了一条比较阴暗的路段，而医院的灯光在他身后暗淡下去时，他好像哭了。事实上，他哭得很厉害，不得不停下自行车，坐在一个街灯下，一直哭了半个小时。他在那个医院已经工作了四个月，有几个当事人他非常熟悉。但是，直到那个时候，他们的真实境况才真正震撼了他。当他意识到这一心灵震撼时，几个月里积聚的所有的情绪一下子全部倒了出来。

第二个故事发生在最近的一段时间，并且又一次证明了临床治疗工作对情绪的影响是怎样偷偷地"袭击"我们。前面也已提到，作为一个心理学家，除了教学之外，我还在一个医疗机构从事临床工作。由于各种原因（包括沉重的课程负担、具有挑战性的疑难病例、在那个环境中似乎没完没了的政治冲突，以及其他无数的原因），我度过了非常紧张的几周。那时，我正在教一门实习课程，主题就是自我护理。有一天，在班上，我告诉实习生要注意监视自己的情绪状态。就在同一天晚上，由于我用一种大大高出平时的语调叫喊并批评我的孩子，结果我们之间发生了一次小小的冲突。我妻子发现后问道，是不是由于工作上的压力使我做出这样的反应。当然，我否认了（毕竟，我当时正在写一本关于这一主题的书）。但是，经过一些反思之后，我意识到了她是对的。工作上各种事情堆积如山，虽然我以为它们不会影响我，但实际上，我身上已经背负了太多的紧张情感，它们甚至超出了我的意识。

奢望不让临床工作影响情绪，也许是不可能的，或者是不应该的。但我们应当学会积极地处理这些影响。在自我护理和处理工作压力的时候，几个同事提出了下面几个有益的建议。

自我检查

或许，自我护理最重要的一条原则就是要意识到并清楚工作怎样影响了我们的情绪。一个咨询师说他有一个简单的情感自我检查习惯，这与我们前面提到的心理上的自我检查是一样的。在每一次面谈结束、当事人离开以后，他就做一个深呼吸，闭上眼睛，并且反思那时自己的心理感受，以及在治疗过程中是怎样体验自己的情感的。这个过程使他意识到了正在体验的情感，并且又能对面谈过程中所发生的事情有了更深一步的认识，同时，也提醒自己应当放松。

“清除”仪式

另一个同事，一个经常接收疑难杂症的心理学家，经常采用一种被他称做“清除”仪式(cleaning rituals)的办法来清理自己的思路和每轮面谈之前的情绪。比如，如果一个面谈投入了过多的情感，他有时就会在自己的脸上抹一把冷水，这就会使他重新恢复精神，并提醒在接待下一个当事人时应当有一个新的开始。他也经常伸伸腰来减轻心理和生理上的紧张。每一个当事人咨询完之后，他都要做几次深呼吸，同时一边伸腿一边弯腰。当呼气的时候，他就想象着治疗过程中所有储存的压力好像都被呼走了。当吸气时，他提醒自己要耐心而全面地接受下一个当事人的体验。只有当他觉得自己已经完全处理掉了上一个当事人的交互影响之后，才走出办公室去叫下一个人。

一个研究家庭暴力的工作者描述了她的另外一个不同的清除办法。她说，打开办公室的门就表示已经为下一个当事人清理了思路，做完病历笔记之后，就把病历放在一边，心里想：我要到下一次面谈才会碰它。这样做可以防止“把当事人带回家”。“打开门”作为一个线索，有助于接见下一个当事人，并从那里开始新的治疗工作，而不至于把上次治疗的情绪遗留下来。

一天结束之后，她会关上身后的门，好像提醒自己将马上告别一天的办公室工作。这就可以使自己轻轻松松地回家，不带上半点办公室工作的情绪。在描述这种行为习惯时，她说，如果没有办法把工作中处理的事情与家庭生活区别开来的话，就会怀疑自己能不能持续工作三个月。

其实，还有很多自我处理的方法，你或许可以找到一种最适合自己的方法。无论采用什么样的方式，有意识地形成一些实际可行的办法总会有好处的。这些小办法最好能够简单可行(比如会议期间和与当事人相处时)，从而保证下班之后能够真正地结束工作，把它们留在它们应该待的地方。

支持

自我护理虽然能够长期帮助治疗师处理工作中的情感要求，但是，其他实习生和治疗师的支持也非常重要。如果发现工作负荷已超过了承受能力，或者常常背负着面谈中带来的情绪而放不下来，你可能就需要花点时间跟同伴或督导员谈谈工作感受了。当然，这种建议说起来容易，做起来可能有难处。

实习生或治疗师本人很难知道自己正处在一个艰难的时期。如果有人在这一脆弱的时刻对一个朋友或同伴说"我能与你谈谈吗",他可能会更加惶恐。然而,这个时候如果能够引出一段对话,那给人的帮助是无法估量的。在我的工作经历中,曾经有很多次这样的时刻:认识到自己需要帮助,并且也清楚地意识到应当寻找帮助。同时,我也经历过这样的时刻:需要帮助但自己没有意识到,或者否认这种要求的必要性。幸运的是,了解我的亲密同事很快就知道我有些不对劲,然后会友善地恭听我的倾诉。当然,另外一些时候,我也会为他们做同样的事情。在实习培训过程中,你要尽力意识到什么时候需要别人的支持,同时,也要尽力了解别的实习生或专业工作者需要你的时候。

释放过剩的精力

上面所描述的过程涉及的是个人与他人(如同事或同伴)之间的正式的交互影响。但有时候,与了解这种工作性质的人一起去释放过剩的精力,效果之妙简直令人不敢相信。这种方法不同于回到家里与爱人谈论一天的工作,也不同于临床督导活动。其目的很简单,就是放松、愉悦,然后跟同事一起做一些尽量与工作无关的事情。如果你不是属于那种"社会型"的人,那么,跟同伴一起娱乐并尽量远离工作本身就显得更加重要。

如果确实参加了这样的活动并感受到了快乐,那么,你要注意三点:第一,要谨慎选择活动的场合,说话要注意对当事人的保密,参加活动的人员中可能有人认识你的当事人,甚至还可能知道更多的关于他们的有趣的事情,如果你们的谈话是在公共场合并且声音很大,那么别人就很容易听到。无论他们是否知道你们谈话中所涉及的人,仅仅听到专业人员公开地谈论,甚至可能是嘲笑,都会给自己以及所从事的职业带来消极的影响。

第二,工作人员积极的压力释放与对当事人损害性的嘲笑之间有明确的界线。说"你们简直不相信……今天发生的……",然后,接下来是一段并非贬低当事人身份的轶事,这是常有的事情,但是,如果公开地以一种讽刺的语气讲述关于某个当事人是"多么讨厌"的负面性的故事,那就是另一回事了。同样,也千万不要以这样的方式去说自己的同事。不管事情多么令人感到失望,其实他们都已经尽了最大的努力了。如果仅仅是让你觉得好笑,当然可以这样做,但必须确定你也同样在嘲笑自己、嘲笑属于人类共性的精彩、悲痛或混乱无序的状态。

最后一点,许多周末狂欢活动通常是在一些提供白酒服务的地方进行的。这并不是说一定会出问题,但要记住,酒精很容易成为一种内在的情绪控制物,慢慢地你可能会变得依赖于它来处理工作上的压力。像前面指出的,如果酗酒已开始成为你或同伴的一个习惯,那就应当好好地想一想应怎样更好地处理压力,并尝试探索用别的有益的东西来代替酒精。

练习

情绪处理

怎样处理工作上产生的情绪压力？刚刚学习了一些建议，现在是反思自己处理情绪压力的时候了。作为自我检查的一部分，想一想，对于自己工作中的情绪压力你现在是怎样应对的。想一想还可以做哪些现在虽没有做，但对情绪处理有益处的事情。你或许能够并应该采取一些不同的方式来呵护自己，那么就制订一个计划并努力实践它。作为这一过程的第一步，你可以跟同伴一起讨论这个问题，或许你们还可以探索到一种互相帮助、共同参与的方式。

多模式的自我护理

以上所描述的各种自我护理活动策略，被阿诺德·拉扎勒斯（Arnold Lazarus，2000）提出的一个概念整合到了一起，这就是多模式自我护理（multimodal self-care）。与多元形式应用于精神治疗的方法相一致，拉扎勒斯提出了七个自我反思的问题：我能做的快乐的事是什么？我有哪些积极的情绪（或情感）？我最喜欢的感觉经验是什么？我能想象出哪些给人以精神振奋和快乐的意象（mental images）？我能运用哪些积极的自我对话？我能与哪些和善的人保持联系？我能参加哪些与健康有关的具体活动项目？

诺克罗斯（Norcross，2000）与拉扎勒斯思考的角度稍微有点不同，但他也提出了一个多元形式的方法。他列出一个自我护理策略表，即“治疗者推荐”（clinical recommended）、“研究通告”（research informed）、“实践者检验”（practitioner tested）。这张表首先是认识临床实践的负作用，然后把认知主义、行为主义和格式塔等理论中有关压力处理的方法进行综合。诺克罗斯还介绍了临床治疗活动模式的多元化，最后，他既强调了治疗的效用，也指出了治疗的挑战与问题。

个人治疗

上面所有的研究都是为了使你能够反思自己的自我护理实践。人们通常认为，具有清醒自我意识的人最能从实习生的角色中或在实习中成长。相反，那些对自己的需要、困惑、实力和弱项缺乏自我意识的人最有可能受到工作的负面影响。因为我们认识自我的能力都是有限的，也因为我们常常会极其机智和有效地为自己已有的观念做辩护，所以，我们有必要从外界获得信息。如何获得这些信息呢？一个办法就是求助于咨询师。

如果选择了一个咨询师或治疗师，那么你就不再孤单。马奥尼（Mahoney，1997）报告说，在一个接受继续教育项目的群体中，有87%的被调查者认为他们在一定程度上都是在做个人精神治疗。在一篇有关为专业人士和受训者进行精神治疗的述评文献中,诺克罗斯等人(1988)指出,大部分培训项目和被调查的实践人员都把个人治疗看做最值得付出的经历。而且,有关影响专业发展因素的研究也表明,治疗者把个人治疗排在了最重要影响因素中的第二位,仅次于实践经验。

我和安迪·凯里、希瑟·斯图加特(Andy Carey & Heather Stewart,1992)的研究结果也证明了精神治疗的积极作用。我们调查了500名咨询员和临床心理学家,结果表明,79%的人反映说他们曾经参加过个人治疗或咨询。而在这些人当中,有93%的人把这一经历的必要性程度评定在了"一般"和"非常需要"之间。结果是,用评价当事人、治疗过程和治疗师角色认知的测验量表,把有过个人治疗经历的治疗师和没有这种经历的治疗师进行比较时,38项中有13项具有统计意义。

波普和塔巴赫尼希(Pope & Tabachnich,1994)通过对800名心理学家的调查,也得出了相似的结果。在所有被调查者中,84%的人报告说他们至少寻求过一次精神治疗。而认为自己寻求治疗的原因一般是压抑或总体感觉不愉快、结婚或离婚、人际关系问题、自尊和自信、焦虑、就业、工作或学习、压力等等。在这些曾经接受过精神治疗的人当中,85.7%的人觉得他们的治疗经历"非常或特别有益"。他们提到的主要好处是自我意识或自我理解、自尊或自信的增进,以及作为一个治疗师的治疗技能水平的提高。

虽然这些看法已经广为人知,并且在实践上也有关于心理治疗有益于实习生和专业人员的例证,但是,细究起来,这确实也是一个矛盾的现象。一方面,我们并不认可培训中精神治疗对学生和实习生本身是必要的,另一方面,实践上又确实有证据表明,个人治疗对实习生和治疗师都是非常有价值的一段经验。另外,心理治疗除有助于我们更好地认识自我以外,还能帮助换位思考,以使我们更好地认识当事人在治疗中的那些体验与感受。

坦诚地讲——其实前面我也已经提到了,我现在必须补充一点:在开始参加治疗培训的时候,如果哪本教材提出治疗师或者实习生也需要做心理治疗,我一定会把那本书扔掉。那时候我觉得,一个人能进入这个领域,是因为他的完整和健康。正由于他的幸运和健康,所以他才能够助人。那时候这种观念似乎非常合理,自己也因此而非常自信,相信自己是如此机灵而有能力帮助别人,用不着对自己做什么治疗。这种观念,对于进入这个行业还不久的二十多岁的年轻人来说,可能一点也不奇怪。确实,这种观念使我们坚信健康的个人调整和有效的心理治疗并非那么困难。

那就是我曾经的感受。随着临床经验的积累,以及在个人生活中经历了一系列重大挑战性问题之后,这样一种意识慢慢地形成了:甚至治疗师(特别是治疗师)也有需要排解的疑难和困惑。由于认识到这一点,我和其他专业人员就一起参加了一个集体治疗。其结果是很有启发性的。我不仅在认识和解除自己的一些问题上得到了无法估量的帮助,同时从自己的亲身体会中我更加深刻地认识了心理师治疗怎样帮助人、能给人以多大的帮助。

练习

如果你曾经有过治疗或咨询的经历，那就正好可以反思一下那段经历。反思一下心理治疗是怎样影响了作为普通个体的你，以及你的工作将怎样影响他人。如果从来没有接受过心理治疗，你可能需要考虑是否应该在某个时候去一次。如果感觉自己能够接受这个意见，你希望得到什么好处呢？如果不愿意给自己做心理治疗，请反思一下理由。可能你还需要考虑的是：还能采用其他什么办法来处理工作对个人的影响以及个人问题对工作的影响呢？

对治疗师的积极效应

到目前为止，我们强调的基本上都是怎样处理助人工作者和实习生所面对的压力，以及压力所带来的潜在的消极情感和心理影响。其目的是提醒他们作为一个实习生或专业工作者将来所要面对的个人挑战。同样重要的是，不要忘记，如果这种工作的影响仅仅是压力的话，就不会有那么多人愿意进入这个领域了。因此，认识到所做工作的积极效应也同样是有意义的(Berger，1995)。克雷曼-卡恩和汉森(Kramen-Kahn & Hansen，1998)强调，对于心存疑虑的治疗师来说，重要的是要认识工作中那些被忽略掉的积极性回报，并发现支撑职业延续不断的行为因素。

练习

临床治疗工作的积极效应

列举你在实习中所获得的情感上的积极效应。

列举你在实习中所获得的认知上的积极效应。

列举你在实习中所获得的其他有利之处。

将来，作为这个领域中的专业工作人员，你希望在上面每个方面获得哪些利益？

最后，如果有机会，跟有工作经验的同事一起讨论这些问题。问问他们有哪些好处和压力，以及如何协调这两个方面。

怎样从自己的工作中感觉到积极的、正面的体验呢？我曾经问过许多实习生和有经验的治疗师这一问题。他们最常见的回答是，在为别人做事情的时候自己所产生的那种满意感。正像一个治疗师所说的："你不停地为当事人工作，正好也使自己清楚地意识到自己对他人的价值。那种感觉确实很好，它使我认识到，是我改变了现实、创造了奇迹。"柏格(Berger，1995)从年长的治疗师们所描述的支持工作进行下去的原因当中，也得出了同样的结论。

其他的好处还包括：终生学习的机会、与享有相同背景和目标的同事一起工作所获得的乐趣、临床工作中的智力挑战、个人成长等等。许多专业人员喜欢这个工作，是因为能够相对自主地开展工作和独立地承担责任，而有的人则强调工作任务和对象的更换性。你所列出的工作好处可能也包括了上面提及的部分内容或者其他内容。无论怎样看待，认识到工作的积极要素还是很重要的。如果积极因素开始下降，或者消极因素压倒了积极因素，那么，工作动机、努力和效率最后就会降低。

意识到临床培训和助人职业给自己带来的好处，同样也会影响工作本身的质量。比如，对于大部分治疗师来讲，如果其中的一种裨益就是当患者境况好转时所带来的满足感，那么，他们就很容易形成对当事人变化的一种依赖感，但这不是为了他们的利益，而是为了满足本人的好感当事人必须有的变化。助人工作者在欣赏因自己的工作帮助了他人而带来的回报时，必须在各种回报之间保持谨慎的平衡，而不要变得依赖于这种自我的回报，以至于干扰了必须做的、对当事人确实有用的工作。

经济上的自我保护

关于自我护理的最后一个方面不能不提经济问题。这一章重点在于讨论如何处理实习和临床工作中的压力。但是，经济问题实际上是各行业里排在第一位的压力诱因，助人职业也是如此。我有好几个同事，他们的个人生活和治疗工作都因为一些与经济管理有关的问题而受到了很大的影响。经济上的自我保护对那些从事个人治疗工作的人来说就显得更加重要。因为与治疗结束、治疗转移和付费等相关的临床与道德问题很容易与治疗师当时的经济处境联系在一起。

在本书里，我并不打算对这样一些话题提出意见，比如，怎样投资，互利奖金是否优于市场股票，什么样的退休计划是最好的等等。我的目的是提出一些思考问题的方法，以便减轻由于公司经常出现的一些经济问题而产生的压力。要讲的大部分内容都在多明哥茨和罗宾（Dominguez & Robin，1999）所著的《你的钱与你的生活》（*Your Money or Your Life*）一书中有过论述。并不像很多书那样提供“快速致富”绝招，多明哥茨和罗宾是帮助人们判断自己什么时候感到“满足”。他们的办法主要以一个简单而深刻的道理为中心：金钱就是一些我们选择的、用来满足自己生活需要的东西。

认识到这些，我们就能够明确地判断花费了多少钱和付出了多少成本。当估量赚到了多少钱、消耗了多少生命能量时，自然会涉及下面三个问题。这就是多明哥茨和罗宾建议我们反问自己的：

1. 我有成就感吗？有满足感吗？我获得的价值与我所耗费的生命等值吗？
2. 这种生命能量的消耗跟我的生命价值和人生目标是一致的吗？
3. 如果我不必为谋生而工作，那我将怎样改变这种付出？

特别是当你刚刚走上工作岗位或者购买某个重大物品的时候，以及确定自己的人生目标、谋划未来生活的时候，认真地自我反思这些问题将对未来的生活道路产生重大的影响。我有一些同事，他们在某个机构谋到了稳定的工作职位，然后用几乎所有的收入买了房子、买了汽车。接着又买了一系列可谓是奢侈品的东西，比如游艇、公寓，或其他成人“玩具”。为了支付这些花费，他们不断地增加工作量，或者从事更多兼职。结果，他们耗费了大部分的时间去赚钱，以致于除了挣钱交还所购买物品的贷款之外，几乎没有时间做其他任何事情，包括享用所购买的物品。正像多明哥茨和罗宾提醒我们的，金钱上的花费实际上就是生命能量的付出。为了换取“物品”而从生命中所取走的东西却永远也不能再收回。

能不能慎重思考个人的价值以及个人价值与金钱的关系，还将影响到我们生活的其他方面。前面也已提到，在极端的情况下，经济问题会影响我们正确地从事临床治疗工作。考虑到这些关系，实习生应该严肃地思考这样的问题：在自己人生的终极目标和当前的工作里，金钱到底扮演着什么角色？要经常反问自己生活的目的是什么，怎样使自己的职业生涯和各种活动围绕这一目的而展开并实现这一目的。最后，反思以下的问题也将很有启迪：“满足”对自己意味着什么？自己是否在智慧性地享用生命？是用时间还是用美元来衡量“满足”？

第十一章 攻击和其他危险

在我毕业实习的第一天(实习单位是一所退伍军人医院),实习生被带着去巡视各个病房,以认识同事,并趁机与当事人随便聊聊。我们走近一个病房门口的时候,一个蓄着蓬乱、灰白长发的男子,瞪着大眼快步朝我们走过来。不知道是什么原因,或许是我的面貌与他相似,这个人径直地走近我,伸着脖子,鼓着眼睛,贴近我的脸——几乎只隔几寸,叽里咕噜直冲我喊叫,但我听不清他在说什么。我不知道该怎么办,就对他说"你好",这时他笑了一下,然后转身走开了,自言自语地,不知道还在说什么。那个人的行为非常古怪,但并不危险。事实上,他二十年前已经被确诊为精神分裂症(schizophrenia)了,但他从来没有伤害过任何人。

在实习活动期间,我后来接诊了另外一个当事人,他的行为与上面描述过的精神分裂症患者没有什么差异。他住院是为了治疗压抑和滥用酒精问题。在住院期间,他常常用出入证离开医院,光顾附近的酒店,然后醉醺醺地回到房间,惹是生非。这样几次之后,工作人员决定两周之内不允许他再出去花钱。后来,当这个身高 6.4 英尺体重超过 200 磅的当事人向工作人员要钱和出入证出去买电影票时,他实际上是希望能溜出去买酒。由于过去不良的表现,工作人员没有给他钱。而我就被委派对这个病例进行分析和解释。

不用说,此人知道他那一周不能花钱,肯定不高兴。于是,他吵了起来,并向我讨价还价。但我坚持必须等一周之后才能开恩。当我转身离开时,他从椅子上跳起来,伸出手掐住我的喉咙,把我按到墙上。接着,他企图卡住我,并把我的头往墙上压。过了很久,有人过来帮忙,我才把他的手从喉咙上挡开,而我身上却青一块紫一块,头昏目眩。

在实习期间遭受攻击的可能性主要取决于工作地点和所接触的当事人,也取决于自己的行为。我专门列出这一章,就是要求实习生必须有一种危险意识,并慎重思考怎样从这些危险中吸取教训和应对危急情况。另外一个原因是因为这部分内容常常在一些学术研究项目和培训基地里受到忽略。格尔曼(Gelman,1999)报道,在 95 个实习机构中,只有 1 个机构在学习协议中向学生明确声明实习场所的工作具有潜在的危险性。毫无疑问,助人工作是一个最容易遭受暴力行为攻击的社会职业之一，仅次于警察职业，易被攻击的目标往往与工作本身有关。

这些研究启示以及对学生进行这方面教育和培训的重要性，得到了塔利、克洛夫和普赖斯等人（Tully，Kropf，＆ Price，1993）研究结论的支持。他们指出：虽然被调查的学生中有26％的人在他们的实习过程中经历过“不同类型的暴力攻击”，但只有39％的学生反映说他们从临床导师那里接受过这方面的培训。而且，在所有接受过培训的学生当中，大部分人都认为，所受到的教育和培训既不充分也不合适。同样在这个调查中，94％的实习老师认为，很有必要对学生深入进行如何处理与人身攻击或语言攻击相关的教育和培训，但是，他们当中只有8％的人曾经受过这方面的教育或培训。在这些调查发现的基础上，塔利等人指出，治疗环境中的暴力行为似乎越来越多了，“没有相关的经验和培训的话，学生就不可能控制或意识到与当事人相处时的潜在危险”。为了挽救这种局面，他们提出“要把有关暴力和安全问题的材料整合到实习讨论课的课程内容当中，或者单独列出这样一门课程”。

遭遇当事人的无端攻击是一件非常可怕的事情，本章的目的就在于通过提出一些预防危险和应对危险的建议，来帮助实习生减少遭受攻击的可能性。这些情形并不可怕，但确实是应当慎重对待、应当具备的知识。

在继续探讨之前，我们必须提出一个重要的告诫。接下来所讨论的目的是要提高你对当事人或来访者可能实施暴力袭击的警惕意识。但我并不能告诉你怎样识别或预测暴力，后面会对此做出简单的解释。其实，有关暴力预测的研究表明，这种预测的准确率常常很低，即使那些自信能够准确预测暴力发生的人也是如此。所以，当尽力提高对当事人暴力的理解能力时，要清楚自己知识的局限性和我们现在对这一职业本身进行研究的有限性。

攻击的危险

如果工作的对象都是理智的、自控的个体，那么我可能就没有机会在工作场所遭遇他们了。但大部分，甚至那些有严重精神疾病的当事人，其实并没有危险。因为他们的行为是意想之外发生的，没有预谋性。那些为移交到精神病医院的患者提供治疗服务的人，应该知道通常情况下预谋犯罪的评判标准，这些患者显然对工作人员以及其他人员具有危险性。因此，那些当事人就具有预谋行为的倾向，必须高度警惕发生暴力的可能。另外，除了精神疾患之外，有些当事人可能明显地就是很粗卑、很危险的。

对于治疗师是否会遭受到攻击，不同的研究人员所估计到的可能性程度并不一样。先前提到过的塔利等人的研究就是我所知道的少数几项研究之一。这些研究阐述了与实习生或见习生的工作岗位相关的暴力问题。当把这类问题的研究深入到实践工作者身上时，讨论的主题就越来越多了，而且，对这一问题的研究不断显示出，遭遇暴力的危险性是现实存在的，在对实习生进行培训时应该认真地加以考虑。

撒克里和博比特(Thackrey & Bobbitt,1990)曾报道,在医疗中心某部门工作的人员当中,59%的临床医生和28%的非临床医生都至少有过一次被患者攻击的遭遇。另外一项对116名英国心理学家的调查也得到了相同的结论(Perkins,1990)。这其中,52%的人说他们至少被当事人攻击过一次,18%的人是在后续的研究中或工作的时间里遭受攻击的。特赖恩(Tryon,1986)报道的这个比例更高。在一个心理研究者的国际调查中,他发现,有81%的被访者说他们曾经在工作中受到过人身或语言攻击。这些调查结果使一些研究者认为,在职业生涯中,大部分治疗师都将必须应对各种形式的暴力与攻击(Whiteman,Armao, & Dent,1976)

在心理健康职业当中,其他危险性或胁迫性的行为也受到了人们的关注和研究,这些现象也是很常见的。罗曼斯、海斯和怀特(Romans,Hays, & White,1996)报道说,在对178名咨询工作人员的调查中,5.6%的人曾经受到过"跟踪",10%的人认为他们的督导员曾经受到过当前或以前的当事人各种形式的跟踪,64%的人虽然没有遭受过跟踪那么严重的威胁,但也曾经受到过当事人不同形式的骚扰。当事人对女治疗师的性骚扰也并不罕见,德马诺(DeMayo,1997)根据一项调查报道说,在临床工作期间,有一半多的心理研究者不同程度地经历过当事人实施的骚扰。

这些研究结论并不能够表明大部分当事人都是危险分子。实际上,他们并不会做出攻击、骚扰或其他危险性行为。怀特曼等人(Whiteman et al.,1976)描述的比例和有关结论,主要是从治疗师的整个职业生涯和接触大量当事人的经历中得出来的。因为,治疗师接触的当事人很多,即使一小部分人具有攻击或危险倾向,也会得出这样的调查结果。尽管在治疗师的职业生涯中遭遇攻击的危险是现实存在的,但应对攻击的相应培训几乎没有。

应对侵犯

应对当事人可能实施的侵犯需要相关的知识及相应的行为技能。在所有的建议中,有一条最基本的原则,就是无论什么时候遇到超出控制能力或会引发重大危险的情境,你必须告诉督导员和指导老师。在处理具有潜在暴力危险的当事人时,这一点尤其重要。如果有明确的理由判断出当事人很可能会伤害他自己,或者对他人造成危害,就必须让督导员知道这些情况,以便工作人员能够采取适当的措施防止他们或其他人受到伤害。不要尝试独自处理这样的情况,除非完全无能为力了。如果没有别的办法,即使是独自处理一个无法预料的紧急情境,最基本的一个目标也应该是尽可能快速地争取得到援助。

要记住,一旦遇到危险的当事人或危险的情况,必须与督导员取得联系。同时,在评估、预防和应对暴力时还应当考虑下列因素:

1. 要知道,奇怪或异常的行为可能是恼人的,但不一定是危险的信号。

2. 要了解当事人病情发展的差异，并认识各个不同年龄阶段的当事人为什么会表现出攻击性行为。

3. 要了解并认识可能会引发攻击的动机性因素。

4. 要了解并认识当事人可能变得具有攻击性的情境条件。

5. 识别较具危险倾向的一类当事人。

6. 通过提早与当事人建立关系并预测他们的行为倾向，预防暴力发生。

7. 预防紧急出现的暴力。

8. 要采取对自己、当事人、工作人员和现场造成最小损害的方法处理当事人的袭击。

9. 要解决由袭击而引发的心理情绪后果。

10. 了解案情，认识暴力行为发生的原因以及将来应该如何预防的措施。

有关这些问题的更多分析以及心理健康机构是怎样采取有效策略管理暴力当事人的一些总结性的评论材料，可以参看蒂什勒、戈登和兰德里-迈耶（Tishler, Gordon, & Landry -Meyer, 2000）的有关著述。

怪异的行为和怪异的人并不一定都是危险的

患有精神疾病的人有时被认为是“受到了惊扰”，但更准确的说法应当是某些人“惊扰了别人”。那些语言或行为让我们无法理解或者不符合特定标准的人总会招致一些麻烦。当一个男子在街上的角落里说着什么而我们又听不见时，当一个妇女吼叫着指向别人看不见的某种幻象时，或者当某人穿着奇装异服沿着繁忙的街道一边走一边跳舞时，大多数人都会感到不自在。

原因可能在于两方面。一是，我们担心如果有人在某一方面表现奇特，那么他们所有的行为都可能是无法预料并且是危险的。第二，同样重要的是，面对这些行为怪异的人我们不知道应该怎样应对。

在你的实习经历中，可能会遭遇这样一些人，他们至少在某些方面跟你在实习场所以外的生活里所相处的人表现出不一样。由于他们的行为以及他们所处的环境与你以前所熟悉的不一样，所以你可能对他们、对自己都会感到不安。这也是正常现象，你没必要对此感到糟糕或觉得羞耻。随着经验的积累，你慢慢地会对这些人和场景感到更加自在。随着实习期的结束，你将会坦然地面对诊所的工作，并自在地与那些你曾经认为奇怪或具有威胁性的人相处在一起了。

实习期的经历教给你的最重要的一件事情或许就是，跟我们不同的人并不必然给我们造成威胁。大部分当事人并不比其他任何人更具危险性或更具暴力倾向，这可能是处理当事人潜在暴力行为的首要课程。虽然，当事人可能会表现出一些怪异的行为，但他们在治疗场所极少具有危险性，除非有暴力史。

理解发展性差异

一个5岁儿童发一次脾气，一个21岁青年第一次打架，一个70岁老人患上老年性痴呆，这些或许都在攻击性行为之列，但是，不同的个体和不同的工作人员对于他们攻击的原因和结果的看法都是不一样的。虽然这一章所提供的许多材料适用于不同年龄阶段的当事人，但是由于发展性差异的存在，我们必须根据各个当事人的年龄阶段和发展水平来调整对问题的分析和反应。

练习

思考上面所提到的三类当事人(5岁、21岁、70岁)之间有什么差异。他们之间的差异怎样影响你判断和应对可能出现的攻击行为？应当考虑的因素包括：个体的同伴群体以及该群体关于暴力的标准，暴力传递给每个人的信息，个体对严重伤害他人或财产的生理和心理承受能力，个体对暴力行为结果的理解、态度以及个体动机。这些众多的因素必须在短时间内做出判定，但是，自己事先对这些因素进行分析会加深对当事人攻击行为原因的理解。

了解和认识动机因素

加文·德贝克尔(Gavin DeBecker，1997)在他的《恐惧之礼：保护我们免受暴力的生命信号》(*The Gift of Fear: Survival Signals that Protect Us from Violence*)一书中使用了一个“JACA”的缩略词来解释和预测暴力。他访问了许多可能会遭遇暴力袭击的名人、机关、公司或团体，对成百上千的暴力现象和个人进行了研究。他认为，对于大部分涉嫌实施暴力的人，可以从公平(justification)、选择(alternatives)、结果(consequences)和能力(ability)等方面来分析他们和他们的暴力行为。换一句话说，倾向于暴力行事的人，常常认为他们的行为在一定程度上是公正的，他们相信除了暴力之外没有别的办法。他们能够接受行为的后果，或者，在某些案例中他们甚至还期望行为的后果降临在自己身上。他们有能力对受害者实施暴力。接下来，在讨论评估暴力潜在性的建议和减少暴力危险性的建议中，我们还可以看到上面这些因素。

当问及学生为什么有些人会暴力行事时，我们通常得到的回答是：因为他们处于愤怒状态。这是不错的。但是它不能解释为什么他们选择暴力而不是其他行为来发泄愤怒。过分关注产生暴力行为的愤怒原因，也就会忽视其他(如动机方面的)重要原因。其中包括，暴力可能是对恐惧的反应，可能是对挫折的反应，以及可能是控制他人的一种方式。杜宾(Dubin，1989)强调，很多当事人的暴力是：

> 他们在一种绝望或受惊恐打击状态下，为防止幻想中自己将要遭受侵害

而采取的行为反应，他们要么自毁自己的身体，要么，在更加惊恐的时候，自损自己的尊严。

杜宾还继续观察道：

> 与此相矛盾的是，那些因当事人的行为逐渐升级为暴力而感到焦虑和恐惧的临床工作者，可能会采取更加权威性的压制行为或做出反暴力的行为反应。而这些行为反过来又增加了当事人的无助感。

如果某些人正处于愤怒状态并有可能施暴的话，有效的办法是，首先尽力分析他们为什么会发怒，然后考虑他们为什么会选择暴力。通常情况下，你可以直接询问他们一些问题，比如：我知道你正在因为某些事情而感到不安，并且似乎还很愤怒。可以告诉我发生了什么事情而使你感到紧张不安吗？这样的说话方式，不会使人恐惧或使人产生权力性的压迫感，但它可以使你认识当事人目前的状态，使你更有兴趣理解他们的心理状况。

如果当事人外表上看起来似乎就有暴力性，那么直接表白你的担忧可能不是妥当的方法。但是，你可以询问他当时的情绪状态是怎样的，以使他内心的情绪变得明朗，你也就能采取相应的应对措施了。如果当事人的反应是冲你大声叫嚷，或者说出一些威胁性的语言，那么你可能应该平静地告诉他："我知道你的心情很紧张，我想听听你想要说什么。"这样做的效果比仅仅命令当事人"安静"要好得多。特别是在当事人对命令他应该做什么不感兴趣的时候，或者对平静下来明显感觉没有兴趣的时候。

试着和一名生气的当事人开始对话是很重要的，原因之一就在于我们还不理解他为什么而烦躁不安。有些人的愤怒是因为他们觉得受到了其他当事人或工作人员的侮辱。有些可能是因为工作或生活中的某些挫折。对另外一些当事人来讲，一旦感觉自己处于不安全的情势下，愤怒可能是他们的习惯性反应。治疗者首先面临的任务就是尽力理解当事人，而不是对其情境中的反应做出是否"恰当"的判断。这种处理方式在以后会非常有用，当然，前提要看当事人所处的状态是否适合我们的探究工作继续进行。比如，对于处于高度激怒状态下的人，我们可能很难对他们的愤怒是否公正合理而进行抽象的分析。

竭力理解当事人表现出愤怒的原因，有助于我们进一步认识到，表面上看起来是愤怒的行为并不必然是由于愤怒导致的。如上所述，暴力行为可能是出于恐惧，而并不一定是出于愤怒。我曾经见到过处于高度压力状态下的当事人在去处理一些事情时，很容易发生暴力行为。我想起了一个案例，一个头部受伤、坐在轮椅上的当事人打了我们的一个工作人员，原因是这个职工企图让他转移到厕所里去，而他不肯。后来通过与这个人交谈，知道了他当时的一些情况。他说，他并不是害怕自己摔倒而变得勃然大怒的，而是当他感觉没有人听他的解释或给他采取别的办法时，感到非常惊恐，所以就打了职工。这就是他“处理”当时的情境所选择的方法。假如治疗师知道该人当时的情绪状态并向他做好解释，或许他就能够表述自己内心的恐惧。而当时的矛盾可能就会以另外的方式“解决”了。

大部分准治疗师都会发现，当事人的暴力行为常常出自无法理解的愤怒或恐惧。而对那些有意展示威胁或控制的暴力倾向，他们可能更加难以解释和掌控。有些当事人从他们的生活经验中“学会”了这一招：暴力也是获得想要的东西的一种途径。而且，他们不会去关心其行为是否会伤害他人甚至他们自己。这些当事人的暴力行为可能是愤怒或挫折的一种反应，但也可能是对期望达到某个目的而精心算计后所选择的方式。

还有，当面临一个超出处理能力并可能遭遇危险的情境时，你必须尽力去寻求他人的帮助。如果所面对的是一个企图把暴力威胁当做控制手段的人，作为一个实习学生，最好的办法是向训练有素的人或者所在机构中更具权威性的人请求支持和帮助。

情境性因素和暴力行为

除了考虑当事人的发展性阶段和动机性因素以外，还应该对当时情境的各种因素和条件做一个评估，以判断是否有增加暴力发生的潜在可能。重要的情境性因素包括：当前情境与以往暴力事件之间的相似性，最近或当时的压力情况，是否参与或缺席某些指定项目的讨论和反思(通过这种反思有些人会减少攻击的潜在可能，但有些人可能还会增加侵犯或攻击性)，酒精或其他药品所致的兴奋，当事人的认知能力，当事人和工作人员反应能力的差异，以及其他一些明显的信号(如姿势或器械等表明暴力倾向的东西)。弗兰纳里、汉森和彭克(Flannery，Hanson，& Penk，1994)对性别与攻击行为的关系做过研究，他们发现，同性对异性攻击的相对频率随治疗情境的变化而发生变化。

与过去情境的相似性

心理学上有一条基本原则，就是以往的行为是后继行为最好的预测器。如果某人曾经有过某些方式的暴力史或犯罪史，你就应该特别注意他实施暴力的方式以及与当前情境的相似性。比如，如果当事人的暴力史显示，其施暴对象主要限定在妇女身上，那么，他对女性的危险系数就远远大于男性。如果男性都不敢保证这种当事人不会对其造成暴力伤害，那么女性工作者在治疗这种当事人时，显然就更应该采取一些特殊的保护措施。其他还应该考虑到的因素是：攻击经常发生的地点、时间和使用的器械，或者曾经引发过旧行为的具体刺激。认识了这些因素，你就能够控制住他们，并防止或者至少可以预计并有效地处理暴力发生的危险性。

压力情境

压力是经常与暴力联系在一起的情境性因素。一般来说,无论当事人是否有过暴力行为,他们正在经受的压力总会增加其施暴的可能。在与当事人交往之前或者交往的过程中,对他们当前有哪些压力以及他们以前发泄压力的方式等,你要有一个清醒的认识。如果当事人在压力下曾经有过暴力行为反应,我们就应当特别小心。还应当考虑到的是,除了暴力以外,当事人还有什么其他的行为选择。如果不采取暴力方式,当事人能够以其他方式处理他们的心理压力和障碍吗?他以前曾经这样做过吗?有效吗?如果当事人有暴力行为史,并缺乏其他行为方式的选择,且正处在压力之下,那么,他们施暴的潜在可能性就会增加。

在预测将来可能的暴力性行为时,情境性因素很有预测作用。当事人可能看起来好像能够理智地处理各种问题,但是如果几个不幸的事件同时发生,比如与重要的外人发生冲突或对立,工作上被老板解雇,遭遇交通事故或者一些麻烦事,那么当事人就可能会被来自各方面的问题所压倒,并做出暴力性行为反应。

受控物品和药品

除了情境性因素以外,某些致人兴奋的药品也会增加侵犯的可能性。尽管有所谓毒品战争的说法,但是最常用和最滥用的毒品却是酒精。酒精的作用非常明显,它会使有些人对恐惧和疼痛产生麻木,并降低恐惧和疼痛的意识。其他药品,如安非他明,会使人产生兴奋,而感觉自己无所不能、无所不敌,有时还会变成妄想狂。充足的精力、无所不能的感觉再加上妄想症就具有极大的能量膨胀性。另一种药品,叫做PCP或者"天使的尘土",它的威力就是能够迅速地使人产生并持久地保持某些精神幻觉,在极度兴奋的状态下,经常会不可抑制地实施暴力。这时候,试图跟当事人讲道理可能是徒劳无功的,并且还会遭遇较高的暴力危险性。

在降低潜在暴力的处方药物治疗中,如抗精神病药、抗躁狂症药、止痛药等控制当事人暴力行为的药品和治疗方法,已经被广泛地应用于住院病人和社区病人。曾经通过处方药物治疗达到控制其行为的当事人,一旦停止用药,引发攻击行为的可能性就会大大增加。正是由于这个原因,精神健康应急反应小组经常问当事人的一个问题就是"你今天服药了吗",如果当事人没有按处方要求服药,那么不可预料行为发生的可能性就会增加。

尽管适当的处方性精神药物治疗可能会减少暴力发生,但也有相反的证据表明,对于某些当事人群体来讲,可能还会增加暴力行为发生的可能性。哈勒和德卢蒂(Haller & Deluty,1990)的研究报告指出,抗焦虑的处方药与当事人对工作人员的攻击之间有重要的联系。他们认为，这些药物治疗可能对某些当事人具有解除抑制的作用。这个结论虽然不一定准确，但是它确实提供了新的证据，表明在运用药物治疗来减少暴力的可能性时，治疗师首先应当要明确地了解这些药物的疗效。

病人的精神状态

与处方药和违禁药的疗效相关的问题是更为普遍的病人觉悟状态和意识状态问题。病人有能力理性地分析并控制自己的行为吗？虽然大部分表面上看起来具有暴力危险倾向的病人可能会理性地考虑自己的行为，但是，那些自觉意识能力很差的病人几乎不可能理性地分析自己的行为，这也不实际。比如，大脑受损或有其他神经性损伤的病人就不能控制他们的行为，或者无法理解人们对他们所说的话、所做的事。虽然这些人可能会有暴力行为，但并不一定是出于企图伤害他人的目的。因为他们处于精神混乱和心理恐惧的状态之中，不能理解帮助和治疗他们的人。

正如前面已经指出的，患者身上会表现出一些精神病症状，同时也会表现一些与他们的内在意识状态密切相关的暴力行为倾向。当他们处于极端狂躁状态时，就听不进心平气和的理性分析或讨论。偏执狂患者可能会把你的话当做是欺骗他们的把戏或诡计。这种状况给治疗人员造成的问题是，用正常人的方法与他们谈话或理性地分析根本不起作用。有的情况下，病人的精神和行为能力可能已经严重失控，只有通过生理的或药物的治疗措施才能防止他们伤害他人或自己。如果不能认识或了解这些情况，就会使工作人员或者他们自己处于遭受危险伤害的境况之中。

有些病人，特别是那些受神经性疾病或毒品控制的人，没有能力根据情境或后果来控制自己的行为。然而，有的时候，那些看起来好像行为失控的病人，如果认识到无法从暴力的行为方式中得到“利益”的话，那么他们也能恢复到自控状态。病人的认知能力甚至可以达到这样的程度：他们能够认识到自己处于相对弱势的地位而放弃或减少攻击的可能。即使是处于高度激奋和恐吓状态的精神分裂症患者，如果有足够多的工作人员站在他们面前，体力超过他们，并且他们有别的行为可以选择的话，那么，这些患者也能够变得很合作而不会发生冲突。因此，对于工作人员来说，在处理潜在的或实际的暴力当事人时，要特别注意这些因素的影响作用。这也是从他们的利害关系出发处理问题的办法。在危急情况下，如果治疗人员的力量相对较小，就可能直接促成病人发生暴力攻击行为。如果没有足够的支持力量，一旦治疗过程中发生争执，那么伤害事件也就难以避免了。

器械

最后，如果不了解患者的病史或其他各方面的情况，并且从眼前行为表现来看，他们可能很危险（如当事人手里持有器械）的话，我们尤其需要谨慎行事。道理似乎非常明显，但确实发生过这样的悲剧事件。有一次，一个病人手持一把枪来到诊所，要求见治疗师，虽然有人马上通知了治疗师并告诉他该人手中有枪，但是，治疗师还是走了出来与他谈话。当治疗师一走进诊室，就被突如其来的一枪打死了。

这种悲剧或许是不能阻拦的。但我们很容易想象得到，在这种情况下，治疗师要么是高估了自己处理情境的能力，要么是没有准确地估计到病人的意图。不要责怪这个案例中受害的治疗师，我们需要知道的是，如果病人看起来很危险，并且身边持有引发暴力破坏的工具，那我们就一定要非常慎重地对待可能发生的危险。如果病人公开地以暴力相威胁，或者明确表明要伤害某人，或者通过身体姿势，如紧握拳头、手持武器，或者通过其他一些危险性信号示威的话，我们都要极其小心，并及时寻求他人帮助。作为一个实习生，你的任务是学习，而不应该以自己的生命做赌注，或者在处理事件的过程中受到伤害。

认识潜在的危险当事人

不论用什么精确的工具都很难估量出危险的系数，部分原因在于事件本身的“低概率性”(low-case-rate)。实际上，这不仅仅是由于真正实施暴力行为的当事人所占的比例比较小，还因为，即使是相当准确的测量工具，对于当事人的危险性也会有相当多的错误判断。这就说明，在大部分诊所里，你会花很多时间担心每一个当事人发生暴力，但实际上，这种担忧大多是没有必要，也不会发生的。

“低概率性”限制了判断的准确性，即使我们有非常准确的评估工具也是如此。但是，我至今还没有找到一个能够准确、客观地测量暴力危险系数的工具。究竟谁会实施暴力，以及在什么情况下实施暴力等，我们都知道得相当少。在此情况下，我们只能依靠自己的主观判断。但是，主观判断是很不准确的，这是众所周知的事情，即使非常熟练的治疗师也是如此。

有些研究表明，我们识别潜在暴力危险的能力不是很强，究竟哪些当事人会实施暴力或不会实施暴力，治疗师预期和判断的准确性常常要低于猜测到的现实性。最近有很多研究反对这一结论。他们认为，心理健康专业工作者实际上比概率估计工具更能够准确地预测暴力。沙夫、沃德特和亚当斯(Schaffer, Watater, & Adams,1994)描述了他们在入院病人和入监犯人中使用统计技术进行暴力预测的情况。结果表明，行为史、种族、个性和职业稳定性四个方面的因素结合进行分析，具有较高的预测准确性。莫斯曼(Mossman,1994)采用定量研究技术对操纵性人格进行过研究，并对40多个暴力预测研究做了回顾和总结。在这些研究成果的基础上，他认为，虽然在暴力预测中，专业人员的主观判断比概率估算工具要好，但所有的方法中最好的“预测器”还是当事人过去的行为表现：

> 与临床诊断相比，过去的行为表现是将来行为的更好的预测标准，也可能是比所谓有根有据的数据统计技术更准确的预言家(p. 783)。

这些研究给我们的启示就是，主观个体会比简单的客观猜测做得更好。但是，我们也应该对主观印象得来的哪个当事人会有危险性抱有怀疑。当然，如果我们同时慎重考虑了已知的危险因素，那么就可能减少预测的不准确性。在这里，我的目的并不是给你提供一个我们有能力诊断危险信号的印象，相反，我的目的只是提供一种思路，使你形成处理当事人和危险事件的正确思考方式。具备这些知识，你就能够更准确地估计当事人和他们所处的情境，至少可以减少一定的危险性。

对于当事人个体的危险预测，我究竟知道什么呢？首先，如前所述，过去的行为表现是未来行为的最好预测器。如果某个当事人曾经有过暴力袭击行为，那么他比那些从来没有过暴力记录的当事人就更加具有危险性。这看起来好像是一种常识。但事实上，我们在跟当事人接触和交往之前，常常忘记调查他们过去的行为表现。减少这种危险的一个显著办法，就是把考查当事人以往的暴力或犯罪行为作为病史记录的一部分。如果有家庭成员或朋友陪伴当事人来就诊，那么他们也能够提供更多的信息。但无论怎样，治疗师在与当事人交往之前必须查看他们的病情和病史记录。

但问题是，即使我们知道当事人过去的暴力行为状况，往往也会忽视这些信息。在我自己被当事人攻击的几次经历中，我意识到自己所犯的错误就在于没有充分重视到这一点，即对当事人现在的行为要从其既往的行为表现中去寻找根源。在前面提到的那个开枪杀死治疗师的当事人的病历上就明确记载他以前曾直接威胁要杀死他的医生。

忽略或者轻视当事人过去的行为表现，可能是由于自己的粗心大意，但这也表明我们更需要相信自己比其他人更能处理好当事人的问题。过高地估计我们的能力，就会自信地推断：仅仅因为当事人对别人施过暴并不必然意味着他也会对我们施暴。在某些情况下，这或许是正确的。但大部分情况是，这是基于自我理解的假设而不是真实的事实依据。因此，它可能使我们陷入危险的处境之中。

这种情况曾经发生过。有个当事人曾经在两个月袭击过好几个人，后来由一个护士将其转换病房。护士对这个当事人其实已经非常了解，但以前从来没有为他工作过。她不顾当事人近期的行为表现，并且自己也不具备对该人近距离服务的经验，她觉得这个人不会对她做出什么伤害。等关上门，她就解开了当事人腰间捆缚双手的绷带——这是违犯操作规定的做法。而当事人一得到解放，就狠狠地袭击了这个护士。如果不是几个工作人员从窗户发现并及时赶来搭救，这个护士的命就可能保不住了。

虽然有时候对当事人需要抱以同情，但同时也要千万小心警惕。这两个方面绝不是互相对立的。如果因过度自信而导致做蠢事，那么我们的行为就并不是出于同情，而是出于自己的一种自负心理。这样做其实对我们自己、对当事人都没有好处。

如果当事人曾有过暴力表现，我们就应当询问清楚曾经造成过什么后果，以及他是否从这些后果(这些后果增加或者降低进一步的施暴倾向)中习得了经验或教训。对于有的当事人来讲,选择暴力作为一种行为方式,对他们很有“效用”。虽然我们都会想到暴力行为的负面作用,但它确实也能给人带来力量、地位、金钱、自尊、保护和短暂的紧张释放等等他们所期盼的结果。当我们处于危急之中时,却常常忘记了这些。如果一个当事人从“成功”暴力经验中得到了“积极的利益”,那么他就很有可能会再次寻求机会实施暴力。对于有些当事人,他们的暴力行为给自己带来的可能是消极的后果,但是他们并不能从中吸取到什么经验或教训。他们从自己的行为经验中习得教益的能力不断降低。这就是反社会人格的基本特征。

最后,虽然不同治疗组里的当事人之间的差异很大,但某些诊断和症状表现还是能够判定他们潜在的暴力倾向。当分析不同组的当事人时,有一点还应强调,就是各组当事人大部分都不会是暴力性的。虽然,临床上确诊为具有暴力攻击倾向的当事人与被诊断为不具有暴力倾向的当事人相比,前者施行暴力行为的可能性实际上会大一些,但是要知道,临床上的诊断和观察并没有对判定当事人是否危险提供什么依据。除了已经确知的暴力型当事人以外,任何治疗组里大部分当事人都不是暴力型的。

由于头脑中受到一些先在观念的限制而引发高估暴力危险的当事人症状和诊断效果的因素主要有:当事人把暴力袭击行为当做是呈现问题的方式,当事人具有人格障碍,当事人表现出幻觉或者极度狂躁,住院期间的自残、自损行为,入院前的自杀行为,等等。如要进一步讨论有关暴力行为评估和预测的问题,可参阅坎贝尔(Campbell,1995)的有关著作,他的著作是有关人际暴力行为系列出版材料中的一部分。

暴力行为的早期预防

应对暴力行为最好的办法是在还未发生之前就阻止它。重要的是,要准确地估计当事人和变幻不定的情况。这在前面已经讨论过了。接下来的问题是,我们怎样说话、怎样做事才会减少或者增加暴力发生的可能性。预防暴力发生的最好方法是提供高质量的临床治疗服务。如果能够熟练地理解当事人,并与他们建立良好的治疗关系,那么你成为暴力攻击目标的可能性就会减小。但是,这并不意味着那些受到暴力攻击的人必然自身有错,或者本来就是一个差劲的治疗师。不过,受到暴力攻击确实意味着,在特定情境中,你与当事人交往的方式的确影响了他们在以后情境中的行为表现。同时也意味着,通过建立积极的人际关系和系统的互动方式,当事人可以选择别的行为来取代暴力方式,治疗师也就可以减少被攻击的可能性。

这条原则是由一个从事特殊教育的老师总结出来的。在她的学校里,她带了一个学生最粗暴无忌的班级。当其他老师听说她要把这些学生合在一起编成一个班时,他们都认为这是一件可悲的事情。这样做的老师是多么愚蠢!但令人吃惊的是她的班上却是非常平静。这个老师的秘诀并不是采用高压的纪律强制。相反,她总是对学生表现出非常尊重、非常关心的态度，并且期望得到学生们同样的回报。她很重视学生们取得的成绩，使他们每个人互相交往、互相了解。同时，在需要严肃纪律的时候，她又表现得非常坚决、公正和一贯。她还强调，要以各种不同的方式接触每一个学生，每天要跟每一个学生谈一次话，要直呼学生的名字。这样，她就没有遭遇过危险处境，因为，她在学生中创立了一种积极的氛围，这种氛围可以预防暴力倾向的形成或上升。

你实习的单位或临床治疗的场所可能与上面描述的学校或教室里的情景不一样，但在有关预防工作方面也有共同的地方。无论在什么情境下，对于治疗师来讲，自己反问一些问题总是有意义的。比如，是否注意与当事人建立积极的人际关系，是否确立并示范令人尊敬和令人期望的行为，是否限制并明白暴力或攻击行为的后果。

治疗机构怎样处理暴力威胁

在临床治疗中，当事人会直接威胁某个(些)工作人员，或者把矛头指向治疗机构，如医院、心理健康中心等，这已经毫不奇怪了。治疗机构怎样应对、管理这类事件呢?伯吉斯等人(Burgess et al.，1997)在他们的论文中做过全面的论述，并提出了若干建议和措施。虽然，作为实习生，并不可能要求你承担这些责任，但你可能收到某些直接针对你工作机构的威胁电话或威胁邮件。如果有这样的可能性，你就应该知道怎样应对这种情况，以及怎样与他们联系。

伯吉斯提出了“威胁分析”的处理概念。在应对威胁的反应中，我们要考虑本章前面已经分析过的各方面因素，如动机、目的、持续时间、次数、提出威胁的方式、对受害人可能造成的危险程度等等。这些因素都要在分析的过程中慎重考虑。他特别强调，要认真对待任何一个威胁并慎重行事，一步一步地分析问题的严重性。此外，伯吉斯等人还提出要慎重地保存好有关当事人威胁行为的记录，要指定一个工作小组对收到的威胁以及对威胁的管理工作和结果定期进行检查和回顾。

预防当事人出现的紧急暴力

如果当事人正处于急躁状态，那么治疗师与他们交往时，首先要做到的一条就是保持冷静并尽力控制情势，即使你非常害怕当事人可能会突然施暴。但是，恐惧不会有助于解决问题，相反，还会增加当事人实施暴力行为的可能性。这些话说起来很容易，但是，面对暴力威胁，我们会不由自主地激起一些心理上的应急反应。肾上腺素的紧急分泌和其他交感神经系统的变化会使我们相应地做出生理上的反应，同时，它也可能会抑制我们理性判断或保持冷静的能力。要排除恐惧、保持机智、处乱不惊，就要在生理上和心理上尽量客观地对所处的境况慎重估量，并做出自己的安全策略与计划。

当分析危险情境时，要尽快地想到一旦当事人袭击，你将采取怎样的应对措施。要扫视一下四周，考虑好可选择的行动策略，然后，一边与当事人说话，一边移动到危险较少的地方。在考虑安全和防卫时，要同时尽力弄清当事人施暴的动机是什么。脑子里要尽快地回忆前面有关动机的分析，并针对当事人不同的动机尽可能做出相应的应对行动。在边说边行动的时候，要竭力去理解当事人内心的焦虑究竟是什么，不要根据当事人外在的攻击行为来做出你的应对行动。

比如，如果当事人实施暴力是出于恐惧，那么你就应当尽力减少他的恐惧心理。如，分析当事人所处的空间位置，侧身面对而不要正面对视，放松并垂放双手，平静地说话，确保使之感觉到自己是安全的，这些都可能减少当事人的恐惧心理和可能的暴力行为。你还可以这样对当事人说："我知道你有些不安，并且我很愿意帮助你。我能帮你吗？"这些话使当事人知道你明白他们的处境，并且通过询问他们想要做什么，他们会产生一种控制感，从而减少内心的恐惧。

在各种可能的暴力事故中，重要的是说话要简单、明了。如果断定当事人确实是内心混乱或缺失方向感的话，这样做就尤其重要。因为简短、直接、明了的话语可以提供具体的信息。当然，有时候你可能需要尽量地提醒当事人，使他们明确自己是什么身份、在什么地方。比如，对一个迷失方位的当事人，你可以说："史密斯先生，我们现在是在医院。我是你的治疗医生。我们坐下来慢慢谈吧。"注意，这些话都很简短，每一句都表达一个明确的意思。同时，这些话也给当事人的行为以明确的指导，使他们明白此时此刻该做什么。因为当事人在恐惧状态下，他们自己的思维非常混乱，常常不能决定自己到底应该做什么。

在处理当事人的问题时，一方面要切记你应该做什么，另一方面还要知道你不应该做什么，这也同样重要。有人曾经提出要尽量避免一些情况，比如，与当事人争吵，故意做出一些当事人知道其实并不会发生的恐吓，挑拨或怂恿当事人暴力行事等等。你可能会跟你的同事或朋友吵架，但并不会打起架来。但是在与当事人交往的过程中，这一点却不一定适合你们之间的关系。同样，当你在临床治疗工作的场所受到身体上的侮辱或威胁时，也绝对不能对当事人实行暴力性的回应行为。当然，如果存在一些明显的暴力后果，那么适当提醒当事人也是有用的。但是，如果采用的是一些实际上并不会实施的威吓手段，可能就不是解决问题的好办法了。这种虚假的威胁只能是提示当事人，其袭击行为是不负责任的。怎样处理携带武器并有明确施暴目的的当事人，伯吉斯和道格拉斯(Burgress & Douglas，1994)在其论著中也有一些具体的建议。

应对突然袭击

虽然处理暴力行为的最好办法是事前防范，但是，再好的预防措施都不是完美的。因此，你还需要慎重反思，万一遇受到当事人袭击，结果会怎么样，应当怎样做才能尽量减小对自己、对当事人及对相关人员的伤害，以及尽量地减少财物方面的损失。应对突然袭击主要应当考虑这些因素，如衣着、办公室布置、联络方式、危险的和自我防卫的工具，以及针对袭击的应对训练。

衣着

如果在工作场所中遭受袭击的可能性很大，那么你的着装就显得很重要了。着装应当尽量不要成为迅速逃离的障碍，或者成为当事人可以利用的攻击工具。花点时间检查一下个人的穿戴，想一想，万一遭受当事人的袭击，它会有助于你的安全还是有碍于你的行动。在穿戴上面，最危险的因素可能就是脖子上戴的东西。领带、项链等都是诱发危险的物品。在争斗过程中一旦被人拖住，可能会窒息。如果套在脖子上的物品使你很难或者几乎不可能脱身的话，你将没有多少时间求救，你会很快失去知觉。

领带很容易成为抓夺的目标。大号的耳饰，特别是耳环同样如此。不要考虑个人的时尚口味，而要慎重地考虑，当事人万一使劲地抓夺你身上的珠宝饰品或衣服所带来的后果。然后再定夺那些东西是否真的是你在工作或实习场合所必须佩戴的东西。如果某类服装需要佩戴领带或其他具有危险性的东西，你应该和导师或诊所负责人商议一下它们对安全有什么影响。如果非戴不可，那么就系一个夹子夹戴的领结吧，也许你可能是在创新一种时尚呢！

一方面要避免衣着上的装饰品在遭遇袭击时可能对自己造成伤害，另一方面，还要考虑着装将会怎样有助于或者妨碍你逃脱或避免袭击。比如说，脚上应当穿那种能够让你快速移动或者在争斗过程中稳得住脚的鞋子。这就是说，高跟鞋和鞋底较滑的鞋子是不合适的。同样，穿太紧的衣服一般也不合适，因为它会限制你的活动能力。

最后，不要穿那些让人不同程度地感觉很“刺激”的服装。一方面，我们知道，理想社会的人或许能够自由地穿戴他们喜欢的衣服，但是，另一方面，在现实中，在实习期内，你还要认识到工作性质的特定要求和当事人的人格特征，要对你的仪表和自己所塑造的形象有一个准确的判断。如果你遭遇当事人袭击，最好不要成为别人批评的目标——由于你的穿着不妥而招来了袭击。

办公室布置

在布置办公室的时候，首先要考虑的事情是，万一遇到当事人袭击，你逃离的路径在哪里。如果遭遇袭击或袭击性威胁，你准备怎样退离现场而不必与当事人接触？同样，如果当事人感到有压力或者感觉处于夹击的困境中而企图逃脱现场时，他会不会必须经过你的位置？前面有关情境评估的分析表明，不应该单独看待危险当事人。如果房间只有一道门，一定要保证门不能轻易地被锁住，否则，只会使你处于困境，也妨碍帮助你的人快速地进入房间。

办公室布置还应该考虑到当事人与治疗师之间的距离。当对有潜在危险的当事人进行诊疗时，要隔开足够的距离，以便遭遇突然袭击时你有时间做出回应。虽然我一般不愿意看到当事人“经过我的办公桌”，但是桌子也是一个防卫的工具，并且有时候，一定的空间距离能使当事人不再感到有压力，从而也就可以减少袭击的可能。但是，要保证桌子不会轻易地被掀翻而把你压在下面。

能见度是增加安全感的另一个因素，但常常被人们所忽视。如果办公室的一切都能够清楚地看见，并使当事人感到安全的话，袭击行为发生的可能性就小。同时，迅速获得外面的援助的可能性就大。在你的位置应当看得见谁进谁出，或者谁将要进入办公室。在面对门的墙边上放桌子可能很方便，但如果那样布置，当坐下来以后，你的背部会朝向打开的门，这就很容易遭受意外袭击。因此，室内的装饰和摆设布置需要有所考究，这样才能为你创立一个更加安全的工作环境。

联络方式

如果在办公室或工作的其他地方遇到了当事人袭击，别人怎样知道你需要援助呢？如果工作的对象很危险，那么，关键是要有一个途径让别人知道你处于困境之中。也就是说，你应该设置一种明确无误的信号，以便在需要支援的时候可以提醒他人。有的机构给治疗师的办公室装有报警按钮，其他人可以接听信号。在有些情况下，还会有秘书或者其他工作人员每隔几分钟就会来查看一下各诊室的工作进展情况。工作时开着门是正确的做法，或者告诉隔壁办公室的人，如果听到混乱紧急的打击声，就表明你需要他们的援助。如果办公室跟别人离得很远，那就更加需要一种远程联系的工具，比如按钮或电话。

当考虑怎样通知他人自己需要援助的时候，有关研究表明，词语含糊会极大地妨碍提供援助的可能。如果你需要有人来帮助你，不要简单地呼喊“有人需要援助”。援助机会是有，但可能没有人会来。相反，你应当具体要求某个人，或直接叫某人的名字，并且明确地告诉他应该怎么做：“乔，去护士室，告诉值班员，100 房打架了。我们需要紧急援助。马上出发。快点！”具体说明你的要求，不仅对突然袭击时的处境非常重要，而且对可能遇到的任何紧急情况都很重要。

危险的工具和防卫的工具

为了进一步保证安全，要检查一下你的办公室，有哪些可能导致危险的工具或者防卫的工具在哪里。不要把剪刀、订书机、两头尖尖的报夹等东西放在你旁边，这些东西当事人可能很容易拿到。另一方面，备置一些可用的防卫工具是应该的，如书籍、垫子、垃圾袋、椅子等，这些东西也要放在你伸手可以拿到的地方。如果经常接触危险性当事人，你或许应该练习怎样握持护盾，或者搬用夹板，这样你就会养成一种习惯，并在必要的时候可以随时自动地实现自我防护。如果是坐在一张桌子的后面，那么桌子应当非常稳固而不至于被掀翻到你的身上，这一点前面也已强调。如果被一个愤怒的当事人掀翻了桌子并把你压在水泥板上，这绝对不是一个令人愉快的经历。但这样的事情确确实实在有些治疗师身上发生过。所以，在事前做好各种准备，目的是防止让自己经受不愉快的经历。

针对袭击的反应培训

尽管所有的防护措施都是有用的，但遭到袭击时，你可能仍然会不知所措。要解决这样的问题，并不是那么容易。因为，每一个情境都是独一无二的。而且你带入情境的资源信息和其他实习生所带入的将会是不同的。认识到这些局限性，某些建议可能对你会有益。

首要的建议是，接受有关应对袭击的各种形式的训练。很多医院、精神健康中心及其他机构都提供了这方面的培训，内容包括：法律与政策分析、危险评估、遭遇袭击时如何防卫以及不同形式的身体防卫技能(但不能伤及当事人)。撒克里(Thackrey, 1987)就对这种培训的效果进行了研究，他发现，受过这些课程培训的职员，对处理当事人袭击能力的自信心显著提高，但并不是表现为前面所提及的“盲目自信”。这些收获在以后的日子里保持了 18 个月，他还提出，这样的培训将使人终身受益。

这些发现虽令人振奋，但提供的课程培训的质量也同等重要。我知道，有一些发行广泛的材料，其内容就是教治疗师如何应对具有攻击性或好斗性的当事人。但在我看来，这些系列材料中所提供的那些建议和示范简直是天真之极，并且还可能会产生相反的结果。

如果没有参加过围绕当事人袭击而设计的高质量的专门训练，那么参加一些适当的自我防卫训练总是有好处的。合气道(Aikido)[1]技术就特别适合。这种技术是非暴力的方法，而且其中所蕴含的哲学观念对实习生和治疗师也是一种有益的训练。学点武术是有用的，但是，根据临床治疗工作的需要，这种技术更注重防卫而不是反攻、镇压和踢打。所有这些技能都会增强工作的自信心。当然在其他场合也有好处。但明显的道理是，你绝不能用之伤害或威胁当事人。

如果在处理当事人袭击方面没有经验，也没有受过培训的话，最好的办法就是应用常识。要灵活机智，不要搞“英雄主义”，要防止受到损伤。常识告诉我们，一旦遇到袭击，必须保护自己的关键部位，尽量逃离，并且呼救求援。同时，只有灵活机智地处理问题才能保护自己。喜剧家史蒂夫・马丁(Steve Martin)常常说：把你的钱扔掉就不会有人来抢劫了。他虽然是在说笑，但也不是没有道理。要尽快地估计所处的形势，迅速决断，选择应对办法，及时做出出乎攻击者意料之外的反应。这样做会使你感到吃惊，有时也就能迅速阻止一场袭击的发生。

我们反对“英雄主义”，就是建议，在必须逃离的时候，允许逃离现场。如果威胁你

---

[1] 一种日本武术。

的人很高大、很强壮，就应该尽量用语言或者其他非械斗的方式来处理问题。但是，如果械斗不可避免，你就很可能会输给对方。在这种情况下，你可以直接告诉这个人，没有必要打架，因为我马上就离开。这样做或许有作用。

遭遇袭击的后遗症

如果确实不幸遭受了当事人的袭击，那么重要的是要有效地处理事故本身所带来的后遗症。塔利等人(Tully et al.,1993)指出，有些机构已经建立了一种用以帮助受害者调整事后影响的"暴力方案"。这些计划包括：谁报告的、怎样处理攻击者、档案记录以及帮助受害者处理情感后遗症的计划与步骤。

如果受到了袭击，首先要向你的导师汇报情况，以便做好必要的记录。如果受伤的话，必须马上找医生治疗，并保证事情的经过和细节都有明确的记录。你也可以填写有关事故报告表或其他文档材料，以便能够得到相关的医疗赔偿。

如果没有受伤，报告导师之后，应当跟导师或同事一起走访一些地方，再花点时间处理好发生的事情。遭遇袭击之后，可能身体上还在经受着那场危机的影响，会感觉全身还在颤抖，心脏跳动加速，甚至胃部感到恶心。这些都是正常反应，不必害羞或隐瞒。如果没有发生什么大的问题，你可能不想马上就返回现场去查看先前发生的一切，那么就休息一下，让身体和心理恢复正常。

你还需要调整自己在事故发生后的情绪。比如，你可能害怕再回到曾经遭受袭击的地方，或者，你感到非常愤怒，还可能很想"回转"到曾经袭击过你的当事人和当时的情景，然后想象着应该怎么做。如果是情境的因素导致了袭击的发生，那么你应当尽力反思一下前前后后所发生的事情。比如，事情是怎样发生的？在当时的场景中，还可以采取哪些措施？实际上你做了什么？所有这些问题和感受会马上汇聚在一起，并且你会发现自己在头脑里一遍又一遍地回答这些问题。这个过程通常要花费好几天甚至两周或者更长的时间，才能缓转过来。

如果遭遇袭击带来的后遗症不能消除，以至于干扰了工作，那么你就应当寻求一些不同形式的咨询。你和导师还要一起观察这些事故的经历将会怎样影响以后几天或几周的工作和与当事人的交往。如果遭到袭击时被他人看见，你可能感到不好意思去上班。其中最主要的顾虑就是担心袭击可能再度发生。如果导师没有提及这个问题，而是你自己的想象，那么就把这些顾虑说出来，不要藏在心里。为了回到原来的岗位上，并具有安全感，当然你也要考虑袭击再次发生的可能性，同时还应当确保已经采取了某些措施。你还要为自己找到理由，相信自己的治疗工作并没有因为那些经历而受到消极的影响。

不要害怕与当事人交往，但也应该小心。认识自己的不足、提高临床技能、在必要时寻求援助，这些都是在实习期间以及在未来的治疗工作中确保自身安全的关键因素。

第十二章
结束病例

本章主要分析实习活动结束时所必须完成的一些任务和应当准备的一些事项。像在其他各章里一样，我认为，并不是所有的实习生都必须直接负责接待当事人或做治疗。但是，即使是一个初级观察员的角色或者是作为助手在工作，你都总会与他人建立一定的紧密关系并且还很难分得开。理解有关与他人告别和病例结束中的一些问题，就能更加有效地处理这一过程。

当事人和实习生对结束治疗的反应

由于实习都是短期性的，或者实习活动是轮班进行的，所以很多实习生没有机会单独地完成对当事人的全部治疗工作，即从治疗开始到治疗结束。对实习生而言，通常的方式是这样的，先接手曾经由另外的治疗师治疗过的当事人，然后才开始治疗这些人，直到他们的实习期或轮班实习时间结束为止。然后，这些当事人再转手由其他治疗师继续接诊。可能大部分实习都是这样进行的，但这确实给当事人和实习生增加了一些不得不面对的麻烦问题。其中一个问题就是必须处理好被迫的治疗终止(如治疗工作还没有全部完成之前的终止)。

理解当事人对提前终止治疗关系的反应

为了使实习生能够成功地处理终止(termination)问题，重要的是理解他们和当事人在这一过程中受到了什么影响。佩恩(Penn，1990)指出，当事人在对终止的反应过程中可能会经历许多的思考和情感的体验。如果他们感觉好像被抛弃了，或者觉得治疗师泄露了他们之间的秘密或背叛了信任的话，可能会很生气。焦虑是很普遍的表现，因为他们觉得，如果没有了治疗师的帮助和支持，他们不知道能否或者怎样管理好自己的事务。许多当事人因为治疗关系和治疗师的问题而常常有一种迷失感或失落感。

对于这些反应，治疗师要记住，起初的或者表面上的那些表现可能仅仅是当事人的部分反应。佩恩对此有形象的描述：

> 无论当事人对强制终止治疗关系起初的反应怎、

么样，他的反应似乎比开始看起来的情况要复杂得多。对“失去”治疗师而感到悲伤的当事人，一般不会承认对治疗师的离去表示愤怒或者生气。对“失去”治疗师而感到愤怒的当事人，可能也不愿意感受愤怒背后脆弱的情感或悲伤。冷漠与分离后强烈的焦虑情感可能交替出现。

西波德(Siebold,1992)对终止治疗也持相似的看法：

> 在宣布终止治疗之后，当事人会产生很多心理或行为上的反应，但都与这一终止行为有关，再加上当事人生活中的其他各种因素，他们的反应和联想常常是厌恶、否定或逃避的。要他们理解、接受和执行这些决定，需要一定的时间。

对终止治疗的心理反应很复杂，作为理解的一部分，治疗师应该明白当事人对结束治疗关系的反应与先前经历的治疗关系以及终止经验有密切的关系。麦克罗伊、弗里曼和洛根(McRoy, Freeman, & Logan,1986)认为，当事人对终止治疗的反应过程：

> ……将受到两个因素的影响，一是他们早期的“分离-个体化危机”(separation-individuation)过程中所取得的稳定性程度，二是他们处理两极冲突的方式，如独立-依赖，被动-主动，信任-不信任，爱-恨，等等。

换句话说，虽然治疗关系的突然终止取决于你和当事人之间的关系，但是，你们双方对终止的态度，主要是以以前在其他方面所经历的终止体验为基础的。明白这些原因和关系，对治疗师很有助益，也有助于他们把认识治疗终止的体验纳入整个精神治疗过程的一部分。

练习

为了进一步理解上面所描述的当事人对终止的反应，请再思考下面几个问题：

1. 当事人的个性和顾虑怎样影响他对终止的认知、情感和行为反应？换句话说，不同类型的当事人怎样不同地对待治疗终止？
2. 以前所经历的哪些治疗终止的经验会影响到现在当事人与你之间治疗关系的终止过程？
3. 治疗师采取的治疗方法怎样影响当事人对待治疗终止？

理解实习生对治疗终止的反应

理解当事人对治疗终止的反应仅仅是问题的一部分。为了使治疗终止这一行为过程更加具有建设性或积极性，实习生也必须理解自己对终止的反应。跟当事人一样，治疗终止所带来的影响，也将因实习生个性的不同和他们与当事人具体交往的状况和程度的不同而有所变化。西波德(1992)曾经记述过治疗师本人对治疗终止的普遍反应，并指出："治疗师同当事人一样，都难以离开对方。"

对于治疗终止，在治疗师所产生的众多情感反应中，负罪感是非常普遍的一种。治疗师曾经鼓励当事人要相信他们，在他们面前不要隐瞒，并且也与当事人之间建立了一种相对稳定的治疗关系。一旦终止这样一种关系，对于实习生来讲可能会感到特别难过，因为这毕竟是他们接手治疗的第一个当事人，并且他们之间可能已经建立了特别紧密的关系。现在被迫终止这些关系，就看不到他们与当事人之间经过一段时期的合作所带来的进步或成果，这会使实习生产生一种负罪感和挫折感。

与负罪感紧密相联的是治疗师或实习生这一方所拥有的自我全能感。如果治疗师觉得自己是惟一理解当事人的人，那么就更难调换当事人。因为他们担心再也没有别的人能够帮助他们。与全能感相反的就是，实习生可能担心当事人遇到的新治疗师会比他的工作做得更出色，或者将会看出他前面工作中所犯的错误。由于相对缺乏临床工作经验，实习生对这些问题可能特别敏感、特别在意。而实习期间培训的综合评价可能会加重这样的担心。

与负罪感、失落或者对当事人健康的担忧等感觉相反，实习生对终止与某些当事人之间的治疗关系，也可能觉得是一种解放。像西波德说的："对于有些当事人，你可能想继续治疗，而对另一些当事人，脱离他们可能是一件乐事。"

西波德还观察了不同的治疗师对终止不同当事人的治疗关系的反应，他的观察结果在经验上得到了费尔和布莱斯勒(Fair & Bressler, 1992)研究结论的支持。他们的研究结果表明，在治疗终止计划和情感反应方面，与精神健康与心理治疗诊断标准(DSM-Ⅲ-R)轴Ⅱ的当事人(如临界或自恋人格障碍)相比，轴Ⅰ当事人(如精神抑郁、焦虑或适应性不良症)的反应有所不同。通常，实习治疗师不太注意治疗终止计划，但对轴Ⅱ当事人情绪反应的关注甚于对轴Ⅰ当事人的关注。这一研究揭示了不同类型的当事人对终止方法的影响，以及实习生表达自己对当事人和对终止过程的情感的重要性。无论是否对终止治疗感到"高兴"或者"乐意"，治疗师都有责任努力确保终止过程对整个治疗进程具有建设性作用。

除了知道自己对当事人的反应以外，实习生还应当知道，自己生活中的变化和个人发展也会影响管理或对待终止治疗关系的方式。实习生完成了研究计划或者将要继续另外一些新的、可能更有吸引力的实习项目时，往往会有一种得意或解脱的感觉。盖瓦茨和安德森(Gavazzi & Anderson, 1997)把实习生的这些感受与当事人所体验到的失落感进行了对比，他发现，那些高兴地"完成"了轮番实习项目或几乎等不及想要参与新的实习计划的实习生，对当事人由于治疗终止而产生的失落、愤怒或其他消极反应，往往很难产生同情感。

练习

根据上面有关实习生自己对终止治疗反应的解释，我设计了下面一些问题。你对实习期的终止和与当事人治疗关系的终止有什么感受？这些问题对于后面分析你与督导员或学校教师之间的关系终止也很有价值。

1. 当决定要结束与当事人的治疗关系时，你对当事人有什么担忧的问题？

2. 对上面所担忧的问题，你个人怎样处理？

3. 你对所有要终止其治疗关系的当事人会同等对待吗？还是有些当事人会受到你更多的关注？

4. 你当前所面临的问题将会影响与当事人或其他人的交往方式，对此，你有什么看法？

终止治疗的普遍性问题

我们总结当事人和治疗师对终止治疗的反应，其中一个原因就是为了使实习生预见或者避免不良终止的发生，以及由此而附带产生的更多的麻烦问题。导致出现这些问题的关键因素在于治疗师失于从精神病治疗学的角度采用适当的方法来终止治疗过程。如果治疗师不能运用基本的治疗技术，比如理解当事人、监控精神治疗关系、掌握治疗的过程和内容、审视自我等等，那么，处理治疗终止的过程可能就会成为一个难题，甚至对治疗工作产生副作用。

治疗师如果不能理解当事人对治疗终止产生相关反应的原因和复杂性，也就不能有效地处理好这些反应。面对当事人对治疗终止的怨怒，治疗师可能会变得很具防卫性，面对焦虑，治疗师又可能向当事人许下一些不切实际、不能实现的承诺。这些情况很有可能发生，特别是当治疗师企图消解自身的一些反应（包括负罪感），或者是为了满足自己“不能没有我”的愿望和能力感的时候。

内心对治疗终止感到很矛盾的治疗师会下意识地把自己的一些愿望或恐慌投射到当事人身上。比如，西波德曾经讲过，治疗师如果认为自己是惟一能够治好某当事人的人，他就可能潜意识地把这些想法和一些企图阻碍治疗终止的愿望暗示给当事人，而当事人又会把这些传递给另外接手的治疗师。治疗师可能尽量想把他们变成“好”当事人，既想为接手该病例的同事在工作上铺平道路，又想表明自己对该病例所做的治疗工作是很成功、很有效的。

在我做实习导师的过程中，我就注意到很多实习生会精明地从当事人身上获得宽慰、安心，甚至解脱。他们为了轻松地移交当事人，会设法让当事人告诉他们，原来的治疗是多么有效，或者说当事人应该很乐意接受未来的新治疗机会。这些当事人的声明在合法性上表现得非常完美，但是，如果他们的话是在受到暗示的情况下说出来的，或者仅仅是为了满足实习生的需要而不是当事人自己的意愿的话，那么他们得到的就并不是精神治疗。

另一种减少移交困难的办法是极少或者根本就不让当事人说出他们的消极感受。有些实习生会等到面谈结束才告诉当事人这是他们的最后一次面谈。一种更加不会引起吵闹的办法就是提前警告当事人，然后占用剩余的治疗时间或面谈机会仅仅总结治疗工作上有效的积极的方面。这样做使治疗师或当事人都能轻松地处理治疗终止，但并没有解决当事人由治疗终止而产生的所有情绪和反应。

在整个治疗过程中，特别是终止治疗的时候，治疗师必须记住，他们的工作必须是有助于当事人的治疗，而不是满足自己对治疗工作的要求。如果这意味着要学会处理令人厌烦或棘手的问题和交互活动，那么，治疗师也必须要这样去做。一个畏于承担终止责任的治疗师，或者一个畏于在这个领域承担作为治疗师角色的人，他个人或许还有很多重要的方面有待完善。

成功地终止治疗和移交当事人

虽然我们现在讨论的焦点，以及大部分文献对这些问题的分析，都集中在与治疗终止有关的难题上，但是，如果治疗终止能够得到恰当管理，那么，对治疗师和当事人来讲，它也可以成为一段非常有价值的精神治疗体验。如果能够谨慎地做好计划，终止治疗也能够成为整个治疗过程中具有建议性作用的一部分。

质疑把终止当做危机的假定

在短期精神治疗里有关终止的分析研究中，奎恩塔纳(Quintana，1993)认为，我们过分地强调了治疗终止将会不可避免地使当事人产生危机感。奎恩塔纳主要引用了一些计划性的终止方案(如双方同意的，而不是治疗师单方离去而强加给当事人的治疗终止行为)。他引证了一些研究文献后指出，大部分治疗师和当事人都能处理好治疗中的终止问题。的确，奎恩塔纳总结的有关研究材料表明，治疗比较成功的当事人对他们的治疗终止会持积极、肯定的态度，他们关注治疗过程所取得的进步，并把治疗终止当做新的开始。而治疗不太成功的当事人，似乎倾向于对终止持否定、消极的态度，他们更关注失望的方面而不是有限的进步。

奎恩塔纳在自己的研究和对经验材料进行总结的基础上提出，治疗师不要单独或者主要地关注治疗终止所带来的失落情绪，而要把终止当做发展或改进的机会。特别重要的是，要帮助当事人内化已经形成的治疗关系、已经取得的治疗成果和已经形成的暂时的自我形象，这些都是他们在治疗进程中所取得的成绩。奎恩塔纳引用了埃德尔森(Edelson，1963)讲的一段特别有价值的话：

终止的问题并不是如何使治疗停止或者什么时候停止的问题，而是怎样终止才能使已有治疗效果继续保持在当事人身上的问题。

为人使治疗效果“继续保持”在当事人身上，奎恩塔纳断言：

当事人需要知晓的是治疗师为了取得更有效的治疗所采取的治疗策略和治疗步骤。从治疗师的角度来讲，或许最重要的是当事人要认同并且使他们的成就感发挥作用。

与奎恩塔纳的观点相近，西波德也提出了关于强制性终止治疗的看法。像奎恩塔纳一样，西波德也对治疗终止必然会产生危机的观点提出了挑战：

终止治疗过程并不与危险和毫无助益相连。提前终止治疗，虽然不是最佳选择，但它也是一种使治疗师的技术不断熟练、成长和成熟的机会。治疗师是治疗终止过程中占主动地位的一方，他完全能够便利、完整地表述这一过程中所体验到的情感，并且相信当事人有能力克服失落并积极地利用这个过程。

治疗终止还可能是促进进一步治疗的机会，其前提是“如果治疗师能够合理地处理好”这一过程。那么，成功地终止治疗的关键要素是什么呢？

选择治疗者

本书第二章强调了实习生的时间是有限的，对于这一点，他们和督导员必须在对当事人的整个治疗工作中加以考虑。佩恩也强调了这个原因，并说：

对于有些当事人（如曾经有过多重失落的当事人），强制性终止可能对他们的治疗起负作用。重要的是，要尽量避免把当事人分派或移交给好几个治疗师，而每一个治疗师在接手之后最终还是不得不终止治疗。

我之所以重复这一点，有两个原因。第一，有些当事人由于过去的经历可能对终止治疗感到难以接受，实习生如果有这种经验，就必须考虑到这种可能性，并在即将终止的时候把情况向当事人说清楚。第二，当实习生离开时，应当谨慎选择新接手的治疗师。像佩恩所建议的，要尽力避免把当事人移交给那些最终不得不再次终止治疗的人。

同督导员合作，一起为终止治疗做准备

在与当事人说明治疗工作需要暂时终止之前，实习生自己应当先准备好终止治疗可能出现的有关问题。自我准备包括几个方面：自我反省、与学校导师和督导员协商、研习有关终止治疗的问题和技术。

西波德(1992)建议：

> 在宣布即将离去之前，治疗师需要明晰自己对于即将离开目前的治疗工作而产生的心理感受和困惑，以及这些心理反应反过来对当事人可能带来的影响。

在我的实习生班上，我们通常要用至少一到两节课的时间来与学生一起讨论(集体讨论再加个人面谈)治疗终止中普遍的和个人的问题。讨论中我们经常会引用本章前面所设计的那些练习。我们也采用全班分组的形式，以便对实习生个人的终止体验以及对他们所做工作的反应进行分析和讨论。

除了在理论背景下探讨终止问题之外，实习生还有与岗位督导员关系的终止问题。他们和督导员必须讨论下面两个关键的问题：第一，实习生应该和他们的督导员密切合作，共同理解自己的反应和对当事人终止治疗时可能应用的方法。第二，必须认识到，实习生同时也会体验与督导员之间终止指导关系的问题。

有些作者已经注意到了，实习督导员向实习生解释终止指导关系所提供的示范模式，对实习生学会怎样向当事人说明终止治疗关系也是有帮助的。盖瓦茨和安德森提到了在督导员和治疗师、治疗师和当事人之间所发生的“平行处理”关系。他们认为，督导员和治疗师应该在认知上和情感上对他们之间的合作进行回顾和总结。在认知方面，应该说明实习生的能力和弱势、培训中所取得的进步、未来的发展方向等。情感方面，肯定要谈到彼此间的感情、指导过程中的感受以及指导终止本身的问题。对认知和情感两个方面的回顾，可以供实习生运用到与当事人的终止工作中，成为处理治疗终止工作的一部分。

但是，这里应该提及的是，督导员与实习生终止指导关系的方法作为一种示范，被应用到终止与当事人的治疗关系上时，是有条件限制的。格勒和纳什(Geller & Nash，1987)研究了受训者(trainees)对终止过程的印象。他们发现，大部分被调查的受训者对督导员处理他们之间的终止过程感到失望。有的人认为，一些督导员对终止行为几乎没有提供指导。还有一些督导员只单独关注当事人一方对终止治疗的感受而忽视受训者的反应。

格勒和纳什通过分析这些研究结论和他们自己的发现，认为：

> 通过避免谈论有关终止的感受，督导员和学生之间都可能达成某种默契。比如，如果督导员和学生之间的关系是属于疏远型的，那么，他们就会通过各种方式来减轻由于期盼结束这种关系而产生的紧张感。

这表明，虽然理想的指导关系有利于解释终止关系，但督导员也有可能既不能指导实习生处理与当事人终止治疗的问题，也不能有效地解释他们自己与实习生之间关系的终止。如果治疗师没有介绍终止的问题，实习生就需要自己去积累这方面的知识和经验。如果督导员对讨论这个题目似乎感到很不自在，实习生可以与其他有经验的专业人员或者同事一起讨论分析。实习生还可以观察自己的同行或同事，观察他们是怎样管理终止过程的。麦克洛伊等人（McRoy et al.，1986）认为，可以现场直接观察治疗师熟练地终止面谈过程，也可以看录像或者听录音。

练习

在第十三章里，有关终止督导关系的问题会有更详细的讨论。然而，由于终止督导关系跟终止治疗关系之间联系紧密，因此，这里我们还添加了一些对该主题的反思材料。下面几个问题有助于你更好地理解在与督导员终止关系过程中所产生的认知和情感方面的问题：

1. 当希望与督导员终止督导关系的时候，在你的实习期里有哪些积极的体验很容易谈论？有哪些经验难以或者不便谈论？

2. 考虑了积极的经验之后，你还有哪些消极的体验或者尚未完成的期望？当想到要与督导员提及这些问题时，你有什么想法和心理感受？

3. 当当事人讲述他们对你及有关治疗工作的积极和消极感受时，上面几个问题的反思能够促进你更好地理解当事人正在经受的体验吗？

什么时候以及怎样告知当事人

为了便于有充足的时间来处理终止事宜，最基本的一条就是，应该在实际的终止日期到来之前通知当事人。到底必须提早多少时间，没有明确的说法。有些作者认为提前六周是最低的要求，但有些人还要求提早更长的时间。像前面所提及的一样，如果实习生从治疗一开始就知道他们将会在某个确定的日期离开，那么在治疗工作开始的时候或许就应该把这一情况告诉当事人。

佩恩建议，治疗师和实习生要谨慎行事，不要让提前向当事人通知实情的良好愿望由于自己的焦虑而造成失意的情绪状态。如果一个人对将来的治疗终止感到很不舒心的话，那么在面谈中就很容易浪费时间：不是忘记进入正题，就是对自己拖延讨论的行为找出许多临床上的理由。为了减少这种状况，并且便于当事人在面谈时有时间对终止治疗做出反应，佩恩认为，在面谈开始时就应该提出他们之间的治疗关系将在某个时间终止。

我不反对在面谈中留出一点时间让当事人对终止治疗的消息有所反应，但我更强调的是，首先要了解当事人听到消息的当天会有什么表现或问题。面谈一开始就应该告诉他们，治疗师将会中途离开，治疗也将终止。如果不了解当事人对此将会有什么反应，那么我们可能会忽视他们出现的行为变化。我的做法是，像往常一样正常地开始面谈，然后回顾自上次面谈以来所发生的情况，以及当事人现在的倾诉中所表现出来的感兴趣的问题。倾听完这些之后，接下来我再按照预定的计划，大概在这次面谈的中期向当事人提及终止的事情。有时候，这就意味着要打断当事人，同时也常常需要转换话题，但我这样做是为了避免前面所提到的延迟或隐瞒终止的现象发生。

实习生之所以不愿意告诉当事人他们会中途离开，其中一个原因就是他们不知道说什么或怎样处理当事人听到这个消息之后的反应。一个实习生告诉我，他先在自己心里演练一遍怎么说、说什么，就像他跟女朋友分手时那样。另一个实习生则说，她和当事人终止治疗关系的方式跟她假期探亲结束向家人告别的方式一样。“按照原定计划我得走了，”她说，“不要说再见，不要流眼泪，我不喜欢太感情用事，或者说，至少我不喜欢表达出来。”这些例子表明，提及这个话题确实很令人困窘，而且心理治疗的终止，会让治疗师和当事人联想起以往其他活动的终止或告别的体验。

向当事人提起终止治疗时应该说什么、怎么说，我并没有什么固定的方式。但我认为，应该仔细地反思一下，你选择的方式对自己会有什么影响，对当事人又意味着什么。比如，当一个实习生对所有的当事人宣布即将终止对他们的治疗时，他说：“今天，我有一些不幸的消息告诉大家，我们一起来讨论一下。”这种说法实际上预先就假定了实习生已经知道当事人听到这个消息后将会有什么反应，并且这个消息被看做是个坏消息。用这样的方式来说起这个问题，就会忽略当事人已经取得的积极的治疗效果，或者很难在终止过程中继续促进当事人病情的好转。

我的态度是，首先，一定要在面诊的时候直接说明所发生的情况。然后，再继续以一种更加中立、公开的方式谈及有关治疗终止的事情，并且允许他们有机会讨论。比如，会谈的时候实习生可以这样说：“从你现在所谈的内容来看，听起来好像……那是一件确实需要深入讨论的事情。但是，今天我必须提起另外一件事，并且我想我们一定有时间好好谈一下。在×月×日，我将结束所有的实习活动，所以我们需要讨论一下这件事情以及你将有什么打算。还要请你个人谈一谈我们过去的工作和对终止治疗的感受和意见。”

这时候，我通常会保持一段时间的沉默，有时可能是很长时间的沉默，以便当事人有时间思考我说的话。即使我可能想到了当事人将会有什么反应，我也不会冒昧地推测他们此刻的行为反应，也不会把我自己的想法或计划强加给他们。这样，就可以让当事人按照自己需要的方式去做，鼓励他们控制自己的未来。虽然也跟当事人一起讨论他们的回答和设想，但我认为，重要的是要让他们的回答和设想出自自己的内心，而不是我强加给他们。

治疗结束时应当说明的问题

做好前面的这些准备步骤，允诺充足的时间之后，说明终止治疗时应当包括下面这些话题内容：当事人已经取得的进步、当事人将来在治疗过程中或者治疗以外其他方面的发展方向和对治疗终止这件事情本身的反应。在这些话题范围内，重要的是说明当事人在认知、情感和行为方面的反应和计划。

奎恩塔纳(1993)认为：

> 治疗终止对于治疗师和当事人更新或改变他们之间的合作关系是一个特别重要的机会。由于发生这一变故，当事人需要了解他们所采取的更有成效的治疗步骤。对于治疗师来讲，或许最重要的是，要确认并有效地利用他们的成就感。

奎恩塔纳接着提出，终止治疗的方法应该有利于当事人"内化"自己的积极形象。在已有的治疗工作和成功的治疗终止过程中，当事人生成了新的自我形象，这有助于他们处理将来出现的危机。

佩恩也有类似的建议，他认为，治疗师要和当事人一起"关注他们在之前一段时间的合作中所形成的治疗方法"，这些方法将随着治疗的终止而终止。治疗师这样做是很便利的，他们可以引用治疗过程中的许多具体例子，还可以和当事人一起回顾当事人的具体表现，看看他们的思想、情感和行为等方面的表现跟治疗以前有什么差别。这些具体的事例和表现会强化他们这样的认识：我确实发生了变化，并且治疗结束后还将继续改变自我。

认识到治疗已经取得了成绩是很重要的。另一方面，也有必要看到由于当事人身上继续存在的问题和尚未实现的目标所带来的挫折感。这种非常实在的评价有助于当事人和治疗师认识到，没有一种能够"解决"当事人所有问题的治疗方法，也没有哪种治疗关系是完美无缺或者说没有障碍的。

尤为重要的一点是，要认识到，把当事人移交给别的治疗师可能会有些障碍。盖瓦茨和安德森发现，即将卸任的治疗师可能不会承认治疗工作中的缺陷，或者看不到没有实现的目标。同样，当事人也可能不愿意提及这些事情，部分原因可能是他们不愿表现出对治疗师的不忠。然而，如果目前的治疗工作没有公开、诚恳地进行分析回顾，那么随后的治疗工作便会从一开始就受到它的负面影响。盖瓦茨和安德森直接谈到了这一问题：

> 很简单，说明过去竭力所做的治疗工作中存在的不足，以便巩固已经取得的进步，并改进不足，这是作为移交方的即将卸任的治疗师应该做的工作。

不过，这样做有一个条件，就是治疗师千万不要在治疗结束的时候，突然向不知内情的当事人说起以前治疗工作中存在的种种缺陷或不足。如果我们一方面在鼓励当事人总结回顾已经取得的成绩和进步，另一方面却让当事人听到治疗师发现的没有取得进展的种种情况或者有待改进的各种问题，这样做给当事人所带来的打击，我们完全可以想象得到。因此，虽然承认治疗中的挫折和缺陷具有重要的意义，但我们必须谨慎行事。

除了评估治疗工作取得的成绩和尚存在的问题之外，终止工作还应该说明治疗师和当事人对结束他们之间关系的反应。本章前面的部分已经探讨了治疗师和当事人在治疗结束时的一些情感和想法，在最后一次面谈时，就应当分析并处理好这些反应。佩恩(1990)指出，治疗师可能不愿意讨论他们在病例结束时的感受。为了促使他们这样做，她提出要用“他们有什么感受”的问题代替“他们是否有一些感受”。对于第一个问题，如果他们肯定有感受但没有假定这些感受是什么，那么这就会像佩恩所指出的那样，不会使当事人一开始就谈论他们怎样感受治疗的结束。

在鼓励治疗师为当事人提供机会表述他们的反应时，佩恩还提醒我们，当事人可能会间接地表达他们的情感。对治疗师态度的明显变化，错过约会或迟到，突然提出更多要求或者突然拒绝进一步辅导和治疗的要求等，都可能是结束治疗关系时明显表现出的基本反应。佩恩敦促治疗师要警惕这些厌恶性反应，并帮助当事人认识、理解它们。

终止的技巧

除了常用的治疗方法以外，有些研究者还推出了几种提出和处理终止治疗的技术。格塞尔(Gutheil,1993)把终止治疗同其他活动的终止或移交工作联系起来，并且指出，通常情况下需要一定的仪式来指导某个治疗工作的移交或终止，并划清新旧治疗之间的界线或起点。她进一步描述了终止工作一般应当包括的要素：专门处理、联系过去和将来、处理冲突、应对情感、沟通。

认识到这些仪式所具有的功能，格塞尔进一步描述了结束工作的三个终止程序以及它们所起的作用。她确认的这些程序就是：评价、目标达成评定和“生态图”。

格塞尔认为，虽然评价通常被当做测量治疗效果的研究工具或手段，但是，一个结构合理的评价能够促进治疗师和当事人之间进行有效的讨论。评价涉及的主题要包括治疗终止的感受、有待处理的问题等。她指出，结构化的评价所具有的客观属性，可以导致对失败和成绩的主观评判。如果所取得的成绩低于当事人的期望，随着治疗临近结束，客观分析可能会变成怨怒或挫折的发泄。

为了促进这一“桥梁”的形成，有几个包括在评价过程中的问题需要提出来：

- 咨询时，你感觉哪些方面需要帮助？
- 对于我们的合作，你最喜欢什么？
- 对于我们的合作，你最不喜欢什么？
- 对于我们的合作，你将留恋什么？
- 当我们终止合作时，你期盼的是什么？

这些问题有利于我们讨论本章前面所解释的有关治疗终止的许多关键问题。他们也适用于前面格塞尔所描述的仪式的特征，以及有关当事人对治疗终止的反应的讨论。

格塞尔在认可“终止仪式”的同时，也提示，仪式的运用应该方便而不是束缚了情感的表达。如果治疗师或者当事人在仪式的程序中感到很不自在，就会失去它原本的目的。她认为，终止仪式像所有的仪式一样，应该被当做终止的一种手段，而不是终止本身。她引用了福克斯(Fox，1993)说过的一段话，并强调，重要的是既要表明心理治疗任务的完成，又要说明治疗关系即将终止的事实：

> 当事人可能已经完成了他们的目标但又不愿终止这种关系。如果注意力只是集中在已经完成的目标及其相应的成绩上，那么即将到来的分别及其痛苦就会被忽略。

练习

想一想你自己生活中曾经终止的一些关系和终止过程中的那些仪式。这些仪式对你和关系中的其他人有什么作用？运用一定的仪式来结束心理治疗将会有哪些类似或不同的作用？什么类型的活动也能够较好地起到这些作用？

将当事人移交给其他治疗师

除非整个治疗工作已经完成，否则，如果治疗师必须结束对当事人的治疗工作，就要安排好其他治疗师来接手该病例。治疗师终止对当事人的治疗时会出现很多麻烦问题，从一个治疗师移交给另一个治疗师的过程也同样会出现许多治疗方面的问题。沃普纳、克莱恩、弗伦德、安德拉西克(Wapner，Klein，Friendlander，& Andrasik，1986)提供了一个有关移交的很有价值的研究评论。他们指出，由于移交当事人这项活动在教育培训中受重视不够，实践中当事人就常常会出现问题。他们也认为，在治疗师与治疗师之间转移当事人常常出现过早地与第二个治疗师结束治疗关系的问题。

盖瓦茨和安德森(1987)列举了许多可能阻碍病例有效地实现移交的一些关键性因素。其中几个已经暗示性提及了。例如，如果一个即将卸任的治疗师不能有效地处理自己的有关结束的问题，就会削弱当事人跟新的治疗师建立心理治疗关系的可能。正如盖瓦茨和安德森在家庭治疗中所描述的过程一样，即将卸任的治疗师：

> ……可能企图把他自己稳固地保存在当事人的个人关系系统中，使自己成为其中不在场的必需的一员。这个“巧计”潜在地确保了当事人不改变对先前那个治疗师的忠诚，但同时可能阻碍新的治疗师为改变当事人而开展进一步的工作。

影响有效移交的第二个障碍是，现在的治疗师存在这样的倾向：他们在与即将接任的治疗师做交接工作时，几乎都是在短暂的时间内匆忙完成的，既没有花多少时间处理当事人治疗终止的工作，也没有安排足够的时间与新的治疗师做好移交。我见过很多这样的情况：即将卸任的实习生试图在一个小时的会面中把所有的病例材料移交给另一个人。这个处理过程一般包括交换病例档案，简单描述每一个当事人和他们的治疗进展情况，然后再继续介绍下一个当事人。盖瓦茨和安德森反对这种做法，他们认为，除非新来和即将离职的治疗师之间有足够的个人交往时间或机会，不然的话，治疗过程中的那些细节往往会在匆匆忙忙的移交过程中丢失。

另外一个影响移交的普遍障碍是，将要卸任的治疗师忘记询问当事人对他们被移交给新的治疗师有什么看法。治疗师只是简单地认为当事人仍旧需要治疗，但没有必要核证对这件事情有什么感受。另外，这样做也可能反映了治疗师企图减轻因为自己中途卸任而产生的负罪感倾向。无论治疗师的动机是什么，其行为导致的结果都不太可能是积极的。至少，被移交的当事人如果没有参与讨论并同意，就会感到没有受到必要的尊重。并且这种感受还会有损于已经取得的治疗效果。而且，如果当事人不愿意移转到另外的治疗师那里去治疗，也就不能说这种治疗是成功的。

目的是有效地移交当事人

鲁滨逊、哈钦森、巴瑞克和尤尔（Robison，Hutchinson，Barrick，& Unl，1986）在严谨分析调查结果的基础上，对一些学院或大学咨询中心的临床治疗改派行为划分出了几种常见的类型。简单地说，他们的调查表明，根据当事人参与的程度和治疗师怎样为当事人准备转交的方式，各咨询中心改派治疗任务的办法各不相同。有些中心几乎没有任何准备，也不让当事人对选择后续的治疗师具有发言权。有些中心则有广泛的准备工作，并且让当事人与现在的治疗师合作，协商选择并转交给新的治疗师。鲁滨逊等人并没有断言哪一种方式是最好的，但是他们提出了进一步的研究方案，以判定不同的转交方式将怎样影响当事人的治疗效果。

盖瓦茨和安德森（1987）认为，成功移交当事人的一个关键因素是，当在协助新来的治疗师建立联系和交换信息的时候，现在的治疗师做好“翻译员”角色的能力。在转交当事人的过程中有四个重要的阶段：

1. 为治疗终止和移交做好当事人的准备工作。
2. 当事人和新治疗师彼此明确定位。
3. 安排当事人和治疗师见面。
4. 促进治疗过程的顺利延续。

移交当事人的第一个任务是决定哪些人需要并且也将会从后继的治疗中受益。有人常常错误地假设，所有的当事人都愿意被移交到其他治疗师手上。当然，治疗师单方面地决定当事人不需要或不想继续治疗也是不对的。在某些实习计划中，如果移交当事人可以做到公开选择，那么实习生或治疗师就要力求提高所有当事人成功移交的可能性——这也是终止治疗的一部分工作。这样，治疗师和当事人就可以共同讨论有关选择的问题。

盖瓦茨和安德森指出，当事人对另一个治疗师工作的反应并不必然表明他们愿意进一步改变自己。他们有可能觉得仍旧需要接受进一步的治疗，但并不希望跟一个新的治疗师重新开始。而且，如果跟现在治疗师的终止工作没有处理好，当事人可能不愿意冒险再与新的治疗师建立治疗关系。后面一点表明，把当事人移交给其他治疗师绝不是说现在的治疗师没有必要有效地处理终止工作。实际上，如果需要移交当事人的话，移交的期望会使终止工作显得更加重要，因为它将直接影响到移交后治疗工作的有效开展。

如果当事人愿意与另外的治疗师合作，或者愿意考虑这种可能但又有些犹豫，那么将要卸任的治疗师下一步的任务就是帮助当事人对新治疗师做好定位并消除疑虑。当事人和即将接手的治疗师都会有些疑问，那么卸任的治疗师应当向他们做好解释。这部分处理工作可能涉及很多方面的问题，而不仅仅是交换满意的信息或者病历。盖瓦茨和安德森认为，卸任的治疗师应当提前预测、研究当事人可能担心的问题，向当事人解释有关情况，并就当事人的情况与新任治疗师沟通。

移交过程的第三步涉及新任治疗师与当事人的初次见面。有些新任治疗师希望卸任的治疗师参加其与当事人的第一次面谈，有的则愿意与当事人单独会面。不论选择哪种方式，在这个阶段，卸任的治疗师都必须放弃治疗师的角色，以便新任治疗师跟当事人建立新的治疗关系。

在这个阶段的另一个重要的事件是比较治疗师个人以及他们的治疗方式上的异同。当事人不可避免地会发现新旧治疗师之间相同和不同的地方。治疗师要能够公开地、和气地提醒当事人，告诉他们以前的治疗工作所取得的“实质作用”仍旧会支持他们的治疗。不同的治疗师会采用不同的治疗方法，实现共同的治疗效果，即使治疗师已经更换，但当事人能够而且也应该继续保持已经取得的治疗效果。如果我是新接手的治疗师，我会鼓励当事人告诉我，我现在做的事情是否与他们的期望或要求或多或少有些差距。提供这样的机会，诚恳地让当事人表达他们内心的感受，就是希望当事人相信，我的目的是促进他们的进步，而不是跟先前那个治疗师进行较量。这也减轻了我的压力。因为我不必担心我在做一些与先前的治疗工作相矛盾的事情。假若我的确这样做了，那么当事人也就有机会把他们的感受告诉我，我们可以一起讨论这些事情。

随着终止工作的完成，当事人与新的治疗师建立起关系。最后，现在的治疗师就应该说再见了。这个过程应该让卸任的治疗师和当事人在场，当着大家的面完成。这时的会面重在"确认卸任治疗师跟当事人不会再见面"的事实。

实习生常常很难接受或声明治疗工作的终止实际上就是这种关系的全部结束。因为他对终止治疗可能有种负罪感，并会担心在他们离开之后当事人的情况会改变，所以，有些实习生就向当事人许诺看望、写信或其他继续保持联系的活动。这种许诺的目的可能是要帮助当事人，以使他们感觉好一点，但一般来讲，真正的作用实际上是在帮助实习生缓解自己的心理压力。我认为实习生应该避免这些做法。

在治疗工作结束以后仍旧与当事人保持联系，这其中存在几个重要的问题。第一，如果确实继续保持联系，这有碍于当事人与新任的治疗师之间建立良好的治疗关系。第二，尽管在结束时实习生有良好的愿望，但实际上，他们很少能够保持曾经许诺的这些联系。实习期完成或轮班实习期结束以后，实习生要转换到新的学习项目中去，根本没有时间与以前的当事人保持接触。结果就会是，实习生会因没有信守诺言而感到内疚，当事人则感到失落或消沉。

如果治疗终止之后仍旧保持某种关系的话，还会引发一些道德约束方面的问题。这在第三章已经讨论过，与以前的当事人保持浪漫的或者其他冲突关系都是不允许的，并且治疗师对当事人健康所承担的责任并没有因为治疗关系的结束而结束。

即使治疗终止之后很难结束某些联系，但结束治疗关系的最好、最准确的办法也只有是"结束"。如果还是难以做到，那么跟同事或者督导员一起处理这些问题，不要向当事人许下将来不会实现的诺言或企图否定治疗已经结束的事实。

虽然我们这里主要讨论的是当事人将继续接受治疗的情况，但这并不意味着，在讨论当事人移交问题时应该忽视那些当时选择不再接受别的治疗师治疗的当事人。实际上很多当事人以后仍然会寻求其他的治疗。能够预见这种可能，至少有益于把他们介绍给另外的治疗师，并简单地跟那个治疗者介绍他们的病情。如果当事人将来某个时候再选择心理治疗的话，这样做会使双方都有所准备。

第十三章 完成实习

上一章主要讨论了怎样终止与当事人的治疗关系。这一章将讨论怎样完成实习及如何谋划下一步发展。这主要包括结束督导关系、向同事告别、表达谢意、请导师写推荐信以及将来的就业选择问题。

实习机会并不好找,实习机构或个人接受实习生的意愿取决于每一个实习生的工作业绩和留下的良好印象。以后的实习生是否还能找到实习机会也取决于实习单位和员工的意向,因此,实习生必须慎重对待实习结束工作。

结束督导关系

有几件事情是结束督导关系时必须做的。这里要介绍的其他一些建议,主要是针对与督导员结束督导关系的问题,与上一章内容没有重复。

确保与当事人治疗工作的结束

由于结束过程中要处理的工作非常多,下面所提供的一些格式能够促使你制订合适的结束计划并处理好那些重要的事情。费尔和布拉索尔(Fair & Bresser,1992)开发并试验了一种非常有用的量表。他们设计了一个包括 55 个小项的"终止工作量表",可以供督导员和受训人员在终止工作之前、终止期间或终止以后使用。这个量表包括 2 个二级项目,即"终止计划"和"对终止治疗的情感反应"。量表中的项目有 6 个不同倾向程度(从"绝对赞同"到"坚决反对")的回答。其中"结束计划"下面包括这样几项内容:

1. 在最后一次会谈之前,我知道当事人想要完成的目标。
2. 我已经同督导员分析了终止以后当事人移交给另外的治疗师的各种问题和顾虑。
3. 我已经考虑过当事人治疗终止以后生活中的其他问题(p. 186)。

在"对终止治疗的情感反应"下面包括这些项目:

1. 我感觉对当事人的责任比以前更重。
2. 我对终止当事人的治疗关系有一种内疚感。
3. 我觉得比以前更喜欢这个当事人。

4. 我更急切地想治疗和帮助当事人(p. 187)。

有关这些问题的分析会在后面的内容里进行。很明显,这个量表包括了结束过程中许多关键的问题和主要的方面。费尔和布拉索尔认为,他们的终止量表具有多种功能,比如,有助于客观地对待终止,认识到治疗师的工作需要改正的方面,明白反对移转当事人的心理,提供一种理解终止工作的框架。运用这个量表还可以帮助督导员鼓励实习人员处理那些具有情感挑战的问题。

练习

无论使用费尔和布拉索尔的量表还是其他量表,遵循一些格式可以保证能够全面关注终止工作中的一些基本问题,并且审视自己的反应。根据我们这里以及上一章有关终止工作的分析,请为自己编写一个核查清单。比如,你的清单列表中可能包括通知当事人、安排移交等一些细节。然后,编制第二个清单,主要用来监控自己对终止的情感反应以及怎样应对这些反应。完成自己的量表以后,再跟费尔和布拉索尔的量表对照一下,看看有什么遗漏的方面和存在的问题。同时,把你所列出的各个项目与同伴、学校老师和督导员一起商议、讨论,征求他们的反馈意见,那样效果会更好。

回顾实习期的进步和需要进一步改进的方面

治疗终止时需要分析当事人已经取得的进步,这是一件很重要的工作。同样,实习生与督导员结束指导关系时,也要回顾在实习期内取得的成绩和进步。在这个过程中,双方都应该有充足的时间来分析实习期间实习生表现出来的进步和成绩,还要看到需要进一步改进、提高的方面。

回顾实习进步最常用的格式,一般都包括几个不同类型的评价过程。有些现存的格式,督导员可以直接用来评价实习生。虽然学校的老师通常直接把这些表发给学生,但是,实习生和督导员首先应该一起分析这些评价,并直接交换和讨论双方的观点和印象。

评价过程中最困难的事情,或许是提出和接受批判性的、建设性的反馈意见。实习生自然都喜欢听到督导员的溢美之词,同样也可以理解的是,督导员也都愿意给他们的实习生指出突出的、有成就的方面。正面的赞扬和鼓励很重要,同时也希望所有的督导员都要认真地思考并发现实习生,哪怕是最差劲的实习生,在实习过程中所取得的成绩和付出的努力。当然,同时提出一些建设性的批评意见也非常重要——如果实习生想要不断地进步,超越现有水平的话。正面的赞扬和鼓励会给实习生以继续进步的力量和希望,而建设性的批评意见也给他们的进步提示了方向。因此,实习生要主动征求并欢迎批评性的反馈意见,以使自己认识到未来需要继续努力的地方。

一个有助于实习生接受建设性批评意见的方法,就是自我评价,分析实习期间做得好的地方，指出哪些方面需要改进。而且实习生也会知道，督导员对他们的能力和优势也许并不明晰，可能会提出另外一些有待努力的方面。听到一些消极的意见，实习生总会有些情绪反应，如果遇到这种情况，实习生最好能够理智地对待。自我反思和评价的过程也有助于建立一种自我反省的习惯，这将是贯穿未来职业生涯的一种经常性的活动。

练习

刚才提到的练习，要求实习生在会见督导员并讨论对自己的评价之前，要认识到自己的优势和弱势。如果做了这个练习，那么，当你清晰地想象着督导员可能提出的一些批评意见时，就要特别注意自己的情绪反应。注意那些可能干扰你接受积极意见的情绪因素，如防卫、伤害或其他反应。如果发现自己有这些反应，可以练习放松一下，并专心地倾听，不要带着一种试图反驳或防卫的情绪。作为这个想象练习的一部分，你还可以想象自己接受了批评意见但仍然感谢他说出对你的印象和意见。这可能并不容易做到。当然，这也并不意味着你必须同意所有的反馈意见，但它至少有助于你宽容、谦虚地倾听督导员对你说的话。

给督导员反馈意见

作为一个督导员，我认为，意见反馈应该是相互的、有来有往的。我鼓励实习生告诉我哪些方面做得好，哪些方法效果比较好或者哪些方面将来应该改进。这个过程会使我成为一个更加优秀的督导员，同时也给实习生一个诚实地提供反馈意见的机会。并且，互相反馈意见也能使指导关系有一个更好的结束。如果沟通反馈是单向的，实习生最后可能就会带着一种似乎还留下什么任务尚未完成的感觉离开实习单位。谈谈他们对督导员的印象，有助于减少那种似乎有未说的话或未完成的事的感觉。

如果有机会向督导员表达你对他的印象，就要记住上面我们曾经讨论过的有关提出和接受积极的反馈意见的基本要求。督导员也是人，像其他任何个人一样，并且他们也总是喜欢听到积极的、肯定的评价。当然，出于良好愿望和沟通情感的批评也是受欢迎的。

由于在督导员和实习生之间的关系结构中内在地存在权力不平等，所以，实习生应该慎重考虑怎样表达对督导员的负面评价。如果他们请你谈谈你的印象与感受，或许最好首先要弄明白他们实际上想问你什么。你可以机智地探询督导员对哪些方面的信息感兴趣。督导员的回答有助于你决定怎样以最好的方式表述评价。无论督导员怎样回答，都要尽量以他们最乐于接受的方式陈述你的印象或感受。

结束督导关系

即使实习生和督导员已经做了这里以及上一章所提及的所有事情，最后还是要涉及彼此结束个人关系的问题。这取决于他们之间关系的紧密程度和性质。有的可能是一个非常简单的事情,有的可能带有很多情感。无论是哪种情况,作为结束督导关系的一部分,个人关系的问题总要说明。

不幸的是,很多情况下,督导员和实习生都不提及这个问题。原因可能是它本身就不好办。与当事人讨论终止问题,确保病例笔记整齐有序,甚至评价实习生的临床表现等等,都比实习生和督导员怎样处理彼此之间的感受和结束彼此之间的关系要难办得多。然而,督导关系的结束方式实际上是终止治疗关系的示范。如果个人关系的处理问题是终止治疗关系的一个必要的方面,那么这些问题同样也应该在结束督导关系时得到说明。

结束关系时表达的情感,有的平淡,有的深切。我与指导的实习生之间,有的发展为一种持久的关系,有的至今仍旧保持联系。另一方面,有的情况下,好像我不了解实习生,他们也不了解我。其实,谈论结束时的这些问题,有助于实习生和督导员更加轻松地处理督导关系。

当想到与督导员的关系以及结束时还要讨论这种关系的时候,就应该知道你和他之间各自经历的重要差异。有时会出现这样的情况:实习生希望跟督导员建立额外的紧密关系,但他们可能会失望地发现督导员总是保持一定的距离,或者主要以一种客观的、说教者的方式而非友情的或个人的方式跟你交谈。这有很多原因。其中最普遍的一个原因就是,虽然对于实习生来讲,这次督导的经历是惟一的,但是大部分情况下,督导员和其他职员以后还要跟很多实习生共处、共事,并且希望将来还会有更多的实习生。因此,对于实习生来讲是惟一的或许还是记忆深刻的实习经历,对于督导员来讲,却可能是日常工作。这并不意味着这一关系不重要,但督导员确实不会像实习生那样对某一次、某个实习生的督导关系投入同样的情感份量或保持专门的记忆。

实习期间,学生常常会因为感觉到自己跟督导员的关系不太密切而产生挫折感。明白上面提到的这些原因,有助于实习生在更大的背景和情境中去理解他们的情感。这也有助于实习生理解当事人对终止治疗所产生的情感反应与实习生或治疗师的反应之间的差异。需要再一次表明的是,理解督导的过程有益于更好地理解治疗的过程。

推荐信

实习生无论打算继续进行研究还是随后就业,都希望督导员或学校导师写一封推荐信。即使近期不打算申请工作岗位或研究岗位,最好现在还是写好推荐信。如果过了几年以后再要他们为你写推荐信,他们就很难想象得出当初与你一起工作时的那些鲜活的记忆了。如果你不明确将来到底做什么,也可以先写好一封要么适合做学术研究要么适合就业的一般的推荐信。这些会成为你的"有效证书"的一部分。

推荐信非常重要,实习生应该慎重考虑,并遵循某些基本的礼节,以使督导员或学校老师尽可能愉快地为你写好推荐信。

索要推荐信

如果打算要推荐信，那么，实习生要做的最重要的事情就是实习期间一定要尽可能地把工作做到最好。如果工作不是很优秀，那么索要推荐信的事情就要三思而行了。一份积极、肯定的推荐信就像是打开未来之门的钥匙，消极、否定的推荐信可能会让你吃“闭门羹”。

即使认为自己的工作表现好像应该获得一封积极的推荐信，也不要那么肯定。无论你什么时候想到要人为你的表现写封推荐信（并且在所有的情况下都是如此），在正式索要之前，最好直接向他本人询问能否给你写一封比较积极或肯定的推荐信。在问督导员是否愿意写推荐信之前，你还应该跟他好好地谈一谈你的具体目标是什么。原因在于，督导员可能很乐意推荐你去做某些职业或教育项目，却不乐意支持你的其他意向。

当你真的请督导员写推荐信时，一定要注意他的第一反应。如果他立刻就表现出热情或支持的态度，你也许会收到一份积极肯定的推荐信。如果他考虑很久才问你是否向其他人要过推荐信，或者看起来很勉强，那么他可能对为你写封积极的推荐信有些犹豫。如果你发觉了他犹豫的态度，那么，最能让人接受的办法，或许确实也是可取的办法，就是机智而坦率地问问他对你的印象怎么样。

索要推荐信时，直接询问学校导师或督导员是否感觉有些困难或顾虑，会使他们感到难堪，感到不舒服。另一方面，如果你非要这样问，他们也很可能会有所保留地表示同意。当他们对某个学生有所保留时，大部分督导员都会坦诚地说出来。如果是这样，他们可能会含糊地用一些肯定的语言说出来，最后可能给你写一封不是很热心的推荐信。事先知道这种情况，你就可以早点做出明确的决定，并且还可以选择其他的办法。

除了尽力向督导员恳求推荐信之外，听听他对你的关心或顾虑也极有助益。你可能慎重地考虑过所申请的工作或职位，但如果你尊重督导员，相信他们是为你着想、坦诚相待的话，那就值得认真倾听他们的意见和建议。如果督导员鼓励你从事所选择的职业或所制订的研究计划，那可能是对你的目标的一种鼓励和支持。另一方面，如果督导员有些保留或者建议别的选择，那你恐怕也需要重新估量自己的目标与计划了。

索要推荐信的基本要求

如果督导员或学校导师愿意为你写推荐信，你要尽量为他们提供一些方便，通过一些简单的步骤，会增加得到一封好推荐信的机会。无论学生什么时候请我写推荐信，我都会给他们提供下面的一些基本要求，让他们尽力准备好表格、信封等等，并且提供我所需要的信息,以便写出一封热情支持的推荐信。

索要推荐信的程序

下面描述的是为了完成学生索要的推荐信,我所要求的几个程序:

1. 提前通知。一般,我要求在推荐信必须寄出的时间之前 2~3 周告知。请提前计划,并留有足够的准备时间。常常有很多学生同时要我写推荐信,我可能没有办法很快给你写出。因此,无论怎样,至少给我一个月的时间。

2. 准备表格。很多项目的内容要求通过一些表格来说明。如果需要我来填写那些表格的话,为了简化工作,你应该先填好部分表格的内容,如我的姓名、我所在大学的地址、我们认识的时间和我们之间关系的性质、你作为学生的学习课程或我们一起工作的实习地点、我的职衔,即某大学某系某职衔。在交给我之前,先填好每份推荐表的这部分内容。我建议你最好把它们打印出来,以便别人能看清楚。并且一定要在表格必要的地方签好你的名字。这是规定性的。没有学生签名,我就不会寄出表格。

3. 准备信封。对于需要推荐信的每一个部门,都请提供一个写好地址、贴足邮票的信封。要根据信封、表格以及我的几页推荐信的重量贴足邮资。呈交信封和前面提到的表格时,要把它们夹在一起,这样我就可以方便地找到每一个部门相应的表格和信封。

4. 说明要求。如果不同部门对推荐信或表格填写的内容有一些特殊的要求,请在另外的信封里单独明确说明。

5. 提供个人材料。请提供一个简单的总结材料,内容包括学术成就、实习或实践经历、研究服务和其他个人业绩。在这些内容中,要清楚说明我们之间接触或联系的基本情况。在哪个班或哪些活动中,我们一起合作、共事过?在班上或这些活动中你做过哪些值得提及的事情?还有其他哪些突出的成绩?如果还有一些特别之处,比如对于你的专业成绩平均绩点比总体成绩平均绩点要高,我也应该提到,请明确告诉我。最后,如果你为学校写过一些个人总结材料,也请给我一份。

6. 追问。为了保证你要求的推荐信能够及时地寄出,请在预定寄出时间的前几天跟我联系一下,以确认我已经完成了所有工作并按时寄出你的信。我的时间常常安排得很紧,我很讨厌被其他一些杂事缠绕,所以我可能会忘记邮寄你所要求的信件。如果能提前追问一下,就可以避免出现这样的情况。

7. 告诉结果。虽然这没有必要,但我所推荐的学生能够告诉我他们谋职的结果,我会非常高兴。作为大学教师,我们对自己学生的发展情况也很感兴趣,并且,给推荐人回信,告知谋职的进展情况,也是一种受人赞赏的礼节。

谢谢你注意了这些细节,如果还有其他问题,请随便咨询。

与同事告别

虽然实习生与他们的直接督导员交往最密切，但也会不同程度地跟其他工作人员有联系。在准备结束实习的时候，别忘了告诉其他人员你将完成实习、离开实习单位的事情。大部分情况下，提前几周简单地让他们知道这回事就行了，或者在员工会议上做个简单的声明，或者在走廊的公告栏上贴一个通知。关系比较密切的，当然还要个别道别。

如果你还为其他某个当事人工作过，现在，他在接受除了你的督导员之外的其他治疗师的治疗，那么，你也应该安排时间会见这个治疗师，谈谈有关病情和你的工作期限。在这个过程中，你一定要谨慎地保守秘密，慎重考虑所知晓的内情将会怎样影响未来的治疗工作。大部分情况下，其他职员会喜欢并充分利用你所提供的信息。然而，也有例外。如果当事人知道自己的秘密泄露给了其他工作人员，他们会感觉有人背叛了他。如果你不明确自己应该分享哪些信息，或者某一特定角色的职员应该如何使用这些信息，那就要事先跟你的督导员商讨清楚。

致谢信

与实习生共事的大部分人都关心实习生、关心这一职业，并乐于为之奉献，因而得到实习生们的诚挚感谢。通常，他们因实习生的到来而额外增加的责任并没有得到或者极少得到一些回报。正因为这样，在结束实习活动时，一定不要忘记表示对他们的诚挚谢意。然而不幸的是，写封致谢便条的事情常常受到忽略，教育培训中有时根本不会提及这样的事情。即使向个人道过别，但是花几分钟时间写封致谢信，却是一种非常受人欢迎和欣赏的好习惯。

作为一个督导员和教师，我个人感觉，收到学生表示诚挚谢意的明信片，常常会实实在在地使我一天的生活和工作充满意义。虽然我并不期望每个人都这样做，但当收到学生或实习生的卡片时，我还是会感到因额外的工作责任而增加的压力、额外付出的时间和精力等都是值得的。

我会鼓励我的实习生在实习结束以后写几封感谢信。第一个要感谢的人是你的督导员，这封感谢信不必写很长，但至少要有几行说明督导员付出的精力、时间以及你所学到的东西。除了他们以外，如果还有其他个别人对你的实习给予过特别的帮助，也应该写信表示特别感谢。

有时实习生可能会问，如果督导员并不是那么“好”，是否也要写信致谢呢？除了极少的情况，如极端的对立或冲突外，实际上所有的督导员都应该感谢。即使督导员比他们所期望的要忙得多，或因其他原因减少了对你的关照，他们仍旧尽可能地为你提供了学习的实践机会。这种机会也是难得的，也值得表示感谢。

除了给自己直接的督导员寄信以外，出于礼貌，也应该向整个机构或公司的主管领导致信感谢。虽然实习生可能没有直接与主管领导接触过，但他们最终要对实习计划和实习过程中所发生的一切承担责任，并且因为他的良好意愿，才使得学生有机会受到实习培训。明白这些情况并感谢督导员们为你做的工作，将使他们都感到高兴。

接下来，我建议你向实习期间所有共过事的同事写一封集体感谢信。一般来讲，这些信只有一两句话，开头常常是“向所有的……表示……”。这类信件通常会贴在公告栏上展示给大家看。虽然只是一个小小的表示，但与你共处的每个人都会感到高兴。

另一个需要写信致谢的人是你大学里的老师。实习期间，即使老师没有同你密切联系，但老师在“幕后”帮助你做了许多工作，如安排实习计划，与实习单位的督导员保持联系，化解矛盾冲突等。老师像其他人一样，也会非常高兴地收到你的致谢信。

最后，如果有人对你有特别的帮助，在学习和工作不断进步的过程中，一定要记住他们。得知你学习或工作中的进展情况，他们会非常高兴，就像实习结束后写信致谢一样令人欣慰。

由于工作很忙，这件事常常不经意地被忘记掉，你应当设法提醒自己，将来不要忘记跟曾经帮助过你的人保持联系。你应该备有一个个人计划的小本子以便记录一年的工作。有的人会在日历上隔几页做些记号。有的人会写一些便条夹在以后能够找得到的地方，如字典或其他参考书中。

是否或怎样保留便条完全取决于你自己，但这总算是一个好习惯。如果你要人写推荐信，这样做就很有必要。因为他们想知道为你做的事情的最后结果到底怎么样。这样做对于你来讲，或许还是一件很有乐趣的事情。

展望未来

完成上面的所有环节以后，下一步做什么呢？如果你打算在这个领域继续研究或者工作的话，一般来讲，你就会想到自己的前程，想到助人职业这种工作本身的未来。普兰特(Plante，1996)为决定从事该职业的实习生提出了十条“成功法则”，包括：站在发展的最新前沿，与心理健康领域的发展变化保持同步，铭记当初你为什么要加入这个职业，为你付出的努力、取得的成绩、做出的贡献和从事的职业感到自豪，等等。我很赞同普兰特所提出的意见。并且，我还认为，今天我们取得事业成功最重要的因素或许是方方面面的条件和因素的综合，而你现在完成的实习经历就是其中重要的因素之一。

如果你想更换职业和工作环境，就要知道，你在学术工作和实践领域中所培养的技能完全可以从一个环境或职位迁移到另一个工作环境或职位中去。在今天以及未来的心理健康领域里，关键的技能包括：良好的写作能力、语言沟通能力、研究能力、批判性思维能力、数学以及计算机应用的能力,等等。除了这些学术的和临床治疗的工作能力以外,熟练的写作能力和绩效评价的能力越来越成为人力服务行业谋职的重要资本。海斯(Hayes,1997)也提出了类似的能力类别,并认为,人力服务专业领域的毕业生越来越掌握了具有本领域特色的知识和能力。越来越多的专业人员需要从事一些综合性的活动,比如直接服务于当事人、教学、咨询及研究。你掌握了多种技能,就会更加突出。如果某个领域的工作环境或职业发生了变化,你改行跳槽的选择也就越多。普兰特(1996/1998)、洛佩兹和普罗瑟(Lopez & Prosser,2000)等人都为助人职业的谋职提出过许多有益的建议,我们可以参考。

专业参与和政治参与

最后,我鼓励你积极参加专业协会。虽然你可能还不了解,但是今天之所以能够在实习中学习和参与这项职业活动,正是因为在你工作之前,该职业内的人发展了这一职业,并创造了你现在喜欢的工作和学习机会。同样,未来的教育和职业环境正在受到当前政治和社会系统的改造,也受到那些勤奋工作、牺牲自我、关心他人并使我们的职业延续发展的人的深刻影响。

保护和提高你的专业机会和利益,为确保当事人接受必要的服务而辛勤工作,这需要付出巨大的精力、财力和人力。我鼓励你参加专业组织,奉献自己的知识,并成为各种活动的积极分子。我也鼓励你学习政治并参与有关政治活动。你以及你的当事人所面临的许多问题,都直接或间接地是政治决策所导致的。

在实习活动中掌握的知识和技能,将在许多环境下既助己又助人,你为社会奉献的机会能够也应该超越学校或工作单位。我们最终的目的就是尽最大的努力通过各种信息途径促进他人的幸福生活。

第十四章 挫折、教训、发现和快乐

在实习计划结束的时候，很多实习生都有一种强烈的成就感和满足感。他们很高兴有机会为当事人做治疗工作，非常高兴遇到了所尊敬和崇拜的专家，并为自己的工作业绩和学习成就而感到兴奋和自豪。但另一方面，有的实习生在实习结束时，可能感受到的是挫折和失望。

无论你的体验是什么，本章的目的就在于透视实习期。下面的分析不是凭空而论，而是以众人的感想为基础，有来自在校学生、实习生、督导员、学校导师的经验，也有我自己二十多年来工作实践的感悟。我开始描述的那些经验和教训或许会使你对本职业感到一丝悲观或失望。但结尾时，我会提出一些比较积极的思考，使你能够把握全面的观点，并鼓足信心、克服困难，度过任何职业都可能出现的一段艰难的时期。

从所有的事情中学习

实习中无论发生了什么情况，都是一种经历、一种学习。不要依赖有限的或者个别的事例评论所有的情境、职员、当事人或者你自己。即使在最糟糕的环境中，面对最棘手的当事人以及最不理智的工作者，都有值得研究和学习的地方。你可能确实讨厌某种环境，希望尽快逃离那里，但这并不意味着你就应该放弃或者认为那些经历是在浪费时间。

为了有助于你处理实习中可能遭遇的挫折或麻烦，我列出了一张表，这些是我们所有人都可能遇到的经验与教训，但不都是令人愉快的。这并不是在你已经感受的“苦难”上面再增添一些悲伤，而是为了证实我们已经遇到的或者将来可能经受的艰难和无奈。

练习

实习期间，你肯定习得了一些积极或消极的经验、教训，在阅读我的观点之前，请写出你对这些经验或教训的感想。尽量列出你学到的各个方面的“知识”，比如关于人的、关于组织系统和制度的、关于治疗功能和效果的，以及关于你自己作为一个普通个体和作为一个助人专业工作者等方面的认识。

我们期望获得的助益并不都是真实的

这个职业中的人

1. 并非助人职业中所有的人都一样地能够帮助他人，有些人根本不合格。对于有些当事人、有些任务或在有些环境下，我们必须自己做出决定，不要指望那些本来就不合格的人。

2. 事实上，不合格的人几乎都不会承认自己不合格。相反，大部分人都极力夸耀他们的技能和工作，许多人还认为自己是最出色的、天才的职业专家。

3. 助人职业中并非所有的人都是真正地在帮助他人。有些人无视自己公开承诺的责任，他们所做的事情实际上是为了满足自己的需要。也就是说，在某些情况下，他们行事的方式可能会损害当事人和他们机构的利益。

4. 对有些人来讲，诚实、开放、关心和学识并不像权力、地位、外表和操纵那样重要。当你跟他们合作时，很多你认为要做的正确的事情，可能最终的效果跟你的意愿恰恰相反。希望你不要成为这种人。

5. 上面第3和第4条中的那种人似乎并不会改变他们自己。他们要么否认你对他们的评价，要么接受你的评价。但按照他们的世界观，他们并不觉得自己有什么错。

6. 并非所有的人都会喜欢或尊重你，无论你是谁或者你做什么。你应当以开放的心态对待这些反应，但不要期望无论什么时候所有的人都会喜欢你。

我们工作的组织制度

1. 从根本上讲，任何组织制度实际上都是被人控制和使用的。如果被无能之辈或者有不良动机的人所控制，任何组织或系统都不会成功。

2. 上一部分中第3、第4和第5条中的人却常常掌管着我们的组织机构。

3. 由健康、有爱心的人去管理愿望良好的项目计划，并不一定就有成效。最优秀的人、最优秀的工作能力经常会受到坏的制度的阻挠，或者被无能的人掌管。

4. 在我们的社会中，精神疾病和大量其他的社会疾病根本得不到关注和实实在在的支持。人们说了很多，也花了大量的钱，但大部分都是象征性的。为什么投入这一行业的钱这么少呢？改变这个现状需要参与政治。让我们参与吧。

5. 我们助人工作者所处理的大部分问题的根源在于这个社会的社会条件和经济状况。除非根本原因得到解决，否则，仅凭我们的这种组织来解决这些问题，其效果是有限的。

6. 预防工作比大多数治疗工作的效果都要好，但是用于预防的钱很难得到，并且人们都不愿意为预防而承担责任。

7. 不同部门之间的合作相当复杂，既不一致，又效率低下。

8. 有些政策和规则好像很愚笨，但却有冠冕堂皇的理由。有时候，这些理由就是愚笨的。

9. 职业生涯中的许多甚至大部分时间都是在会议上度过的，没有一点成就感。

10. 职业生涯中许多时间耗费在纸笔工夫上。要学会有效地处理文字工作，但绝不要忽略或轻视它。

我们工作的当事人

1. 并不是所有的当事人都有变“好”的动机。

2. 并不是所有的当事人都是体面的和令人喜欢的。

3. 有些当事人是自助性的掠夺者。他们会偷别人的东西，向你撒谎，还可能伤害甚至杀了你——如果他们觉得这样做对自己会有助益的话。

4. 有些当事人不看、不穿、不动，也不说话，甚至闻不到香臭。

5. 有些当事人动机很强，但他们缺乏一定的能力、情感或意志去完成他们必须做的助己的事情。

6. 许多当事人都可以成为体面的、有价值的和动机良好的人，但由于种种原因，无论怎样努力尝试，你都帮不了他。

7. 有些当事人遭遇的不幸简直令人无法相信，很难想象他们怎样重生。“生活总是公平的”，这话同样让人难以相信。简单地说，生活是不公平的。在我们所关心的事情中，其中有些部分就是使不公平的事情变成合宜的。

问题的性质

1. 我们要处理各种各样的人和问题，它们常常是无比复杂的。包括心理的、社会的、经济的、生理的、精神的和遗传的因素。这就是为什么心理治疗具有挑战性的原因之一。

2. 你会遇到一些当事人，他们由于其所生活的社会制度的原因而处于绝望的边缘。失业、缺乏保险、家庭虐待、性别歧视、种族歧视、危险的邻居等等，这些问题合在一起让当事人去承受。即使你能够直接解决其中的一些问题，也难以解放一个人。

3. 每个人天生具有平等的权力，尽管我们希望也相信这是真的，但是每个人天生就没有平等的能力或气质。遗传因素在塑造我们的身份、引发某些疾病等过程中的作用远远大于我们现在能够认识到的程度。有些当事人明显地要成为酒精成瘾者、精神分裂症患者或双相情感障碍者。而有些人从精神上就不大可能在这个世界上取得成功，或者理解精神治疗的方法。还有些人先天就智力发达，但情感反应却是低下的。

4. 在过去的二十年里，我们对生物化学和人类行为的理解已经有了重大的进步。

但是，与有待于我们去发现的东西相比，与我们必须知道的东西相比，为帮助当事人所应该知道的东西还显得很不够。当事人身上表现出来的许多病症都有生物学上的原因，或者会导致生理化学上的变化。然而，我们理解和矫正这些状况的能力都非常有限。另一方面，很多通过生物化学的方法来治疗的疾病，其实也有情境上的原因，如果改变情境，就会大大增加"治愈"的可能性。

5. 机会，纯粹的运气，会使其他每个因素都变得毫不相干。一个完全健康的人，由于一次车祸，可能从此他的生活就永远发生了改变；一个生活不稳定的人，在同一天里失去了工作和女朋友，他就被推到了痛苦的边缘。你可以通过改变制度和人来减少这样的事情，但是运气总会不同程度地存在，并深深地，有时还可能是恐怖地影响我们所有的人。

6. 我们试图解决的问题总会反复地出现，难以遏止。父亲打儿子，是因为小时候他自己曾经被他的父亲打过；父母嗜酒，他们的孩子最终也可能成为嗜酒者；生活在贫困中的孩子，父亲蹲狱，反过来，孩子可能继续犯罪。

7. 我们要解决的某些问题是我们自己赋予的。因为我们把它看成问题它才能成为问题。因此，我们不要仅仅帮助当事人处理问题，其实，我们自己也要处理同样的问题。死亡、亲属关系、无意义、责任、自由和不确定，对于当事人或治疗师来说，都是生活中存在的一部分。我们也同样脆弱。

知识和工具的有限性

1. 面对前面所提到的那些教训，你会觉得无法理解真正的问题或者不知道怎样处理问题。

2. 你能够从理论上对问题的性质和治疗的方法做出清楚明了的解释。但有时候，你可能是完全错误的。

3. 借助于前面所提到的那些教训，你常常能够明确地认识到问题根源的真正所在，但那是社会经济结构和制度的问题，你无权影响或者为了某个特别的当事人而改变它们。

4. 仅仅指责制度的缺陷是没有用的。你要去改变它们，但这需要我们自己去努力、支持和参与。

5. 改革需要时间，并且，需要长期的时间。你为某个集体或为这个社会做了许多工作，但你看不到它们长期的效果。

6. 没有谁真正知道当事人的问题到底在哪里，无论是当事人本人、他们的家庭、朋友、你或者其他人，都不知道。然而，由于某些原因，你需要继续做下去，并尽自己最大的努力去做。

7. 许多人，包括你的朋友、家人和其他专业人士，会公开地质疑你工作的成效和价值。这可能是由于他们知识的缺陷，但也可能有正当的理由。如何相信自己所做的一切呢？这可能给你带来了困惑。

与我们自己有关的感悟

1. 无论作为一个专业人员还是作为一个普通人，你不会总是生活在自己的理想世界里。

2. 你不会总是像你所想象的那样有能力。

3. 有时候，你并不会像你所想象的那样努力工作；有时候，你却工作太努力。

4. 你会发现自己在做许多消极、负效的事情，而这些都是你认为并劝诫当事人不应该做的。

5. 你会发现自己没有做积极、正面的事情，而这些你曾告诉当事人应该去做。

6. 有时候，你自己的行为会引起别人对你的动机和意图的怀疑。

7. 很多时候，你会怀疑你所做的一切是否值得，或者是不是应该做别的事情。

关于教训的教训

上面提到的那些教训很容易使我们彻底放弃这个领域的工作，或者虽然坚守在这里，但已经变得愤世嫉俗、疲惫不堪了。最后，解决问题的人也就成了问题的一部分。但愿这种情况不要发生在你的身上。

我这里所提到的这些教训仅仅是我们现实工作图景的一部分。你需要知道这一部分，因为它是真实的，并且你必须面对它，并学会处理它。令人高兴的是，你能够学会有效地处理现实中的问题甚至是最棘手的难题。

此外，临床工作除了负面的部分问题外，实际上还有许多积极的方面。两相权衡，积极面往往大于消极面。能够从事我们这种职业是一种幸运和光荣。即使在我们最消沉的时候，都值得记住这一点并发现其中的快乐。

新的发现和快乐

这个职业中的人

1. 这个职业中有许多优秀人物。他们出于真诚关怀他人的目的而加入了服务、助人这一职业，他们把自己的生命和才智奉献给了这一目标。很多情况下，这些人如果做其他行业会挣更多的钱，但是他们选择了从事服务他人这一职业。

2. 他们各自都有自己的技能和智慧。跟那些技术比你熟练的人密切合作，并永远保持虚心学习的态度，那么，你的工作技能就会迅速提高。耐心地与他人合作并共同分享你的知识，你也能帮助他人学习和进步。我们都能够把别人教给我们的东西再传授给他人。

3. 人力服务或许比其他任何职业都能够为个人开发和个人成长提供更多的期望和机会。这不仅仅在掌握知识和技能方面，而更多的是有关我们成为一个人的总体方面。

4. 如果你天生具有某方面的能力，那就尽最大的努力，勤奋工作、虚心求教、刻苦学习。你会跟很多人合作相处，结交优秀朋友。你也能为当事人奉献优质的服务，他们的生活因你而变得更加美好。

我们工作的组织制度

1. 没有哪种组织制度是完美的，但通过我们的努力，大部分都是可以改进的。

2. 有些制度实际上有益于人。他们并不完美，但是如果没有它们，很多人的生活就会更糟糕。

3. 一步一步地改变问题产生的根源，这是可能的。这个过程可能需要改变个人，还需要在临床治疗之外参与政治。一部人类文明史，就是人类相处的方式慢慢地艰难地发展的历史，但是，在前进和发展的过程中，我们每个人都能为之贡献一份力量。

4. 组织制度的改变首先在于改变我们自己。

我们工作的当事人

1. 对个人的理解和发展是艰难，甚至可怕的。虽然有些当事人缺乏改变自己的动机，但是很多人在巨大的障碍面前仍能满怀信心。

2. 在他们奋力改变生活的过程中对于你所提供的帮助，有些当事人会表示感激。

3. 有些人相信，我们的关照是他们生活的一部分，为之工作是我们特许的权力和责任。我们必须尊重这个责任，并尽最大努力去赢得承担这份责任的荣誉。

4. 有些当事人必将经历我们从来没有梦想过的生活，获得我们从来没有梦想过的经验和教益。我们从当事人身上所学到的东西或许要多于他们从我们这里获得的益处。

问题的性质

1. 我们处理的问题虽然极其复杂，但是我们总能逐步地理解。这是所有知识都需要的渐进发展的过程。我们不能认识想认识的一切事情，但我们确实认识到了一些对我们非常有益的东西。我们的任务不是去认识已经知道的一切，而是运用我们已经掌握的东西，并不断地推进其发展。

2. 社会的改变是缓慢的，但由于有了那样一些为了大众的利益而做出牺牲和奉献的人，我们的社会确实在不断地发生变化。你也可以参与这一变革的进程。用你的行动去注释乔·希尔(Joe Hill)的号召:“不要光在那里发牢骚,组织起来!”

3. 不同的能力和性格可能是受到遗传因素的影响,但人们并不完全受遗传基因的控制。即使那些在很多领域都存在缺陷的人,也有给他们自己带来快乐的能力。培养这些能力并强化其他方面,会使他们极具挑战的生活变得更快乐。那是一个非常值得争取的目标。

4. 生活总是不确定的,不幸的事情也会发生在好人身上。对于有些人,不幸的事情会导致消沉、失望;对另一些人,则会激励他们更加珍惜时间、发奋努力。所以,要防止把问题简单化。

知识和工具的有限性

1. 虽然我们的工具有限,但总体上,研究表明,我们所提供的治疗能够也确实给人们的生活带来了重大而积极的变化。

2. 理论上各种不同的观点会造成混淆和干扰。考虑到人类存在本身的复杂性,我们不应该期望有关人的理论会是另外的状况。把每一种理论综合在一起,总能提高我们对工作的理解,从而使我们更好地开展工作。要把理论当做工具,并使理论适合于当事人而不是让当事人去适应理论。

3. 尽管知识或技能的限制会使你产生挫折感。但并不是惟独你一个人会这样。每一种工作或活动最终都有它的局限性。应对这个挑战,就是要学会积极地处理它们。而这,确实又是生活本身的挑战。

与我们自己有关的感悟

1. 为了帮助他人,你不必绝对完美。你自己所经历的艰难奋斗,大部分都有益于认识问题,并能有效地促进临床工作。

2. 你可能会犯错误,但大部分当事人都可以恢复。如果你认识到了自己的局限性,问题就总会解决。

3. 我们每一个人都会发生改变,但变化是需要时间的。当你在努力改进或改变自己的时候,也会理解当事人所面对的问题。

4. 有时候,你会怀疑自己所做的事情是否值得,但有时候你也会清楚地看到所做的工作产生了明显的成效。在任何一种别的工作里,像那样的时刻往往很少。当发生在临床治疗工作上的时候,它们更有价值。因为人们的生活变得更美好了。

5. 你必须体会到临床治疗工作中的快乐,但也必须了解职业生活的另一面。因为,临床工作这样重要,它既会带来精神的快乐,也会带来生活的消沉。因此,作为治疗者,你也需要他人的抚慰,但不能把它当做满足自我的惟一源泉。关照好你自己才能关照他人。

6. 实习期结束了，但这并不是终点，它只是漫漫征程中的一步。不要期盼学习和发展的过程会终结。只有在学习和发展的过程中，我们的生活和学习才能变得更有乐趣。要充分地利用它。你只能抓住一次机会，并且不会持续不止。

结束语

整个这本书，从开篇到这里，我一直鼓励实习生要以开放的心态去面对新知，并经常虚心求教。现在是轮到我再一次实践自己谏言的时候了。这样一本书，实际上永远不会真正完成。我一写完本页的最后一个字，又马上开始从报刊、同事和学生那里收集材料，为下一版做准备了。

如果你发现这本书还有点用处，如果你发现有些部分是没有用的，如果我遗漏了本应该包含的部分内容，如果你有一些改进的意见，或者你乐意分享一些有趣的个人小故事，都非常欢迎跟我联系。你可以按下面的地址给我写信：

Brian N. Baird, Ph. D.

P. O. Box 5584

Vancouver, WA 98668

如果你写上了回复地址，我将尽量与你联系。

我写作本书的目的在于提高实习培训的质量，并进而提高整个助人职业的质量水平。我希望达到了这一目标，并且为了使本书的下一版更有用处，欢迎提出修改建议。

感谢你阅读本书，希望它对你有所帮助。但愿你未来的学习和工作双丰收。

附录 A：实习单位选择清单

本清单是为了帮助学生和督导员选择最适合实习生的教育和培训单位。

以前的工作经验

列举你以前任何的工作经验

学术活动或技能培训

列举和实习活动相关的任何课程培训或技能训练（如人类发展、变态心理学、咨询理论、评估）。

时间

仔细考虑一下你的实习计划要求和生活中其他不同任务要求，每周有多少时间可以真正分配到实习岗位上？请详细说明有多少天或多长时间可以或不可以利用。

治疗环境

本次实习，什么样的环境最适合你的能力和兴趣？

指出与这种环境相关的任何预先学习课程或预先体验。

服务的当事人

在接受训练的过程中，你最喜欢和什么类型的当事人一起开展工作（如年龄类型、呈现关注问题的类型、种族或文化背景类型）？

指出和这一群体一起工作的任何预先课程、预先培训或预先体验。

治疗方法

目前，你对什么样的理论取向或治疗方法最感兴趣？

指出用这种方法开展工作的任何预先课程、预先培训或预先体验。

学习机会

在实习期内，你希望有什么样的学习机会以及喜欢什么样的参与程度和负责程度？比如，你可能想通过第一次观察就学会直接会面，然后做一部分督导的工作，再接着就做一次全面的会诊，最后写一份完整的会诊书面报告。列举出你认为在这里将会是有趣的任何机会。也要说明你是否已经在某个方面拥有了一些经验。

督导风格与个性

一名督导员什么样的个人品质才是你认为最乐意与之一起工作的因素？

什么样的个人风格才可能对你既有挑战性但又有助于学习？

职业规划

什么样的经历才最有助于你获得一份工作或得到专业入门资格？

安全与风险

列举出所有因能力和知识的局限而给你带来的担忧。

指明所有与工作岗位相关的个人安全担忧或个人风险问题。

同事

有没有你特别愿意与之在一起工作的实习生？如果有的话，请指出他是谁，并简要陈述理由。

有没有你特别不愿意与之在一起工作的实习生？如果有的话，请指出他是谁，并简要陈述理由。

其他事项

请指明或讨论一下以上你还没有机会列举的事项。

附录 B：实习岗位信息表

指导语

本表是为有兴趣给学生以实习机会的机构和项目而设计的。复印件将保存在学生的档案资料中以供寻求实习机会时查阅。请对所有项目做出回答，并把你认为重要的额外信息自由地囊括进去。非常感谢你花费时间完成本表，也非常感谢对与我们合作所表现出的兴趣。

实习岗位名称：________________

实习岗位地址：________________

电话：________________

联系人：________________

职位：________________

电话：__________ 分机号码：__________

请简单描述一下实习项目或实习机构所提供的服务和所服务的对象：

____

____

____

____

请指出你们希望实习生所拥有的资质：

学位或学习年限：

大学一年级　大学二年级　大学三年级　大学四年级

文学士/理学士　文学硕士/理学硕士　哲学博士/心理学博士/教育学博士

专业要求：________________

先前经验要求：________________

其他资质要求：________________

请简单描述一下实习生在该岗位上的学习机会、工作责任、预期目标：

____

____

____

请指出实习生在该岗位上可以工作的天数和时间。如果要求实习生在特定的时间工作，请指明：

____

____

____

请简单描述实习生可以获得的督导机会：

督导员姓名：______________________

督导员职位：______________________

可被督导的频次：______________________

督导员的理论取向：______________________

关于督导的其他信息：______________________

关于实习项目或实习单位的附加信息：

____

____

____

附录C：实习单位学习协议登记表

实习日期：______

实习生姓名：______

身份证号码：______

实习生地址：______

所在街道：______

所在城市：______

邮编：______

实习生家庭电话：______

实习单位网址：______

实习单位地址：______

所在街道：______

所在城市：______

邮编：______

实习单位电话：______

督导员姓名：______

督导员职位：______

督导员电话：______

实习单位环境说明：______

实习生的日程：

周一______ 周二______

周三______ 周四______

周五______ 周六______

周日______

实习单位学习目标和学习活动

请在下表的空格处列举出你在实习单位的学习目标，并列举出你与督导员达成的有助于实现这些目标的学习活动。

“评价”一栏请空出来填写实习活动结束时的评语。

学习目标	学习活动	评　　价
1.		
2.		
3.		
4.		
5.		

实习生签名：__________ 日期：__________

督导员签名：__________ 日期：__________

附录D：实习生评价：督导员用表

实习生姓名：________________

评价日期：________________

督导员：________________

实习单位网址：________________

指导语

本表是为帮助督导员对实习生的表现进行反馈评价而设计的。我知道你可能很忙，但是，完成本表通常只需5到10分钟，而且，你的答案和评论将是非常受欢迎的。本表将作为实习生该门课程记录的一个组成部分，而且在给实习单位定级的时候也会参考。请回答所列部分的每一项问题。空白处用来记录每一评价组具体的评论。本表最后还有一处空白用来记录总体评价。如果你感觉一开始就把任何事情都放入评价过程是有帮助的话，就请在下面的空白处尽管去写。

最初评价：________________

____

请按评价项目和问题编码回答

NA. 无法获得或缺乏足够的判断信息

1. 远远低于期望——需要大力完善，这是所担心的一个问题

2. 低于期望——需要一定的完善以满足标准

3. 可以获得——对实习生的平均要求符合标准

4. 高于期望——实习生的表现高于要求的平均水平

5. 远远高于期望——一种特定的能力，其优秀的表现超出了对实习生要求的平均水平

1. 基本工作要求

——经常准时上班

——有效利用时间

——请假要告知督导员并做好安排

——一定要按时完成要求的或分派的任务

——完成岗位规定的工作总时数或总天数
——要响应岗位要求的着装标准、说话标准等

评论：______

对进一步学习的建议：______

2. 道德意识和道德行为

——普通道德准则知识
——实习岗位道德准则知识
——示范意识和对道德问题的敏感性
——个体行为与道德准则保持一致
——必要的时候就道德问题咨询别人

评论：______

对进一步学习的建议：______

3. 知识和学习

A. 当事人群体的知识
——实习开始时关于当事人群体的知识水平
——实习结束时关于当事人群体的知识水平
B. 治疗方法的知识
——实习开始时关于治疗方法的知识水平
——实习结束时关于治疗方法的知识水平
C. 治疗环境的知识
——实习开始时关于治疗环境的知识水平
——实习结束时关于治疗环境的知识水平
D. 学习
——新信息出现的时候，可以获得学习机会
——积极地向同事或督导员征求新信息
——有能力学习和理解新信息
——对概念、理论和信息的理解
——在临床环境中有能力运用新信息

评论：______

对进一步学习的建议：______

4. 对督导的反应

——必要的时候积极寻求督导
——接受来自督导员的反馈和建议
——理解督导过程中交流的信息
——成功地执行督导员的建议
——意识到需要完善的问题
——乐意探索个人的能力和缺陷

评论：________________

对进一步学习的建议：________________

5. 与当事人的互动

——和当事人进行互动似乎很舒服
——开始与当事人互动
——与当事人有效地交流
——与当事人建立融洽而互敬的关系
——对当事人的需求是敏感并有反应的
——对文化差异是敏感的
——对性别差异问题是敏感的

评论：________________

对进一步学习的建议：________________

6. 与同事的互动

——和其他同事进行互动似乎很舒服
——开始和同事进行互动
——和同事进行有效的交流
——有效地传递信息并表达自己的观点
——有效地接受别人的信息和观点

评论：________________

对进一步学习的建议：________________

7. 劳动的产品

——保存的记录是可靠而精确的

——书面的或口头的报告是精确而符合事实的
——书面的或口头的报告是以专业的方式呈现的
——报告在临床上或管理上是有用的

评论：______

对进一步学习的建议：______

总而言之，对该实习生的这些强项，你将会给出什么样的认定？

______

______

对于实习生应该改善的领域，你将会给出什么样的认定？

______

______

以该实习生目前的水平，你会推荐他就业吗？
请说明理由：

______

______

你会推荐该实习生继续进行学习深造吗？
请说明理由：

______

______

督导员签名：______ 日期：______

非常感谢你投入时间督导该实习生并完成本表格的评价。

附录 E：实习生评价：实习生用表

实习生姓名：________________

评价日期：________________

督导员：________________

实习岗位地点：________________

指导语

我们将要求督导员完成一份用来评估你实习期间表现情况的评价表。本表是为了帮助你对自己的表现进行评估。它在本质上和督导员用表是一样的。完成本表通常只需要 5 到 10 分钟。本表将作为你该门课程记录的一个组成部分，而且在给实习单位定级的时候也会参考。请回答所列部分的每一项问题。空白处用来记录每一评价组具体的评论。本表最后还有一处空白用来记录总体评价。如果你感觉一开始就把任何事情都放入评价过程是有帮助的话，就请在下面的空白处尽管去写。

最初评价：________________

____

请按评价项目和问题编码回答

NA. 无法获得或缺乏足够的判断信息

1. 远远低于期望——需要大力完善，这是所担心的一个问题
2. 低于期望——需要一定的完善以满足标准
3. 可以获得——对实习生的平均要求符合标准
4. 高于期望——实习生的表现高于要求的平均水平
5. 远远高于期望——一种特定的能力，其优秀的表现超出了对实习生要求的平均水平

1. 基本工作要求

——经常准时上班

——有效利用时间

——请假要告知督导员并做好安排

——一定要按时完成要求的或分派的任务
——完成岗位规定的工作总时数或总天数
——要响应岗位要求的着装标准、说话标准等

评论：________________

对进一步学习的建议：________________

2. 道德意识和道德行为

——普通道德准则知识
——实习岗位道德准则知识
——示范意识和对道德问题的敏感性
——个体行为与道德准则保持一致
——必要的时候就道德问题咨询别人

评论：________________

对进一步学习的建议：________________

3. 知识和学习

A. 当事人群体的知识
——实习开始时关于当事人群体的知识水平
——实习结束时关于当事人群体的知识水平
B. 治疗方法的知识
——实习开始时关于治疗方法的知识水平
——实习结束时关于治疗方法的知识水平
C. 治疗环境的知识
——实习开始时关于治疗环境的知识水平
——实习结束时关于治疗环境的知识水平
D. 学习
——新信息出现的时候，可以获得学习机会
——积极地向同事或督导员征求新信息
——有能力学习和理解新信息
——对概念、理论和信息的理解
——在临床环境中有能力运用新信息

评论：________________

对进一步学习的建议：________________

4. 对督导的反应

——必要的时候积极寻求督导
——接受来自督导员的反馈和建议
——理解督导过程中交流的信息
——成功地执行督导员的建议
——意识到需要完善的问题
——乐意探索个人的能力和缺陷

评论：________________

对进一步学习的建议：________________

5. 与当事人的互动

——和当事人进行互动似乎很舒服
——开始与当事人互动
——与当事人有效地交流
——与当事人建立融洽而互敬的关系
——对当事人的需求是敏感并有反应的
——对文化差异是敏感的
——对性别差异问题是敏感的

评论：________________

对进一步学习的建议：________________

6. 与同事的互动

——和其他同事进行互动似乎很舒服
——开始和同事进行互动
——和同事进行有效的交流
——有效地传递信息并表达自己的观点
——有效地接受别人的信息和观点

评论：________________

对进一步学习的建议：________________

7. 劳动的产品

——保存的记录是可靠而精确的
——书面的或口头的报告是精确而符合事实的
——书面的或口头的报告是以专业的方式呈现的
——报告在临床上或管理上是有用的

评论：________________

对进一步学习的建议：________________

总而言之，你对自己的强项将会给出什么样的认定？

____

____

对于自己应该改善的领域，你将会给出什么样的认定？

____

____

以自己目前的水平，你对就业做好准备了吗？
请说明理由：

____

____

你对继续学习深造做好准备了吗？
请说明理由：

____

____

实习生签名：________ 日期：________

附录 F：紧急联络和程序实施信息表

实习生

姓名：________ 工作岗位地点：________

第一办公电话：________ 分机号码 ________

第二办公电话：________ 分机号码 ________

第一家庭电话：________

第二家庭电话：________

岗位督导员

姓名：________ 工作岗位地点：________

第一办公电话：________ 分机号码 ________

第二办公电话：________ 分机号码 ________

第一家庭电话：________

第二家庭电话：________

工作岗位可供联络人员

姓名：________ 工作岗位地点：________

第一办公电话：________ 分机号码 ________

第二办公电话：________ 分机号码 ________

第一家庭电话：________

第二家庭电话：________

院系督导员

姓名：________ 工作岗位地点：________

第一办公电话：________ 分机号码 ________

第二办公电话：________ 分机号码 ________

第一家庭电话：________

第二家庭电话：________

院系其他可联络人员

姓名：________ 工作岗位地点：____________________

第一办公电话：________ 分机号码 ________________

第二办公电话：________ 分机号码 ________________

第一家庭电话：________

第二家庭电话：________

危机热线：________

其他人员

姓名：__________ 电话：________________

姓名：__________ 电话：________________

紧急联络和实施程序信息

如果你有理由相信某个当事人对自己或对他人是危险的话，在本页上，你应该列出程序实施的步骤。在本页底部，请完成当地的精神健康危机处理机构所要求的信息

第一步：______________________

联系人：__________________ 电话：__________________

第二步：______________________

联系人：__________________ 电话：__________________

第三步：______________________

联系人：__________________ 电话：__________________

第四步：______________________

联系人：__________________ 电话：__________________

精神健康危机处理单位

联系人：__________________ 电话：__________________

联系人：__________ 电话：__________

法律强制机构

联系人：__________ 电话：__________

联系人：__________ 电话：__________

接收危机病人的医院

医院名称：__________ 单位电话：__________

地址：__________

医院名称：__________ 单位电话：__________

地址：__________

咨询律师

联系人姓名：__________ 电话：__________

附录G：实习生基本道德准则

所有实习人员都要求遵守一定的道德标准，承担相应的行为责任。这是出于保护实习生、维护实习生自身利益的需要，也是为了维护当事人、实习机构、老师、实习导师和大学（学院）的利益的需要。这里列出的是实习生基本的道德要求，但还不是全部的内容。实习生还应当学习并遵守与他们职业相关的更广泛的道德要求，如全美社会工作者协会（National Association of Social Workers，NASW）、美国心理咨询学会（American Counseling Association，ACA）、美国心理学协会（American Psychological Association，APA）等的有关伦理守则或规定，还有他们所在实习机构的具体规定和要求。无论什么时候，如果实习生对有关伦理上的要求或行为责任持有疑虑，都应当跟实习导师或老师联系并协商、讨论。至少，实习生必须同意并遵守下列基本要求：

1. 保密 当事人的身份或者可能泄露当事人身份的一些信息，在没有经过当事人允许的情况下，一律不得公开。惟一例外情况是，当事人可能对自己或他人造成危险或伤害，或者当事人有虐待儿童的行为等。对于这种情况，法律上也要求必须向有关责任机关汇报。还有，在一些司法程序上，法庭也有权要求公开病例笔记和其他记录。实习生必须熟悉并遵守所在实习机构的保密程序和当地的法律规定。用于课堂讨论的案例材料，也必须经过恰当的保密处理。

2. 认识自己的资格和有限性 实习生必须认识到他们在培训和能力上的有限性，在对当事人的治疗工作中，不能超过自己的这些限度。当临床情境超越了自己的知识和能力所能处理的范围时，实习生也有责任认识到他们的处境，并向他们的导师和老师请求帮助。

3. 明确实习生身份 实习生要向当事人并在报告上或其他专业活动中表明自己的实习生身份。不能隐瞒自己的实习培训、资格能力和身份。参加社会实践、进行短期实习的学生，必须在治疗开始的时候向当事人说明情况，并与当事人商议。

4. 保存记录 实习生必须按照所在实习机构的要求，准确、负责地做笔记或其他记录。

5. 双重关系 对于跟自己有其他关系或联系的当事人，

实习生要避开为他们做治疗。这种“双重关系”可能阻碍实习生的临床效果，也可能给当事人和实习生本人造成伤害。比如，要实习生把自己班上的同学作为治疗工作的当事人，这对于培训人员来讲是违背实习生的伦理要求的。同样，同事、朋友等也不能作为当事人。

6. 禁止发生性行为或性骚扰 无论在什么情况下，实习生都不允许与实习所在机构的当事人发生任何形式的性或其他浪漫关系。严禁性骚扰，并尊重与性有关的敏感话题。

7. 自我意识和监控 实习生要注意监控自己的情感和身体形象，并意识到哪些情况会有损于自己或实习机构的工作成效。如果出现这种情况，实习生应该通知所在机构的实习导师和老师。

8. 与督导员商议有关伦理要求问题 在开始临床工作或与当事人接触之前，实习生必须与他们的实习督导一起商议有关伦理要求的问题。下面的表要求实习生和导师签名，以表明实习生和导师商议了有关伦理要求的问题，并且实习生已经明确了有关伦理规范和要求。

实习生签上自己的名字，表示同意并遵守上面列出的各项要求，遵守职业守则和实习机构的具体规章。

实习生：________________ 日期：________________

岗位督导员：________________ 日期：________________

学校导师：________________ 日期：________________

附录 H:治疗协议和知情同意

下面的设计格式是一个范例和模型,你可以适当调整,以形成适合自己具体情况的格式。你可以自由选用下面格式中的各个部分,然后形成自己的形式。但是,请明确,这些模式没有任何法律的支持。你应该根据你自己的职位、职业和所在实习机构的具体要求及国家有关法律规定,设计你自己的信息和情况表。在用于当事人之前,你应该跟实习导师和督导员一起商议文本中的内容及格式。

____________________(实习机构的名称)

介绍

作为一种向当事人自我介绍的方式,我简单地介绍我的背景、治疗方法和其他你必须了解的重要信息。仔细阅读下面的材料,如果对所阅读的内容或者治疗中的其他问题有疑问,请随便提问。我知道这好像比较正规,并且包含的内容比较多,但是,我认为,这对当事人尽量多了解一些情况并做出治疗决定是很重要的。无论什么时候,如果有问题或疑虑,随时都可以与我协商。

我的名字是________,我是一个________(实习生、见习学生或其他),现在________(机构名称)学习、研究,攻读________学位。我曾经________(以前的学术资历和实践经历)。

我在这里的全部工作,都在________(导师姓名)的督导下进行。他/她的学术和职业资历是________(列出资历)。我们的督导将包括________(说明督导活动和时间)。如果你有什么问题或疑虑,还可以随时与________(导师姓名和电话)联系。

我在这里实习的工作,将从________开始到________(说明日期)结束。然后,在________月________日(具体日期)我将________(离开、继续或其他计划)。那时,我的当事人将________(移交或终止治疗计划)。

收费

我的服务收费是________(说明费用)。所有费用将在为提供治疗服务的时候交齐。交费的程序是_________(说明交费的步骤和方法)。

除了我跟你直接见面的时间要收费以外，其他有关活动的时间也要收费，比如，准备评价报告、超过_______分钟的连续性电话交谈、咨商、作为治疗过程一部分会见你允诺的人。如果你要了解收费的详细情况，我也会高兴地为你提供详细清单。

如果你碰巧发生法律纠纷，需要我的参与，你应当为我所花费的工作时间付费。由于我必须为有关法律程序准备相关材料并参与法律辩护，这些工作，我的收费是_____________________。

请明确，对于我的服务，是由你、而不是你的保险公司，负责所有的费用。如果你要你的承保公司付费，请仔细阅读保险单上的有关条款，明确承保公司承担责任的范围。如果你还有疑问，请向你的承保公司询问清楚。在这个过程中我可以尽力为你提供帮助。如果承保公司限制面谈治疗的次数，那么付费方将__________(说明你对于这种情况下的要求)。

也请明确，你的承保公司为提供补偿将需要有关你的诊断材料、治疗计划和病例记录。这些材料会进入他们的档案。承保公司一般会负责这些材料的保密，但我不能控制保险公司的事务，也不能为此承担责任。

对保密的保密和保密的有限性

我非常重视为当事人的个人隐私保密，我将竭力确保你的病情保密。但是，你应该知道具体规定的条件、法律规定以及道德要求，并且在法律规定和道德要求的范围和条件内，我可能需要与其他专业人员一起讨论有关你的治疗工作。如果对这些情况你有疑问，可以在我们治疗之前，或者治疗期间的任何时候向我问询。这些情况包括：

1. 如果我认为你有伤害自己或他人的危险，或者你无力关照自己。
2. 如果我知道你涉及虐待小孩、老人或残疾人。
3. 如果法院要求我公开你的病历。发生这种情况，有时候可能当事人是法律纠纷中的原告，并且作为控告过程中的一部分，需要提供心理记录。
4. 如果你的承保公司需要病历，以证明所接受的治疗服务并决定补偿、赔付等事宜。
5. 在当事人年龄较小的病例中需要让父母等人知道我们所列出的要求和条件。
6. 在督导的过程中，我需要把你的情况和病历或其他材料(说明是否使用录像)同我的导师__________(导师姓名)一起分析。
7. (根据保险单和法律)我可能也要与我们机构的其他工作人员一起分析你的病情。

治疗的理论基础和治疗的频率

简单地说，我的治疗方法是__________(说明所使用的方法)。实质上，这就说____

__________（用非专业语言描述治疗的方法）。

一般，每次面谈的持续时间是________（时间长度）。面谈的次数和间隔取决于当事人和他们问题的具体情况。一般，我要接待当事人________（平均面谈次数），但具体情况不一样，最多可能是________次，最少可能是________次。到第________（面谈次数）面谈时，我们会分析治疗的进展和效果，以及下一步治疗的方式。

当事人的责任

为了使我们的合作能够成功，关键的是当事人要参加面谈，诚恳地努力解决我们所讨论的问题，并且要完成治疗过程中所布置的任务，如阅读某些材料等等。

如果你因故不能参加面谈，你应当提前告诉我，至少在预定时间前 24 小时通知。我的工作时间可能排得相当满，如果当事人没有提前通知就取消约定，可能会使其他人不能按时接受治疗服务。

多次失约、不参加面谈，或者不得不重新安排治疗计划，这样可能会导致我们的治疗工作的终止。

联系方法

考虑到我的工作性质，当当事人与我联系时，有时候，或许我不能立即接听你的电话。我正常上班的时间是________。如果我没有接电话，你可以留言或者留下你的电话号码，以便我回你的电话。如果发生紧急情况，而我不能赶到，请与你的医生或当地急诊中心联系，或者与心理中心紧急在线联系。

其他事项

很高兴你阅读了这份文件。像我刚才说的，如果你现在对治疗中的某些细节有疑问或顾虑，请随便问我。如果你阅读了本文件并且与我协商了有关问题，请在下面签上你的名字。下次见面时，我会给你这份材料的复印件供你保存。

希望我们能够合作愉快。

诚挚的：________（你的名字）

我已经阅读了这份文件，跟________（实习生或专业人员的名字）一起做过商议，理解了其中的内容，并同意在上述条件下接受治疗。

当事人签名：________　日期：________

附录 I：督导员评价表

为了让实习生有机会针对他们实习过程中所受到的督导提供反馈意见，特设计了本表。你在与督导员讨论问题的时候，本表将会起到作用，而且它也有助于院系的导师评价不同实习单位点上的学习机会情况。

接下来的每一项都要求你指出督导活动发生的频率、对督导活动的满意度，或者既要指出频率，又要说出满意度。请用从 0 到 100 的百分比来表示频率，0%就意味着一次也没有发生，100%则表示每次活动都有项目所描述的督导机会。满意度请用从 0 到 100 的数字来表示，0 意味着你完全不满意，100 则意味着你完全满意。频率和满意度不一定要相同。例如，如果接受的督导次数略少于商定的次数，你就可以把频率写为 75%。而满意度，你可以根据自己的感受在 0 到 100 之间任意确定。请尽量单独评价每一个项目。最后的空白是用来写总体评价的。

起始评价

如果你认为用一些介绍性的评语作为开始时的反应是有用的话，就请这样做好了。本表最后还有一些空白的地方是用来记录总体性评价的。

____

____

____

____

计划与效果

1. ——频率　总体而论，在实习过程中，实际发生的督导接触和事先协商的计划安排大概是如何紧密匹配的？

   ——满意度

2. ——频率　除了计划安排的会面之外，如果你想和督导员有额外的联系，如何做到？

   ——满意度

环境介绍

3. ——是——否　督导员有没有让你参观或安排你参观实习地点？
——满意度
4. ——是——否　在开始实习的时候，督导员有没有把你介绍给其他员工？
——满意度
5. ——是——否　在开始实习的时候，督导员有没有和你讨论过程序问题、机构政策问题，等等？
——满意度
6. ——是——否　在开始实习的时候，督导员有没有和你讨论过道德和法律问题？
——满意度

实习中的活动

你大概把实习活动的多少时间花在了下面的每一项活动中？

7. ——频率　只观察实习单位的环境或只与当事人进行非正式的互动，而不观察或参与治疗活动或其他服务活动
——满意度
8. ——频率　与单位其他员工进行非正式的互动
——满意度
9. ——频率　观察对当事人的治疗、评估或其他直接服务的活动
——满意度
10. ——频率　参与或提供对当事人的治疗、评估或其他直接服务的活动
——满意度
11. ——频率　直接参加会面而不是进行督导或非正式的谈话
——满意度
12. ——频率　阅读记录、报告等
——满意度
13. ——频率　写案例笔记、评估记录、报告、信件等
——满意度

请在下面的空白处描述和评价你在实习过程中所参与的其他活动。

14. ——频率
——满意度
15. ——频率

——满意度

16. ——频率

——满意度

17. ——频率　从总体上看，在实习活动中，你是否能够参与自己希望参与的活动？

——满意度

18. 在实习活动中，还有哪些活动对你将会是有益的？

____

____

督导活动

你大概把督导活动的多少时间花在了下列活动中？

19. ——频率　使用案例笔记或案例材料来回顾与当事人的互动情况

——满意度

20. ——频率　观察督导员提供治疗活动、评估活动，或其他服务当事人的活动

——满意度

21. ——频率　通过直接观察督导员而自主地提供服务

——满意度

22. ——频率　讨论制度问题

——满意度

23. ——频率　在具体问题或具体技术上教训式地指导

——满意度

24. ——频率　回顾自己所写的评估报告或其他报告

——满意度

25. ——频率　回顾自己所写的案例笔记或其他记录

——满意度

26. ——频率　回顾学校导师或其他专家所写的评估报告或其他报告

——满意度

27. ——频率　回顾学校导师或其他专家所写的案例笔记或其他记录

——满意度

28. ——频率　讨论对实习活动的自我印象、自我反应和自我调整

——满意度

29. ——频率　讨论你与督导员的关系

——满意度

请在下面的空白处描述和评价你所参与的其他督导活动。

30. ——频率
——满意度
31. ——频率
——满意度
32. 还有没有额外的活动对你的督导活动有用？

____

____

个人之间的问题和来自督导员的反馈意见

下面的项目是为了说明你如何获得督导员的反馈意见，以及你们相互之间的关系质量如何。请按照下面的每一项写上你对督导员表现的评论意见。

33. ——频率　认定你的技能或知识方面的相对强项
——满意度
34. ——频率　认定你的技能或知识需要完善的方面
——满意度
35. ——频率　对你的成就或实习活动中已经做得很好的方面给予认定和表扬
——满意度
36. ——频率　告诉你在某个特定的方面表现得不是很好
——满意度
37. ——频率　提供情感支持
——满意度
38. ——频率　解决你们之间的差异
——满意度
39. ——频率
——满意度

40. 根据你的感觉经验，请简单描述一下在实习活动中督导对哪些方面是最有帮助的。

41. 如果督导在某些方面没有起到帮助作用，请说明理由。

42. 你认为督导还应该在哪些方面发挥更有益的作用？

附录 J：临床活动记录表

日期	岗位工作总时间	治疗-观察环境	团体治疗	个体治疗	督导活动	测量与评估	案例管理	员工会议	教育	其他

说明：请在左边一栏记录日期，接着记录当天的总时数，然后记录右边各栏目每一项活动中所花费的大概时间数。

词汇表

A

abnormal psychology	变态心理学
actual development	事实发展
active interaction	积极互动
active learning	互动学习
academic institution	学术机构
academic class	学术课堂
adolescent	青少年
aftereffect	后遗症
altruism	利他主义
alcoholism	酒精中毒
allocentrism	他人中心主义
ambivalent feeling	矛盾情绪
anxiety disorder	焦虑型精神错乱
antiracism	反种族主义
applicant	申请人
area of interest	兴趣范围
attorney	律师
assault	攻击
assessment	评估
assessment information	评估信息

B

behavioral treatment	行为治疗
biases	偏见
biofeedback	双向反馈
biopsychosocial	生物心理社会学
bill of rights	人权法案
boundary violation	边界侵犯
boundary maintenance	边界保持
brain injury	脑损伤
bug in the ear	隐藏式麦克风
burnout	耗竭

C

career plan	职业规划

词 汇 表

community resource	社区资源
community learning	团队学习
campus resource	学校资源
cooperative education	合作教育
conflict	冲突
curriculum vitae	个人履历
client	当事人
culture-specific	文化专属
care company	护理公司
competence	能力
crisis intervention	危机干预
countertherapeutic behaviors	反治疗性行为
countertherapeutic ways	反治疗性方法
clarify	澄清
confidentiality	个人隐私
case discussion	案例讨论
case situation	案例情景
case conceptualization	案例概念化
countertransference	反转移
current context	当代背景
clinical writing	临床写作
clinical experience	临床经验
clinical skill	临床技能
clinical setting	临床环境
cleaning rituals	清除仪式
cross-cultural counseling	跨文化咨询
cross-training	交叉训练
color-blind	色盲
clinical psychology	临床心理学
coworker	合作伙伴
current climate	目前环境
cooperative agreement	联合协议
code of ethics	伦理规范
cognitive self-care	认知上的自我保健
child abuse	虐待儿童
counseling	咨询
confrontation	冲突

counselor	咨询者
crunch	零碎的
control group	控制组
compulsion	强迫
cross-cultural training	跨文化训练
cultural malpractice	文化上的不当行为
criteria	标准
complaint	抱怨
culture	文化
counseling technique	咨询技术
community system	团体系统
class discussion	课堂讨论
class notebook	课堂笔记
criminal prosecution	犯罪指控
clinical recommended	治疗者推荐
cognitive framework	认知结构
criminal penalty	犯罪处罚
captive therapy	控制性治疗
court order	法院指令
couples therapy	同伴治疗
civil suits	民事诉讼
charge fees for service	收取服务费
challenging	挑衅的
cultural background	文化背景
correctional institution	劳教机构
court-mandated to treatment	法庭强制治疗

D

dual relationships	双重关系
didactic supervision	教训式督导
duplicity	两重性
duplication	重复、翻倍
delusion	妄想
diversity	多样性
diverse culture	多元文化
dictation	口述
developmental difference	发展性差异

discovery-based learning	探究式学习
dissertation	毕业论文
day-to-day operation	日常运作
discrimination	种族歧视
dependent personality	独立型人格
denial	否认的
do it to get attention	人来疯的
direct liability	直接责任

E

evaluation	评估
evaluation process	评估程序
ethnic identity	种族认同
ethical obligation	伦理义务
ethical standard	伦理标准
ethical dilemma	道德困境
ethical proscription	道德禁止
emotional self-care	情绪上的自我保健
externship	走读
effective interview	有效会面
Eurocentrism	欧洲中心主义
expect	期望
empathy	移情作用
experiential consideration	经验性思考
empathic understanding	移情式理解
emergency contact	紧急联络
ethanol abuse	乙醇滥用
ehealth	电子保健
ethnic background	种族背景
encounter	遭遇阶段
emersion	脱出阶段
ethnocentrism	种族中心主义
event-based progress notes	以事件为基础的过程笔记
emotional exhaustion	情感枯竭

F

financial self-care	财务上的自我保健
frustration	挫折
financial rewards	经济报酬
first impression	第一印象
field placement	现场实践
fieldwork	现场调查
family therapy	家庭治疗
field-training agreement	专业培训协议
formal agreement	正规协议
from the outset	一开始
fundamental principle	基本原则
focused supervision	重点督导
fusion	融合

G

good strategy	有效策略
graduate program	本科生项目
gender issue	性别问题
general principles	普通原则
gestalt therapy technique	格式塔心理疗法
general supervision	一般督导
group therapy	小组治疗
goal-oriented notes	目标取向的笔记

H

helping profession	助人职业
historical context	历史背景
health care	健康关怀
homophobia	反同性恋
hypothetical	假定的
hostile	敌视的
human development	人类发展
HIV positive	HIV 阳性
health insurance company	健康保险公司
halo effect	光环效应

词 汇 表

hallucinations	幻觉
hypo-kinetic disorder	生理活动紊乱症

I

instructor	导师
intern	实习生
internship	实习
interview	会面
interviewer	雇主
internship site	实习单位
internship agreement	实习协议
internship class	实习课堂
informed consent	知情同意
interpersonal dynamics	人际动力
insurance	保险
insecurity	不安全
internalized culture	文化全球化
ignorance	忽视
imminent violence	紧急暴力
intervention approach	干预方法
immersion	沉浸阶段
inappropriate	不合适
inpatient facility	住院当事人
institutional agreement	机构之间的协议
identical	相同的
internal observation	内心体察
insight	顿悟
intellectual competence	智力资质
emotional competence	情绪资质
intentional tentativeness	有目的的探索
intrusive question	冒犯性问题
involuntary commitment	强制承诺
imperfection	不完美
inductive reasoning	诱导式的推理
individual therapy	个案治疗
internalization	内化阶段

J

joint agreement 合作协议
joint therapy 联合治疗
journal work 日志工作

L

liability risk 责任风险
liability insurance 责任保险
liability protection 义务性保护
learning opportunity 学习机会
learning edge 学习边界
live supervision 现场督导
letter of application 申请信
letter of recommendation 推荐信
letter of thanks 感谢信
licensing body 注册机构
litigious 法制化
lack of fit 匹配缺乏
legal proceeding 法定程序

M

meet 会面
motivational factor 诱导因素
mental health 精神卫生
mental disorder 精神混乱
mentor 顾问
misunderstanding 误解
multiculturalism 多元文化主义
minority 少数民族
malpractice 不当行为
manipulative 操纵性的
minor 未成年人
multiple personality 多元人格
multimodal self-care 多模式自我护理
managed care 管理式保健

N

non-professional relationship	非职业性关系
nonsexual dual relationship	非性双重关系
nonverbal behavior	非言语行为
nonwhite persons	非白人群体
negative reinforcement	负向强化

O

obsessive-compulsive personality	妄想强迫症人格
obsession	执着

P

peer resource	同伴资源
professional conduct	职业行为
performance evaluation	业绩评估
particular internship	特殊岗位
peer groups	同伴小组
personality	个性
paired comparison technique	成对对比技术
progress notes	病程笔记
process notes	过程笔记
persons of color	有色人种
physical self-care	身体的自我保健
personal therapy	个体治疗
positive effects	积极的疗效
pre-encounter	遭遇前阶段
paternalistic attitudes	家长式的态度
placebo group	安慰组
psychological nigrescence	心理学的黑人认定
procedure	工作程序
professional	专业人员
professionalism	职业作风
professional involvement	专业参与
professional code	职业道德
professional boundary	职业边界
professional service contract	专业服务协议

professional insurance provider	职业保险商人
political involvement	政治参与
practicum	见习
practitioner	执业医师
Psychology	心理学
psychodynamic	心理动力
psychological assessment	心理评估
psychological test	心理测验
psychological mindedness	心理学意识倾向
problem-oriented notes	问题取向的笔记
psychoanalysis	心理分析
psychodrama therapy technique	心理表演疗法
privileged communication	有特权的交流
posttherapy relationships	后治疗过程中的关系
psychological Miranda warning	心理学的米兰达警告
portfolio	档案记录
personal data assistants	掌上秘书
potential development	可能性发展

Q

qualification	资格

R

role playing	角色扮演
rewriting	改写
reduce anxiety	减少忧虑
risk management	风险管理
resume	自我简介
runaway	离家出走
real world	现实世界
release information	发布信息
research informed	研究通告
realism	现实主义
resistant	抵制的
rational thinking loss	理性思考缺失
round-robin	轮询

reflecting teams	反应团队
raising ghosts	捕风捉影

S

supervision	督导
supervision experience	督导经验
supervision session	督导会议
sensitive	敏感的
supervisor	督导员
separation-individuation	分离-个体化危机
safety	安全
supervisory relationship	督导性关系
signing notes	签字的笔记
stress	工作压力
share information	分享信息
systematic questioning	系统化的提问
seek counseling	寻求心理咨询
stock	家系
self-doubt	自我怀疑
self-reflection	自我反馈
self-awareness	自我意识
significant others	重要的外人
self-exploration	自我发掘
standard of conduct	行为规范
senior therapist	高级治疗师
situational factor	情境因素
staff	同事
sexual harassment	性苦恼
schizophrenia	精神分裂症
specific discipline	专门训练
social service organization	社会服务组织
social supports lacking	社会支持缺乏
school of therapy	治疗学校
sexual misconduct	不当性行为
segregation	隔离
social and family assessment	社会和家庭评估

T

treat	处理
telephone crisis line	电话危机干预热线
theoretical orientation	理论定位
threat analysis	威胁分析
theory of personality	人格理论
transference	转移
training experience	训练经验
training goal	训练目标
thank-you note	感谢信
time-sequenced notes	“流水账”笔记
time management	时间管理
time-limited	有时间限制
termination	终止
the abuse reporting law	虐待报告法
transfer	转交
therapist	治疗师
therapy	治疗
therapy technique	治疗技术
therapeutic style	治疗风格
the theory-practice gulf	理论-实践鸿沟
tutoring	家教
the duty to warn	警告责任
the duty to protect	保护责任
the protections of privilege	特权保护
teaching	教学
truths from above	上帝的真理
time line	时间边线
the Socratic method	苏格拉底式问答法
total institutions	全控机构

U

undergraduate program	研究生项目
universal definitions	宽泛化的定义

V

violence	暴力
videotape	录制
vicarious liability	代理责任
vicarious traumatization	替代性创伤
vocational assessment	职业和教育评估

W

work product	工作业绩
written agreement	书面协议
word-of-mouth agreement	口头协议
workshops	工作坊
warning system	警告系统
working alliance	运作联盟

Y

yearbook feedback	反馈年鉴

Z

zone of proximal development	接近发展的地带

参考文献

第一章

Albin, D., Adams, M., Walker, S., & Elwood, B. (2000). The quest for an internship: Four students' perspective. *Professional Psychology: Research and Practice*, *31*(3), 295 - 299.

Bartle, D., & Rodolfa, E. (1999). Internship hours proposing a national standard. *Professional Psychology: Research and Practice*, *30*(4), 420 - 422.

Bogo, M., & Globerman, J. (1995). Creating effective university-field partnerships: An analysis of two inter-organization models for field education. *Journal of teaching in Social Work*, *11*, 177 - 192.

Brill, R., Wolkin, J., & Mckeel, N. (1987). Strategies for selecting and securing the predoctoral clinical internship of choice. In R. H. Dana & W. T. May (Eds.), *Internship training in professional psychology* (pp. 220 - 226). Washington, DC: Hemisphere.

Brownstein, C. (1981). Practicum issues: A placement planning model. *Journal of Education for Social Work*, *17*(3), 25 - 28.

Costa, L. (1994). Reducing anxiety in live supervision. *Counselor Education and Supervision*, *34*, 30 - 40.

Foxhall, K. (2001). Mentoring giant almost didn't find his own way. *Monitor on Psychology*, 60 - 63.

Freeman, S. C. (1993). Structure in counseling supervision. *Clinical Supervisor*, *11*, 245 - 252.

Friedman, D., & Kaslow, N. J. (1986). The development of professional identity in psychotherapists: Six stages in the supervision process. In F. W. Kaslow (Ed.), *Supervision and training: Models, dilemmas and challenges*. New York: Haworth Press.

Gandolfo, R. L., & Brown, R. (1987). Psychology intern ratings of actual and ideal supervision of psychotherapy. *Journal of Training and Practice in Professional Psychology*, *1*, 15 - 28.

Gaw, K. F. (1997). The demand for APA internships: A challenge for us all. *Psychotherapy*, *32*(3), 23 - 25.

Gelman, S. R. (1990). The crafting of fieldwork training agreements. *Journal of Social Work Education*, *26*, 65 - 75.

Gelman, S. R., Pollack, D., & Auerbach, C. (1996). Liability issues in social work education. *Journal of Social Work Education*, *32*, 351 - 361.

Gelman, S. R., & Wardell, P. J. (1988). Who's responsible? The field liability dilemma. *Journal of Social Work Education*, *24*, 70 - 78.

Heppner, P. P., & Roehlke, H. J. (1984). Differences among supervisees at different levels of training: Implications for a developmental model of supervision. *Journal of Counseling Psychology*, *31*, 76 - 90.

Hersh, J. B., & Poey, K. (1987). A proposed interviewing guide for intern applicants. In R H. Dana & W. T. May (Eds.), *Internship training in professional psychology* (pp. 217 - 220). Washington, DC: Hemisphere.

Hevern, V. W. (1994). *Faculty supervision of undergraduate field experience coursework*. Paper presented at the annual meeting of the American Psychological Association, Los Angeles.

Holtzman, R. F., & Raskin, M. S. (1989). Why placements fail: Study results. *Clinical Supervisor*, *6*, 123 - 136.

Kagle, J. D. (1993). Record keeping: Directions for the 1990s. *Social Work*, *38*, 190 - 196.

Kaiser, T. L. (1992). The supervisory relationship: An identification of the primary relationship and an application of two theories of ethical relationships. *Journal of Marital and Family Therapy*, *18*, 283 - 296.

Kaslow, N. J., & Rice, D. G. (1987). Developmental stresses of psychology internship training: What training staff can do to help. In R. H. Dana & W. T. May (Eds.), *Internship training in professional psychology* (pp. 443 - 453). Washington, DC: Hemisphere.

Keilin, G. (2000). Internship selection in 1999: Was the Association of Psychology Postdoctoral and Internship centers' match a success?, *Professional Psychology: Research and Practice*, *31*(3), 281 - 287.

Knight, C. (1996). A study of MSW and BSW students' perceptions of their field instructors. *Journal of-Social Work Education*, *32*, 399 - 414.

Lopez, S. J., & Draper, K. (1997). Recent developments and more internship tips: A comment on Mellott, Arden, and Cho (1997). *Professional psychology: Research and Practice*, *28*, 496 - 498.

Lopez, S. J., Oehlert, M. E., & Moberly, R. L. (1996). Selection criteria for American Psychological Association-Accredited internship programs: A survey of training directors. *Professional psychology: Research and Practice*, *27*, 518 - 520.

Mellott, R. N., Arden, I A., & Cho, M. E. (1997). Preparing for internship: Tips for the prospective applicant. *Professional psychology: Research and Practice*, *28*, 190 - 196.

Mitchel, S. L. (1996). Getting a foot in the door: The written internship application. *Professional Psychology: Research and Practice*, *27*, 90 - 92.

Munson, C. E. (1989). Editorial. *Clinical Supervisor*, *7*(1), 1 - 4.

Oehlert, M. E., Lopez, S. L., & Sumerall, S. W. (1997). Internship application: Increased cost accompanies increased competitiveness. *Professional Psychology: Research and Practice*, *28*, 595 - 596.

Pitts, J. H. (1992). Organizing a practicum and internship program in counselor education. *Counselor Education and Supervision*, *31*, 196-207.

Rabinowitz, F. E., Heppner, P. P., & Roehlke, H. J. (1986). Descriptive study of process and outcome variables of supervision over time. *Journal of Counseling Psychology*, *33*, 292-300.

Raskin, M. S. (1994). The Delphi study in field instruction revisited: Expert consensus on issues and research priorities. *Journal of Social Work Education*, *30*, 75-89.

Rodolfa, E., Vieille, R., Russell, P., Nijjer, S., Nguyen, D., Mendoza, M., & Perrin, L. (1999). Internship selection inclusion and exclusion criteria. *Professional Psychology: Research and Practice*, *30*(4), 415-419.

Ronnestad, M. H., & Skovholt, T. M. (1993). Supervision of beginning and advanced graduate students of counseling and psychotherapy. *Journal of Counseling and Development*, *71*, 396-405.

Stedman, J. M. (1997). What we know about predoctoral internship training: A review. *Professional Psychology: Research and Practice*, *28*, 475-485.

Stedman, J. M., Neff, J. A., Donahoe, C. P., Kopel, K., & Hays, J. R. (1995). Applicant characterization of the most desirable internship training program. *Professional Psychology: Research and Practice*, *26*, 396-400.

Stewart, A. E., & Stewart, E. A. (1996). Personal and practical considerations in selecting a psychology internship. *Professional Psychology: Research and Practice*, *27*, 295-303.

Stoltenberg, C. (1981). Approaching supervision from a developmental perspective: The counselor complexity model. *Journal of Counseling Psychology*, *28*, 59-65.

Thibadeau, S. F., & Christian, W. P. (1985). Developing an effective practicum program at the human service agency. *The Behavior Therapist*, *8*, 31-34.

Van Geert, P. (1998). A dynamic systems model of basic developmental mechanisms Piaget, Vygotsky, and beyond. *Psychological Review*, *105*, 634-677.

Waters, M. (2001). So many hats, so little time. *Monitor on Psychology*, 56-59.

Zakutansky, T. J., & Sirles, E. A. (1993). Ethical and legal issues in field education: Shared responsibility and risk. *Journal of Social Work Education*, *29*, 338-347.

第二章

Ankuta, G. Y., & Abeles, N. (1993). Client satisfaction, clinical significance, and meaningful change in psychotherapy. *Professional psychology: Research and Practice*, *24*, 70-74.

Berger, M. (1995). Sustaining the professional self: Conversations with senior psychotherapists. In M. B. Sussman (Ed.), *A perilous calling: The hazards of psychotherapy practice* (pp. 302-321). New York: Wiley.

Beutler, L. E. (1991). Have all won and must all have prizes? Revisiting Luborsky et al.'s verdict. *Journal of Consulting and Clinical Psychology*, *59*, 226-232.

参考文献

Callahan, T. R. (1994). Being paid for what you do. *The Independent Practitioner (Bulletin of the Division of Independent Practice, Division 42 of the American Psychological Association)*, *14*(1), 25 - 26.

Conolley, J. C., & Bonner, M. (1991). The effects of counselor fee and title on perceptions of counselor behavior. *Journal of Counseling and Development*, *69*, 356 - 358.

Crits-Christoph, P. (1992). The efficacy of brief dynamic-psychotherapy: A meta-analysis. *American Journal of Psychiatry*, *149*, 151 - 158.

Csikszentmihalyi, M. (1999). If we are so rich, why aren't we happy? *American Psychologist*, *54*(10), 821 - 827.

Friedman, D., & Kaslow, N. J. (1986). The development of professional identity in psychotherapists: Six stages in the supervision process. In F. W. Kaslow (Ed.), *Supervision and training: Models, dilemmas and challenges*. New York: Haworth Press.

Goodman, K. J. (1994). When patients don't pay: Practical aspects of fee collection. *The Independent Practitioner (Bulletin of the Division of Independent Practice, Division 42 of the American Psychological Association)*, *14*(1), 24 - 25.

Herron, W. G., & Sitkowski, S. (1986). Effect of fees on psychotherapy: What is the evidence? *Professional Psychology: Research and Practice*, *17*, 347 - 351.

Herron, W. G., & Welt, S. R. (1992). *Money matters: The fee in psychotherapy and psychoanalysis*. New York: Guilford Press.

Jacobson, N. S., & Addis, M. E. (1993). Research on couples and couple therapy: What do we know? Where are we going? *Journal of Consulting and Clinical Psychology*, *61*, 85 - 93.

Kazdin, A. E. (1991). Effectiveness of psychotherapy with children and adolescents. *Journal of Consulting and Clinical Psychology*, *59*, 785 - 798.

Lambert, M. J., Weber, F. D., & Sykes, J. D. (1993). *Psychotherapy versus placebo therapies: A review of the meta-analytic literature*. Poster session presented at the annual meeting of the Western Psychological Association, Phoenix, AZ.

Lee, C. M., Picard, M., & Blain, M. D. (1994). A methodological and substantive review of intervention outcome studies for families undergoing divorce. *Journal of Family Psychology*, *8*, 3 - 15.

Lipsey, M. W., & Wilson, D. B. (1993). The efficacy of psychological, educational, and behavioral treatment: Confirmation from meta-analysis. *American Psychologist*, *48*, 1181 - 1209.

Luborsky, L., Singer, B., & Luborsky, L. (1975). Comparative studies of psychotherapy: Is it true that "everyone has won and all must have prizes"? *Archives of General Psychiatry*, *32*, 995 - 1008.

Orlinsky, D. E, & Howard, K. I. (1980). Gender and psychotherapeutic outcome. In A. M. Brodsky & R. Hare-Mustin (Eds.), *Handbook of psychotherapy and behavior change* (pp. 3 - 34). New York: Guilford Press.

Paul, G. (1967). Strategy in outcome research in psychotherapy. *Journal of Counseling Psychology*, *29*, 268 - 282.

Penn, L. S. (1990). When the therapist must leave: Forced termination of psychodynamic therapy. *Professional Psychology: Research and Practice*, *21*, 379 - 384.

Rabkin, L. Y. (1994). On some character styles and fees in psychotherapy. *The Independent Practitioner (Bulletin of the Division of Independent Practice, Division 42 of the American Psychological Association)*, *14*(1), 26 - 28.

Roth, A., & Fonagy, P. (1996). *What works for whom? A critical review of psychotherapy research.* New York: Guilford Press.

Shadish, W. R., Montgomery, L. M., Wilson, P., Wilson, M. R., Bright, I., & Okwumabua, T. (1993). Effects of family and marital psychotherapies: A meta-analysis. *Journal of Consulting and Clinical Psychology*, *61*, 992 - 1002.

Shapiro, D. A., & Shapiro, D. (1982). Meta-analysis of comparative therapy outcome studies: A replication and refinement. *Psychological Bulletin*, *92*, 581 - 604.

Speer, D. C. (1992). Clinically significant change: Jacobson and Truax (1991): Revisited. *Journal of Consulting and Clinical Psychology*, *60*, 402 - 408.

Strupp, H. H. (1989). Psychotherapy: Can the practitioner learn from the researcher? *American Psychologist*, *44*, 717 - 724.

Strupp, H. H., & Binder, J. L. (1992). Current developments in psychotherapy. *The Independent Practitioner (Bulletin of the Division of Independent Practice, Division 42 of the American Psychological Association)*, *12*(3), 119 - 124.

Waehler, C. A., Hardin, S. I., & Rogers, J. R. (1994). College students' perceptions of the relationship between fee and counseling. *Journal of Counseling and Development*, *73*, 88 - 93.

Whiston, S. C., & Sexton, T. L. (1993). An overview of psychotherapy outcome research: Implications for practice. *Professional Psychology: Research and Practice*, *24*, 43 - 52.

Wong, J. L. (1994). Lay theories of psychotherapy and perceptions of therapists: A replication and extension of Furnham and Wardley. *Journal of Clinical Psychology*, *50*, 624 - 632.

Zakutansky, T. J., & Sirles, E. A. (1993). Ethical and legal issues in field education: Shared responsibility and risk. *Journal of Social Work Education*, *29*, 338 - 347.

第三章

Acuff, C., Bennett, B., Bricklin, P., Canter, M., Knapp, S., Moldawsky, S., & Phelps, R. (1999). Considerations for ethical practice in managed care. *Professional Psychology: Research and Practice*, *30*(6), 563 - 575.

Alexander, R., Jr. (1993). The legal liability of social workers after DeShaney. *Social Work*, *38*, 64 - 68.

Alexander, R., Jr. (1997). Social workers and privileged communication in the federal legal system. *Social Work*, *42*, 387 - 391.

American Association for Counseling and Development Ethics Committee. (1991). Report of the AACD ethics committee: 1989 - 1991. *Journal of counseling and Development*, *70*, 278 - 280.

American Association for Marriage and Family Therapy. (1991). *AAMFT code of ethics*. Washington, DC: Author.

American Counseling Association. (1995). *American counseling association code of ethics and standards of practice*. Alexandria, VA: Author.

American Psychiatric Association. (1979). Task force on confidentiality in children's and adolescent's records. *American Journal of Psychiatry*, *136*, 138 - 144.

American Psychiatric Association. (1992, December 4). Assembly takes strong stance on patient-doctor sex. *Psychiatric News*, *1*, 20.

American Psychiatric Association. (1995). *The principles of medical ethics*. Washington, DC: Author.

American Psychological Association. (1990). Ethical principles of psychologists. *American Psychologist*, *45*, 390 - 395.

American Psychological Association. (1992). Ethical principles of psychologists and code of conduct. *American Psychologist*, *46*, 1597 - 1611.

American Psychological Association, Board of Professional Affairs. (1987). General guidelines for providers of psychological services. *American Psychologist*, *42*, 712 - 723.

American Psychological Association Ethics Committee. (1992). Rules and procedures: October 1, 1992. *American Psychologist*, *47*, 1612 - 1628.

American Psychological Association Office of Ethnic Minority Affairs. (1993). Guidelines for providers of psychological services to ethnic, linguistic and culturally diverse populations. *American Psychologist*, *48*, 45 - 48.

Anderson, S. K., & Kitchener, K. S. (1996). Nonromantic, nonsexual post therapy relationships between psychologists and former clients: An exploratory study of ethical incidents. *Professional Psychology: Research and Practice*, *27*, 59 - 76.

Anderson, S. K., & Kitchner, K. S. (1998). Nonsexual post therapy relationships: A conceptual framework to assess ethical risk. *Professional Psychology: Research and Practice*, *29*, 91 - 99.

Aponte, H. J. (1994). How personal can training get? *Journal of Marital and Family Therapy*, *20*, 3 - 15.

Appelbaum, P. S. (1990). Statutes regulating patient-therapist sex. *Hospital and Community Psychiatry*, *41*, 15 - 16.

Appelbaum, P. S. (1993). Legal liability and managed care. *American Psychologist*, *48*, 251 - 257.

Association for Specialists in Group Work. (1990). Ethical guidelines for group counselors:

ASGW 1989 revision. *Journal for Specialists in Group Work*, *15*, 119-126.

Baltimore, M. (2000). Ethical consideration in the use of technology for marriage and family counselors. *Family Journal*, *8*(4), 390-394.

Bartell, P. A., & Rubin, L. J. (1990). Dangerous liaisons: Sexual intimacies in supervision. *Professional Psychology: Research and Practice*, *21*, 442-450.

Belter, R. W., & Grisso, T. (1984). Children's recognition of rights violations in counseling. *Professional Psychology: Research and Practice*, *15*, 899-910.

Bennett, B. E., Bryant, B. K., VandenBos, G. R., & Greenwood, A. (1990). *Professional liability and risk management*. Washington, DC: American Psychological Association.

Berkman, C., Turner, S., Cooper, M., Polnerow, D., & Swartz, M. (2000). Sexual contact with clients: Assessment of social workers' attitudes and educational preparation. *Social Work*, *45*(3), 223-236.

Biaggio, M., Paget, T. L., & Chenoweth, M. S. (1997). A model for ethical management of faculty student dual relationships. *Professional Psychology: Research and Practice*, *28*, 184-189.

Boryrs, D. S., & Pope, K. S. (1989). Dual relationships between therapist and client: A national study of psychologists, psychiatrists and social workers. *Professional Psychology: Research and Practice*, *20*, 283-293.

Bouhoutsos, J., Holroyd, J., Lerman, H., Forer, B. R., & Greenberg, M. (1983). Sexual intimacy between psychotherapists and patients. *Professional Psychology*, *14*, 185-196.

Bowman, V. E, Hatley, L. D., & Bowman, R. L. (1995). Faculty student relationships: The dual role controversy. *Counselor Education and Supervision*, *34*, 232-242.

Brown, H. N. (1987). Patient suicide during residency training: Incidence, implications, and program response. *Journal of Psychiatric Education*, *11*, 201-216.

Brown, L. S. (1997). Remediation, amends or denial? *Professional Psychology: Research and Practice*, *28*, 297-299.

Budman, S. H. (2000). Behavioral health care dot-com and beyond: Computer-mediated communications in mental health and substance abuse treatment. *American Psychologist*, *55*, 1290-1300.

Chemtob, C. M., Bauer, G. B., Hamada, R. S., Pelowski, S. R., & Muraoka, M. Y. (1989). Patient suicide: Occupational hazard for psychologists and psychiatrists. *Professional Psychology: Research and Practice*, *20*, 416-420.

Chenneville, T. (2000). HIV, confidentiality, and duty to protect: A decision-making model. *Professional Psychology: Research and Practice*, *31*, 661-670.

Claiborn, C. D., Berberoglu, L. S., Nerison, R. M., & Somberg, D. R. (1994). The client's perspective: Ethical judgments and perceptions of therapist practices. *Professional Psychology: Research and Practice*, *25*, 268-274.

参考文献

Clark, D. (1998). The evaluation and management of the suicidal patient. In P. M. Kleespies et al. (Eds.), *Emergencies in mental health practice: Evaluation and management* (pp. 75 - 94). New York: Guilford Press.

Clifft, M. A. (1986). Writing about psychiatric patients: Guidelines for disguising material. *Bulletin of the Meninger Clinic*, *50*, 511 - 524.

Cobb, N. H. (1994). Court-recommended guidelines for managing unethical students and working with university lawyers. *Journal of Social Work Education*, *30*, 18 - 31.

Connor, T. A. (1996). Ethical and clinical issues in involuntary psychotherapy. *Psychotherapy*, *33*, 587 - 592.

Conte, H. R., & Karasu, T. B. (1990). Malpractice in psychotherapy: An overview. *American Journal of Psychotherapy*, *44*, 232 - 246.

Crowe, M., Grogan, J., Jacobs, R., Lindsey, C., & Mark, M. (1985). Delineation of the roles of clinical psychology. *Professional Psychology: Research and Practice*, *16*, 124 - 137.

DeBell, C., & Jones, R. D. (1997). Privileged communication at last? An overview of Jaffee v. Redmond. *Professional Psychology: Research and Practice*, *28*, 559 - 566.

DePauw, M. E. (1986). Avoiding ethical violations: A timeline perspective for individual counseling. *Journal of Counseling and Development*, *64*, 303 - 305.

Ethics Update. (1988, December). *APA Monitor*, *19*, 36.

Fisher, C. B., & Younggren, J. N. (1997). The value and utility of the 1992 Ethics Code. *Professional Psychology: Research and Practice*, *28*, 582 - 592.

Fly, B. J., van Bark, W. P., Weinman, L., Kitchener, K. S., & Lang, P. R. (1997). Ethical transgressions of psychology graduate students critical incidents with implications for training. *Professional Psychology: Research and Practice*, *28*, 492 - 495.

Ford, C. A., Milstein, S. G., Halpern-Felsher, B. L., & Irwin, C. E., Jr. (1997). Influence of physician confidentiality assurances on adolescents' willingness to discuss information and seek future health care: A randomized controlled trial. *Journal of the American Medical Association*, *278*(12), 1029 - 1034.

Fulero, S. M. (1988). Tarasoff: 10 years later. *Professional Psychology, Research and Practice*, *19*, 184 - 190.

Gabbard, G. O. (Ed.). (1989). *Sexual exploitation in professional relationships*. Washington, DC: American Psychiatric Press.

Gavey, N., & Braun, V. (1997). Ethics and the publication of clinical case material. *Professional Psychology: Research and Practice*, *28*, 399 - 404.

Gelman, S. R., Pollack, D., & Auerbach, C. (1996). Liability issues in social work education. *Journal of Social Work Education*, *32*, 351 - 361.

Glaser, R. D., & Thorpe, J. S. (1986). Unethical intimacy: A survey of sexual contact and advances between psychology educators and female graduate students. *American Psychologist*, *41*,

43 - 51.

Glosoff, H. L., Herlihy, S. B., Herlihy, B., & Spence, E. B. (1997). Privileged communication in the psychologist-client relationship. *Professional Psychology: Research and Practice*, *28*, 573 - 581.

Gustafson, K. E., & McNamara, J. R. (1987). Confidentiality with minor clients: Issues and guidelines for therapists. *Professional Psychology: Research and Practice*, *18*, 503 - 508.

Gutheil, T. G., & Gabbard, G. O. (1993). The concept of boundaries in clinical practice: Theoretical and risk management dimensions. *American Journal of Psychiatry*, *150*, 188 - 196.

Hafemeister, T. L. (2000). Informed consent: Must a clinician disclose personal information? *Monitor on Psychology*, *31*(8), 76.

Hargrove, D. S. (1986). Ethical issues in rural mental health practice. *Professional Psychology: Research and Practice*, *17*, 20 - 23.

Harrar, W. R., VandeCreek, L., & Knapp, S. (1990). Ethical and legal aspects of clinical supervision. *Professional Psychology: Research and Practice*, *21*, 37 - 41.

Harris, E. A. (1995). The importance of risk management in a managed care environment. In M. B. Sussman (Ed.), *A perilous calling: The hazards of psychotherapy practice* (pp. 247 - 258). New York: Wiley.

Harris, E. A., & Bennett, B. E. (2000). Psychotherapist-patient contract. In L. Vandecreek & T. L. Jackson (Eds.), *Innovations in clinical practice: A source book*, (18). Sarasota, FL: Professional Resource Press.

Hayman, P. M., & Covert, J. A. (1986). Ethical dilemmas in college counseling centers [Special issue: Professional Ethics]. *Journal of Counseling and Development*, *64*, 318 - 321.

Hotelling, K. (1988). Ethical, legal, and administrative options to address sexual relationships between counselor and client. *Journal of Counseling and Development*, *67*, 233 - 237.

Housman, L., & Stake, J. (1999). The current state of sexual ethics training in clinical psychology: Issues of quantity, quality, and effectiveness. *Professional Psychology: Research and Practice*, *30*(3), 302 - 311.

Howing, P. T., & Wodarski, J. S. (1992). Legal requisites for social workers in child abuse and neglect situations. *Social Work*, *37*, 330 - 335.

Huey, W. C. (1986). Ethical concerns in school counseling. *Journal of Counseling and Development*, *64*, *321 - 322*.

Humphreys, K., Winzelberg, A., & Klaw, E. (*2000*). Psychologists' ethical responsibilities in Internet groups: Issues, strategies, and a call for dialogue. *Professional Psychology: Research and Practice*, *31*, 493 - 496.

Hutchinson, E. D. (1993). Mandatory reporting laws: Child protective case finding gone away. *Social Work*, *38*, 56 - 63.

Ibrahim, F. A., & Arredondo, P. M. (1986). Ethical standards for cross-cultural counseling:

Counselor preparation, practice, assessment, and research. *Journal of Counseling and Development*, *64*, 349 - 352.

Jacobs, C. (1991). Violations of the supervisory relationship: An ethical and educational blind spot. *Social Work*, *36*, 130 - 135.

Jaffee v. Redmond, 116 S. Ct. 95 - 266, 64L. W. 4490 (U. S. I11., June 13, 1996).

Jeffords, J. (1999). Confidentiality of medical information: Protecting privacy in an electronic age. *Professional Psychology: Research and Practice*, *30*(2), 115 - 116.

Jobes, D. A., & Berman, A. L. (1993). Suicide and malpractice liability: Assessing and revising policies, procedures, and practice in outpatient settings. *Professional Psychology: Research and Practice*, *24*, 91 - 99.

Johnston, S. H., & Farber, B. A. (1996). The maintenance of boundaries in psychotherapeutic practice. *Psychotherapy*, *33*, 391 - 402.

Joiner, T., Walker, R., Rudd, M., & Jobes, D. (1999). Scientizing and routinizing the assessment of suicidality in outpatient practice. *Professional Psychology: Research and Practice*, *30*(5), 447 - 453.

Jorgenson, L., Randles, R., & Strasburger, L. (1991). The furor over psychotherapist-patient sexual contact: New solutions to an old problem. *William and Mary Law Review*, *32*, 643 - 729.

Juhnke, G. (1994). SAD PERSONS Scale review. *Measurement and Evaluation in Counseling and Development*, *29*(1), 325 - 328.

Kagle, J. D. (1993). Record keeping: Directions for the 1990s. *Social Work*, *38*, 190 - 196.

Kagle, J. D., & Giebelhausen, P. N. (1994). Dual relationships and professional boundaries. *Social Work*, *39*, 213 - 220.

Kalichman, S. C. (1999). *Mandated reporting of suspected child abuse: Ethics, law, and policy* (2nd ed.). Washington DC: American Psychological Association.

Kaser-Boyd, N., Adelman, H., & Taylor, L. (1985). Minors' ability to identify risks and benefits of therapy. *Professional Psychology: Research and Practice*, *16*, 411 - 417.

Keith-Spiegel, P. (1994). The 1992 ethics code: Boon or bane. *Professional Psychology: Research and Practice*, *25*, 315 - 317.

Kitchener, K. S. (1984). Intuition, critical evaluation and ethical principles: The foundation for ethical decisions in counseling psychology. *The Counseling Psychologist*, *12*(3), 43 - 56.

Kitchener, K. S. (1988). Dual relationships: What makes them so problematic? *Journal of Counseling and Development*, *67*, 217 - 221.

Knapp, S., & VandeCreek, L. (1997). Jaffee v. Redman: The Supreme Court recognizes a psychotherapist-patient privilege in Federal courts. *Professional Psychology: Research and Practice*, *28*, 567 - 572.

Koocher, G. P., & Keith-Spiegel, P. (1998). *Ethics in psychology: Professional standards and cases* (2nd ed.). New York: Oxford University Press.

Koocher, G., & Morray, E. (2000). Regulation of telepsychology: A survey of state attorneys general. *Professional Psychology: Research and Practice*, *31*(5), 503 - 508.

Lamb, D., & Catanzaro, S. (1998). Sexual and nonsexual boundary violations involving psychologists, clients, supervisees, and students: Implications for professional practice. *Professional Psychology: Research and Practice*, *29*(5), 498 - 503.

Larrabee, M. J., & Miller, G. M. (1993). An examination of sexual intimacy in supervision. *Clinical Supervisor*, *11*, 103 - 126.

Leong, G. B., Eth, S., & Silva, J. A. (1992). The psychotherapist as witness for the prosecution: The criminalization of Tarasoff. *American Journal of Psychiatry*, *149*, 1011 - 1015.

Maheu, M., & Gordon, B. (2000). Counseling and therapy on the Internet. *Professional Psychology: Research and Practice*, *31*(5), 484 - 489.

McGuire, J., Niere, D., Abbott, D., Sheridan, K., & Fisher, R. (1995). Do Tarasoff principles apply in AIDS-related psy chotherapy? Ethical decision making and the role of therapist homophobia and perceived client dangerousness. *Professional Psychology: Research and Practice*, *26*, 608 - 611.

Miller, D. J., & Thelen, M. H. (1986). Knowledge and beliefs about confidentiality in psychotherapy. *Professional Psychology: Research and Practice*, *17*, 15 - 19.

Miller, G. M., & Larrabee, M. J. (1995). Sexual intimacy in counselor education and supervision: A national survey. *Counselor Education and Supervision*, *34*, 332 - 343.

Monahan, J. (1993). Limiting therapist exposure to *Tarasoff* liability: Guidelines for risk containment. *American Psychologist*, *48*, 242 - 250.

Montgomery, L. M., Cupit, B. E., & Wimberley, T. K. (1999). Complaints, malpractice, and risk management: Professional issues and personal experiences. *Professional Psychology: Research and Practice*, *30*, 402 - 410.

National Association of Social Workers. (1996). *Code of ethics*. Silver Spring, MD: Author.

Nickelson, D. W. (1998). Telehealth and the evolving health care system: Strategic opportunities for professional psychology. *Professional Psychology: Research and Practice*, *29*, 527 - 535.

Nicolai, K. M., & Scott, N. A. (1994). Provision of confidentiality information and its relation to child abuse reporting. *Professional Psychology: Research and Practice*, *25*, 154 - 160.

Nowell, D., & Spruill, J. (1993). If it's not absolutely confidential, will information be disclosed? *Professional Psychology: Research and Practice*, *24*, 367 - 369.

Paradise, L. V., & Kirby, P. C. (1990). Some perspectives on the legal liability of group counseling in private practice. *Journal for Specialists in Group Work*, *2*, 114 - 118.

Patterson, W., Dohn, H., Bird, J., & Patterson, G. (1983). Evaluation of suicidal patients. *Psychosomatics*, *24*(4), 343 - 349.

Peruzzi, N., & Bongar, B. (1999). Assessing risk for completed suicide in patients with major depression: Psychologists' views of critical factors. *Professional Psychology: Research and Practice*, *30*(6), 576 - 580.

Pope, K. S. (1990). Therapist-patient sex as sex abuse: Six scientific, professional and practical dilemmas in addressing victimization and rehabilitation. *Professional Psychology: Research and Practice*, *21*, 227 - 239.

Pope, K. S. (1993). Licensing disciplinary actions for psychologists who have been sexually involved with a client: Some information about offenders. *Professional Psychology: Research and Practice*, *24*, 374 - 377.

Pope, K. S., & Bouthoutsos, J. C. (1986). *Sexual intimacy between therapists and patients*. New York: Praeger.

Pope, K. S., & Brown, L. S. (1996). *Recovered memories of abuse: Assessment, therapy, forensics*. Washington, DC: American Psychological Association.

Pope, K. S., Keith-Spiegel, P., & Tabachnick, B. G. (1986). Sexual attraction to clients: The human therapist and the (some-times) inhuman training system. *American Psychologist*, *41*, 147 - 158.

Pope, K. S., Levenson, H., & Schover, L. (1979). Sexual intimacy in psychology training: Results and implications of a national survey. *American Psychologist*, *34*, 682 - 689.

Pope, K. S., Sonne, J. L., & Holroyd, J. (1993). *Sexual feelings in psychotherapy*. Washington, DC: American Psychological Association.

Pope, K. S., & Tabachnick, B. G. (1993). Therapists, anger, hate, fear, and sexual feelings: National survey of therapist responses, client characteristics, critical events, formal complaints, and training. *Professional Psychology: Research and Practice*, *24*, 142 - 152.

Pope, K. S., & Vasquez, M. J. T. (1998). *Ethics in psychotherapy and counseling: A practical guide for psychologists* (2nd ed.). San Francisco: Jossey-Bass.

Pope, K. S., & Vetter, V. V. (1992). Ethical dilemmas encountered by members of the American Psychological Association: A national survey. *American Psychologist*, *47*, 397 - 411.

Prilleltensky, I. (1997). Values, assumptions and practices: Assessing the moral implications of psychological discourse and action. *American Psychologist*, *52*, 517 - 535.

Pulakos, J. (1994). Incidental encounters between therapists and clients: The client's perspective. *Professional Psychology: Research and Practice*, *25*, 300 - 303.

Reamer, F. G. (1994). *Social work malpractice and liability*. New York: Columbia University Press.

Reamer, F. G. (1995). Malpractice claims against social workers: First facts. *Social Work*, *40*, 595 - 601.

Regehr, C., & Antle, B. (1997). Coercive influences: Informed consent in court-mandated social work practice. *Social Work*, *42*, 300 - 306.

Robinson, W. L., & Reid, P. T. (1985). Sexual intimacies in psychology revisited. *Professional Psychology: Research and Practice*, *16*, 512 - 520.

Rodolfa, E. R., Hall, T., Holms, V., Davena, A., Komatz, D., Antunez, M., & Hall, A. (1994). The management of sexual feelings in therapy. *Professional Psychology: Research and Practice*, *25*, 168 - 172.

Rodolfa, E. R., Kitzrow, M., Vohra, S., & Wilson, B. (1990). Training interns to respond to sexual dilemmas. *Professional Psychology: Research and Practice*, *21*, 313 - 315.

Rubanowitz, D. E. (1987). Public attitudes toward psychotherapist-client confidentiality. *Professional Psychology: Research and Practice*, *18*, 613 - 618.

Samuel, S. E., & Gorton, G. E. (1998). National survey of psychology internship directors regarding education for prevention of psychologist-patient sexual exploitation. *Professional Psychology: Research and Practice*, *29*, 86 - 90.

Schank, J. A., & Skovholt, T. M. (1997). Dual-relationship dilemmas of rural and small-community psychologists. *Professional Psychology: Research and Practice*, *28*, 44 - 49.

Schlossberger, E., & Hecker, L. (1996). HIV and family therapist's duty to warn: A legal and ethical analysis. *Journal of Marital and Family Therapy*, *22*, 27 - 40.

Schoener, G. R. (1995). Assessment of professionals who have engaged in boundary violations. *Psychiatric Annals*, *25*(2), 95 - 99.

Schwartz, G. (1989). Confidentiality revisited. *Social Work*, *34*, 223 - 226.

Simon, R. L. (1989). Sexual exploitation of patients: How it begins before it happens. *Psychiatry Annals*, *19*, 104 - 122.

Sleek, S. (1998). Managed-care battle waged on capitol hill. *APA Monitor*, *29*(2), 24 - 25.

Slimp, P. A. O., & Burian, B. K. (1994). Multiple role relationships during internship: Consequences and recommendations. *Professional Psychology: Research and Practice*, *25*, 39 - 45.

Sloan, L., Edmond, T., Rubin, A., & Doughty, M. (1998). Social workers' knowledge of and experience with sexual exploitation by psychotherapists. *Social Work*, *43*, 43 - 53.

Slovenko, R. (1988, Spring). The therapist's duty to warn or protect third persons. *Journal of Psychiatry and Law*, 139 - 192.

Sobel, S. B. (1992). Small town practice of psychotherapy: Ethical and personal dilemmas. *Psychotherapy and Private Practice*, *10*, 61 - 69.

Somer, E., & Saadon, M. (1999). Therapist-Client Sex: Clients' Retrospective Reports. *Professional Psychology: Research and Practice*, *30*(5), 504 - 509.

Sommers-Flanagan, J., & Sommers-Flanagan, R. (1995). Intake interviewing with suicidal patients: A systematic approach. *Professional Psychology: Research and Practice*, *26*, 41 - 47.

Stadler, H., & Paul, R. D. (1986). Counselor educators' preparation in ethics. *Journal of Counseling and Development*, *64*, 328 - 330.

Stall, M. A., & King, R. E. (2000). Managing a multiple relationship environment: The ethics of military psychology. *Professional Psychology: Research and Practice*, *31*, 698 - 705.

Stamm, H. (1998). Clinical applications of telehealth in mental health care. *Professional Psychology: Research and Practice*, *29*(6), 536 - 542.

Stanard, R., & Hazler, R. (1995). Legal and ethical implications of HIV and duty to warn for counselors: Does Tarasoff apply? *Journal of Counseling and Development*, *73*, 397 - 400.

Stoller, R. J. (1988). Patients responses to their own case reports. *Journal of the American Psychoanalytic Association*, *36*, 371 - 391.

Strasburger, L. H., Jorgenson, L., & Randles, R. (1991). Criminalization of psychotherapist-patient sex. *American Journal of Psychiatry*, *148*, 859 - 863.

Stromberg, C. D., Haggarty, D. J., Leibenluft, R. F., McMillian, M. H., Mishkin, B., Rubin, B. L., & Trilling, H. R. (1988). *The psychologist's legal handbook*. Council for the National Register of Health Service Providers in Psychology.

Swenson, L. C. (1993). *Psychology and law for the helping professions*. Pacific Grove, CA: Brooks/Cole.

Swenson, L. C. (1997). *Psychology and law for the helping professions*. Pacific Grove, CA: Brooks/Cole.

Thoreson, R. W., Shaughnessy, P., Heppner, P. P., & Cook, S. W. (1993). Sexual contact during and after the professional relationship: Attitudes and practices of male counselors. *Journal of Counseling and Development*, *71*, 429 - 434.

Tishler, C. L., Gordon, L. B., & Landry-Meyer, L. (2000). Managing the violent patient: A guide for psychologists and other mental health professionals. *Professional Psychology: Research and Practice*, *31*, 34 - 41.

VandeCreek, L., Bennett, B. E., & Bricklin, P. M. (1994). *Risk management with potentially dangerous patients*. Washington, DC: American Psychological Association Insurance Trust.

VandenBos, G., & Williams, S. (2000). The Internet versus the telephone: What is telehealth, anyway? *Professional Psychology: Research and Practice*, *31*(5), 490 - 492.

Vasquez, M. J. T. (1988). Counselor-client sexual contact: Implications for ethics training. *Journal of Counseling and Development*, *67*, 238 - 241.

VauPitts, J. H. (1992). Organizing a practicum and internship program in counselor education. *Counselor Education and Supervision*, *31*, 196 - 207.

Vesper, J. H., & Brock, G. W. (1991). *Ethics, legalities, and professional practice issues in marriage and family therapy*. Boston: Allyn & Bacon.

Weinberger, L. E., & Sreenivasan, S. (1994). Ethical and professional conflicts in correctional psychology. *Professional Psychology: Research and Practice*, *25*, 161 - 167.

Welfel, E. R., & Lipsitz, N. E. (1984). The ethical behavior of professional psychologists: A critical analysis of the research. *The Counseling Psychologist*, *12*(3), 31 - 42.

Williams, M. H. (1992). Exploitation and inference: Mapping the damage from therapist-patient sexual involvement. *American Psychologist*, *47*, 412 - 421.

Woody, R. (1999). Domestic violations of confidentiality. *Professional Psychology: Research and Practice*, *30*(6), 607 - 610.

Zakutansky, T. J., & Sirles, E. A. (1993). Ethical and legal issues in field education: Shared responsibility and risk. *Journal of social Work Education*, 29, 338 - 347.

第四章

Akamatsu, T. J. (1980). The use of role-play and simulation technique in the training of psychotherapy. In A. K. Hess (Ed.), *Psychotherapy supervision: Theory, research and practice*. New York: Wiley.

Borders, L. D. (1991). A systematic approach to peer group supervision. *Journal of Counseling and Development*, *19*, 248 - 252.

Cohen, M. B., & Ruff, E. (1995). The use of role play in field instructor training. *Journal of Teaching in Social Work*, *11*, 85 - 100.

Emerson, S. (1995). A counseling group for counselors. *Journal for Specialists in Group work*, *20*, 221 - 231.

Friedman, D., & Kaslow, N. J. (1986). The development of professional identity in psychotherapists: Six stages in the supervision process. In F. W. Kaslow (Ed.), *Supervision and training: Models, dilemmas, and challenges*. New York: Haworth Press.

Hayes, R. L. (1990). Developmental group supervision. *Journal for Specialists in Group Work*, *15*, 225 - 238.

Kadushin, A. (1985). *Supervision in social work* (2nd ed.). New York: Columbia University Press.

Latz, M. (1996). Brief report: On an exercise for training beginning marital and family therapists in language skills. *Journal of Marital and Family Therapy*, *22*, 121 - 126.

Prieto, L. R. (1997). Separating group supervision from group therapy: Avoiding epistemological confusion. *Professional psychology: Research and Practice*, *28*, 405.

Romans, J. S. C., Boswell, D. L., Carlozzi, A. F., & Ferguson, D. B. (1995). Training and supervision practices in clinical, counseling and school psychology programs. *Professional Psychology: Research and Practice*, *26*, 407 - 412.

Sklare, G., Thomas, D. V., Williams, E. C., & Powers, K. A. (1996). Ethics and an experiential "Here and Now" group: A blend that works. *Journal for Specialists in Group Work*, *21*, 263 - 273.

Woit, J., & Brownlee, K. (1995). Reflecting teams in the classroom: An effective educational tool? *Journal of Teaching in Social Work*, *11*, 67 - 84.

第五章

Akamatsu, T. J. (1980). The use of role-play and simulation technique in the training of psychotherapy. In A. K. Hess (Ed.), *Psychotherapy supervision: Theory, research, and practice*. New York: Wiley.

Allen, G., Szollos, S., & Williams, B. (1986). Doctoral students comparative evaluations of the best and worst psychotherapy supervision. *Professional psychology: Research and Practice*, *17*, 91-99.

American Association for Counseling and Development. (1988, March). Ethical standards of the American Association for Counseling and Development (3rd Revision, AACD Governing Council). *Journal of counseling and Development*, *67*, 4-8.

Aponte, H. J. (1994). How personal can training get. *Journal of Marital and Family Therapy*, *20*(1), 3-15.

Baker, D. R., & Smith, S. L. (1987). A comparison of field faculty and field student perceptions of selected aspects of supervision. *Clinical Supervisor*, *5*(4), 31-42.

Barnat, M. (1974). Some characteristics of supervisory identification in psychotherapy. *Psychotherapy: Theory, Research and Practice*, *11*, 189-192.

Belar, C. D., Bieliauskas, L. A., Larsen, K. G., Mensh, I. N., Poey, K., & Roehlke, H. J. (1989). The national conference on internship training in psychology. *American Psychologist*, *44*, 60-65.

Berger, S. S., & Buchholz, E. S. (1993). On becoming a supervisee: Preparation for learning in a supervisory relationship. *Psychotherapy*, *30*, 86-92.

Berman, E. (1988). Ha'libun ha'meshutaf shel yechasey madrich-mudrach ke'heibet shel hadracha dinamit [The joint exploration of the supervisory relationship as an aspect of dynamic supervision]. *Sihot-Israel Journal of Psychotherapy*, *3*, 13-20.

Bogo, M. (1993). The student/field instructor relationship: The critical factor in field education. *Clinical Supervisor*, *11*, 23-36.

Borders, L. D., Bernard, J. M., Dye, A. H., Fong, M. L., Henderson, P., & Nance, D. W. (1991). Curriculum guide for training counseling supervisors: Rationale, development, and implementation. *Counselor Education and Supervision*, *31*, 58-80.

Borders, L. D., & Fong, M. L. (1992). Evaluations of supervisees: Brief commentary and research report. *Clinical Supervisor*, *9*(2), 43-51.

Bradley, J., & Post, P. (1991). Impaired students: Do we eliminate them from counselor education programs? *Counselor Education and Supervision*, *31*, 100-108.

Bubenzer, D. L., West, J. D., & Gold, J. M. (1991). Use of live supervision in counselor preparation. *Counselor Education and Supervision*, *30*, 301-306.

Burns, C. I., & Holloway, E. L. (1989). Therapy in supervision; An unresolved issue. *Clinical Supervisor*, *7*(4), 47-60.

Charny, I. W. (1986). What do therapists worry about: A tool for experiential supervision. *Clinical Supervisor*, *4*, 17 - 28.

Costa, L. (1995). Reducing anxiety in live supervision. *Counselor Education and Supervision*, *34*, 30 - 40.

Council for Accreditation of Counseling and Related Educational Programs. (1988). *Accreditation procedures manual and application*. Alexandria, VA: Author.

Doehrman, M. J. G. (1976). Parallel processes in supervision and psychotherapy. *Bulletin of the Meninger Clinic*, *40*, 3 - 104.

Dye, H. A., & Borders, L. D. (1990). Counseling supervisors: Standards for preparation and practice. *Journal of Counseling and Development*, *69*, 27 - 29.

Edwards, M., & Chen, J. (1999). Strength-based supervision: Frameworks, current practice, and future directions. *Family Journal* 7(4), 349 - 358.

Efstation, J. F., Patton, M. J., & Kardash, C. M. (1990). Measuring the working alliance in counselor supervision. *Journal of Counseling Psychology*, *37*, 332 - 339.

Ekstein, E., & Wallerstein, R. (1972). *The teaching and learning of psychotherapy*. New York: International Universities Press.

Finkelstein, H., & Tuckman, A. (1997). Supervision of psychological assessment: A development model. *Professional Psychology: Research and Practice*, *28*, 92 - 95.

Frances, A., & Clarkin, J. (1981). Parallel techniques in supervision and treatment. *Psychiatric Quarterly*, *53*(4), 242 - 248.

Friedlander, M. L., Keller, K., Peca-Baker, T. A, & Olk, M. E. (1986, January). Effects of role conflict on counselor trainees' self-statements, anxiety level, and performance. *Journal of Counseling Psychology*, *33*(1), 73 - 77.

Friedlander, M. L., & Ward, L. G. (1984). Development and validation of the Supervisory Styles Inventory. *Journal of Counseling Psychology*, *31*, 541 - 557.

Friedman, D., & Kaslow, N. J. (1986). The development of professional identity in psychotherapists: Six stages in the supervision process. In F. W. Kaslow (Ed.), *Supervision and training: Models, dilemmas, and challenges*. New York: Haworth Press.

Gallant, J. P., & Thycr, B. A. (1989). The "bug in the ear" in clinical supervision: A review. *Clinical Supervisor*, 7(2/3), 43 - 58.

Gallant, J. P., Thyer, B. A., & Bailey, J. S. (1991). Using bug-in-the-ear-feedback in clinical supervision: Preliminary evaluations. *Research on Social Work Practice*, *1*, 175 - 187.

Gandolfo, R. L., & Brown, R. (1987). Psychology intern ratings of actual and ideal supervision of psychotherapy. *Journal of Training and Practice in Professional Psychology*, *1*, 15 - 28.

Hahn, W. K., & Molnar, S. (1991). Intern evaluation in university counseling centers: Process, problems and recommendations. *The Counseling Psychologist*, *19*, 414 - 430.

Haley, J. (1992). *Problem solving therapy* (2nd ed.). San Francisco: Jossey-Bass.

Harrar, W. R., VandeCreek, L., & Knapp, S. (1990). Ethical and legal aspects of clinical supervision. *Professional Psychology: Research and Practice*, *21*, 37-41.

Hebert, D. J. (1992). Exploitative need-fulfillment and the counseling intern. *Clinical Supervisor*, *10*(1), 123-132.

Hess, A. K. (1980). Training models and the nature of psychotherapy supervision. In A. K. Hess (Ed.), *Psychotherapy supervision: Theory, research, and practice*. New York: Wiley.

Hess, A. K., & Hess, K. A. (1983). Psychotherapy supervision: A survey of internship training practices. *Professional Psychology: Research and Practice*, *14*, 504-513.

Hill, C. E., & Corbett, M. M. (1993). A perspective on the history of process and outcome research in counseling psychology. *Journal of Counseling Psychology*, *40*, 3-24.

Holloway, E. L., & Neufeldt, S. A. (1995). Supervision: Its contributions to treatment efficacy. *Journal of Consulting and Clinical Psychology*, *63*, 207-213.

Jarvis, P. E. (1989). Standardization versus individualization in the clinical internship. *Professional Psychology: Research and Practice*, *20*, 185-186.

Kadushin, A. (1974). Supervisor-supervisees: A survey. *Social Work*, *19*, 288-298.

Kadushin, A. (1985). *Supervision in social work*. New York: Columbia University Press.

Kaiser, T. L. (1992). The supervisory relationship: An identification of the primary elements in the relationship and an application of two theories of ethical relationships. *Journal of Marital and Family Therapy*, *18*, 283-296.

Knight, C. (1996). A study of MSW and BSW students, perceptions of their field instructors. *Journal of Social Work Education and Supervision*, *32*, 399-414.

Kurpius, D., Gibson, G., Lewis, J., & Corbett, M. (1991). Ethical issues in supervising counseling practitioners. *Counselor Education and Supervision*, *31*, 48-57.

Lamb, D. J., Presser, N. R., Pfost, K. S., Baum, M. C., Jackson, V. R., & Jarvis, P. A. (1987). Confronting professional impairment during the internship: Identification, due process, and remediation. *Professional Psychology: Research and Practice*, *18*, 597-603.

Lambert, M. J., & Beier, E. G. (1974). Supervisory and counseling process: A comparative study. *Counselor Education and Supervision*, *14*, 54-60.

Lazar, A., & Mosek, A. (1993). The influence of the field instructor-student relationship on evaluation of students, practice. *Clinical Supervisor*, *11*, 111-120.

Leong, F. T., & Wagner, N. S. (1994). Cross-cultural counseling supervision: What do we know? What do we need to know? *Counselor Education and Supervision*, *34*, 117-131.

Levenson, H., & Evans, S. (2000). The Current State of Brief Therapy Training in American Psychological Association-Accredited Graduate and Internship Programs. *Professional Psychology: Research and Practice*, *31*(4), 446-452.

Magnuson, S., Wilcoxon, S. A., & Norem, K. (2000). A profile of lousy supervision:

Experienced counselors' perspectives. *Counselor Education and Supervision*, *39*(3), 189-203.

May, L. L., & Kilpatrick, A. C. (1989). Stress of self-awareness in clinical practice: Are students prepared? *Clinical Supervisor*, *7*, 303-309.

McColley, S. H., & Baker, E. L. (1982). Training activities and styles of beginning supervisors: A survey. *Professional Psychology*, *13*, 283-292.

McCollum, E. E., & Wetchler, J. L. (1995). In defense of case consultation: Maybe "dead" supervision isn't dead after all. *Journal of Marital and Family Therapy*, *21*, 155-166.

McNeil, B. W., & Worthen, V. (1989). The parallel process in psychotherapy supervision. *Professional Psychology: Research and Practice*, *20*, 329-333.

Moskowitz, S. A., & Rupert, P. A. (1983). Conflict resolution within the supervisory relationship. *Professional Psychology: Research and Practice*, *14*, 632-641.

Overholser, J. C. (1991). The Socratic method as a technique in psychotherapy supervision. *Professional Psychology: Research and Practice*, *22*, 68-74.

Prieto, L. R. (1997). Separating group supervision from group therapy: Avoiding epistemological confusion. *Professional Psychology: Research and Practice*, *28*, 405.

Rabinowitz, F. E., Heppner, P. P., & Roehlke, H. J. (1986). Descriptive study of process and outcome variables of supervision over time. *Journal of Counseling Psychology*, *33*, 292-300.

Robiner, W. N., & Schofield, W. (1990). References on supervision in clinical and counseling psychology. *Professional Psychology: Research and Practice*, *21*, 297-312.

Rogers, C. R. (1961). *On becoming a person*. Boston: Houghton Mifflin.

Romans, J. S. C., Boswell, D. L., Carlozzi, A. F., & Ferguson, D. B. (1995). Training and supervision practices in clinical, counseling and school psychology programs. *Professional Psychology: Research and Practice*, *26*, 407-412.

Ronnestad, M. H., & Skovholt, T. M. (1993). Supervision of beginning and advanced graduate students of counseling and psychotherapy. *Journal of Counseling and Development*, *71*, 396-405.

Rothman, B. (1973). Perspectives on learning and teaching in continuing education. *Journal of Education for Social Work*, *9*, 39-52.

Rubinstein, G. (1992). Supervision and psychotherapy: Toward redefining the differences. *Clinical Supervisor*, *10*(2), 97-116.

Schindler, N. J., & Talen, M. R. (1994). Focus supervision: Man agement format for supervision practices. *Professional Psychology: Research and Practice*, *25*, 304-306.

Schneider, S. (1992). Transference, counter-transference, projective identification and role responsiveness in the supervisory process. *Clinical supervisor*, *10*(2), 71-84.

Searles, H. F. (1955). The informational value of the supervisor's emotional experiences. *Psychiatry*, *18*, 135-146.

Shanfield, S. B., Mohl, P. C., Matthews, K. L., & Hetherly, V. (1992). Quantitative assessment of the behavior of psychotherapy supervisors. *American Journal of Psychiatry*, 149 (3), 352-357.

Sklare, G., Thomas, D. V., Williams, E. C., & Powers, K. A. (1996). Ethics and an experiential "here and now" group: A blend that works. *Journal for Specialists in Group Work*, *21*, 263-273.

Stadler, H. A., Willing, K. L., Eberhage, M. G., & Ward, W. H. (1988). Impairment: Implications for the counseling profession. *Journal of Counseling and Development*, *66*, 258-260.

Stoltenberg, C. (1981). Approaching supervision from a develop mental perspective: The counselor complexity model. *Journal of Counseling Psychology*, *31*, 63-75.

Stoltenberg, C., & Delworth, U. (1987). *Supervising counselors and therapists: A developmental approach*. San Francisco: Jossey-Bass.

Supervision Interest Network, Association for Counselor Education and Supervision. (1990). Standards for counseling supervisors. *Journal of Counseling and Development*, *69*, 30-32.

Tracey, T. J., Ellickson, J. L., & Sherry, P. (1989). Reactance in relation to different supervisory environments and counselor development. *Journal of Counseling Psychology*, *36*, 336-344.

Wise, P. S., Lowery, S., & Silverglade, L. (1989). Personal counseling for counselors in training: Guidelines for supervisors. *Counselor Education and Supervision*, *28*, 326-337.

Zakutansky, T. J., & Sirles, E. A. (1993). Ethical and legal issues in field education: Shared responsibility and risk. *Journal of Social Work Education*, *29*, 338-347.

第六章

Allison, K. W., Echemendia, R. J., Crawford, I., & Robinson, W. L. (1996). Predicting cultural competence: Implications for practice and training. *Professional Psychology: Research and Practice*, *27*, 386-393.

Atkinson, D. R., Morten, G., & Sue, D. W. (Eds.). (1993). *Counseling American minorities* (5th ed.). Dubuque, IA: Brown.

Carrillo, D. F., Holzhalb, C. M., & Thyer, B. A. (1993). Assessing social work students, attitudes related to cultural diversity: A review of selected measures. *Journal of Social Work Education*, *29*, 263-268.

Coleman, H. L. K. (1997). Conflict in multicultural counseling relationships: Source and resolution. *Journal of Multicultural Counseling and Development*, *25*, 195-200.

Comas-Diaz, L. (2000). An ethnopolitical approach to working with people of color. *American Psychologist*, *55*, 1319-1325.

Corvin, S., & Wiggins, F. (1989). An antiracism training model for white professionals. *Journal of Multicultural Counseling and Development*, *17*, 105-114.

Cross, W. E. (1971). The Negro to Black conversion experience: Towards a psychology of

Black liberation. *Black World*, *20*(9), 13-27.

Cross, W. E. (1978). The Cross and Thomas models of psychological Nigrescenee. *Journal of Black Psychology*, *5*(1), 13-19.

Delucia-Waack, J. L. (1996). Multiculturalism is inherent in all group work [Editorial]. *Journal for Specialists in Group Work*, *4*, 218-223.

Dobbins, J. E., & Skillings, J. H. (1991). The utility of race labeling in understanding cultural identity: A conceptual tool for the social science practitioner. *Journal of Counseling and Development*, *70*, 37-44.

Greene, G. J., Jensen, C., &Jones, D. H. (1996). A constructivist perspective on clinical social work practice with ethnically diverse clients. *Social Work*, *41*, 2.

Hall, C. C. I. (1997). Cultural malpractice: The growing obsolescence of psychology within the changing U. S. population. *American Psychologist*, *52*, 642-651.

Hardiman, R. (1982). White identity development: A process oriented model for describing the racial consciousness of White Americans. *Dissertation Abstracts International*, *43*, 104A (University Microfilms No. 82-10330)

Heinrich, R. K., Corbine, J. L., & Thomas, K. R. (1990). Counseling Native Americans. *Journal of Counseling and Development*, *69*, 128-133.

Helms, J. E. (1984). Toward a theoretical model of the effects of race on counseling. *The Counseling Psychologist*, *12*, 153-165.

Helms, J. E. (Ed.). (1990). *Black and White racial identity: Theory, research and practice*. Westport, CT: Greenwood Press.

Ho, D. Y. F. (1995). Internalized culture, culturocentrism, and transcendence. *The Counseling Psychologist*, *23*, 4-24.

Ibrahim, F. A., & Kahn, H. (1987). Assessment of world views. *Psychological Reports*, *60*, 163-176.

Johnson, S. D., Jr. (1990). Toward clarifying culture, race, and ethnicity in the context of multicultural counseling. *Journal of Multicultural Counseling and Development*, *18*, 41-50.

Kiselica, M. S. (1991). Reflections on a multicultural internship experience. Multiculturalism as a fourth force in counseling [Special issue]. *Journal of Counseling and Development*, *70*, 126-130.

Leong, F. T. L. (1986). Counseling and psychotherapy with Asian-Americans: Review of the literature. *Journal of Counseling Psychology*, *33*, 196-206.

Locke, D. C. (1998). *Increasing multicultural understanding: A comprehensive model* (2nd ed.). Newbury Park, CA: Sage.

McFadden, J., & Wilson, T. (1977). *Non-white academic training within counselor education, rehabilitation counseling, and student personnel programs*. Unpublished manuscript.

Mintz, L. B., Bartels, K. M., &Rideout, C. A. (1995). Training in counseling ethnic minorities and race-based availability of graduate school resources. *Professional Psychology: Research and Practice*, *26*, 3.

Nwachuku, U. T., & Ivey, A. E. (1991). Culture-specific counseling: An alternative training model. *Journal of Counseling and Development*, *70*, 106–111.

Parham, T. A. (1989). Cycles of psychological nigrescenee. *The Counseling Psychologist*, *17*, 187–226.

Pedersen, P. B. (1987). Ten frequent assumptions of cultural bias in counseling. *Journal of Multicultural Counseling and Development*, *15*, 16–24.

Pedersen, P. B. (1991). Multiculturalism as a generic approach to counseling. *Journal of counseling and Development*, *70*, 6–12.

Ponterotto, J. G., & Casas, J. M. (1987). In search of multicultural competence within counselor education programs. *Journal of Counseling and Development*, *65*, 430–434.

Ponterotto, J. G., Rieger, B. P., Barrett, A., & Sparks, R. (1994). Assessing multicultural counseling competence: A review of instrumentation. *Journal of Counseling and Development*, *72*, 316–322.

Priest, R. (1991). Racism and prejudice as negative impacts on African American clients in therapy. *Journal of Counseling and Development*, *70*, 213–215.

Proctor, E. K., & Davis, L. E. (1994). The challenge of racial difference: Skills for clinical practice. *Social Work*, *39*, 314–323.

Ridley, C. R., Mendoza, D. W., & Kanitz, B. E. (1994). Multicultural training: Reexamination, operationalization, and integration. *The Counseling Psychologist*, *22*, 227–289.

Rosado, J. W., & Elias, M. J. (1993). Ecological and psychocultural mediators in the delivery of services for urban, culturally diverse Hispanic clients. *Professional Psychology: Research and Practice*, *24*, 450–459.

Rowe, W., Bennet, S. K., & Atkinson, D. R. (1994). White racial identity models: A critique and alternative proposal. *The Counseling Psychologist*, *22*, 129–146.

Ruiz, A. S. (1990). Ethnic identity: Crisis and resolution. *Journal Of Multicultural Counseling and Development*, *18*, 29–40.

Smith, E. J. (1991). Ethnic identity development: Toward the development of a theory within the context of majority/minority status. *Journal of Counseling and Development*, *70*, 181–188.

Sodowsky, G. R., Taffe, R. C., Gutkin, T. B., & Wise, S. L. (1994). Development of the multicultural counseling inventory: A self-report measure of multicultural competencies. *Journal of Counseling Psychology*, *41*, 137–148.

Speight, S. L., Myers, L. J., Cox, C. I., & Highlen, P. S. (1991). A redefinition of multicultural counseling: Multiculturalism as a fourth force in counseling [Special issue]. *Journal of Counseling and Development*, *70*, 29–36.

Sue, D., Bingham, R., Porch-Burke, L., & Vasquez, M. (1999). The diversification of psychology: A multicultural revolution. *American Psychologist*, *54*(12), 1061 - 1069.

Sue, D. W., & Sue, D. (1990). *Counseling the culturally different: Theory and practice* (2nd ed.). New York: Wiley.

Walker, R., & Staton, M. (2000). Multiculturalism in social work ethics. *Journal of Social Work Education*, *36*(3), 449 - 463.

Wilson, L. L., & Stith, S. M. (1991). Culturally sensitive therapy with Black clients. *Journal of Counseling and Development*, *19*, 32 - 43.

Wintrob, R. M., & Harvey, Y. K. (1981). The self-awareness factor in intercultural psychotherapy: Some personal reflections. In P. P. Pedersen, J. G. Draguns, W. J. Lonner, & J. E. Trimble (Eds.), *Counseling across cultures* (Revised and expanded edition). Honolulu: University Press of Hawaii.

Yutrzenka, B. A. (1995). Making a case for training in ethnic and cultural diversity in increasing treatment efficacy. *Journal of Consulting and Clinical Psychology*, *63*, 197 - 206.

Zayas, L. H., Torres, L. R., Malcolm, J., & DesRosiers, F. S. (1996). Clinicians definitions of ethnically sensitive therapy. *Professional Psychology: Research and Practice*, *27*, 78 - 82.

第七章

Baird, B., &Anderson, D. (1990). A dual-draft approach to writing. *Teaching Professor*, *4*(3), 5 - 6.

Drotar, D. (2000). Training professional psychologists to write and publish the utility of a writer's workshop seminar. *Professional Psychology: Research and Practice*, *31*(4), 453 - 457.

Fischer, C. (1994). Individualized psychological assessment. Monterey, CA: Brooks/Cole.

Grayson, H. M., & Tolman, R. S (1950). A semantic study of concepts of clinical psychologists and psychiatrists. *Journal of Abnormal and Social Psychology*, *45*, 216 - 231.

Harvey, V. S. (1997). Improving readability of psychological re-ports. *Professional Psychology: Research and Practice*, *28*, 271 - 274.

Hodges, J. C., Homer, W. B., Webb, S. S., & Miller, R K. (1998). *Harbrace college handbook* (13th ed., Rev.). New York: Harcourt Brace Jovanovich.

Piercy, F. P, Sprenkle, D. H., & McDaniel, S. H. (1996). Teaching professional writing to family therapists: Three approaches. *Journal of Marital and Family Therapy*, *22*, 163 - 179.

Siskind, G(1967). Fifteen years later: A replication of"A semantic study of concepts of clinical psychologists and psychiatrists."*Journal of Psychology*, *65*, 3 - 7.

Strunk, W., Jr., & White, E. B. (2000). *The elements of style* (4th ed.). Boston: Allyn and Bacon.

Tanent, N. (1997). *Psychological report writing* (4th ed.) Englewood Cliffs, NJ: Prentice-Hall.

Zinsser, W. (1998). *On writing well: The classic guide to writing nonfiction*. New York:

Harper.

ZucKerman, E. L (2000). *The clinicians thesaurus: A guidebook for wording psychological reports and other evaluations*. Pittsburgh, PA: Three Wishes Press.

第八章

American Psychological Association: Committee on Professional Standards. (1993). Record keeping guidelines. *American Psychologist*, *48*, 984 - 986.

Avery, M., & Imdieke, B. (1984). *Medical records in ambulatory* care. Rockvine, MD: Aspen Systems.

Bennett, B. E., Bryant, B. K., VandenBos, G. R., & Greenwood, A. (1990). *Professional liability and risk management*. Washington, DC: American Psychological Association.

Casper, E S. (1987). A management system to maximize compliance with standards for medical records. *Hospital and Community Psychiatry*, *38*, 1191 - 1194.

Charlton, R. S. (Ed.). (1996). Treating sexual disorders. San Francisco: Jossey-Bass.

Claiborn, C. D., Berberoglu, L S., Nerison, R. M., & Somberg, D. R. (1994). The client's perspective: Ethical judgments and perceptions of therapist practices. *Professional psychology: Research and Practice*, *25*, 268 - 274.

Gutheil, T. G. (1980). Paranoia and progress notes: A guide to forensically informed psychiatric recordkeeping. *Hospital and Community Psychiatry*, *31*, 479 - 482.

Harris, E A. (1995). The importance of risk management in a managed care environment. In M. B. Sussmarl (Ed.), *A perilous calling: The hazards of psychotherapy practice* (pp. 247 - 258). New York: Wiley.

Jeffords, J. (1999). Confidentiality of medical information: Protecting privacy in an electronic age. *Professional psychology: Research and Practice*, *30*(2), 115 - 116.

Kagle, J. D. (1993). Record keeping: Directions for the 1990s. *Social Work*, 38, 190 - 196.

Piazza, N. 1, & Baruth, N. E. (1990). Client record guidelines. *Journal of Counseling and Development*, *68*, 313 - 316.

Soisson, E. L, VandeCreek, L., & knapp, S. (1987). Thorough record keeping: A good defense in a litigious era. *Professional psychology: Research and Practice*, *18*, 498 - 502.

Van Vort, w., & Mattson, M. R. (1989). A strategy for enhancing the clinical utility of the psychiatric record. *Hospital and Community Psychiatry*, *40*, 407 - 409.

Weed, L. L (1971). *Medical records, medical education, and patient care: The problem-oriented record as a basic tool*. Chicago: Year Book.

Wiedermarl, M., & Sarlsone, R. (1999). Sexuality training for professional psychologists: A national survey of training directors of doctoral programs and predoctoral internships. *Professional psychology: Research and Practice*, *30*(3), 312 - 317.

Wiger, D. (1999). *The clinical documentation sourcebook: A comprehensive collection of mental health practice forms, handouts, and records* (2nd ed.). New York: Wiley.

第九章

Ackerky, G. D., Burnell, J., Holder, D. C., & Kurdek, L A. (1988). Burnout among licensed psychologists. *Professional psychology: research and Practice*, *19*, 624-631.

Arorls, G., & Siegel, R. D. (1995). Unexpected encounters: The Wizard of Oz exposed. In M. B. Sussman (Ed.), *A perilous calling: The hazards of psychotherapy practice* (pp. 125-138). New York: Wiley.

Arthur, N. M. (1990). The assessment of burnout: A review of three inventories useful for research and counseling. *Journal of Counseling and Development*, *69*, 86-189.

Boxley, R., Drew, C., & Rangle, D. (1986). Clinical trainee impairment in APA approved internship programs. *The Clinical Psychologist*, *39*(2), 49-52.

Brady, J., Guy, J., Podstra, P., & Brokaw, B. (1999). Vicarious traumatization spirituality, and the treatment of sexual abuse survivors. A national survey of women psychotherapists. *Professional psychology: Research and Practice*, *30*(4), 386-393.

Bradley, J, &Post, P. (1991). Impaired students: Do we eliminate them from counselor education programs? *Counselor Education and Supervision*, *31*, 100-108.

Carroll, J. F. X., & White, W. L. (1982). Theory building: Integrating individual environmental factors within an ecological framework. In W. S. Paine (Ed.), *Job stress and burnout: Research, theory, and intervention perspectives* (pp. 41-60). Beverly Hills, CA: Sage.

Dcutscll, C. (1984). Self-reported sources of stress among psychotherapists. *Professional psychology: Research and Practice*, *15*, 833-845.

Edelwich, J., & Brodsky, A. (1980). *Burnout: Stages of disillusionment in the helping professions*. New York: Human Science Press.

Farber, B. A. (1983a). Dysfunctional aspects of the psychotherapeutic role. In B. A. Farber (Ed.), *Stress and burnout in the human service professions* (pp. 97-1 18). New York: Pergamon Press.

Farber, B A. (1983b). Introduction: A critical perspective on burnout. In B. A. Farber (Ed.), *Stress and burnout in the human service professions* (pp. 1-23). New York: Pergamon Press.

Farber, B. A. (1990). Burnout in psychotherapists: Incidence, types, and trends. *Psychotherapy in Private Practice*, *8*(1), 35-44.

Farber, B. A., & Heifetz, L. (1981). The satisfactions and stresses of psychotherapeutic work: A factor analytic study. *Professional Psychology*, *12*, 621-630.

Fremont, S., & Anderson, W. (1986). What client behaviors make counselors angry: An exploratory study. *Journal of Counseling and Development*, *65*, 67-70.

Freudenberger, H. J. (1974). Staff burnout. *Journal of Social issues*, *30*(1), 159-165.

参考文献

Golembiewski, R. T., & Munzenrider, R. F. (1988). *Phases of burnout: Developments in concepts and applications*. New York: Praeger.

Guy, J. D. (1987). *The personal life of the psychotherapist*. New York: Wiley.

Guy, J. D., Poelstra, P. L., & Stark, h4. J. (1989). Personal distress and therapeutic effectiveness: National survey of psychologists Practicing psychotherapy. *Professional Psychology: Research and Practice*, *20*, 48 - 50.

Hellman, I. D., Morrison, T. L, & Abramowitz, S. F. (1987). Therapist flexibility/rigidity and work stress. *Professional psychology: Research and Practice*, *18*, 21 - 27.

Jayaratne, S., & Chess, W. A. (1983). Job satisfaction and burnout in social work. In B. A. Farber (Ed), *Stress and burnout in the human service professions* (pp. 129 - 141). New York: Pergamon Press.

Jones, J. (1980). *The staff burnout scale for health professionals*. Park Ridge, IL: London House Press.

Kottler, j. A. (1993). *On being a therapist*. San Francisco: Jossey Bass.

Kottler, J. A. (1999). *The therapist's workbook: self-assesment, self-care, and self-improvement exercises for mental health professionals*. San Francisco: Jossey Bass.

Kurland, R., & Salmon, R. (1992). When problems seem overwhelming: Emphases in teaching, supervision, and consultation. *Social Work*, *37*, 240 - 244.

Lamb, D. H., Presser, N. R., Pfost, K. S., Baum, M. C., Jackson, V. R., &Jarvis, P. A. (1987). Confronting professional impairment during the internship: Identification, due process, and remediation. *Professional psychology: Research and Practice*, *18*, 597 - 603.

Lee, R. T., & Ashforth, B. E (1990). On the meaning of Maslach's three dimensions of burnout. *Journal of Applied Psychology*, *75*, 743 - 747.

MacNab, S. S. (1995). Listening to your patients, yelling at your kids: The interface between psychotherapy and motherhood. In M. B. Sussman (Ed.), *A perilous calling: The hazards of psychotherapy practice* (pp. 37 - 44). New York: Wiley.

Maeder, T. (1989). *Children of psychiatrists and other psychotherapists*. New York: Harper & Row.

Mahoney, M. I (1997). Psychotherapists' personal problems and self-care patterns. *Professional Psychology: Research and Practice*, *28*, 14 - 16.

Maslach, C. (1982). Understanding burnout: Definitional issues in analyzing a complex phenomenon. In W. S. Paine (Ed.), *Job stress and burnout: Research, theory, and intervention perspectives* (pp. 29 - 40). Beverly Hills, CA: Sage.

MasUch, C., & Jackson, S. E. (1986). *Maslach burnout inventory manual* (2nd ed.). Palo Alto, CA: Consulting Psychologists Press.

Mcknight, J. D., & Glass, D. C. (1995). Perceptions of control, burnout and depressive symptomatology: A replication and extension. *Journal of Consulting and Clinical Psychology*, *63*,

490 - 494.

Radeke, J., & Mahoney, M. (2000). Comparing the personal lives of psychotherapists and research psychologists. *Professional psychology: Research and Practice*, *31* (1), 82 - 84.

Roberts, J. K. (1987). The life management model: Coping with stress through burnout. *Clinical Supervisor*, *5* (2), 107 - 118.

Rodolfa, E. R., Kraft, W. A., & Reilley, R. R. (1988). Stressors of professionals and trainees at APA-approved counseling and VA medical center internship sites. *Professional psychology: Research and Practice*, *19*, 43 - 49.

Sharkin, B. S., & Birkey, I. (1992). Incidental encounters between therapists and their clients. *Professional Psychology: Research and Practice*, *23*, 326 - 328.

Sherman, M. D., & Thelen, M. H. (1998). Distress and professional impairment among psychologists in clinical practice. *Professional Psychology: Research and Practice*, *29*, 79 - 85.

Skorupa, J., & Agresti, A. A. (1993). Ethical beliefs about burnout and continued professional practice. *Professional Psychology: Research and Practice*, *24*, 281 - 285.

Soderfeldt, M., Soderfeldt, B., & Warg, L. E. (1995). Burnout in social work. *Social Work*, *40*, 638 - 646.

Sowa, C. 1, May, K M., & Niles, S. G. (1994). Occupational stress within the counseling profession: Implications for counselor training. *Counselor Education and Supervision*, *34*, 19 - 29.

Sussman, M. B. (1995). *A perilous calling: The hazards of psychotherapy practice*. New York: Wiley.

第十章

Baird, B. N., & Carey, A. (1992, April). *The Therapist Cognition Survey: Development, standardization, and uses*. Paper presented at the meeting of the Western Psychological Association, Portland, OR.

Baird, B. N., Carey, A., & Giakovmis, H. (1992, April). *Personal experience in psychotherapy: Differences in therapists's cognitions*. Paper presented at the meeting of the Western Psychological Association, Portland, OR.

Berger, M. (1995). Sustaining the professional self: Conversations with senior psychotherapists. InM. B. Sussmarl (Ed.), *A perilous calling: The hazards of psychotherapy practice* (pp. 302 - 321). New York: Whey.

Callahan, T. R. (1994). Being paid for what you do. *The Independent Practitioner: Bulletin of the Division of Independent Practice, Division 42 of the APA*, *14* (1), 25 - 26.

Deutsch, C. J. (1984). Self-reported sources of stress among psychotherapists. *Professional psychology: Research and practice*, *15*, 833 - 845.

Dominguez, J., & Robin, V. (1999). *Your money or your life* (2nd ed.). New York: Penguin Books.

参考文献

Fiore, N. (1989). *The now habit: A strategic program for overcoming procrastination and enjoying guilt-free play*. New York: St. Martin's Press.

Fremont, S., & Anderson, W. (1986). What client behaviors make counselors angry? An exploratory study. *Journal of Counseling and Development*, *65*, 67 - 70.

Grosch, W. N., & Olsen, D. C. (1995). Prevention: Avoiding burnout. In M. B. Summan (Ed.), *A perilous calling: The hazards of psychotherapy practice* (pp. 275 - 287). New York: Wiley.

Guy, J. (2000). Holding the holding environment together: Selfpsychology and psychotherapist care. *Professional Psychology: Research and Practice*, *31*(3), 351 - 352.

Guy, J. D. (1987). *The personal life of the psychotherapist*. New York: Wiley.

Hughes, P. H, DeWitt, C. B., Jr., Sheehan, D. V., Conrad, S., & Storr, C. L. (1992). Resident physician substance use, by specialty. *American Journal of Psychiatry*, *149*, 1348 - 1354.

Kramen-Kahn, B., & Hansen, N. (1998). Rafting the rapids: Occupational hazards, rewards, and coping strategies of psychotherapists. *Professional psychology: Research and Practice*, *29*(2), 130 - 134.

Lazarus, A. (2000). Multimodal replenishment. *Professional Psychology: Research and Practice*, *31*(1), 93 - 94.

Mahoney, M. J. (1997). Psychotherapists' personal problems and self-care patterns. *Professional Psychology: Research and Practice*, *28*, 14 - 16.

Norcross, J. C., (2000). Psychotherapist self-care: Practitioner tested, research-informed strategies. *Professional Psychology: Research and Practice*, *31*, 710 - 713.

Norcross, J. C., Strausser, D. J., & Faltus, F. J. (1988). The therapist's therapist. *American Journal of Psychotherapy*, *42*, 53 - 66.

Pope, K. S, & Tabachnick, B. G. (1994). Therapists as patients: A national survey of psychologists, experiences, problems, and beliefs. *Professional Psychology: Research and Practice*, *25*, 247 - 258.

Reamer, F. G. (1992). The impaired social worker. *Social Work*, *37*, 165 - 170.

Sussman, M. B. (1995). *A perilous calling: The hazards of psychotherapy practice*. New York: Whey.

第十一章

Annis, L I, & Baker, C. A. (1986). A psychiatrist's murder in a mental hospital. *Hospital and Community Psychiatry*, *37*, 505 - 506.

Burgess, A W., Burgess, A G., & Douglas, J. E. (1994). Examining violence in the workplace: A look at work-related fatalities. *Journal of Psychosocial Nursing*, *32*(7), 11 - 18.

Burgess, A W., Douglas, J. E., Burgess, A G., Baker, T., Sauve, H., & Gariti, K.

(1997). Hospital communication threats and intervention. *Journal of Psychosocial Nursing and Mental Health Services*, *35*(8), 9-16.

Campbell, I. C. (Ed.). (1995). *Assessing dangerousness: Violence by sexual offenders, batterers and child abusers*. Thousand Oaks, CA: Sage.

DeBecker, G. (1997). *The gift of fear: Survival signals that protect us from violence*. Boston: Little, Brown.

deMayo, R. A. (1997). Patient sexual behavior and sexual harassment: A national survey of female psychologists. *Professional psychology: Research and Practice*, *28*, 58-62.

Dubin, W. R. (1989). The role of fantasies, countertransference, and psychological defenses in patient violence. *Hospital and Community Psychiatry*, *40*, 1280-1283.

Flannery, R B., Jr., Hanson, M. A., Penk, W. W., & Flannery, G. J. (1994). Violence against women: Psychiatric patient assaults on female staff. *Professional Psychology: Research and Practice*, *25*, 182-184.

Gelman, S. R. (1990). The crafting of fieldwork training agreements. *Journal official Work Education*, *26*, 65-75.

Halleter, M., & DellIty, R. H. (1990). Characteristics of psychiatric inpatients who assault staff severely. *Journal of Nervous and Mental Disease*, *178*, 536-537.

Hillbrand, M. (1995). Aggression against self and aggression against others in violent psychiatric patients. *Journal of Consulting and Clinical Psychology*, *63*, 668-671.

Hillen, S. (1991, November). U. K. study: Half of therapists attacked. *APA Monitor*, 122.

Janofsky, J. S., Spears, S., & Neubauer, D. N. (1988). Psychiatrists, accuracy in predicting violent behavior on an inpatient unit. *Hospital and Community Psychiatry*, *39*, 1090-1094.

Klassen, D., & O'Connor, W. A. (1989). Assessing the risk of violence in released mental patients: A cross-validation study. *Psychological Assessment: A Journal of Consulting and Clinical Psychology*, *1*, 75-81.

Meehl, P. (1973). *Psychodiagnosis: Selected papers*. Minneapolis: University of Minnesota Press.

Monahan, J. (1988). Risk assessment of violence among the mentally disordered: Generating useful knowledge. *International Journal of Law and Psychiatry*, *11*, 249-257.

Mossman, D. (1994). Assessing predictions of violence: Being accurate about accuracy. *Journal ofconsulting and Clinical Psychology*, *62*, 783-792.

Newhill, C. E. (1995). Client violence toward social workers: A practice and policy concern for the 1990s. *Social Work*, *40*, 631-636.

Romans, J. S. C., Hays, J. R., & White, T. K. (1996). Stalking and related behaviors experienced by counseling center staff members from current or former clients. *Professional Psychology: Research and Practice*, *27*, 595-599.

Schffer, C. E., Jr., Waters, W. F., & Adams, S. G., Jr. (1994). Dangerousness: Assessing the risk of violent behavior. *Journal of Consulting and Clinical Psychology*, *62*, 1064 - 1068.

Thackrey, M. (1987). Clinician confidence in coping with patient aggression: Assessment and enhancement. *Professional Psychology: Research and Practice*, *18*, 57 - 60.

Thackrey, M., & Bobbitt, R. G. (1990). Patient aggression against clinical and non-clinical staff in a VA medical center. *Hospital and Community Psychiatry*, *41*, 195 - 197.

Tishler, C. L., Gordon, L. B., & Lantry-Meyer, L. (2000). Managing the violent patient: A guide for psychologists and other mental health professionals. *Professional Psychology: Research and Practice*, *31*, 34 - 41.

Tryon, G. (1986). Abuse of therapists by patients: A national survey. *Professional Psychology: Research and Practice*, *17*, 357 - 363.

Tully, C. T., Kropf, N. E, & Price, J. L. (1993). Is field a hard hat area? A study of violence in field placements. *Journal of Social Work Education*, *29*, 191 - 199.

Whitman, R. M., Annao, B. B., & Dent, 0. B. (1976). Assault on the therapist. *American Journal ofPsychiatry*, *133*, 426 - 429.

第十二章

Edelson, L. M. (1963). *The termination of intensive psychotherapy*. Springfield, IL: Thomas.

Fair, S. M., & Bressler, J. M. (1992). Therapist-initiated termination of psychotherapy. *Clinical Supervisor*, *10* (1), 171 - 189.

Fox, R. (1992). *Elements of the helping process: A guidefor clinicians*. BinghaInton, NY: Haworth Press.

Gavazzi, SM., & Anderson, S. A. (1987). The role of "translator" in the case transfer process. *American Journal of Family Therapy*, *15*, 145 - 157.

Geller, J. D., & Nash, V. (1987). *Termination as experienced by therapists-in-training as viewed by psychiatric residents*. Unpublished manuscript, Yale University, Department of Psychology, New Haven, CT.

Guthen, I. A. (1993). Rituals and termination procedures. *Smith College Studies in Social Work*, *63*(2), 163 - 176.

McRoy, R. G., Freeman, E. M., & Logan, S. (1986). Strategies for teaching students about termination. *Clinical Supervisor*, *4*(4), 45 - 56.

Penn, L S. (1990). When the therapist must leave: Forced termination of psychodynamic therapy. *Professional Psychology: Research and Practice*, *21*, 379 - 384.

Quintana, S. M. (1993). Toward an expanded and updated conceptualization of termination: Implications for short-term, individual psychotherapy. *Professional Psychology: Research and Practice*, *24*, 426 - 432.

Robison, F. F., Hutchinson, R. L., Barriek, A. L., & Uhl, A. N. (1986). Reassigning clients: Practices used by counseling centers. *Journal of Counseling Psychology*, *33*, 465-468.

Siebold, C. (1992). Forced termination: Reconsidering theory and technique. *Smith College Studies in Social Work*, *63*, 323-341.

Wapner, J. H., Klein, J. G., Friedunder, M. L, & Arldrasik, F. J. (1986). Transferring psychotherapy clients: State of the art. *Professional Psychology: Research and Practice*, *6*, 492-496.

第十三章

Fair, S. M., & Bressler, I M. (1992). Therapist-initiated termination of psychotherapy. *Clinical Supervisor*, *10*, 171-189.

Hayes, N. (1997). The distinctive skills of a psychology graduate. *APA Monitor*, *28*(7), 33.

Lopez, S., & Prosser, E. (2000). Becoming an adaptive new professional: Going beyond Plante's Principles. *Professional psychology: Research and Practice*, *31*(4), 461-462.

Plante, T. G. (1996). Ten principles of success for psychology trainees embarking on their careers. *Professional Psychology: Research and Practice*, *27*, 304-307.

Plante, T. G. (1998). How to find a first job in professional psychology: Ten principles for finding employment for psychology interns and postdoctoral fellows. *Professional Psychology: Research and Practice*, *29* (5), 508-511.

译后记

本书的翻译是在导师朱永新教授和副导师许庆豫教授的直接安排和指导下完成的。作为《教育科学精品教材译丛》系列的一个组成部分，本书对高校教育学和心理学专业中将来拟从事心理咨询和心理治疗工作的学生具有启发和指导作用。本书从一名实习生开始准备工作到最后结束治疗的整个工作环节都进行了非常全面而详细的说明，并结合作者自身的工作经验，列出了许多有针对性的练习项目，真正体现出了指导手册的鲜明特征。需要说明的是，由于社会环境的差异，书中所介绍的一些做法可能不太适合我国的工作现实，但我们认为，这应该不会影响读者对其中精华的借鉴。

本书是合作劳动的结晶，第一章至第六章以及附录部分由赵振杰负责翻译，第七章至第十四章以及前言部分由何小忠负责翻译。全书最后由赵振杰整理统稿。

本书的顺利出版，得益于江苏教育出版社社会教育事业部的赵明主任和陈爱芳编辑的大力支持和辛苦工作，对此，我们也致以诚挚的感谢。

由于时间仓促和水平有限，书中不足和不当之处，敬请各位读者批评指正。

2007 年 2 月 5 日